最澄・空海将来『三教不斉論』の研究

藤井淳 編
池田将則・倉本尚徳
村田みお・柳幹康 著

国書刊行会

はじめに

姚䛒（ようべん）撰『三教不斉論（さんきょうふせいろん）』一巻は中国・唐代に著わされた論文で、仏教・儒教・道教の三教を比較して仏教が最も優れていると結論づける。唐代に三教の優劣についての議論が盛んに行われていたことは歴史書から知られ、造像銘にも一部記述が見られる。しかし三教の比較に関する唐代の論文で現存するものは多くはなく、姚䛒撰『三教不斉論』はその点で極めて貴重な文献である。さらに同論文は日本で最も有名な僧侶である伝教大師最澄・弘法大師空海により九世紀初頭に日本にもたらされ、それがその後も書写を通じて伝持されて今日に至っているという点で、日本仏教における典籍の流伝を考える上でも大きな意味を持っている。

現在見つかっている姚䛒撰『三教不斉論』の写本は後述するように石山寺・東京都立図書館・高野山西南院がそれぞれ所蔵する合計三本が知られており、そのうち最も古い時代に書写され、すでに影印・翻刻を発表している石山寺本[1]は十四紙で一行十七字・三四七行あり、極端に短くも長くもない長さである。論文中に開元十一、十二年（七二三、七二四）の記事があり（校訂テキスト六一頁、石山寺本七六～七七行目）、また奥書によるとこの論文を伝教大師最澄が貞元二十年（八〇四）に台州龍興寺にて筆写したことが知られ（校訂テキスト七一頁、石山寺本三四九～三五一行目）、その直前に大暦九年（七七四）の年号があるため、およそ七二四～七七四年の間に著わされたと見られる。著者である姚䛒は「前盧州参軍」とあり、本書の村田みお氏の論文中で盧州の場所や盧州参軍の地位について考察されているが、姚彁については記録上は確認できておらず、正史などには載らない人物であったようである。

姚彁撰『三教不斉論』の内容は大まかに言えば次の通りである。仏教・儒教・道教の教祖である釈尊・孔子・老子を家柄・弟子の多少などといった十の観点から比較し、釈尊がいずれの点でも優れていることからその偉大なることを讃える。そして特に仏教と道教とを比較し、道教の仏教に対する批判がまとを射ていないこと、仏教の道教に対する優位が述べられる。このように本論は明らかに仏教の立場に立って三教を比較したものである。そして官僚であった著者姚彁は「非滅非空にして不空の寂滅を悟る」という肯定的理解に立ち、「分別」という仏教の専門用語についても僧侶とは違った理解を持っている。また同書には護法僧・法琳（五七二～六四〇）が用いていた『周書異記』などの文献が引用されており、『周書異記』が僧侶以外にも受容されていたことが分かる。

本書はこの姚彁撰『三教不斉論』について多角的に明らかにするために二部の構成を取っている。「Ⅰ　本文篇」は、初公開となる二つの写本の影印、校訂テキスト・訓読・現代語訳を挙げ、「Ⅱ　論文篇」は六本の研究論文からなる。

ここではまず姚彁撰『三教不斉論』についてその諸本が確認された経緯など全般的な紹介を行った後に、本書の研究論文の内容を紹介する。

『三教不斉論』確認の経緯

『三教不斉論』は、第一に伝教大師最澄の『越州録』にその名が見出せ（『伝教大師全集』第四巻三七八頁、大正五五・一〇五九中)、同様に弘法大師空海の『御請来目録』にも見出せる(『定本弘法大師全集』第一巻二八頁、大正五五・一〇六四上)。ただ両者の目録においてはいずれもその著者の名前は記されていない。その後、永超『東域伝灯目録』に『三教不斉論』の名が見出せ(大正五五・一一六四上、おそらく『越州録』による)、後に述べるように他書に引用された佚文も確認できるが、後述するように最近の研究では最澄・空海によって日本に将来された[2]『三教不斉論』の完本の存在は不明とされていた。

諸橋文庫本の検出

そのような中で本書の編者である藤井は三教交渉についての研究の途中で、インターネット上の「全国漢籍データベース」(京都大学人文科学研究所ホームページ内)において『三教不斉論』が東京都立中央図書館に諸橋文庫として所蔵されていることを確認した。ただデータベースには「良応写　文久元年(一八六一)」と書写した僧侶の名前と江戸時代の年号しか記されていなかったため、この段階では筆者は『三教不斉論』という名前ではあるが江戸時代の日本の僧侶によって著述されたもので、最澄・空海将来の『三教不斉論』とは無関係であろうと思っていた。しかし一旦は内容を確認する必要があるため、二〇〇九年十一月に東京都立中央図書館においてその写本を調査して、一見して嘆声が口に出ないほどに驚愕した。この驚きと喜びは今ここに筆舌をつくしがたい。江戸時代末期の写本とはいえ、内容は文体などからまぎれもなく唐代に撰述されたものであり、奥書に「弘法大師請来」として高野山に伝わったものと記録されていたからである。諸橋文庫の旧蔵者である諸橋轍次氏(一八八三〜一九八二)は周知のように諸橋『大漢和辞典』を編纂した高名な学者であるが、その蔵書は先の大戦の際に空襲による被害を避けるために、東京都立図書館が他の有名な蔵書家の書籍とともに管理・保管することになった[3]。諸橋氏はそれ以前にいずこかにおいて『三教不斉論』（徳島県・千福寺旧蔵）を入手されたが、大戦の疎開のために蔵書が一旦都立図書館に保管されたこともあって、再び手にされることはなかったようである。[4] 一九六二年に東京都立日比谷図書館によって諸橋文庫の目録が作成・出版されたが、目録中の『三教不斉論』は単独で注目されることなく、二〇〇一年度より諸橋文庫を含む漢籍の目録が全国漢籍データベースとしてインターネット上で順次公開されており、それが三教交渉について研究中であった藤井の目に止まり、その後、藤井による確認を踏まえて弘法大師御請来、そして唐代文献の『三教不斉論』の再発見として三大紙などに報道され、広く国内外に知られるようになった。

石山寺本の検出

石山寺本『三教不斉論』検出の経緯について報告すると、藤井が高野山大学密教文化研究所において二〇一〇年一月二十五日に諸橋文庫本『三教不斉論』についての報告を行った後に、同研究所参事（当時）の田寺則彦氏の調査により、石山寺に『三教不斉論』の写本が存在すること、さらに同研究所が一九八四年に石山寺聖教を調査した際に『三教不斉論』の写真を撮影し、同研究所に保存されていることが明らかになった。同写本はすでに『石山寺の研究　校倉聖教・古文書篇』（一九八一年、法藏館）に「第二十六函5」として法量・奥書とともに報告されているものであったが、それまで単独で注目されることはなかった。

藤井が写真より内容を確認したところ、石山寺本『三教不斉論』は諸橋文庫本『三教不斉論』と内容がまったく同一であることが判明した（字句の同異はⅠ 本文篇・校訂テキストの注記を参照のこと）。そして石山寺本の奥書は「最澄が入唐間もない日に台州龍興寺にて書写した」という極めて重要な事実を伝えていたのである。これは伝教大師が入唐された際の活動の息吹を今に伝える、類例を見ない貴重な記述であった。また藤井は二〇一〇年七月に石山寺文化財綜合調査団のご協力のもと、石山寺ご所蔵の『三教不斉論』写本を直接拝見する機会をいただき、同写本には朱点・朱字は用いられていないことを確認した。この石山寺本はすでに影印と翻刻を公開している（註（1）参照）。

西南院本の検出

さらに密教文化研究所が過去に記録していた目録を田寺氏が検索したところ、高野山の塔頭寺院である西南院が江戸末期・嘉永五年（一八五二）の写本を所蔵していることが判明し、同写本は同じく田寺氏により確認された。本書には諸橋文庫本に加えて、この西南院本の影印を附している。

現在のところ、完本として存在する姚謽撰『三教不斉論』は室町時代・明応六年（一四九七）の石山寺本が最古で、江戸末期の高野山系の西南院本（一八五二年）・諸橋文庫本（一八六一年）の合計三本が確認されている。西南院本・諸橋文庫本ともに安永七年（一七七八）に高野山の龍剛によって定められた共通の祖本から転写を経た写本である。現存する高野山系統のものが江戸中期の安永七年よりも数度の書写を経ているのが確実なのに対し、石山寺本は書写された回数が少ない（場合によっては最澄による書写原本から直接の書写）と考えられる点で貴重である。石山寺本の影印と翻刻はすでに発表しており、本書には現存最古の石山寺本を底本として、西南院本・諸橋文庫本と対校して校訂テキストを掲載した。

関連する先行研究について

姚謽撰『三教不斉論』は、近くは江戸末期まではその存在が高野山に関係する学僧によって知られ、書写がなされていたが、その後の近代の研究においては所在が不明とされていた。そのような研究状況の中で、牧田諦亮氏が同名の敦煌文献・唐代の劉晏撰『三教不斉論』(5)の翻刻を行う中で最澄・空海将来の『三教不斉論』について言及している。牧田氏の一連の研究と現在における評価について詳しくは池田氏の論文に載せられているので、ここでは論考に関わる部分を述べる。牧田氏は第一に劉晏撰『三教不斉論』を最澄・空海によって将来された『三教不斉論』ではないかと推測していた。また牧田氏は第二に江戸初期(慶安三年・一六五〇)に刊行された『三教優劣伝』と南北朝期の写本『仏法和漢年代暦』に引用される『三教不斉論』佚文との関係について考察し、『仏法和漢年代暦』に引用される姚謽撰『定三教優劣不斉論』は『三教優劣伝』を元に日本人が改作したもので、引用の冒頭に書かれている「弘法大師請来」は後筆であるとしている。

しかし姚謽撰『三教不斉論』の検出によって、『三教指帰勘注鈔』および『仏法和漢年代暦』に引用される『三教不斉論』佚文と高野山系『三教不斉論』と石山寺『三教不斉論』が完全に一致することが明らかになり、上述の牧田氏の推測は成り立たないこととなった。ただそれは当該文献が見つからなかったためであって、牧田氏がなされた着実な翻刻研究の成果は大きい。我々は牧田氏によってなされた『三教不斉論』関係の翻刻文献(劉晏撰『三教不斉論』・江戸初期刊行『三教優劣伝』)と姚謽撰『三教不斉論』とを比較しながら、伝教・弘法両大師将来の『三教不斉論』の位置づけ・三教交渉の展開について新たに考察できる段階に入ったと言え、本書中の池田氏・柳氏による論文はその成果である。

〔牧田諦亮氏の諸研究〕

牧田諦亮〔一九六一〕「劉晏の三教不斉論について」『塚本博士頌寿記念仏教史学論集』(塚本博士頌寿記念会)

牧田諦亮〔一九六二〕「三教優劣傳」『佛教文化研究』一一
牧田諦亮〔一九六八〕「佛法和漢年代暦について」『南都佛教』二一
牧田諦亮〔一九八〇〕「伝教大師将来録追跡調査の試み――南岳高僧伝と三教不斉論」『伝教大師研究』（早稲田大学出版部）

また中国の張文良氏による「姚䛒撰『三教不斉論』考」（『輔仁宗教研究』第二五期、二〇一二）があり、池田氏の論文で触れられている。

引用文および受容

『三教不斉論』の引用文は先に述べたように『三教指帰勘注鈔』（『真言宗全書』第四十巻三下～四上）および『仏法和漢年代暦』（牧田諦亮〔一九六八〕）に引用されているものがある。『三教指帰勘注鈔』は弘法大師空海の『三教指帰』の注釈書で、藤原敦光（一〇六二～一一四四）によって著わされたものである。『仏法和漢年代暦』は康永二年（一三四三）以降のもので、著者は実信とされるが不詳である。密教の日本伝来を述べ、成尊（一〇一二～一〇七四）『真言付法纂要抄』を引用し、「弘法大師」と尊称するのに対し、「伝教」と呼ぶなどの点から真言宗の系統のものと考えられている。

校訂テキスト六二頁、石山寺本九四行目に対応する諸橋文庫本の箇所で石山寺本に見られない異出の十一字を出している（註（86）参照）が、これは『三教指帰勘注鈔』に引用される佚文と合致するものである。同じく高野山系の西南院本にはこの異出を挙げていないので諸橋文庫本が何に基づいたのかは明らかではないが、古い時代の佚文と一致するために『三教不斉論』の流伝を考える上で注目すべき点である。また石山寺本の三七行目（校訂テキスト六〇頁）の下欄に「イ」と異本の存在を示す箇所があるが、何を対校本としたのかは不明である。石山寺本の二六七行目（校訂テキスト六八頁）「復」、三四二行目（校訂テキスト七〇頁）「路」に対応する西南院本にも「イ」とあるが、西南院本の対校本も不明である。

現在『三教不斉論』の引用文は現在のところ上述の二書に確認されており、本書でも校訂テキスト作成の際に参考とした。

姚䛒撰『三教不斉論』と関わり、今後の研究でも注意すべき文献がある。それは先述の牧田氏が翻刻した『三教優劣伝』である。江戸初期の慶安三年（一六五〇）に京都で刊行されたこの『三教優劣伝』は姚䛒撰『三教不斉論』を参照し、著者名まで踏襲しながら、それに「迪功郎前盧州録事参軍」という宋代の官職を宛て、また末尾で参考にした文献として『宗鏡録』を指示するなど、明らかに宋代以後に作られたものである。現在のところ、この書がどこで、だれが、如何なる目的をもって姚䛒撰『三教不斉論』を改作して世に出したのか答えを持っていないが、宋代・江戸時代以後の三教交渉論を考える上で今後の大きな課題と言え、本書の柳氏の論文は典拠を確認してその位置づけをはかっている。

この『三教優劣伝』については『三教指帰』『性霊集』などに註をほどこした江戸時代初期の智山の学僧・運敞（一六一四～一六九三、摂津大坂出身）は『三教指帰註刪補』の序文の中で「趙宋姚䛒亦論三教優劣」（『真言宗全書』第四〇巻一五三上）と述べているように、『三教優劣伝』の存在を知り、それを宋代のものと考えていた。この記述からすると運敞は弘法大師御請来の姚䛒撰『三教不斉論』が実在することを知らなかったようである。一方で運敞は「唐法琳述三教不斉論」としており、『御請来目録』に見られる『三教不斉論』の直前の行に「弁正理論一部八巻〈法琳師撰〉」とあることから、弘法大師が請来した『三教不斉論』の著者を法琳と考えていたようである。

日本における流伝と受容

現在のところ、残された断片的な情報に基づくものであるが、上述の事実に基づいて、姚䛒撰『三教不斉論』の日本における流伝と受容について次のように推測することができよう。弘法大師空海請来の『三教不斉論』は平安時代に藤原敦光に知られており、また南北朝時代にも真言僧が用いることができた。しかし、江戸初期の智山の運敞はその存在を知ることがなかった。一方で流伝のルートは不明であるが、高野山に伝えられ、江戸中期の安永七年には定本が作られ、それを元として江戸最末期まで書写がなされていた。

一方、伝教大師最澄将来のものは目録としては永超の『東域伝灯目録』において認識されていたが、日本の天台教学の研究のために必ずしも重要視されなかったと見られることから、石山寺本以外にどの程度まで広く書写されていたのかは不明である。藤井淳〔二〇一二〕は石山寺本が書写された経緯について周辺状況から推測している。

江戸から明治時代に入り、寺院における伝統的な学問のあり方が大きく変容したことにより、姚䛒撰『三教不斉論』は僧侶の間では注目されることがなくなり、一方で近代的な文献研究からも存在が分からないとされていた。その写本の一つが諸橋轍次氏によって入手されたが、太平洋戦争を機に書庫奥に入ったまま注目されることがなくなった。そして、目録が広くインターネットに公開されたことを通じて検出され、再び国内外に注目されるようになったのである。

本書の内容紹介

本書は冒頭に紹介したように「Ⅰ 本文篇」で姚𧦬撰『三教不斉論』の諸橋文庫本（東京都立中央図書館所蔵）と西南院本の影印と校訂テキスト・訓読・現代語訳を掲載した。「Ⅱ 論文篇」では研究メンバーである五名の研究論文六本を掲載している。

五名の研究メンバーの略歴は本書末尾に掲載しているので、ここではメンバーが集まった経緯について述べておく。まず姚𧦬撰『三教不斉論』を検出した藤井淳に加えて、池田将則、倉本尚徳、村田みおの三名が加わって、高野山大学密教文化研究所においての研究会で訓読・訳注の一部を作製した。藤井淳とこの三名とは京都大学人文科学研究所で行われていた研究班にそれぞれ参加したことがあることからのつながりであった。

この研究会は平成二十四（二〇一二）年三月をもって終了し、その後、藤井淳、池田将則、倉本尚徳、村田みおに柳幹康を加えた五名で改めて始めから校訂テキスト・訓読・現代語訳を作製することになった。

平成二十五（二〇一三）年八月三十日には島根県立文化会館で開催された第六四回日本印度学仏教学会において「儒仏道三教交渉研究の新展開　最澄・空海将来姚𧦬撰『三教不斉論』を中心として」という題でパネル発表を行い、さらに平成二十七（二〇一五）年二月十五日に韓国・台湾で研究に従事しているメンバーが集まり、五名全員で大学コンソーシアム京都において「『三教不斉論』の諸問題」というシンポジウムを開催し、同十六日・十七日には訳注の検討を行った。

同年七月二十七日から八月一日にかけて、研究会のメンバー五名全員が台湾の中央研究院に集まり、訳注の最終検討を行った。本書は、この五名の共同の研究成果として出版するものである。
研究当初は五名全員とも日本にいたメンバーのうち途中から三名までが韓国（池田将則）・台湾（倉本尚徳・柳幹康）と研究の拠点を移すことになり、皆がそろって研究発表や読書会を開催できたのは限られた期間であったが、それぞれが専門とする立場から訳注の方針について集中して議論することができた結果、かえって本書にふさわしい国際的な研究となっていると自負している。
「Ⅱ 論文篇」は、主として先述の学会・シンポジウムなどで共同研究メンバーによる発表内容をもとにした論文である。以下にその概略を解説する。

藤井　淳「唐代宗教史の結節点としての姚辔『三教不齐論』」
姚辔『三教不齐論』は禅や浄土教が勃興するのと同じ時代に書かれた文献として興味深い位置にあり、本論文では、造像銘における三教交渉に関わる記述を指摘し、また多くの文献から容易に用語を検索できるようになったデータベースを利用することで、姚辔『三教不齐論』に用いられる典拠の出典を調査する中で姚辔『三教不齐論』が用語的・思想的に唐代の重要な位置にある仏教文献と共通の地盤に立っていることを確認し、姚辔『三教不齐論』を唐代の宗教史において広く位置づけることを目指す。『三教不齐論』と天台教学との関係についても考察する。

村田　みお「姚辔『三教不齐論』執筆の経緯と三教論争における位置づけ
——あわせて空海『三教指帰』序文への影響をも論じる」
本論文は第一に、本文冒頭に記録される姚辔の職名や本文の内容から姚辔がついていた可能性のある職や出身を推測する。『三教不斉論』は八世紀前半に女官・道士・聴衆の出した複数の見解に対しての反論として構想・執筆され、その論点・論調の特徴を三点にわけてまとめている。そして『三教不斉論』の論調が『聾瞽指帰』を著わしていた空海の共感を呼び、『三教指帰』序への改作を促したとする。また従来の三教交渉の議論のあり方についての分類を提起するなど、研究史の見直しを図っている。

倉本　尚徳「法琳の著作との比較から見た姚辔『三教不斉論』の特徴について」

本論文は『三教不斉論』の特徴を明らかにするため、テキストの内外両面から検討を加える。外的側面としては、本論撰述のきっかけとなった著者姚辔が関わる地域において老子降臨説話が宣揚されていたことを明らかにする。内的側面としては、『三教不斉論』の典拠資料調査をする過程で最もこの書と関係が深いと判断される法琳の著作との比較を行い、『三教不斉論』の特徴を以下のとおり明らかにする。①『三教不斉論』の最大の特徴は、三教の比較の際、その教理についてはあまり議論せず、釈迦、孔子、老子という聖人の優劣の比較に議論を限定したことである。この理由として、聖人は「愚俗」を教化するものであり、自ら優れていなくてどうして他人を教化できるかと弁明している。②『三教不斉論』はその文章や用語のいくつかについて、法琳の著作を典拠としている。また、法琳『弁正論』とは構成・文章形式の面でも類似点が見られる。よって姚辔は『三教不斉論』執筆にあたり法琳の文章から大きな影響を受けていると言える。③しかし、例えば姚辔は老子が釈迦を師としたとする法琳の説を採用しないなど、『三教不斉論』と法琳の三教論との間には、批判の痛烈さ、論の重点、教主の問題、論法などに相違が見られる。

池田　将則「劉晏述『三教不斉論』の再検討」

本論文は、現存の劉晏述『三教不斉論』は、僧尼は君親に拝礼しなくともよいという「僧尼不応拝君親」の主張を皇帝に建言する「議」であって、『三教不斉論』の本論の文そのものではないと指摘する。劉晏述『三教不斉論』が「三教不斉」という論題をどのように論じていたのかは一切不明であり、現存の劉晏述『三教不斉論』を新発見の姚{辟/言}撰『三教不斉論』の直接の比較対象として用いることは適切ではないとする。なお牧田諦亮氏は劉晏述『三教不斉論』の撰述者である劉晏を粛宗・代宗両朝の功臣、劉晏に比定しているが、牧田氏の比定を裏付ける積極的な論拠は見出されていないとする。

またあわせて敦煌文献である『小乗録』（S五六四五）・『法王記』（P二七二二背）の翻刻を付している。

柳　幹康「『三教不斉論』と『三教優劣伝』」

本論文は『三教不斉論』と『三教優劣伝』の比較を行う。『三教優劣伝』は、宋代以後の成立で、『三教不斉論』に改変を加えて成ったものである。『三教優劣伝』は、おおむね『不斉論』の文章を踏襲するが、以下の三点で大きく異なる。すなわち、『優劣伝』は①仏教の卓越を示す論拠を新たに三つ加え、②『不斉論』の「止道士毀仏論」四条のうち二条を採って合わせて論じ、③参照すべき書物として『宗鏡録』など十二の書名を新たに掲げている。また『三教不斉論』には、三教をともに「聖言」とする調和的な発言も見えるが、『三教優劣伝』はそれを削るとともに、それに類する記述もしていない。

以上の分析により、論者は『三教優劣伝』は『三教不斉論』を承けながらも、それ以上に三教の別異を強調し、仏教の独尊を主張する傾向にあることを明らかにする。さらに摩耶夫人と釈尊との関わりがクローズアップされており、民衆教化としての役割があることを論じている。

藤井　淳「最澄・空海請来になる姚䛒撰『三教不斉論』より得られた知見について」

本論文では『三教不斉論』の検出にともなって新たに得られた知見について、特に最澄・空海との関わりについて五点にわたって述べる。第一に石山寺本の奥書を『天台法華宗伝法偈』の記述と対象した結果、最澄作とされる『天台法華宗伝法偈』は従来から著者を最澄とする信憑性に疑念が示されていたが、古い記録を参照していた可能性がある。第二に『台州録』『越州録』はそれぞれ最澄が台州・越州で蒐集した仏典を載せていると考えられてきたが、今回の奥書からは台州で書写したものを『越州録』に載せたことが知られ、『台州録』『越州録』に採録された典籍の分類についてはい古写本を調査する中で再検討する必要がある。第三に最澄将来の『三教不斉論』は一五七一年の比叡山焼討までは比叡山御経蔵の第二十六函に納められていたと考えられる。第四に空海は帰国途中に立ち寄った越州で、最澄が残した目録を見て、仏典のみならず、儒教・道教の文献を集めることを思い立ったと考えられる。第五に真言宗の寺院では空海請来の仏典を書写して集めていたことが知られ、今後も『三教不斉論』の写本を探索する必要があるとする。

巻末に中国語と英語による『三教不斉論』に関する研究論文の要約を掲載する。

また写本の影印掲載にあたり、掲載許可をいただきました高野山西南院の和田友伸住職に篤くお礼申し上げます。高野山大学密教文化研究所には西南院本の写真版を、東京都立中央図書館には諸橋文庫本の写真版を提供いただきました。ここに謝して篤くお礼申し上げます。

本書が出来上がるまでには、本研究を気にかけてくださった多くの先生方のご助力・ご助言をいただきました。特に高野山大学の藤田光寛学長、田寺則彦氏にお礼申し上げます。編者の博士論文執筆以来、お世話になり、松江市での学会後に大田市のご自坊を訪問させていただいた高木訷元先生にお礼申し上げます。また石山寺本の閲覧にご配慮いただきました石山寺・石山寺文化財綜合調査団、また同本についてご意見をたまわった武覚超先生、田村晃祐先生にこの場をかりてお礼申し上げます。

本文の校訂テキスト確認には研究班メンバー以外に小菅陽子氏・張欣氏の協力を得、英文要約にはステファン・グレイス氏、中国語要約には張欣氏の協力を得た。

大正蔵などの出典確認には駒澤大学大学生の鈴木啓之・橋本雄司・吉川龍眞の協力を得た。

国書刊行会にはゆきとどいた校正や訂正案をほどこしていただき、本書の内容がより明確で分かりやすいものとなった。中でも編集として最後までよりそっていただいた今野道隆氏には細かい所まで配慮をいただき、篤く感謝いたします。

時間および能力などに限界があり、検討が行き届かないところもあると思われるが、現段階での研究成果を公開することで諸賢による批正を得て学界に資していきたいと考えている。

本書は編者である藤井淳の平成二十五年~平成二十七度科学研究費（若手B　課題番号25870725）の成果の一部で、出版は平成二十七年度日本学術振興会研究成果公開促進費（課題番号 15HP5015）により行われる。関係者各位にこの場をかりてお礼申し上げます。

以上の記述の一部は藤井淳〔二〇一一〕『高野山大学密教文化研究所紀要』二四号（高野山大学密教文化研究所）および藤井淳〔二〇一四〕「儒仏道三教交渉研究の新展開　最澄・空海将来姚𧦴撰『三教不斉論』を中心として」（第六四回学術大会パネル発表報告）『印度学仏教学研究』六二―二を参照している。

平成二十七（二〇一五）年十一月二十八日

藤井　淳

註

（1）藤井淳〔二〇一一〕「姚𧦴撰『三教不斉論』（石山寺所蔵）写本の翻刻」『高野山大学密教文化研究所紀要』二四号。

（2）「将来」「請来」の違いについて述べておくと、最澄の目録は『将来目録』といわれ、空海の目録は『御請来録』といわれる。本書の題名として「最澄・空海将来」としたのは、姚𧦴撰『三教不斉論』は最澄による日本への将来が先であることと、同書の現在最古の写本である石山寺本が最澄の将来系統によるものであることによる。

（3）東京都立図書館所蔵の図書の疎開に関連したものとして、学術的な著作ではないがドキュメンタリー映画を元にした金高謙二『疎開した四〇万冊の図書』（二〇一三年、幻戯書房）がある。

（4）諸橋氏には『孔子・老子・釈迦「三聖会談」』（一九八二年、講談社学術文庫）という孔子・老子・釈迦が架空の対談をする著作があり、『三教不斉論』を購入したことが諸橋氏に同著を構想するにあたって何らかの示唆を与えた可能性がある。同書の存在は高野山大学の乾仁司教授のご教示による。

（5）本書における池田論文では牧田氏が翻刻した当該文献の内容が儒教と仏教を比較するのみであることから、『三教不斉論』という題の下の文書ではなく、「議」である可能性を指摘している。本書所収の池田論文参照。

最澄・空海将来『三教不斉論』の研究＊目次

Ⅰ　本文篇対照目次

凡例

【本文篇】

一、影印は、西南院本（高野山別格本山西南院所蔵）・諸橋文庫本（東京都立中央図書館諸橋文庫所蔵）の全体を掲載した。『高野山大学密教文化研究所紀要』二四号（二〇一一年）に掲載された石山寺本の影印を元に、諸テキストを対校して校訂テキストを作製し、それにもとづき訓読・現代語訳を行った。

（法量）西南院本　二十一葉、和綴、二七・〇糎×一八・七糎

諸橋文庫本　二十五葉、和綴、二四・一糎×一六・八糎

それぞれの奥書の翻刻は紀要に掲載している。

二、校訂テキストは、以下の方針による。

1、石山寺本を底本とした。西南院本と諸橋文庫本を対校本とし、諸本に文字の異同がある場合、最も適当なものを採用し校訂テキストを作成した。上記以外に『仏法和漢年代暦』（『南都仏教』二一、一九六八年）、『三教指帰勘注鈔』（『真言宗全書』第四〇巻）に引用された文も対校に用いた。

2、漢字は、異体字・略字を含めて、原則として新字体に統一した。校訂テキストの注で異読の読解に必要と思われるもののみを旧字体を用いた。「祇」と「祗」、「芸」と「藝」など本来は別字であるが前者を用いた。また通用字は適宜注記しない。「廿」（二十）「卅」（三十）「卌」（四十）は石山寺本の記述を残した。

3、諸テキストの文字の校勘は校訂テキストに注記した。石山寺本は【石】、西南院本は【西】、諸橋文

庫本は【諸】、『仏法和漢年代暦』の引用文は【仏】（石山寺本四六―五二行目、校訂テキスト六〇頁）、『三教指帰勘注鈔』の引用文は【勘】（石山寺本八五、九〇―一〇七行目、校訂テキスト六一―六二頁）と表記した。【石】【西】【諸】が共通する場合、「三本」と表記する。

4、写本中で訂正されている（と思われる）場合、誤字・脱字・空格などすべては注記しない。

5、文字が確定しない場合、「(?・)」とした。

6、石山寺本の紙の変わり目を**（第七紙）**のように文中に記した。

7、読者の便のために、句読点を付した。

三、訓読は以下の方針による。

1、新仮名遣いで表記した。

2、語句の典拠・内容などに関する注釈は訓読に付した。

3、注釈において仏典を引用した場合、「大正五一・八七五下」とあるのは、『大正新脩大蔵経』第五一巻八七五頁下段の意である。卍続七五・四五左下とあるのは、卍続蔵経（新文豊影印本）の第七五巻、四五頁左頁下段の意である。新纂三四・二九五上とあるのは、新纂大日本続蔵経（国書刊行会）の第三四巻、二九五頁上段の意である。

4、書名と思われるものには『』を付した。ただし現存しない書名などもあり、厳密な判断基準があるわけではない。現代語訳も同様である。

5、会話と思われる箇所には〝〟を付した。現代語訳も同様である。

6、石山寺本の紙の変わり目を**（第七紙）**のように文中に記した。

7、出典の数字の表記として、文献の巻数の表記は「巻十二」とし、大正蔵の表記は「一二・五〇八上」

とする。

8、〈 〉は割注を表す。

9、訓読の出典については煩瑣をさけるため、以下のような表記を用いる。参照した文献で異読が示されている場合、適宜訂正したが注記しない。

訳者の時代と名称は『大正新脩大蔵経』に従ったものである（「大正」の下の数字は大正番号）。P以下はペリオ番号である。

『長阿含経』（大正一）後秦仏陀耶舎共竺仏念訳
『増一阿含経』（大正一二五）東晋瞿曇僧伽提婆訳
『六度集経』（大正一五二）呉康僧会訳
『普曜経』（大正一八六）『仏説普曜経』西晋竺法護訳
『摩訶般若波羅蜜経』（大正二二三）後秦鳩摩羅什訳
『仁王般若経』（大正二四五）『仏説仁王般若波羅蜜経』姚秦鳩摩羅什訳
『妙法蓮華経』（大正二六二）姚秦鳩摩羅什訳
『勝鬘経』（大正三五三）『勝鬘師子吼一乗大方便方広経』劉宋求那跋陀羅訳
北本『涅槃経』（大正三七四）『大般涅槃経』北涼曇無讖訳
『大般涅槃経後分』（大正三七七）唐若那跋陀羅訳
『維摩経』（大正四七五）『維摩詰所説経』姚秦鳩摩羅什訳
『灌頂経』（大正一三三一）東晋帛尸梨蜜多羅訳
『大智度論』（大正一五〇九）姚秦鳩摩羅什訳
『大乗義章』（大正一八五一）隋慧遠撰

『摩訶止観』（大正一九一一）隋智顗説
『法琳別伝』（大正二〇五一）『唐護法沙門法琳別伝』唐彦琮撰
『高僧伝』（大正二〇五九）梁慧皎撰
『続高僧伝』（大正二〇六〇）唐道宣撰
『弘明集』（大正二一〇二）梁僧祐撰
『二教論』（北周道安撰）は『広弘明集』巻八に引用されるものであるが、独立した書籍として扱った。
『笑道論』（唐甄鸞撰）は『広弘明集』巻九に引用されるものであるが、独立した書籍として扱った。
『広弘明集』（大正二一〇三）唐道宣撰
『続集古今仏道論衡』（大正二一〇五）唐智昇撰
『破邪論』（大正二一〇九）唐法琳撰
『弁正論』（大正二一一〇）唐法琳撰
『甄正論』（大正二一一二）唐玄嶷撰
『法苑珠林』（大正二一二二）唐道世撰
『一切経音義』（大正二一二八）唐慧琳撰
『出三蔵記集』（大正二一四五）梁僧祐撰

四、現代語訳は以下の方針による。
1、専門語などには簡単な説明を（　）の中で行った。
2、文章や語句を補う場合は、〔　〕を付した。
3、石山寺本の紙の変わり目を**（第七紙）**のように文中に記した。

4、官職である「大史」と「太史」を校訂テキストとそれにもとづく訓読では石山寺本を尊重して残しているが、現代語訳では「太史」に統一する。

五、校訂テキスト・訓読と註・現代語訳は、最初、以下のように分担し、その後、全員で検討した。

石山寺本　第一、二、七紙——倉本尚徳

第三、四、五、六、八紙——村田みお

第九、十紙——藤井淳

第十一、十二紙——柳幹康

第十三、十四紙——池田将則

内容が重なる箇所は村田みお担当の部分を採用した

【Ⅱ　論文篇】

一、『三教不斉論』引用の際、石山寺本に附せられた行数と本文の校訂テキストのページ数を「(一二三〇行目、校訂テキスト六七頁)」と示した。

二、『大正新脩大蔵経』は「大正」と略した。

Ⅰ　本文篇

影印

西南院本（高野山別格本山西南院所蔵）

＊画像提供：高野山大学密教文化研究所

表紙

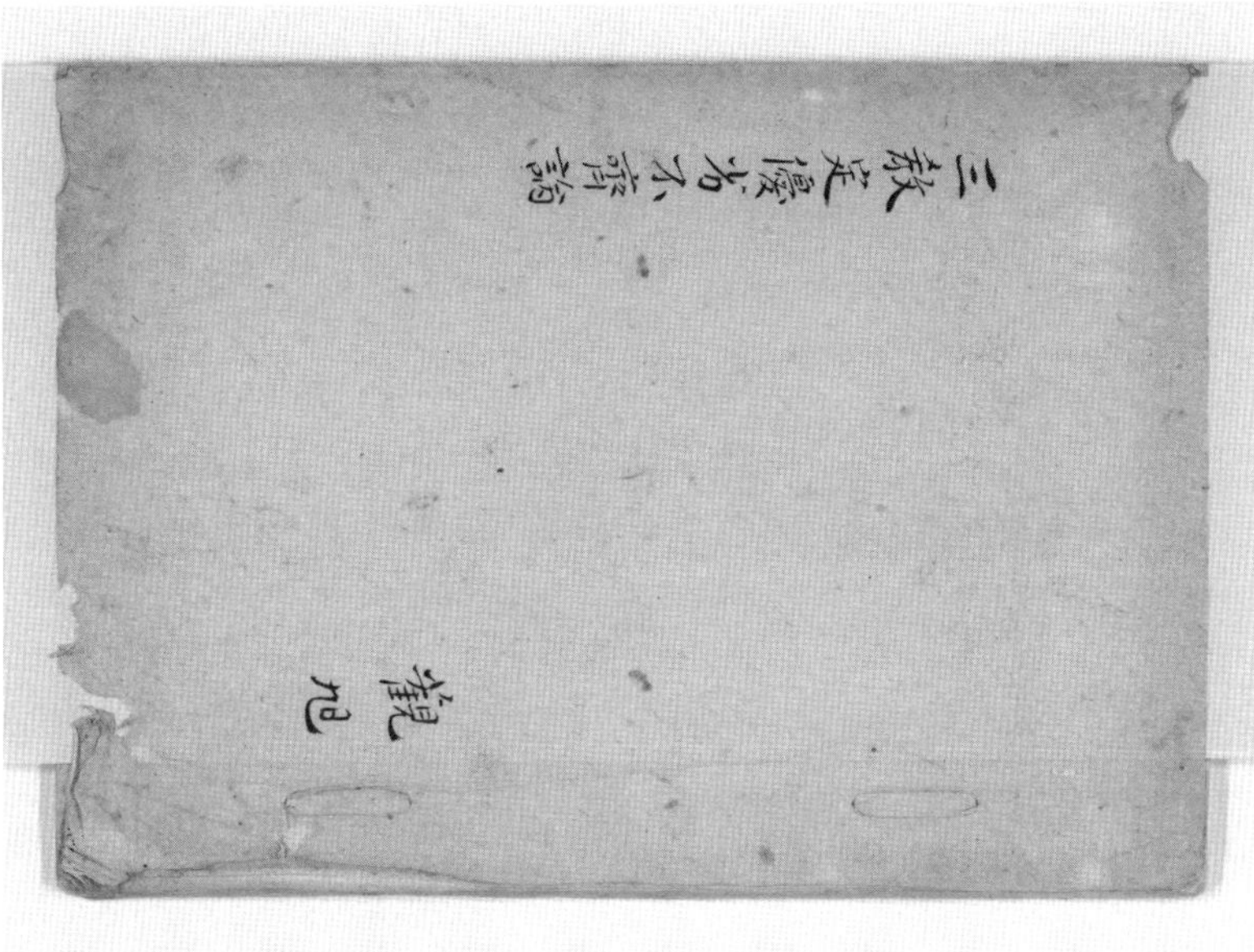

1表

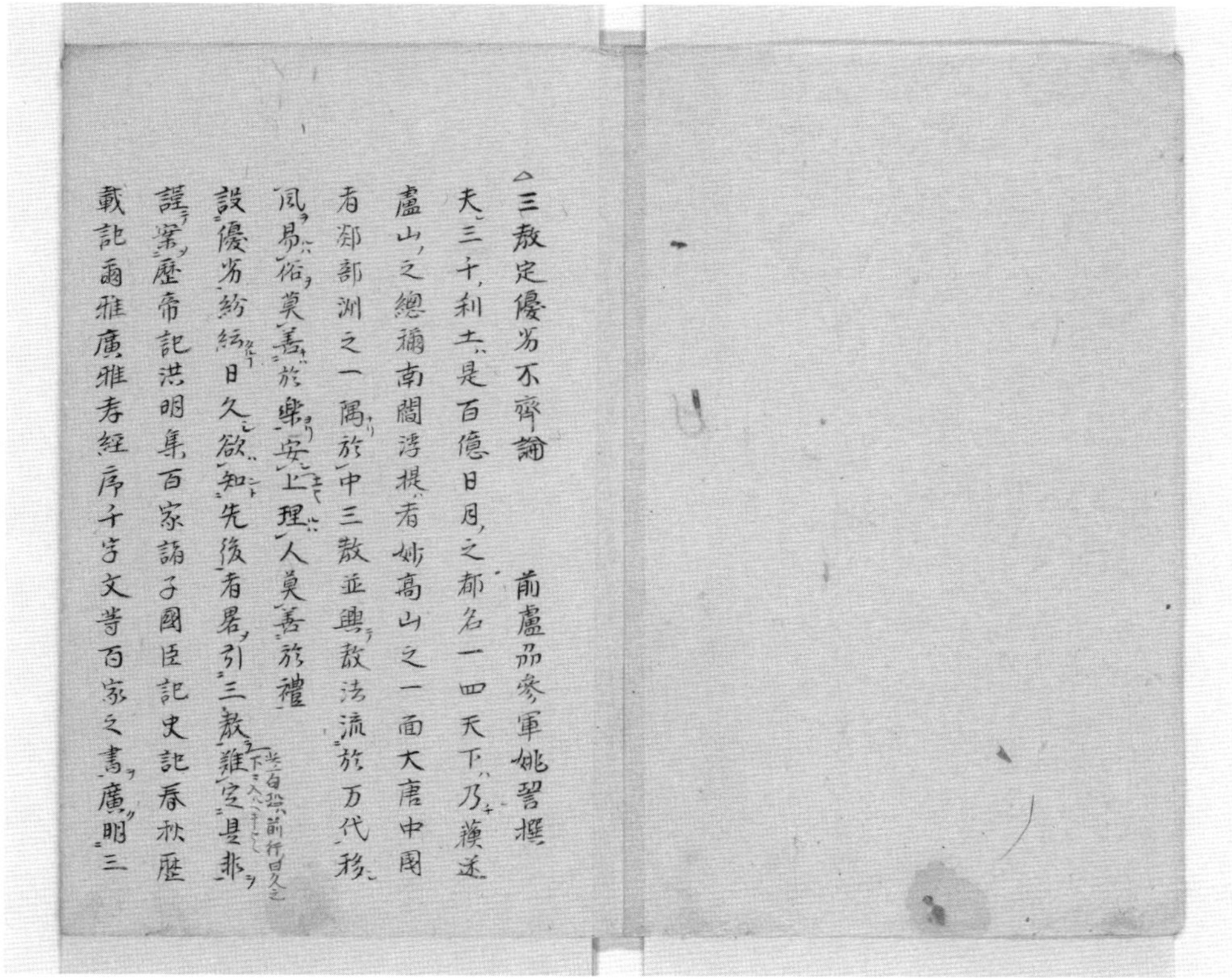
△三教定優劣不齊論　前盧州參軍姚謽撰
夫三千利土是百億日月之都名一四天下乃蒦述
盧山之總稱南閻浮提者妙高山之一面大唐中國
者鄰部洲之一隅於中三教並興教法流於万代移
風易俗莫善於樂安上理人莫善於禮
設優劣紛紜日久欲知先後者畧引三教雖定是非
謹案歷帝記洪明集百家諸子國臣記史記春秋歷
載記爾雅廣雅孝經序千字文等百家之書廣明三

見返

1裏

教先後孔老二教先在此方遠方佛法遠則遠焉雖
可尋原先論孔老二教後揚佛法是非案国臣記云
李老君者生於周定王廿二載乙卯之歳九月十四
日夜子時生十三載為守藏吏後為大史至周簡王
入秦行至函谷關為令尹喜説五千文此是生日月
也　又案国臣記云李伯陽有八十載在
毋腹中初生之時頭首皓白以小故号為子以髮白
故号為老此相爲名也若説其貌身長四尺六寸聃

2表

耳褒脣膊夾跨闊此是老子相貌也若論説教不立
觀宇不統門徒東不出於海西不至於秦北不至於
黄河南不到於廣府此是其化也
魯孔丘則不然案国臣記孝経序云孔子者生於周
末領徒三千博讀六藝達者七十二人曾參行孝最
為上首国臣記云魯孔丘者為魯国大夫也頭像尼
丘山河目海口髮長七尺兎手過膝身長九尺四寸
佾春秋述易道立柱誌記辨四時存禮樂此是魯孔丘

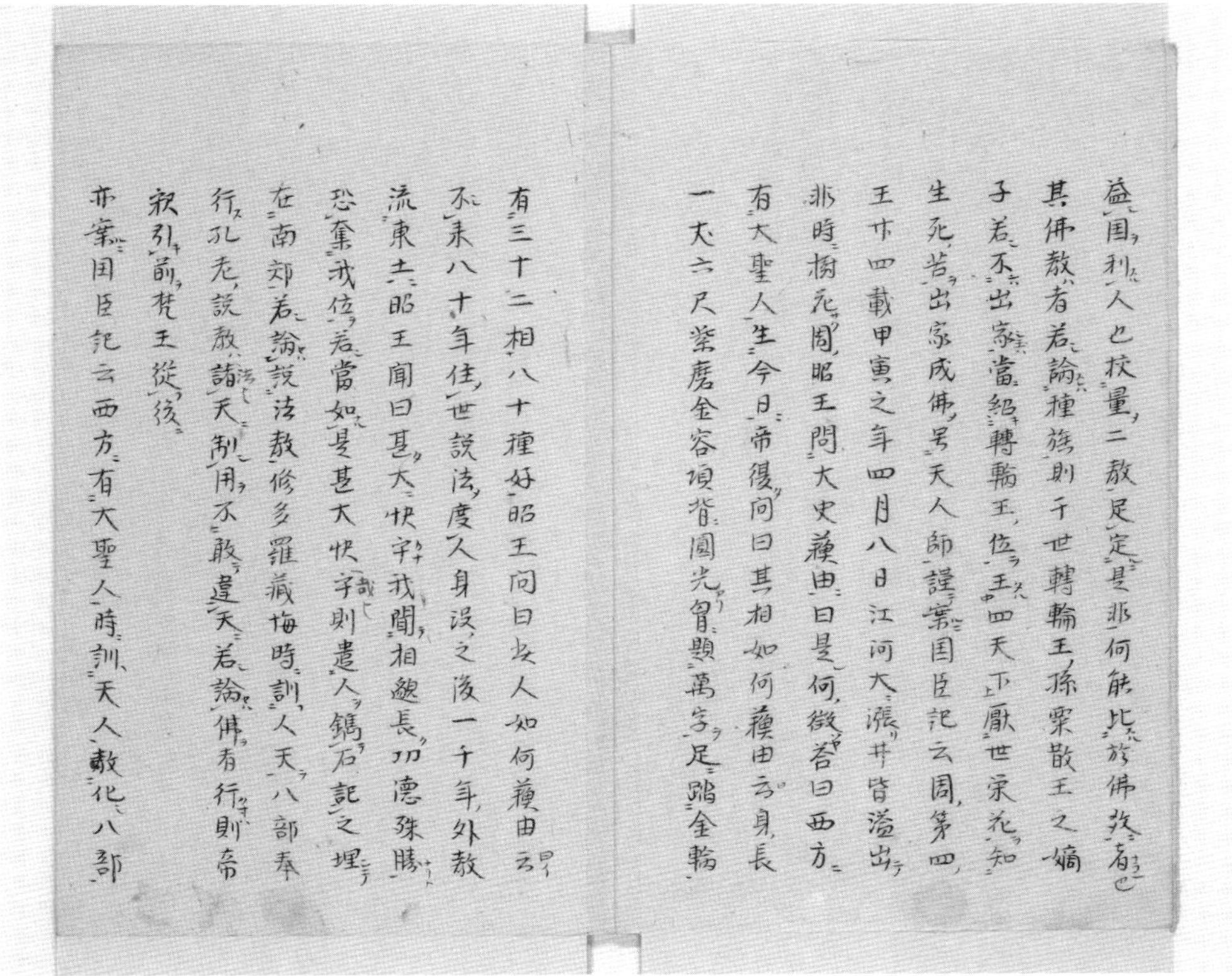
2裏

益国利人也挍量二教足定是非何能比於佛教者也
其佛教者若論種族則千世轉輪王孫粟散王之嫡
子若不出家當紹轉輪王位王四天下厭世栄花知
生死苦出家成佛号天人師謹案国臣記云周第四
王廿四載甲寅之年四月八日江河大漲井皆溢出
非時樹花開昭王問大史蘇由曰是何徵答曰西方
有大聖人生今日帝復問曰其相如何蘇由云身長
一丈六尺紫磨金容項背圓光胸題萬字足蹈金輪

3表

有三十二相八十種好昭王問曰其人如何蘇由云
不来八十年住世説法度人身没之後一千年外教
流東土昭王聞曰甚大快哉我聞相継長功德殊勝
恐奪我位若當如是甚大快哉則遣人鎸石記之埋
在南郊若論説法教修多羅藏悔時訓人天八部奉
行孔老説教請天制用不敢違天若論佛者行則帝
釈引前梵王從後
亦案国臣記云西方有大聖人時訓天人敎化八部

3
裏

4
表

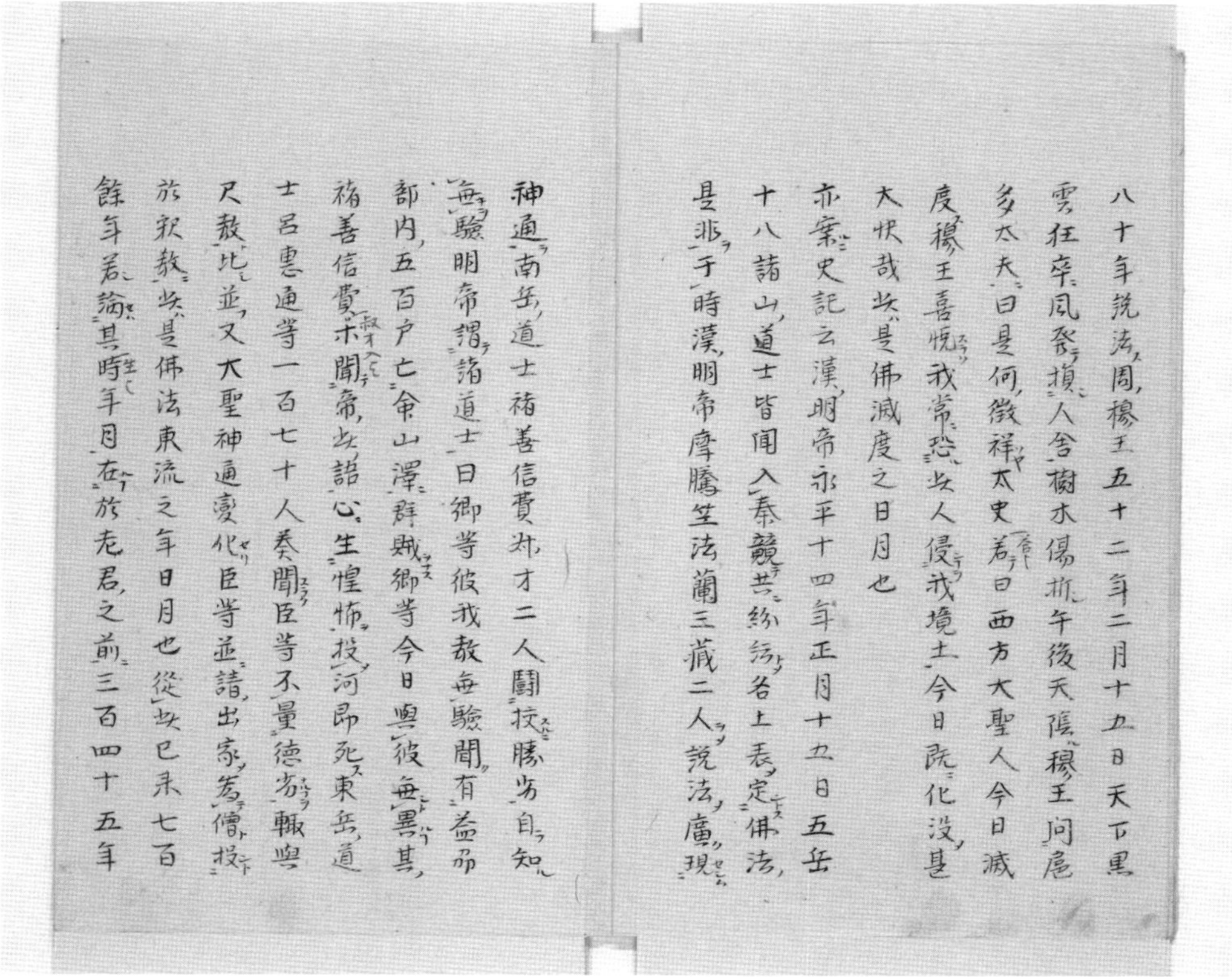

八十年說法周穆王五十二年二月十五日天下黒
雲狂風發損人舎樹木傷折午後天陰穆王問扈
多太夫曰是何徵祥太史若曰西方大聖人今日滅
度穆王喜悅我常恐此人侵我境土今日既化沒是
大快哉此是佛滅度之日月也
亦案史記云漢明帝永平十四年正月十五日五岳
十八諸山道士皆聞入奏競共紛紜各上表定佛法
是非于時漢明帝摩騰竺法蘭三藏二人說法廣現

神通南岳道士褚善信費叔才二人鬪技勝劣自知
無驗明帝謂諸道士曰御等彼我教無驗聞有益而
部内五百戸亡命山澤群賊御等今日與彼無異其
褚善信費叔才聞帝此語心生惶怖投河而死東岳道
士呂惠通等一百七十人奏聞臣等不量德劣輙與
大教比並又大聖神通變化臣等並請出家為僧投
於釈教此是佛法東流之年日月也從此已來七百
餘年若論其時年月在於老君之前三百四十五年

4裏

又史記云佛生日月為挍老君三百余年世隔一千
余王年経三百余年案前後國記典籍一一相義又
無差失有益國利人有莫過於釈教也敬乃得福恒
沙禮則除殃萬劫其老君身量不及孔丘教亦不如
又魏書曰李老君者但説五千文更無言説何能継
於孔子孔子身量不及於佛老教但一生後又無福
亦何能比於佛教佛教有受持讀誦五眼開明除災
萬劫二三身相殊勝過人二則教流万國三乃種族

5表

宋元十一ヨリ弘化四ニ至ル二千百廿四年ニナル也弘法入定ヨリ百十一年前也然則大師猜來也者明也

豪強四則益國利人今現目驗定明三教僅有開元
十一年冬詣閭郷拜掃見蒲邑女官於所部仙壇觀

譔者譔之誤與

講老子經泊十二年春復有陝邑道士又於其中講

曓誉豁角切音壹　説文大呼自勉也

本際經並云佛道一種聽者不須分別于時講下多

廬韻嗃曓誉大呼也集韻作譔也類篇聲

有博達君子咸起異端或有專於道教者称佛劣而

也廬集正角切大呼自勉也

道教優或有崇佛教者云佛深而道淺鞁華文唱紛

〇譔北教音豹　譔譔亦叫也

紜積晨當時更有外至者復云非惟佛道一種柳亦

崔音遵緌切音推高大也廣韻崔嵬也詩齊風南山崔嵬注高大兒集韻或作嶊磪崪嶉集

三教並存終日喧々有如崔譔各言已是咸説他非

〇金壺字考呼曓誉痛冤声也
〇前漢東方朔傳郭舍人據不勝痛呼曓誉註服虔音曓命古歩高切自勉冤痛之声也今人痛甚則稱阿曓

5裏

説文本作㬎言 貫按喧々ノ終日論齊不齊或勝或負其崔声如雷音員自寛痛暴而謂操忍
怒色不絶故崔
謀スルコトヽ云云
蟾音詹蠹蠅
蟾蠩、註似蝦蟆
居陸地、廣韻張
衡吴志曰羿請
不死薬于西王母
姮娥竊之奔月
宮託身于月是
為蟾蠩音言
穹高也大也詩大
雅靡有旅力以
念穹蒼爾雅
云穹蒼蒼天
也注天形穹隆
其色蒼々故名
礴音泊旁礴
混同貌又廣被
也荘子逍遥篇
旁礴萬物揚子

竟日終朝而未能定僕謂之曰只如三教俱是聖言
小而論之略同大而取之全異漸次而学如堂室耳
学者体之惣亦弟解不應頓説三教並不齊也小子
狂簡而輙難命之高才見遠未知許不或人曰敢聞
解矣竊聞充耳入聞宜道德之妙旨仲尼放黜定礼
楽之微言或係之以希夷不可以聲色辨或恬之以
敬譲不可以富貴求揣能苞括曦蟾篭羅穹礴陰陽
之所不測冥當吉凶鬼神之所不知幽通倚伏尚未

6表

太玄経昆侖
旁礴幽昆侖
天之象旁礴
地之形幽人之心
也人心幽微具
天妙用
語常如切音孫
詹諸ハ蝦蟆也六
書正譌作蟾蠩
非也

得超沂門言應大千蕩々乎而無能名焉不可得而
像也況乎法身圓寂妙絶無有之場至理凝虚亦絶
是非之境心無心相体無相之真心非滅非空恬不
空之寂滅三教於焉鬱起万人是以同欽儒道巍々乎
以詩書禮楽為体與人行其忠孝以仁義礼智信而
得之王侯以体之風雨以時禍乱不作四辺寧静立
穀埶成道法恬淡以自然為体與人執雌守吸吐納
而得之王侯体之無拱無為延年益寿以百姓為芻

7表

6裏

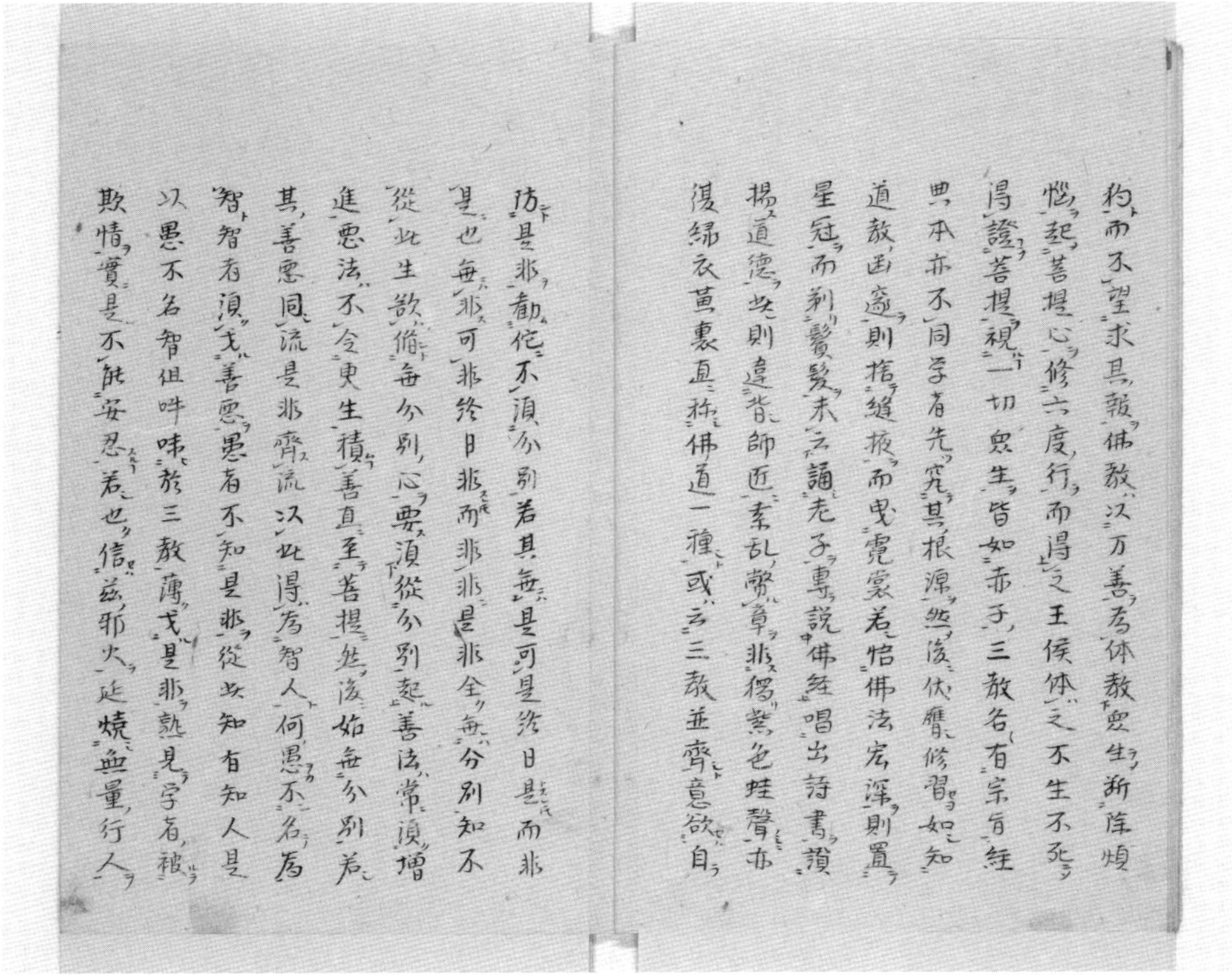
約而不望求其報佛教以万善為体教衆生断除煩
悩起菩提心修六度行而得之王侯体之不生不死
得證菩提視一切衆生皆如赤子三教名有宗旨経
典本亦不同学者先究其根源然後依舊修習如知
道教函遮則指縫掖而曳霓裳若恰佛法宏深則置
星冠而剃鬢髪未云誦老子專説佛経唱出詩書賛
揚道德此則違背師匠紊乱常草非徳無色蛙聲亦
復緑衣黄裏直称佛道一種或云三教並齊意欲自

防是非勧佗不須分別若其無是可是終日是而非
是也無非可非終日非而非非是非全無分別知不
從此生欲備無分別心要須從分別起善法常須増
進悪法不令更生積善直至菩提然後始無分別者
其善悪同流是非齊流以此得為智人何愚不名為
智智者須弐善悪愚者不知是非從此知有知人是
以愚不名智但咩味於三教薄弐是非熟見学者被
欺情實是不能安忍者也信茲邪火延焼無量行人

8表

7裏

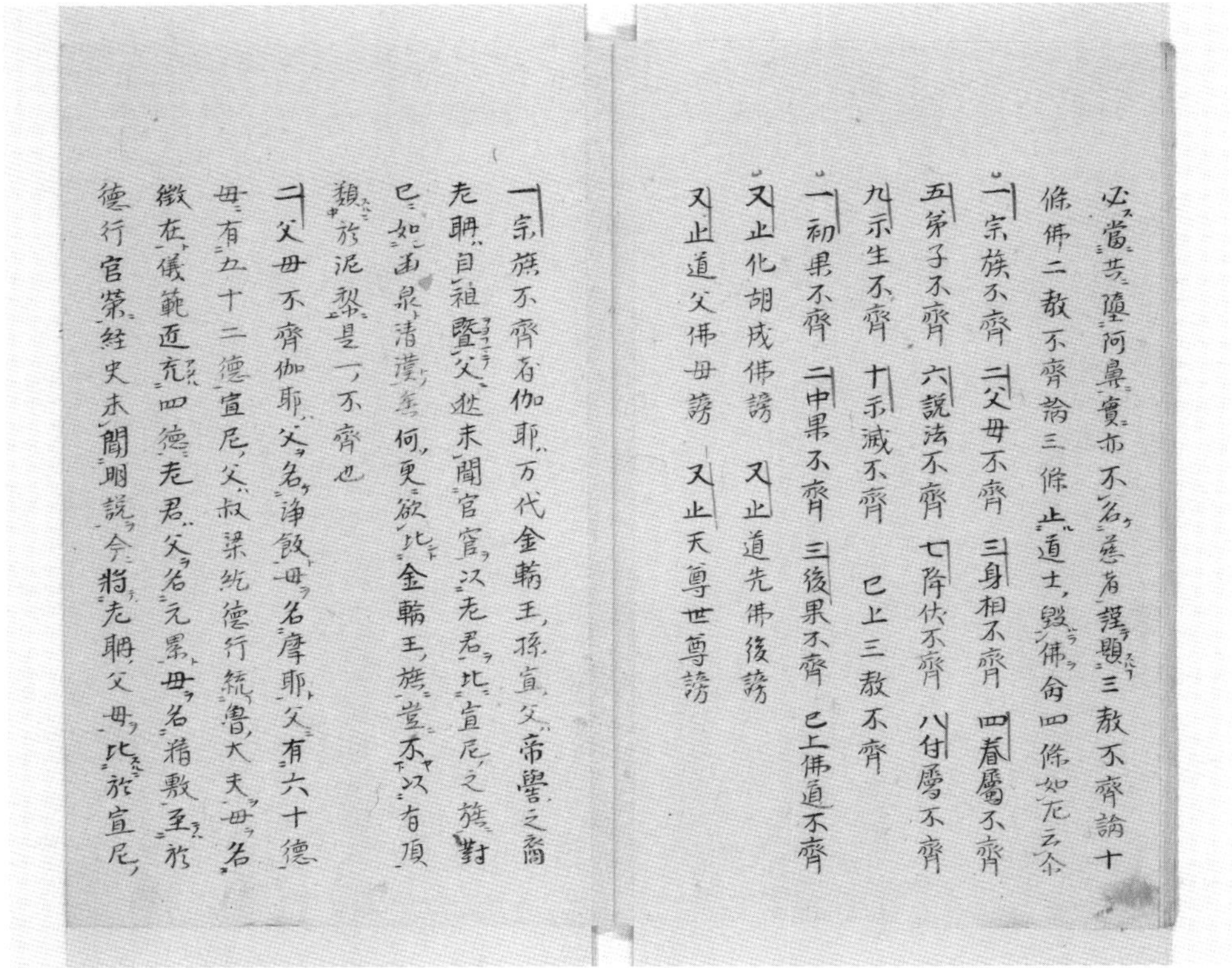
必當甚堕阿鼻實亦不名慈者誤題三教不齊論十
條佛二教不齊論三條 上道士毀佛論四條如左云尒
一宗族不齊 二父母不齊 三身相不齊 四眷屬不齊
五弟子不齊 六說法不齊 七降伏不齊 八付屬不齊
九示生不齊 十示滅不齊 已上三教不齊
一初果不齊 二中果不齊 三後果不齊 已上佛道不齊
又止化胡成佛謗 又止道先佛後謗
又止道父佛母謗 又止天尊世尊謗

一宗族不齊者伽耶万代金輪王孫宣父帝嚳之裔
老聃自祖豎父姓未聞官窟以老君比宣尼之族對
已如函泉清濁何更欲比金輪王族豈不以有頂
類於泥梨是一不齊也
二父母不齊伽耶父名淨飯母名摩耶父有六十德
母有五十二德宣尼父叔梁紇德行絶倫魯大夫母名
徵在儀範匹充四德老君父名元杲母名精敷至於
德行官榮經史未聞明說今將老聃父母比於宣尼

8裏

9表

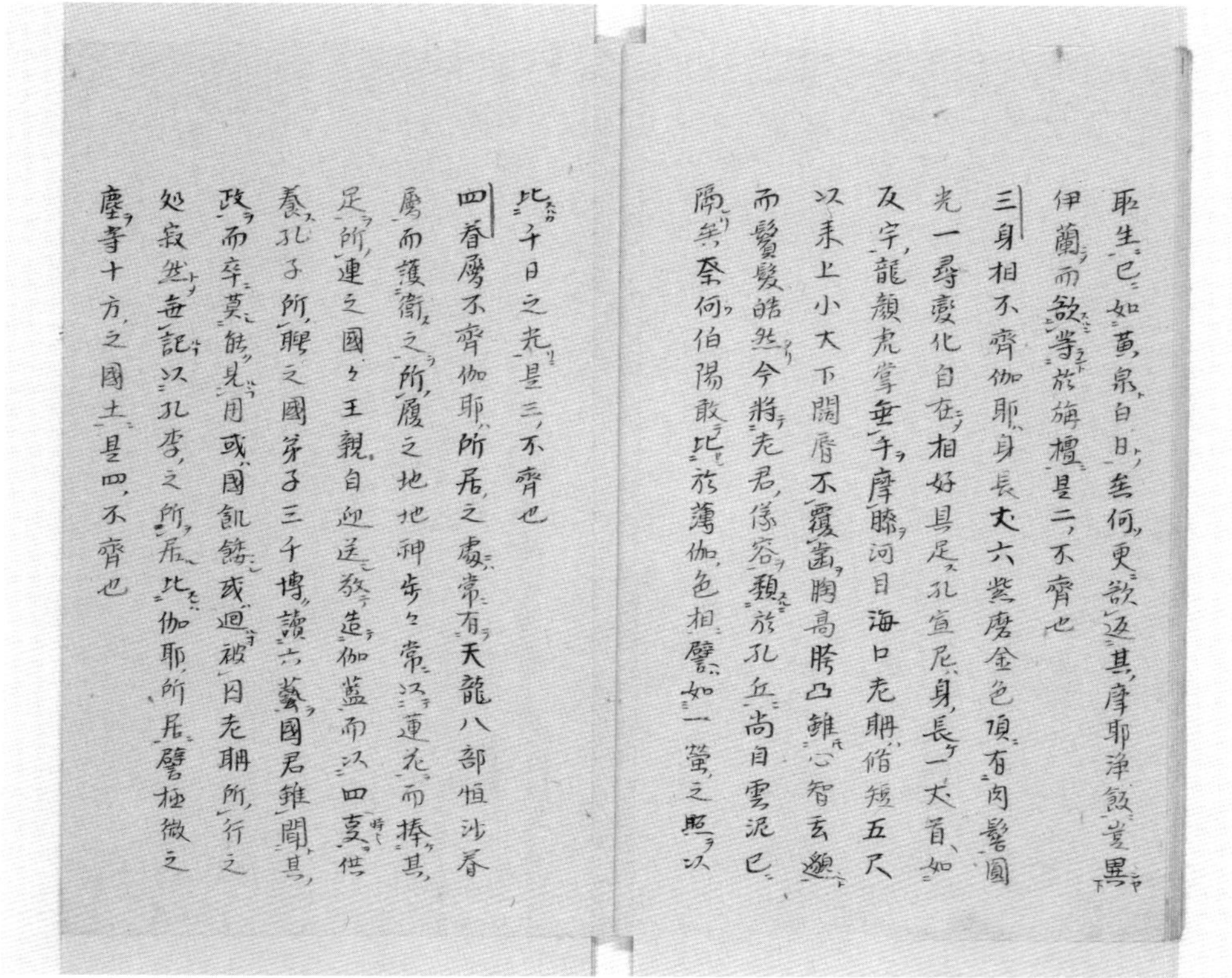
取生已如萬泉白日奈何更欲返其摩耶淨飯豈異
伊蘭而欲芳於旃檀是二不齊也
三身相不齊伽耶身長丈六紫磨金色項有肉髻圓
光一尋變化自在相好具足孔宣尼身長一丈首如
反宇龍顔虎掌垂手摩膝河目海口老耼偕短五尺
以耒上小大下闊脣不覆齒胸高腹凸雖心智玄邈
而鬢髮皓然今將老君儀容類於孔丘尚自雲泥已
隔矣奈何伯陽敢比於薄伽色相譬如一螢之照以
比千日之光是三不齊也
四眷屬不齊伽耶所居之處常有天龍八部恒沙眷
屬而護衛之所履之地地神歩々常以蓮花而捧其
足所連之國々王親自迎送教造伽藍而以四事供
養孔子所聘之國矛子三千博讀六藝國君雖聞其
政而卒莫能見用或國飢饉或迴被囚老耼所行之
処寂然無記以孔李之所居比伽耶所居譬極微之
塵等十方之國土是四不齊也

10表

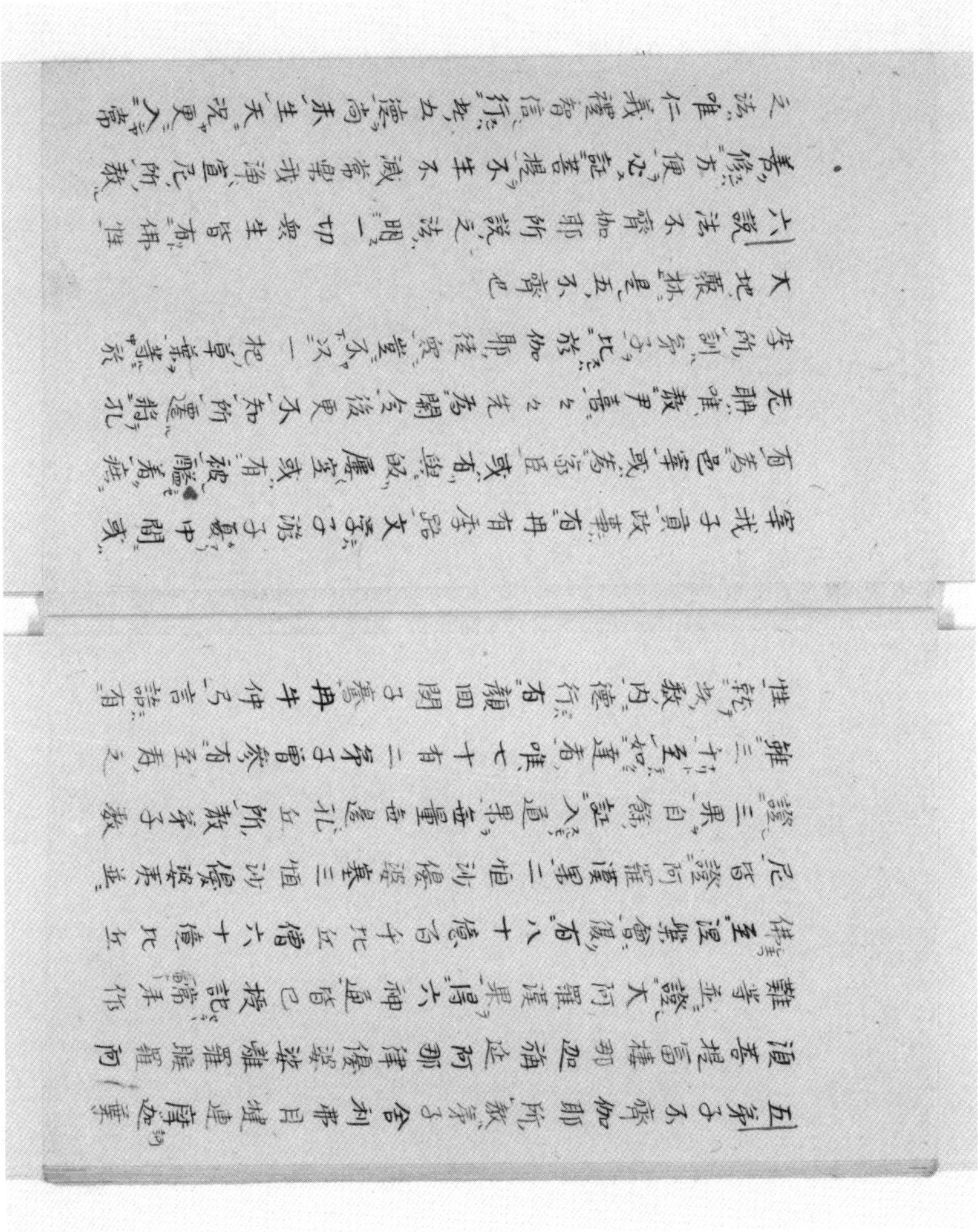
五弟子不齊伽耶所教弟子舍利弗目犍連摩訶迦葉
須菩提富樓那迦旃延阿那律優婆離羅睺羅阿
難等並證大阿羅漢果得六神通皆已授記當來作
佛至涅槃會復有八十億百千比丘僧六十億比丘
尼皆證阿羅漢果二恒沙優婆塞三恒沙優婆夷並
證三果自餘証入道果无量无邊比丘所教弟子數
雖三千至如達者唯七十有二弟子曾參有至孝之
性乾ゝ教内徳行有顔回閔子騫冉牛仲弓言語有
宰我子貢政事有冉有季路文学子游子夏中間或
有為邑宰或為家臣或有與政屢空或有被醢着病
无耕唯教尹喜ゝゝ先為關令後更不知所還船孔
李所訓弟子比於伽耶徒衆豈不以一把草葉等於
大地叢林是五不齊也
六説法不齊伽耶所説之法明一切衆生皆有佛性
善修方便必証菩提不生不滅常樂我浄宣尼所教
之法唯仁義禮智信行此五徳尚未生天況更入常

9裏

10裏

皐我浄无君所教之法理性虚無自然為本利物究
竟渇生天羅如達尼叉之行亦生六欲界生三十三
天伽耶観生天如癰如瘡儒道極果而至於斯此於
佛法中小乗位処尚未逮於初果況欲攀顛於大乗
斗是六不齊也
七降伏不齊伽耶降伏四種魔伏六師外道怖酔象
調悪毒龍孔子畏盗跖懼桓魋辟陽貨厄阻溺老君
一無所伏以此而比何異蜉蝣之羽与金翅鳥捕飛

11表

是七不齊也
八付属不齊伽耶欲説法花時眉間白毫相光遍照
東方万八千佛土欲説涅槃経時従其面門放五色
光照於恒沙世界釈梵諸王及龍神魔鬼一切有情
悉来聴説説訖内付菩薩弟子广訶迦葉外付国王
宰相无聃説五千文時自棄青牛白轝執於函谷山
先見紫色雲瑞獨為尹喜演説之訖獨付尹喜孔子
或於宴寝或為顔回曾参説仁孝至徳或為魯哀公

12表

11裏

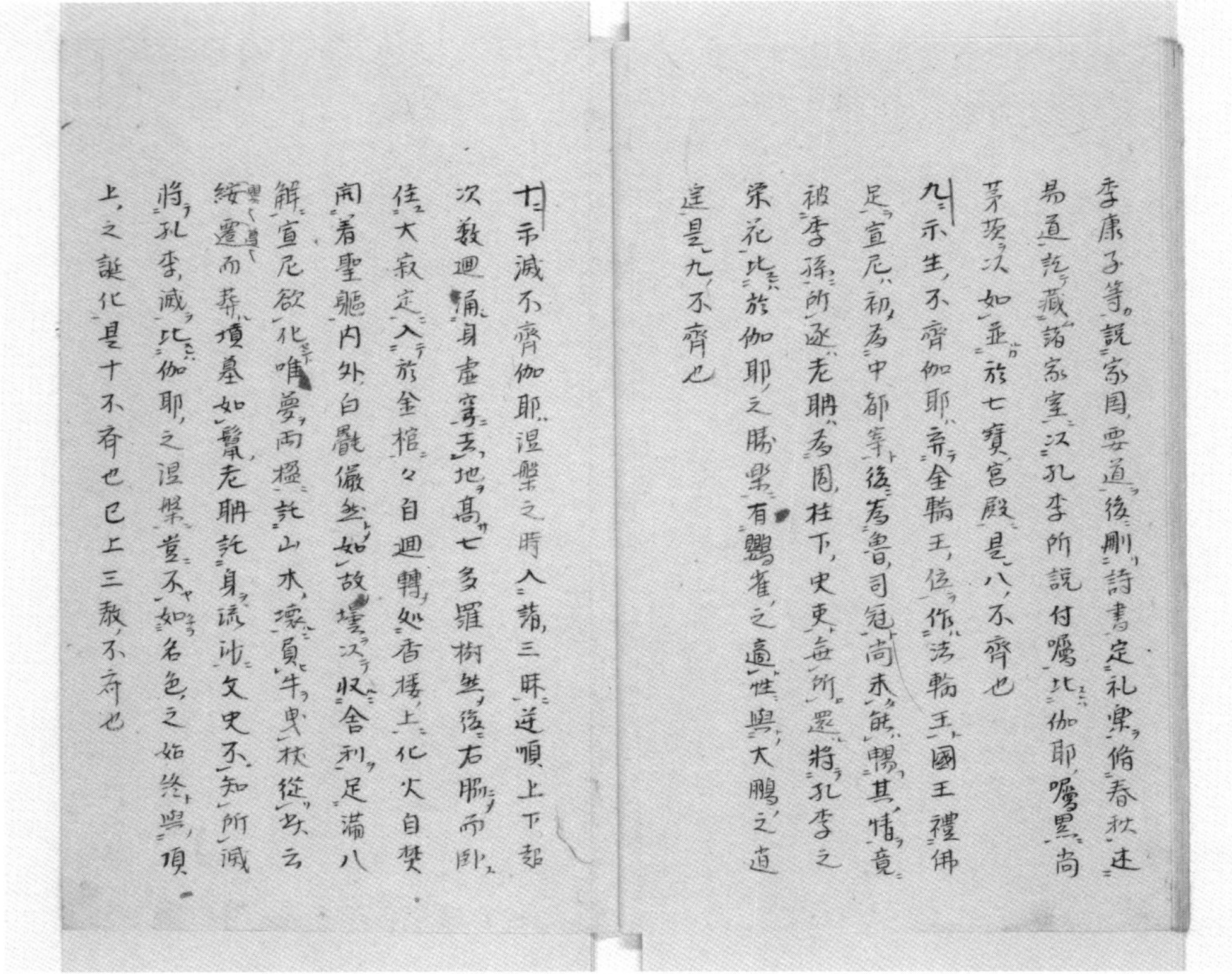
季康子等。説家国要道、後刪詩書、定礼楽、脩春秋、述
易道、記藏諸家室、以孔李所説付囑此伽耶、囑累尚
茅茨、以如並於七寶宮殿。是八不齊也
九示生不齊伽耶、亦金輪王、國王禮佛
足、宣尼初為中都宰、後為魯司寇、尚未能暢其情、竟
被季孫所逐。老聃為周柱下史、更無所畏。將孔李之
栄花、比於伽耶之勝果、有鸚雀之適性、與大鵬之逍
遥。是九不齊也

十示滅不齊伽耶涅槃之時、入諸三昧、逆順上下超
次數迴、踊身虚空、高七多羅樹、然後右脇而臥、
住大寂定、入於金棺、々自迴轉、処香樓上、化火自焚
開着聖軀、内外白氎儼然、如故。塔以収舎利、足滿八
解。宣尼欲化、唯夢兩楹。託山木壊、負手曳杖、從容云
綏靈而葬、墳墓如鬣。老聃託身流沙、文史不知所滅
將孔李滅比伽耶之涅槃、豈不如名色之始終、與項
上之誕化。是十不齊也。已上三教不齊也

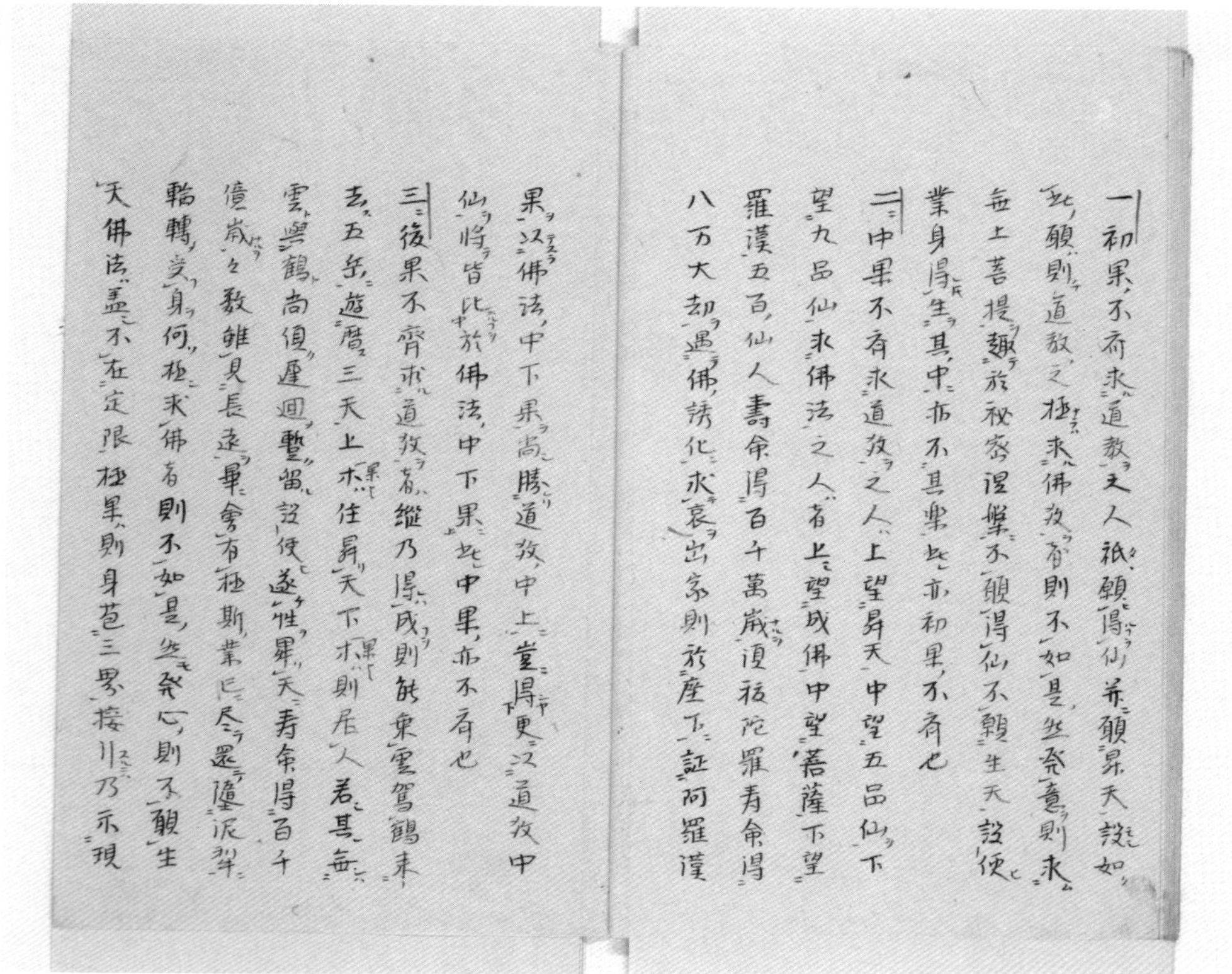

12
裏

一初果不斉求道教之人祇願得仙并願昇天設如
私願則道教之極求佛故者則不如是然発意則求
無上菩提趣於秘密涅槃不願得仙不願生天設便
業身得生其中亦不甚樂是亦初果不斉也
二中果不斉求道教之人上望昇天中望五品仙下
望九品仙求佛法之人者上望成佛中望菩薩下望
羅漢五百仙人壽命得百千萬歳須跋陀羅壽命得
八万大劫遇佛誘化求哀出家則於座下証阿羅漢

13
表

果以佛法中下果尚勝道教中
仙皆比於佛法中下果是中果亦不斉也
三後果不齊求道教者縦乃得成則能乗雲駕鶴来
去五岳遊歴三天上果住昇天下果則居人若其無
雲與鶴尚復遅迴暫留設使遂性果天壽命得百千
億歳々數雖見長遠畢會有極斯業已尽還墮泥犂
輪轉受身何極求佛者則不如是然発心則不願生
天佛法盡不在定限極果則身苞三界接引乃示現

14表

13裏

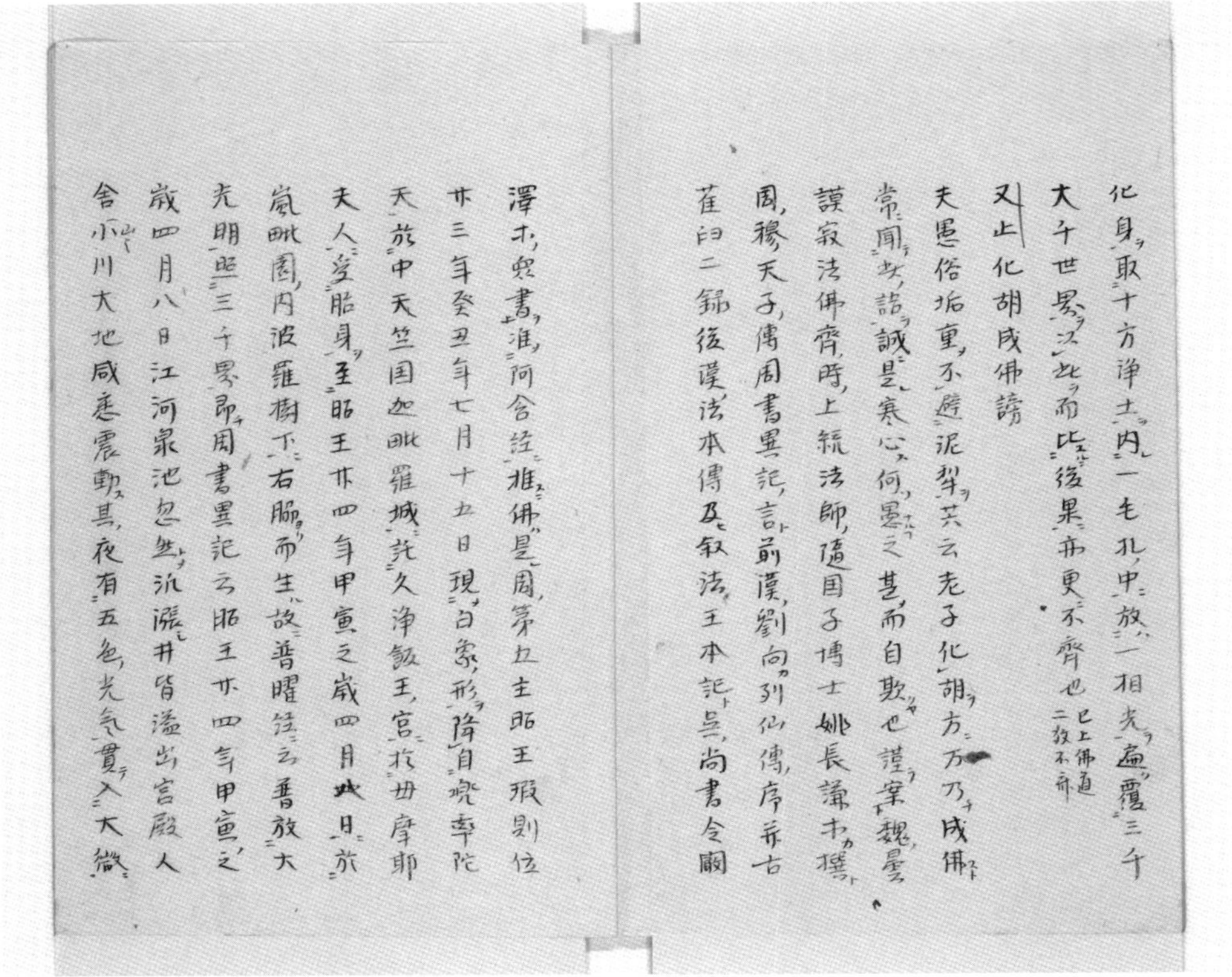

化身取十方淨土内一毛孔中放一相光遍覆三千
大千世界以此而比後果亦更不齊也 已上佛道二教不齊
又止化胡成佛謗
夫愚俗垢重不避泥犁共云老子化胡方乃成佛
常聞此語誠是寒心何愚之甚而自欺也謹案魏曇
謨寂法佛齊時上統法師隨國子博士姚長謙求撰
周穆天子傳周書異記言前漢劉向列仙傳序并古
萑曰二録後漢法本傳及叙法王本記上尚書令闞

澤求與書准阿含經推佛是周第五主昭王瑕則位
廿三年癸丑年七月十五日現白象形降自兜率陀
天於中天竺国迦毗羅城託久浄飯王宮於母摩耶
夫人受胎身至昭王廿四年甲寅之歳四月八日於
嵐毗園内波羅樹下右脇而生故普曜經云普放大
光明照三千界即周書異記云昭王廿四年甲寅之
歳四月八日江河泉池忽然汎漲井皆溢出宮殿人
舎小川大地咸悉震動其夜有五色光氣貫入大微

14裏

15表

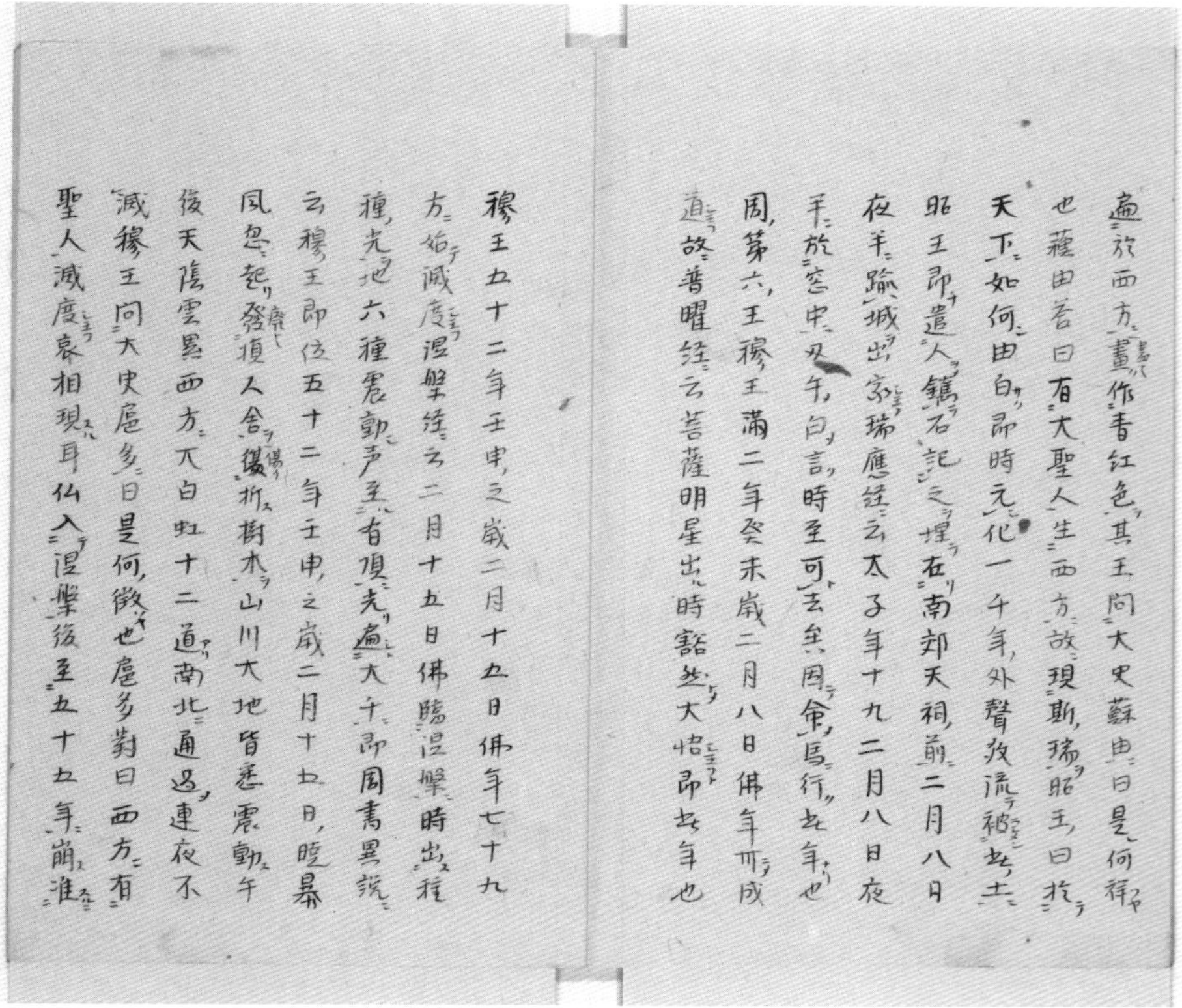
遍於西方盡作青紅色其王問大史蘇由曰是何祥
也蘇由答曰有大聖人生西方故現斯瑞昭王曰於
天下如何由白即時无化一千年外聲教流被此土
昭王即遣人鐫石記之埋在南郊天祠前二月八日
夜半踰城出家瑞應経云太子年十九二月八日夜
半於窓中叉手白言時至可去矣因命馬行此年也
周第六王穆王満二年癸未歳二月八日佛年卅成
道故普曜経云菩薩明星出時豁然大悟即此年也

穆王五十二年壬申之歳二月十五日佛年七十九
方始滅度涅槃経云二月十五日佛臨涅槃時出種
種光地六種震動声至有頂光遍大千即周書異説
云穆王即位五十二年壬申之歳二月十五日暁暴
風忽起発損人舎傷折樹木山川大地皆悉震動午
後天陰雲黒西方有白虹十二道南北通過連夜不
滅穆王問大史扈多曰是何徴也扈多對曰西方有
聖人滅度衰相現耳仏入涅槃後至五十九年崩準

15裏

史記穆王崩立子恭王恭王十二年崩後立子懿王
〻〻廿五年崩立弟辟方為孝王〻〻十五年崩立
懿王太子燮是為夷王〻〻十六年崩立子胡是為
厲王〻〻即位五十一年崩立太子静是為宣王〻
〻即位経四十六年崩立子湦為幽王〻〻即位十
年被犬戎所殺立太子宜臼為平王〻〻即位経五
十一年崩立其孫林為桓王〻〻即位廿三年崩立
子佗為荘王〻〻即位五十一年崩立僖王胡齊是

16表

為釐王〻〻即位五年崩立子閬為恵王〻〻即位
廿五年崩立子鄭為襄王〻〻即位卅三年崩立姫
為項王〻〻即位六年崩立子班為匡王〻〻即位
二年崩立弟瑜為定王〻〻即位廿一年乙卯年三
月十四日子時依歴帝記老聃始生従穆王五十三
年至定王廿一年経三百六十三年懸隔一十六
王豈得老聃未生已前預得化胡成佛釈迦生実在
後史傳何假書老聃生必在前経史雪不具載我等

17
表

16
裏

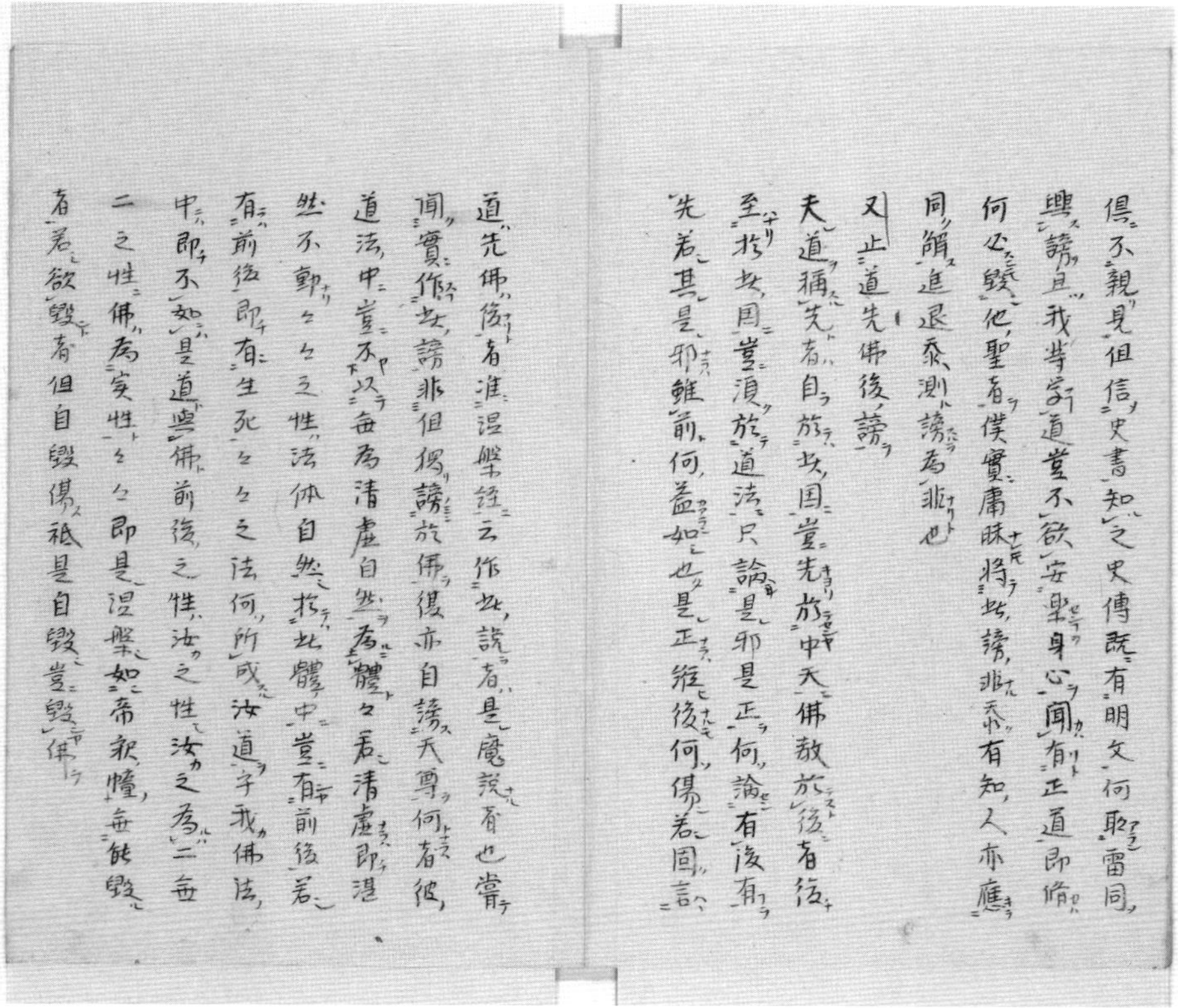
偈不親見、但信史書。知之史傳既有明文、何恥雷同、
興謗且我等守道、豈不欲安樂身心、聞有正道、即偷
何必毀他。聖者僕實庸昧、將此謗非、未必有知人亦應
同頷、進退忝測、謗為非也
又止道先佛後謗
夫道稱先者、自於此、因豈先於中天佛教於後者後
至於此、因豈須於道法。只論是邪是正、何論有後有
先。若其是邪、雖前何益。如也是正、雖後何傷。若同言
道先佛後者、准涅槃經云、作此説者、是魔説也。嘗
聞實作此謗、非但得謗於佛、復亦自謗天尊。何者彼
道法中、豈不以無為清虚自然為體。々若清虚即涅
然不動。々々之性、法体自然、於此體中、豈有前後。若
有前後、即有生死。々々之法、何所成。汝道字我佛法
中、即不如是、道無佛前後之性、汝之性汝之為、二無
二之性、佛為実性。々々即是涅槃、如帝釈幢、無能毀。
有若欲毀者、但自毀傷、祇是自毀、豈毀佛

17裏

18表

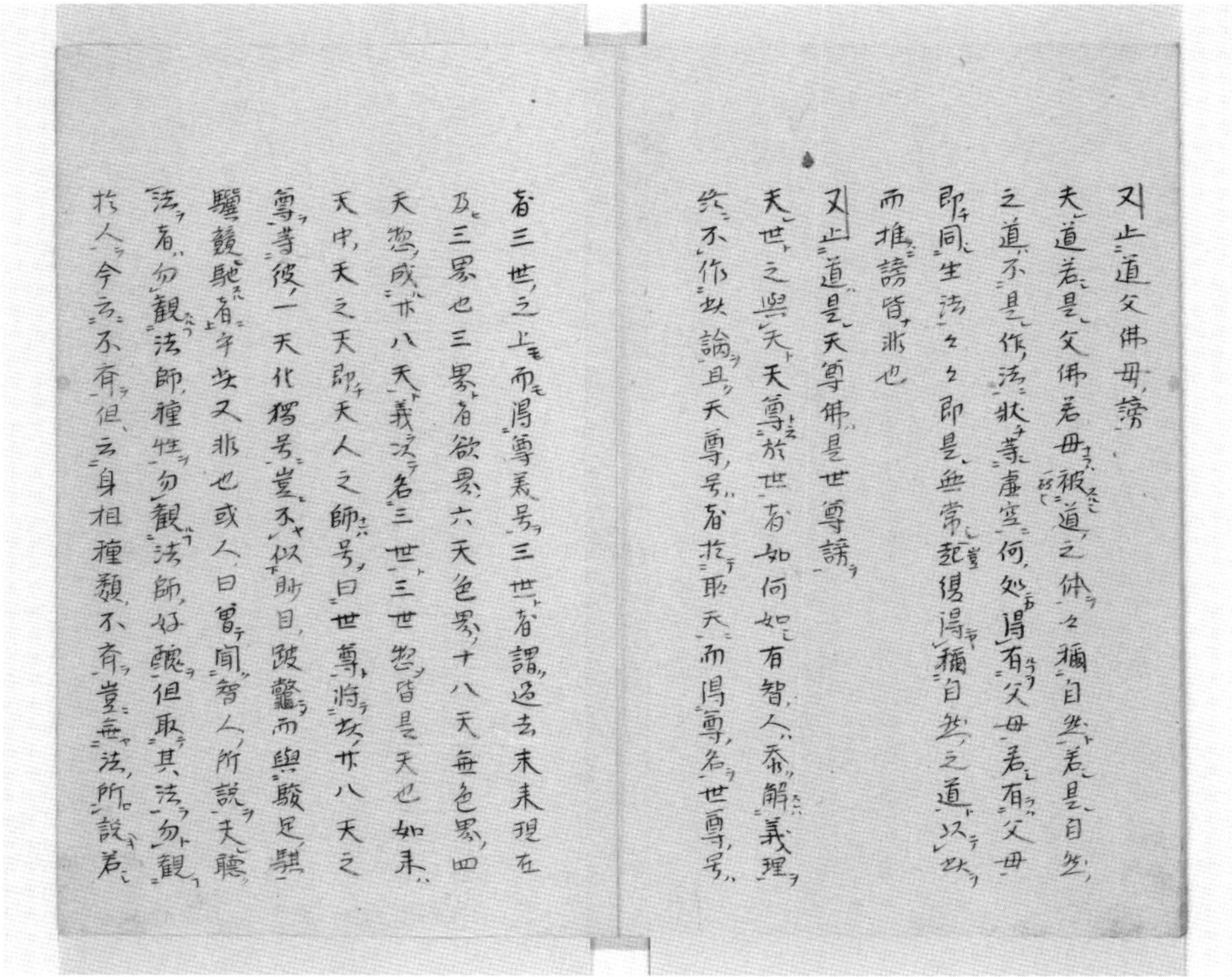
又止道父佛母謗
夫道若是父佛若母被道之体々稱自然若是自然
之道不是作法状等虚空何処得有父母若有父母
即同生法々々即是無常起復得稱自然之道以此
而推謗皆非也
又止道是天尊佛是世尊謗
夫世之與天天尊於世者如何如有智人叅解義理
然不作此論且天尊号者於取天而得尊名世尊号
者三世之上而得尊義号三世者謂過去未来現在
及三界也三界者欲界六天色界十八天無色界四
天惣成卅八天義決名三世三世惣皆是天也如来
天中天之天即天人之師号曰世尊将於卅八天之
尊等彼一天化獨号豈不似助目跛鼈而與駿足騏
驥競馳者乎此又非也或人曰嘗聞智人所説夫聴
法者勿観法師種性勿観法師好醜但取其法勿観
於人今云不有但云身相種類不有豈無法所説者

19表

18裏

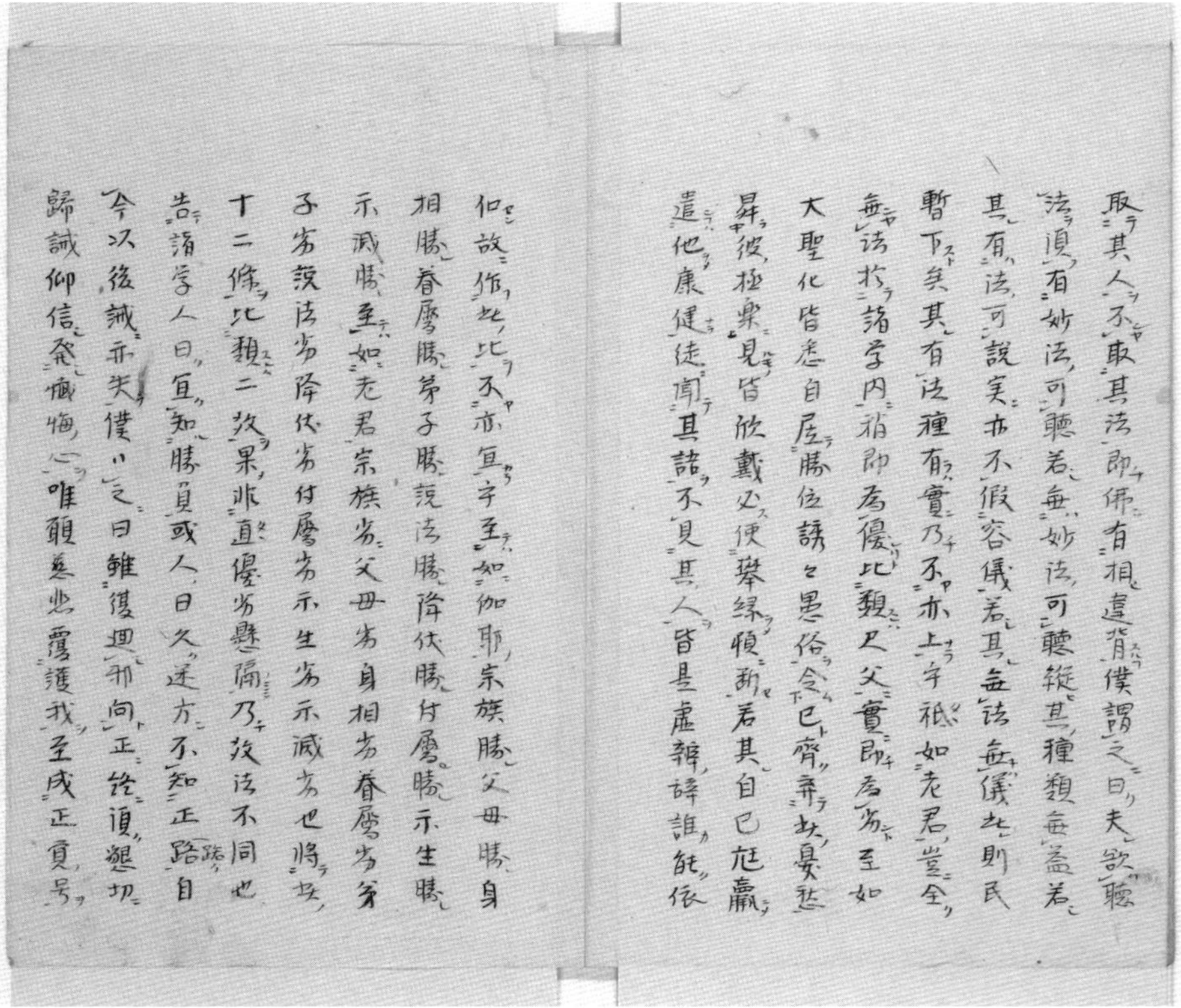

取其人不取其法即佛有相違背僕謂之曰夫欲聽
法須有妙法可聽若無妙法可聽縱其種類無益若
其有法可說実亦不假容儀若其無法無儀此則民
暫下矣其有法種有實乃不亦上乎祇如老君豈全
無法於諸学内稍即為優比類凡父實即為劣至如
大聖化皆悉自居勝位誘々愚俗令巳齊弃扶憂愁
昇彼極樂見皆欣戴必使攀縁傾新若其自巳尪羸
遺他康健徒聞其詰不見其人皆是虚辞誰能依
仰故作此比不亦宜乎至如伽耶宗族勝父母勝身
相勝眷屬勝弟子勝說法勝降伏勝付屬勝示生勝
示滅勝至如老君宗族劣父母劣自相劣眷屬劣弟
子劣說法劣降伏劣付屬劣示生劣示滅劣也將茲
十二條比類二教果非直優劣懸隔乃致法不同也
告諸学人曰宜知勝負或人日久迷方不知正路自
今以後識亦失僕いゝ之曰雖復迴邪向正於須懇切
歸識仰信發慚悔心唯願慈悲覆護我至成正覚号

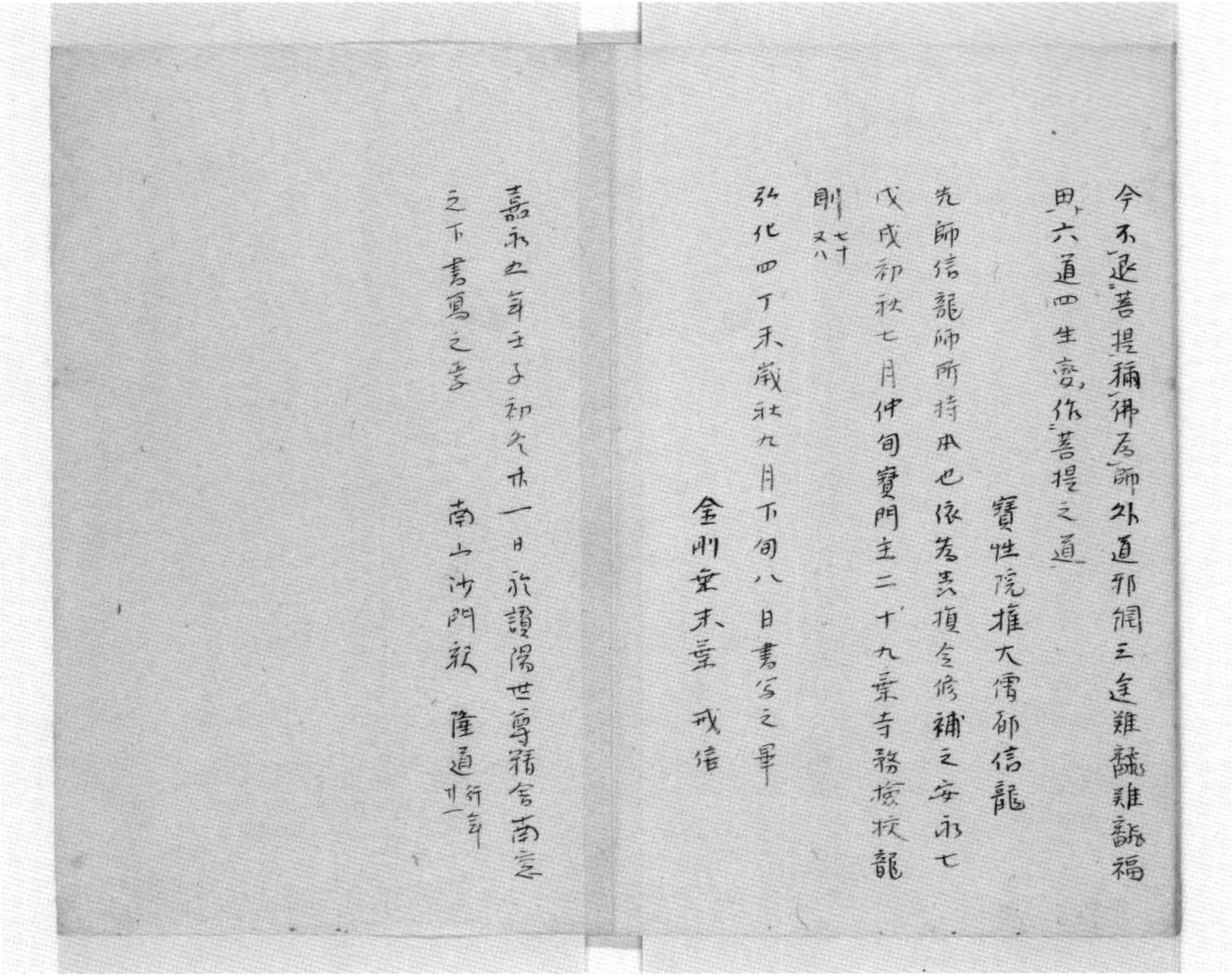
今不退菩提稱佛爲師外道邪網三途難黜難黜福
田六道四生意作菩提之道
寶性院権大僧都信龍
先師信龍師所持本也依為要撰令修補之安永七
戊戌初秋七月仲旬寶門主二十九葉寺務検校龍
剛七十八
弘化四丁未歳秋九月下旬八日書写之畢
金剛栄末葉　戒信

嘉永五年壬子初冬廿一日於讃陽世尊精舎南窓
之下書寫之者
南山沙門叡　隆道　行年廿一

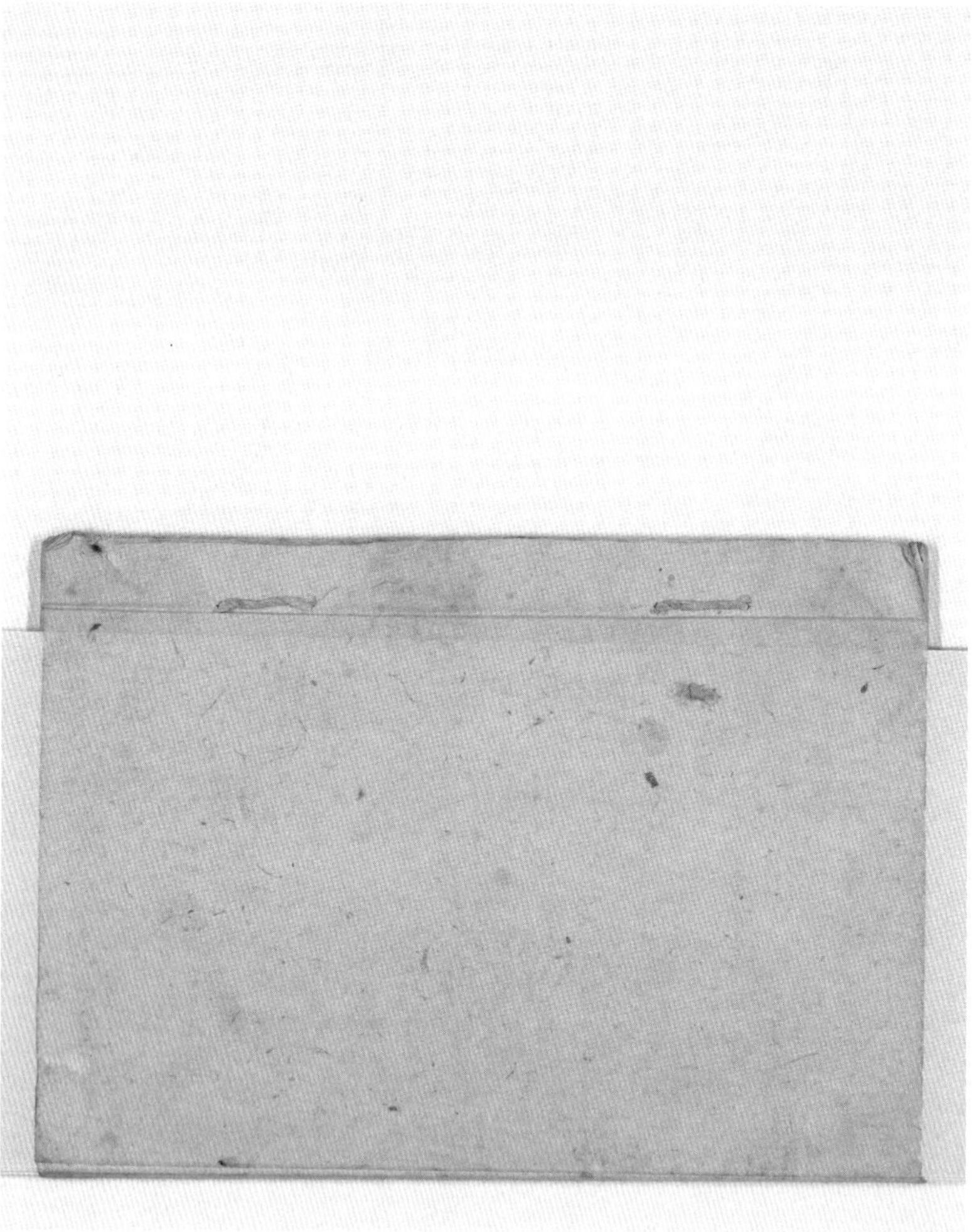

裏表紙

影印

諸橋文庫本（東京都立中央図書館諸橋文庫所蔵）

覆表紙

元表紙

覆表紙見返

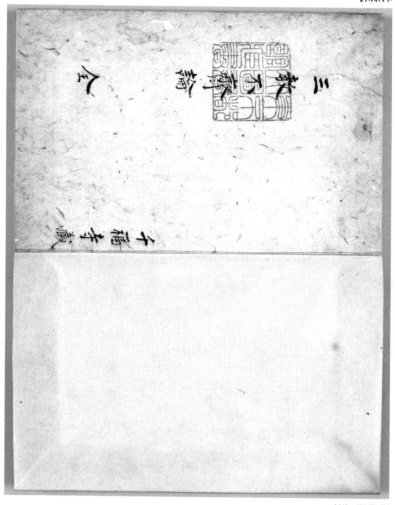

1表

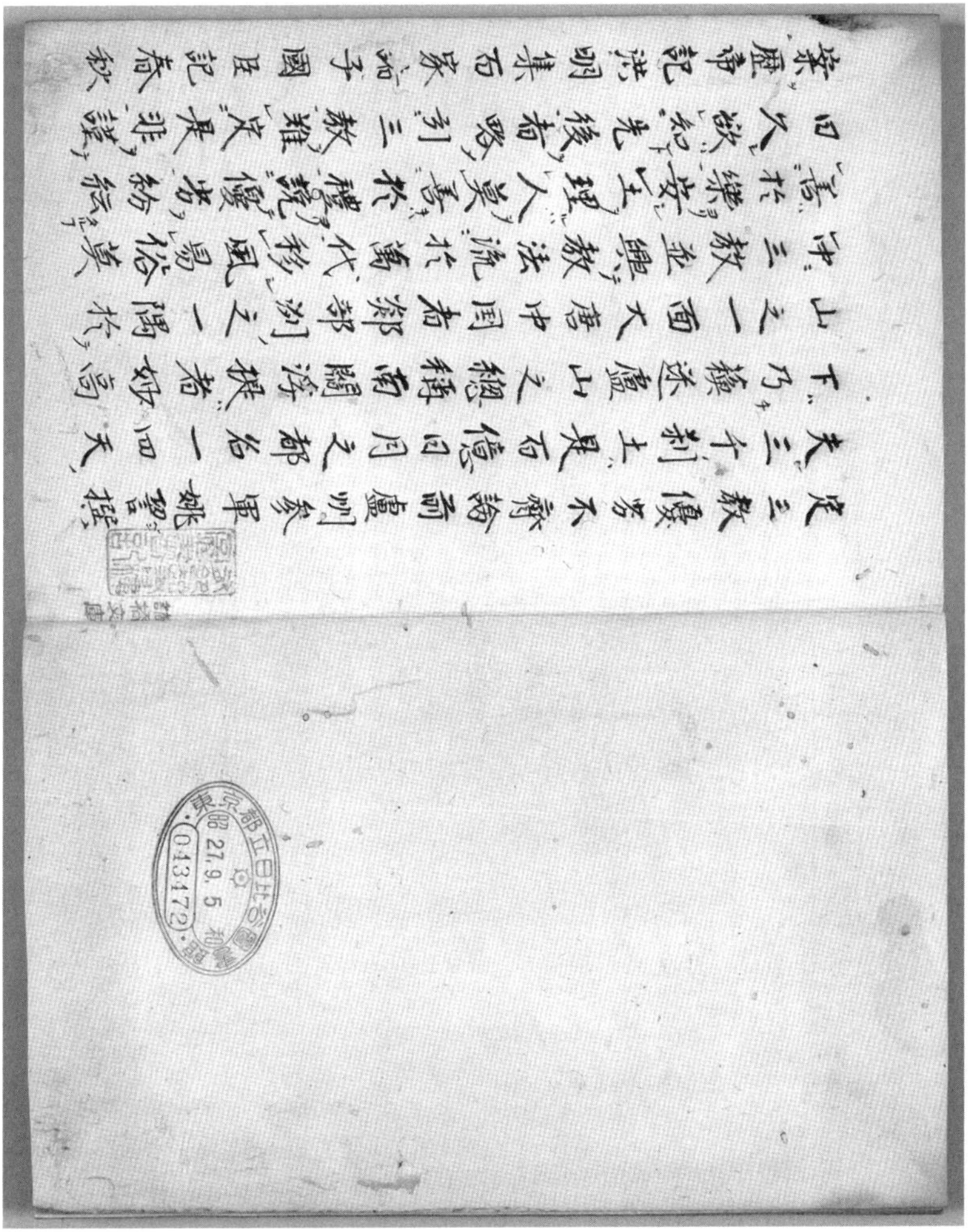

定三教優劣不齊論　前盧州參軍姚𧦝撰
夫三千刹土、是百億日月之都名、一四天
下乃蘓迷盧山之總稱、南閻浮提者妙高
山之一面、大唐中国者鄭部洲之一隅、於
中三教並興、教法流於萬代、移風易俗莫
善於樂、安上理人莫善於禮、說優劣紛紜
日久、欲知先後者略引三教、雖定是非、謹
案歷帝記、洪明集、百家諸子、國臣記、春秋

元表紙見返

2表

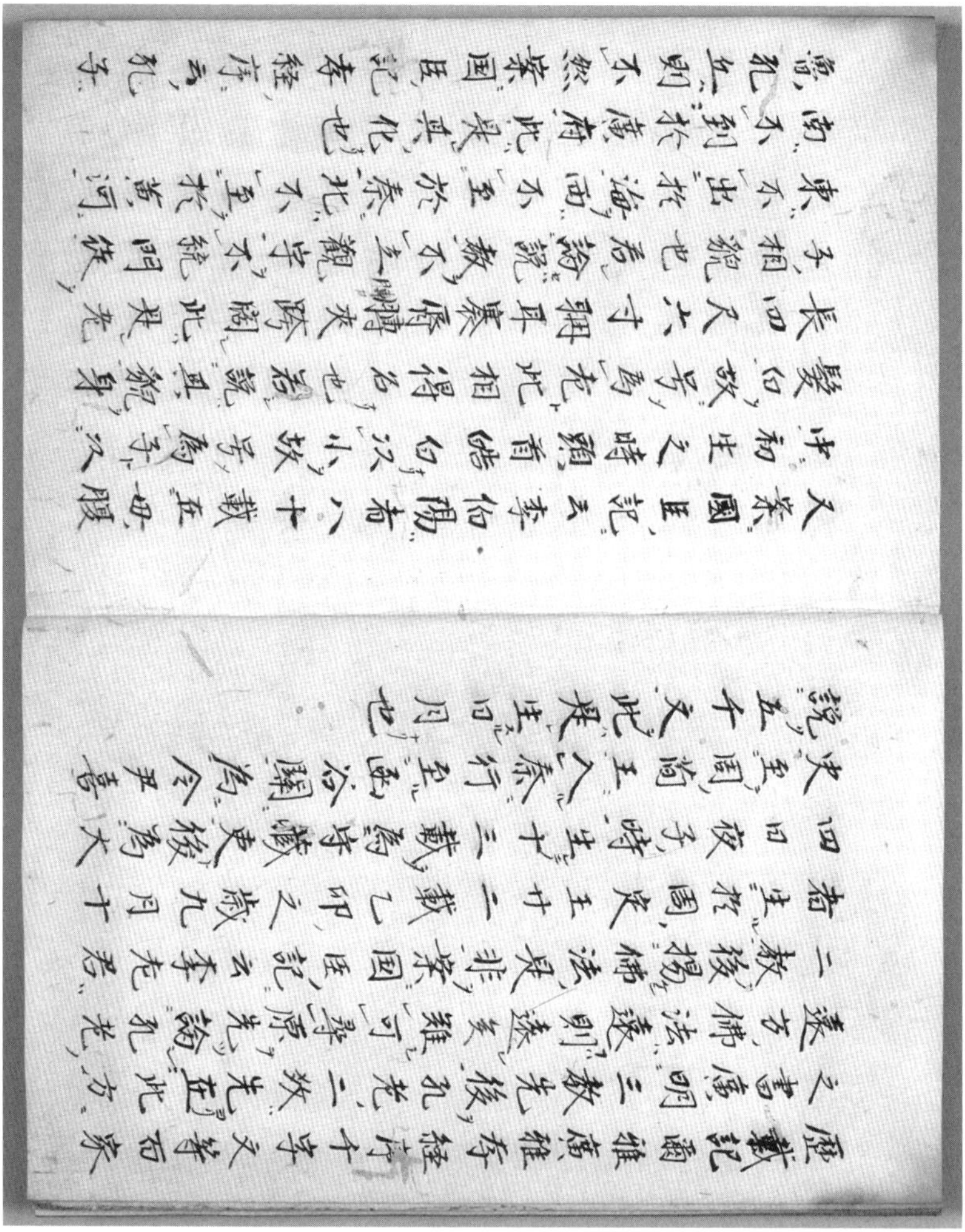
歴載記爾雅廣雅存経序千字文等百家
之書廣明三教先後孔老二教先在此方
遠方佛法遠則遠矣雖可尋原先論孔老
二教後揚佛法是非案国臣記云李老君
者生於周定王廿二載乙卯之歳九月十
四日夜子時生十三載為守藏吏後為大
史至周簡王入秦行至函谷關為令尹喜
説五千文此是生日月也

又案國臣記云李伯陽者八十載在母腹
中初生之時頭首皓白以小故号為子以
髪白故号為老此相得名也若説其貌身
長四尺六寸耼耳褰脣聘夾跨闊此是老
子相貌也若論説教不立觀宇不統門徒
東不出於海西不至於秦北不至於黄河
南不到於廣府此是其化也
魯孔丘則不然案国臣記孝経序云孔子

1裏

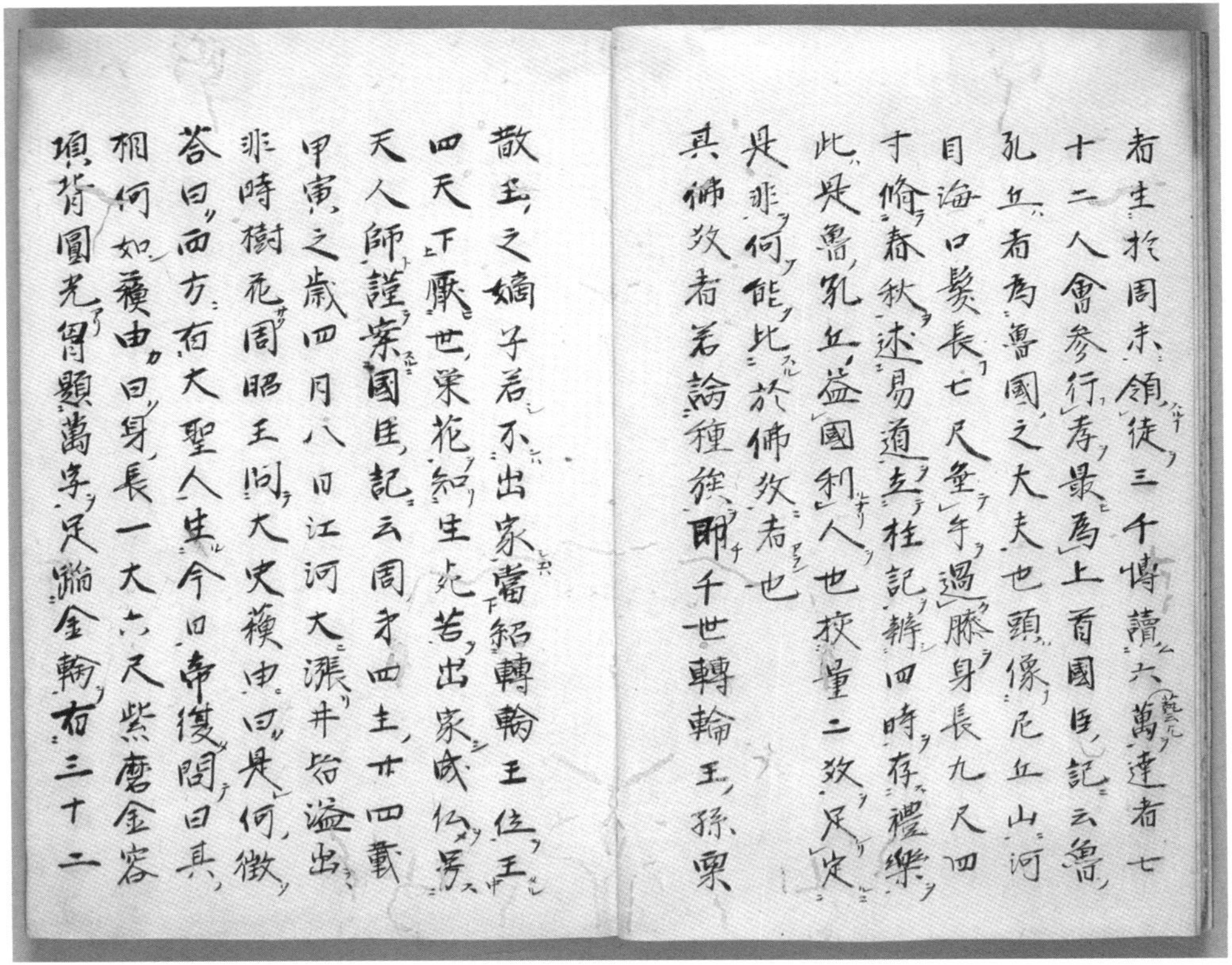

2裏

者生於周末領徒三千讀六藝達者七
十二人會參行孝最爲上首國臣記云魯
孔丘者爲魯國之大夫也頭像尼丘山河
目海口髮長七尺垂手過膝身長九尺四
寸脩春秋述易道立杜記辨四時存禮樂
此是魯孔丘益國利人也挍量二教足定
是非何能比於佛教者也
其佛教者若論種族即千世轉輪王孫粟

3表

散王之嫡子若不出家當紹轉輪王位王
四天下厭世棄花知生死若出家成仏号
天人師謹案國臣記云周第四主廿四載
甲寅之歳四月八日江河大漲井皆溢出
非時樹花周昭王問大史蘇由曰是何徵
答曰西方有大聖人生今日帝復問曰其
相何如蘇由曰身長一丈六尺紫磨金容
項背圓光胸題萬字足躡金輪有三十二

4表

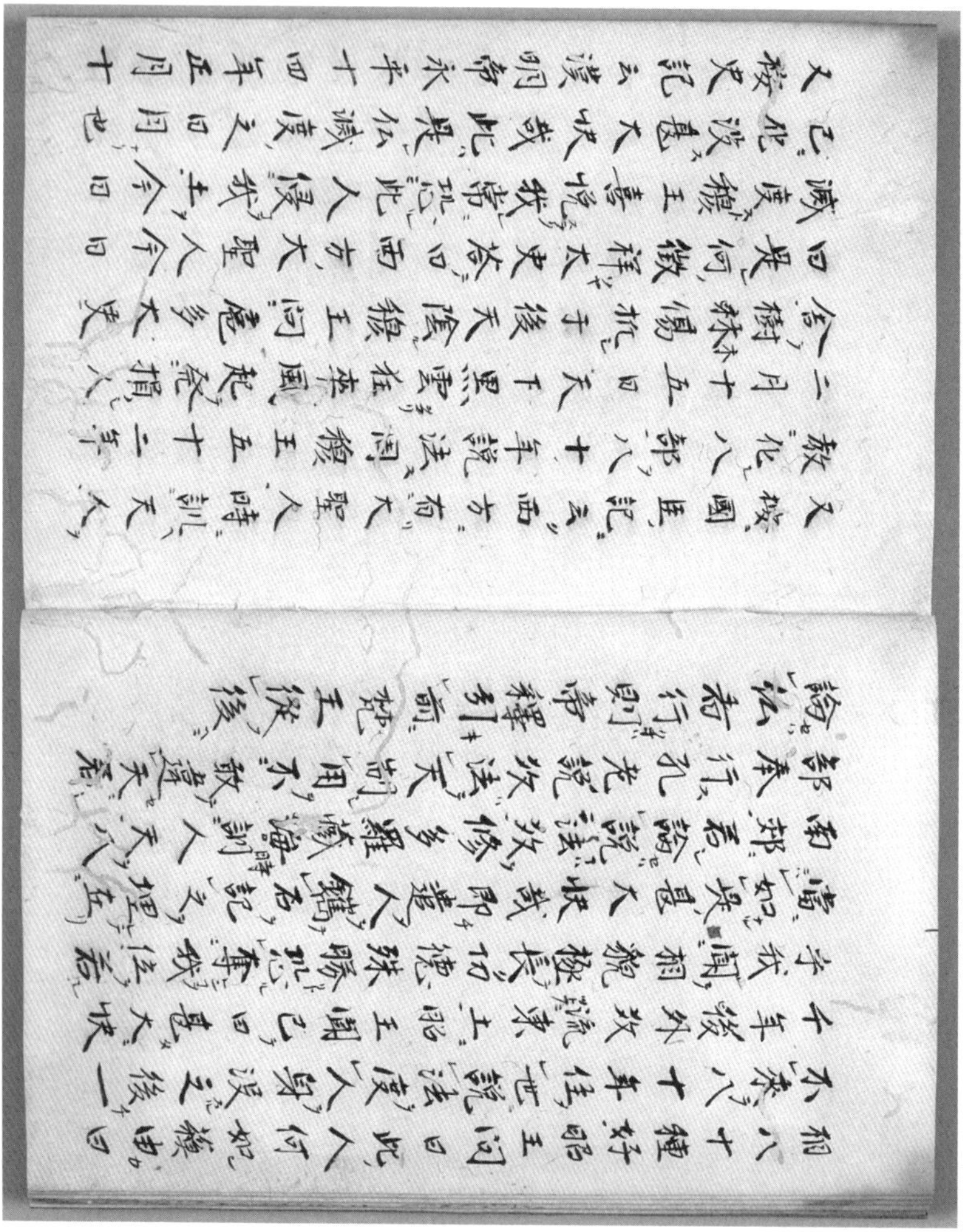
相八十種好昭王問曰此人何如獲由曰
不來八十年住世説法度人身没之後一
千年後外教流東土昭王聞已曰甚大快
子我聞相貌極長功德殊勝恐奪我位若
當如是甚大快哉即遣人鐫石記之埋在
南郊若論説法教修多羅藏海訓人天八
部奉行孔老説教法天尚用不敢違天若
論弘者行則帝釋引前梵王從後

又按國臣記云西方有大聖人時訓天人
教化八部八十年説法周穆王五十二年
二月十五日天下黒雲在東風起発損人
舍樹林傷折于後天陰穆王問扈多大史
曰是何徴祥太史答曰西方大聖人今日
滅度穆王喜悦我常恐此人侵我土今日
已化没甚大快哉此是仏滅度之日月也
又按史記云漢明帝永平十四年正月十

3裏

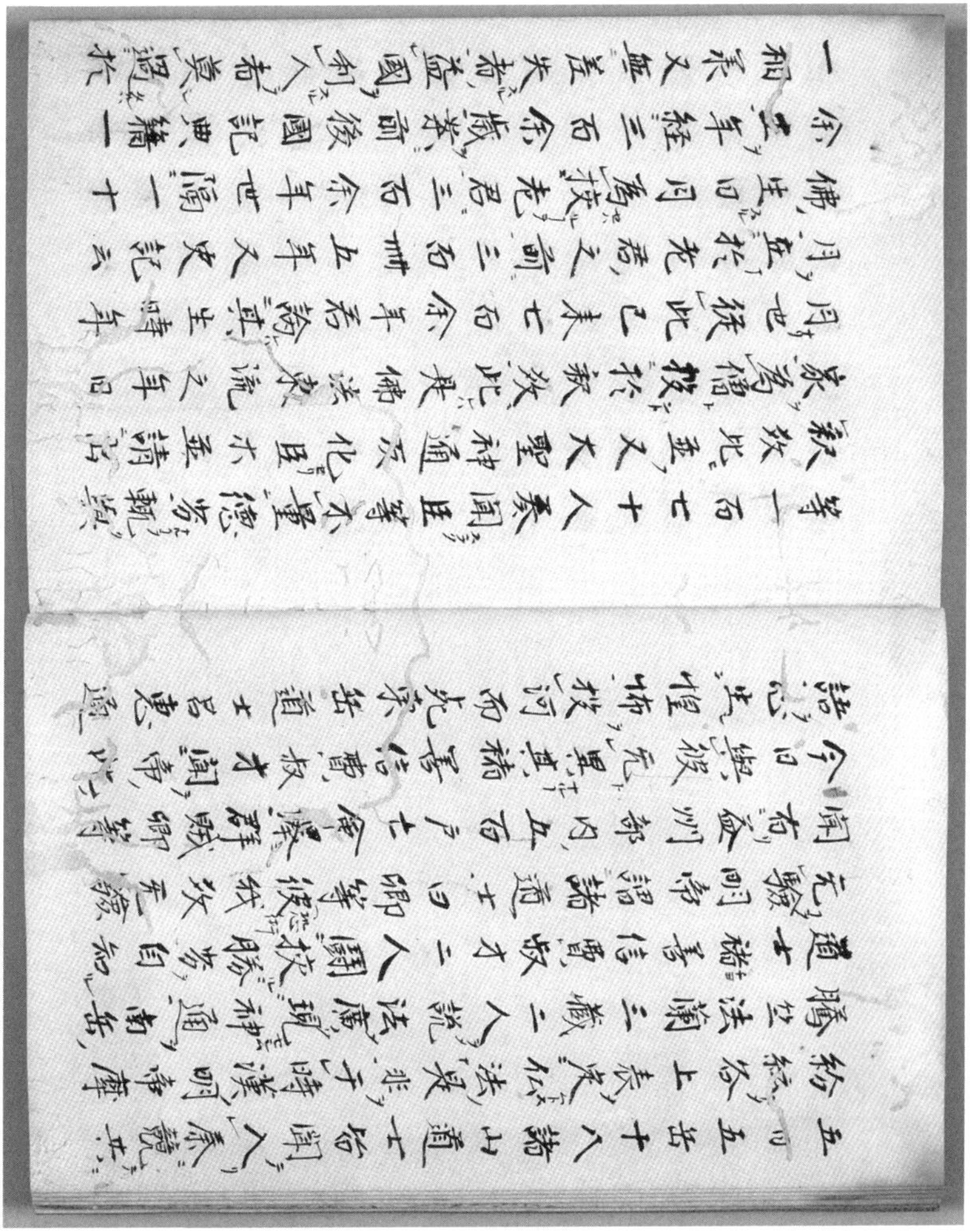
5表

等一百七十人奏聞臣等不量德劣輙與
釈效比丘又大聖神通反化臣亦並請出
家為僧投於釈效此是佛法東流之年日
月世從此已来七百余年若論其生時年
月並於老君之前三百卌五年又史記云
佛生日月為挍老君三百余年世隔一十
余土年経三百余歳案前後國記典籍一
一相衆又無差失者益國利人者莫過於

4裏

五日五岳十八諸山道士皆聞入秦競共
紛紜各上表定仏法是非于時漢明帝摩
騰竺法蘭三蔵二人説法廣現神通南岳
道士褚善信費叔才二人闘挍勝劣自知
无験明帝謂諸道士曰卿等彼我效无験
聞有益州部内五百戸七命怪羣賊卿等
今日與彼无異其褚善信費叔才聞帝此
語心生惶怖投河而死索岳道士呂恵通

6表

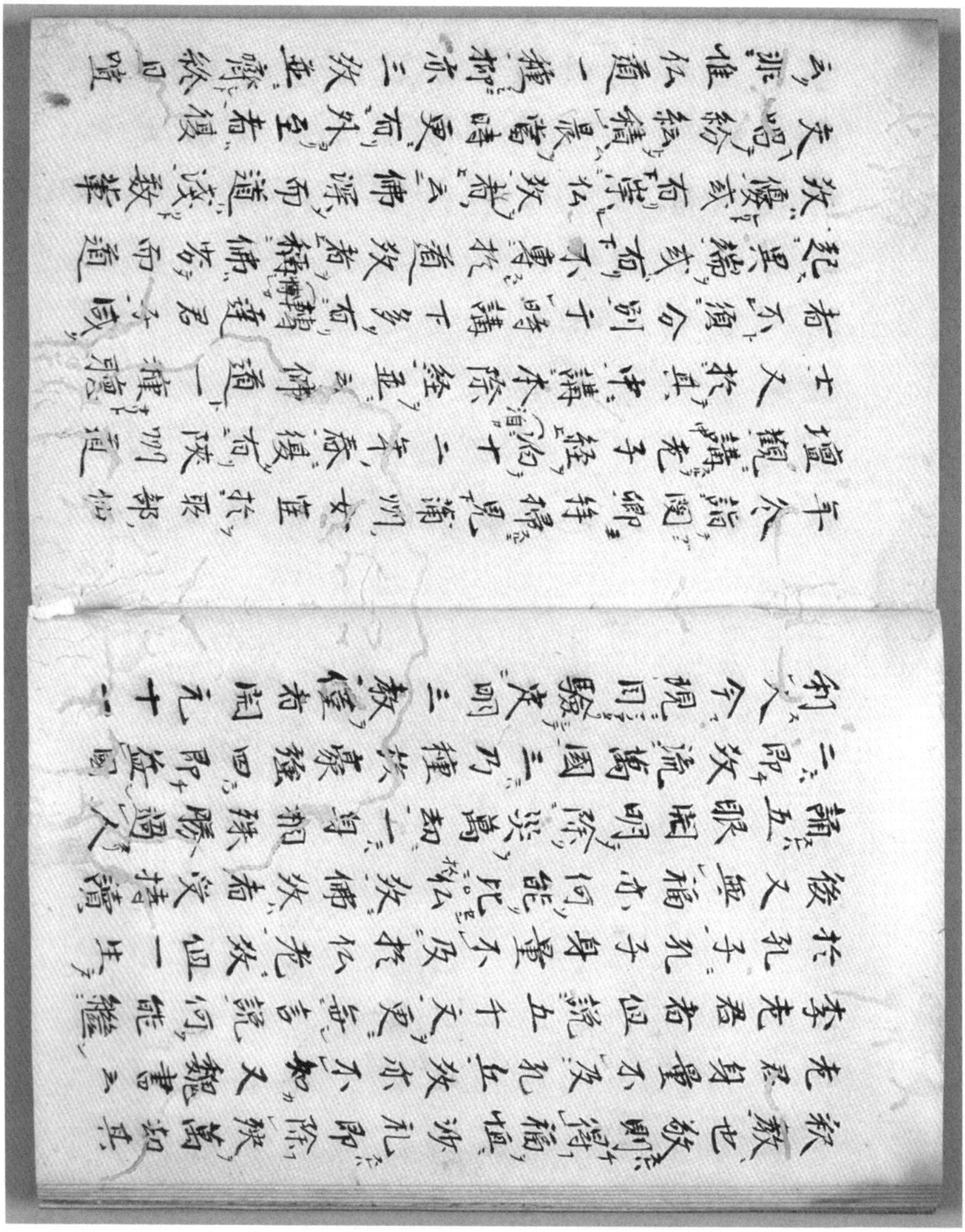

5裏

7表

6裏

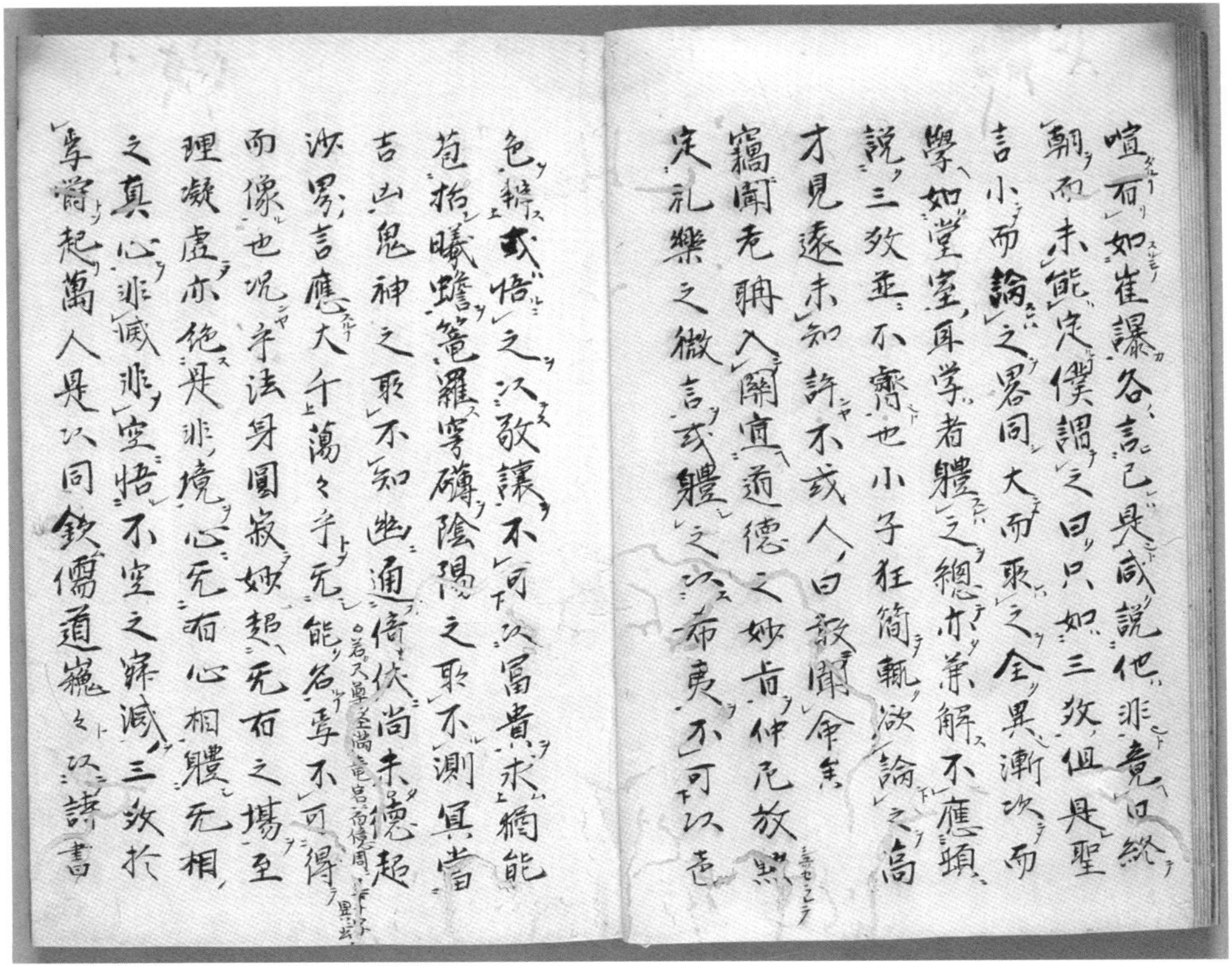
喧有如雀躁各言己是咸說他非竟日終
朝而未能定僕謂之曰只如三教但是聖
言小而論之畧同大而取之全異漸次而
學如堂室耳學者體之總亦兼解不應頓
說三教並不齊也小子狂簡輒欲論之高
才見遠未知許不或人曰敢聞命矣
竊聞老聃入關宣道德之妙旨仲尼放黙
定礼樂之微言或體之以希夷不可以言

色稱或悟之以敬讓不可以富貴求猶能
苞括曦蟾篭羅寥礴陰陽之取不測冥當
吉凶鬼神之取不知幽通倚伏尚未徳起
沙界言應大千蕩々乎无能名焉尊不可得
而像也況乎法身圓寂妙超无有之場至
理凝虚亦絶是非境心无有心相體无相
之真心非感非空悟不空之寂滅三教於
尊爵起萬人是以同欽儒道巍々以諸書

8表

7裏

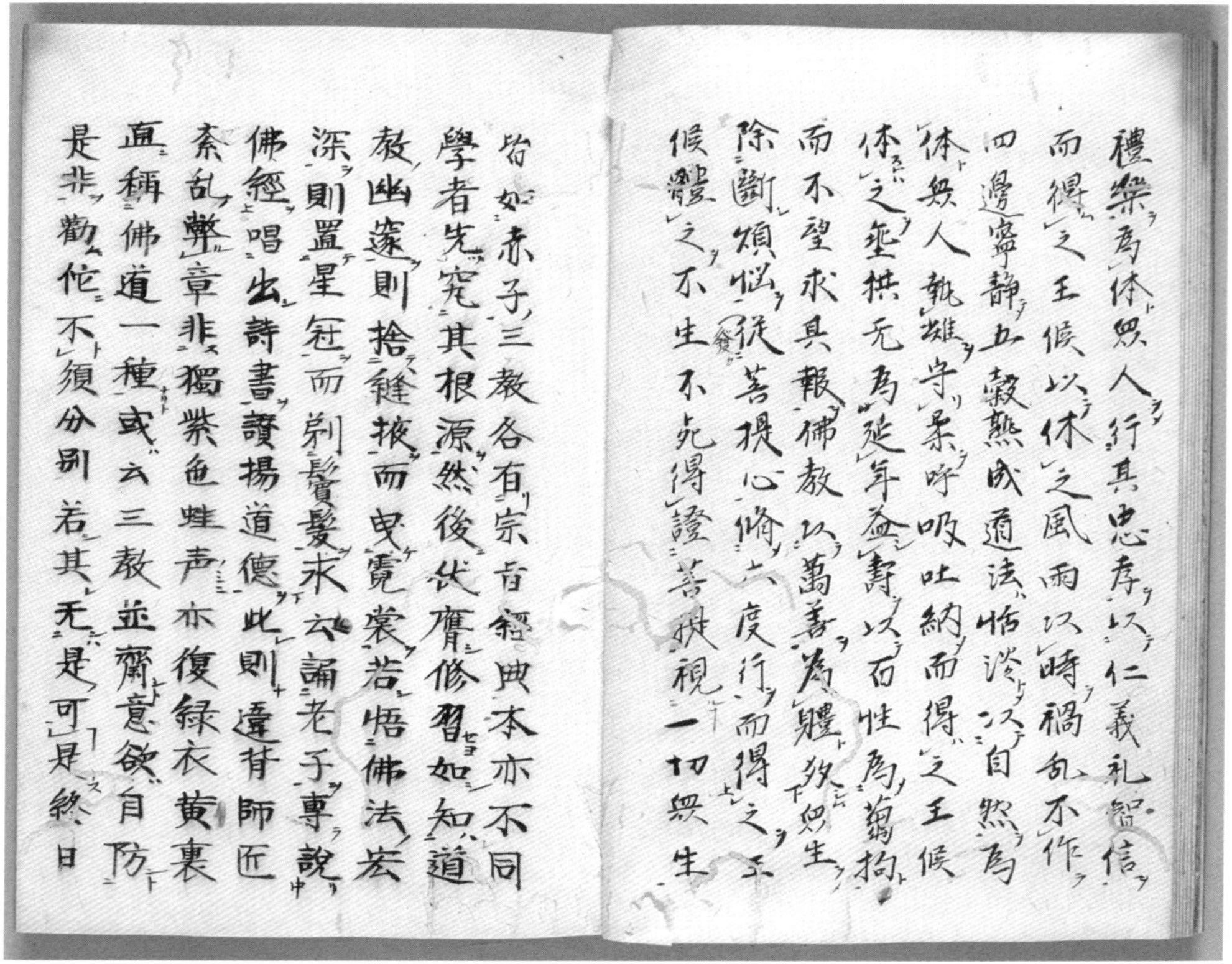
禮樂為体娛人行其忠孝以仁義礼智信
而得之王候以休之風雨以時禍乱不作
四邊寧静五穀熟成適法恬淡以自然為
体無人執雌守柔呼吸吐納而得之王候
体之垂拱无為延年益壽以百姓為芻狗
而不望求具報佛教以萬善為體殺生
除斷煩惱従菩提心修六度行而得之
候體之不生不死得證菩提視一切衆生

皆如赤子三教各有宗旨經典本亦不同
學者先究其根源然後伏膺修習如知道
教幽邃則捨縫掖而更覓榮若悟佛法宏
深則置星冠而剃鬚髮求於誦老子專說
佛經唱出詩書讚揚道德此則違背師匠
紊乱弊章非獨紫色蛙声亦復緑衣黄裏
直稱佛道一種或云三教並齊意欲自防
是非勸佗不須分別若其无是可見終日

9表

8裏

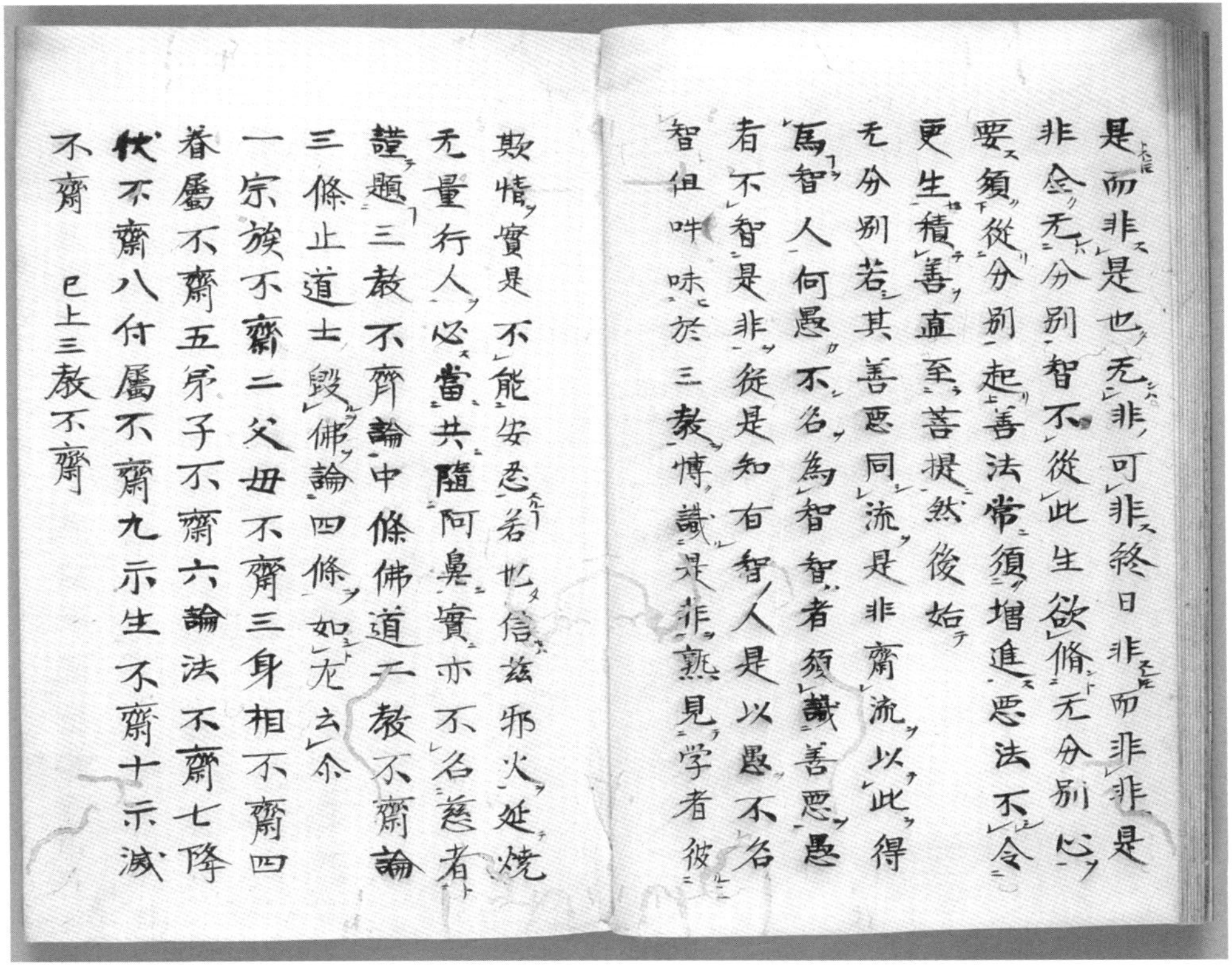

是而非是也无非可非終日非而非非是
非念无分別智不從此生欲脩无分別心
要須從分別起善法常須增進悪法不令
更生積善直至菩提然後始
无分別若其善悪同流是非齊流以此得
爲智人何愚不名爲智智者須識善悪愚
者不智是非從是知有智人是以愚不名
智但咋味於三教博識是非熟見学者彼

欺情實是不能安忍若也信茲邪火延燒
无量行人必當共隨阿鼻實亦不名慈者
謹題三教不齊論中條佛道一教不齊論
三條止道士毀佛論四條如左云尒
一宗族不齊二父毋不齊三身相不齊四
眷屬不齊五弟子不齊六論法不齊七降
伏不齊八付屬不齊九示生不齊十示滅
不齊
已上三教不齊

9裏

一初果不齋二中果不齋三後果不齋
　已上佛道不齋
又止化胡成佛謗　又止道先佛後謗
又止道父佛母謗　又止天尊世尊謗
一者宗族不齋伽耶萬代金輪王孫宣父
帝嚳之裔老聃自祖豎父遊未聞官宦以
老君比宣尼之族對已如幽泉清漢矣何
更欲比金輪王族對已以有頂類於泥黎

10表

是一不齋二父母不齋伽耶父名淨飯母
名摩耶父有六十德母有五十二德宣尼
父叔梁紇德行統魯大吏母名徵在儀範
匠宛四德老君父名克累母名精敷至於
德行官榮經史未聞明說今將左聃父母
比於宣尼所生已如黃泉白日矣何更欲返
其摩耶淨飯豈異伊蘭而欲等於旃檀是
二不齋也

10裏

三身相不齊伽耶身長丈六紫磨金色頂
有肉髻圓光一尋變化自在相好具足孔
宣尼身長一丈首如夏宇顙龍虎出睪手
摩膝河目海口老聃脩短五尺以來上尖
下濶脣不覆歯胸高胯凸雖心智玄邈而
鬢髮皓然今將老君儀容類於孔丘尚自
雲泥已隔矣奈何伯陽敢比於薄伽色相
譬如一螢之照比千日之光是三不齊也

11表

四眷屬不齊伽耶所居之處常有天龍八
部恒沙眷屬而護衛之所履之地地神步
步常以蓮花而捧其足所達之國國王親
自迎送敬造伽藍而以四事供養孔子所
聘之國弟子三千博徒六萬國君雖聞其
政而卒莫能見用或國飢饉或廻被囚老
聃所行之處寂然无記以孔李之所居比
伽耶之所居譬極微之塵等十方國土是

11裏

四不齋也五弟子不齋伽那所教弟子舍
利弗目揵連摩訶迦葉須菩提富樓那迦
旃延阿那律優婆離羅睺羅阿難等並證
大阿羅漢果得六神通皆已授記當来佛
作至涅槃會俊有八十億百千比丘僧六
十億比丘尼皆證阿羅漢果二恒河沙優
婆塞三恒河沙優婆夷並證三果自餘證
入道果无量无邊孔丘所教弟子數雖三

12表

千至如達者唯七十有二第子會參有至
孝之性就此數内徳行有顔回閔子騫冉
伯牛仲弓言語有宰我子貢政事有冉有
李路文學子游子夏中間或有爲邑宰或
爲衆臣或有與飯屢空或有被醯着疾老
聃唯教尹喜ミ先爲關令後更不知所還
将孔李所訓弟子比於伽那徒衆豈不以
一把草葉等於大地蘘林是五不齋也

12裏

13表

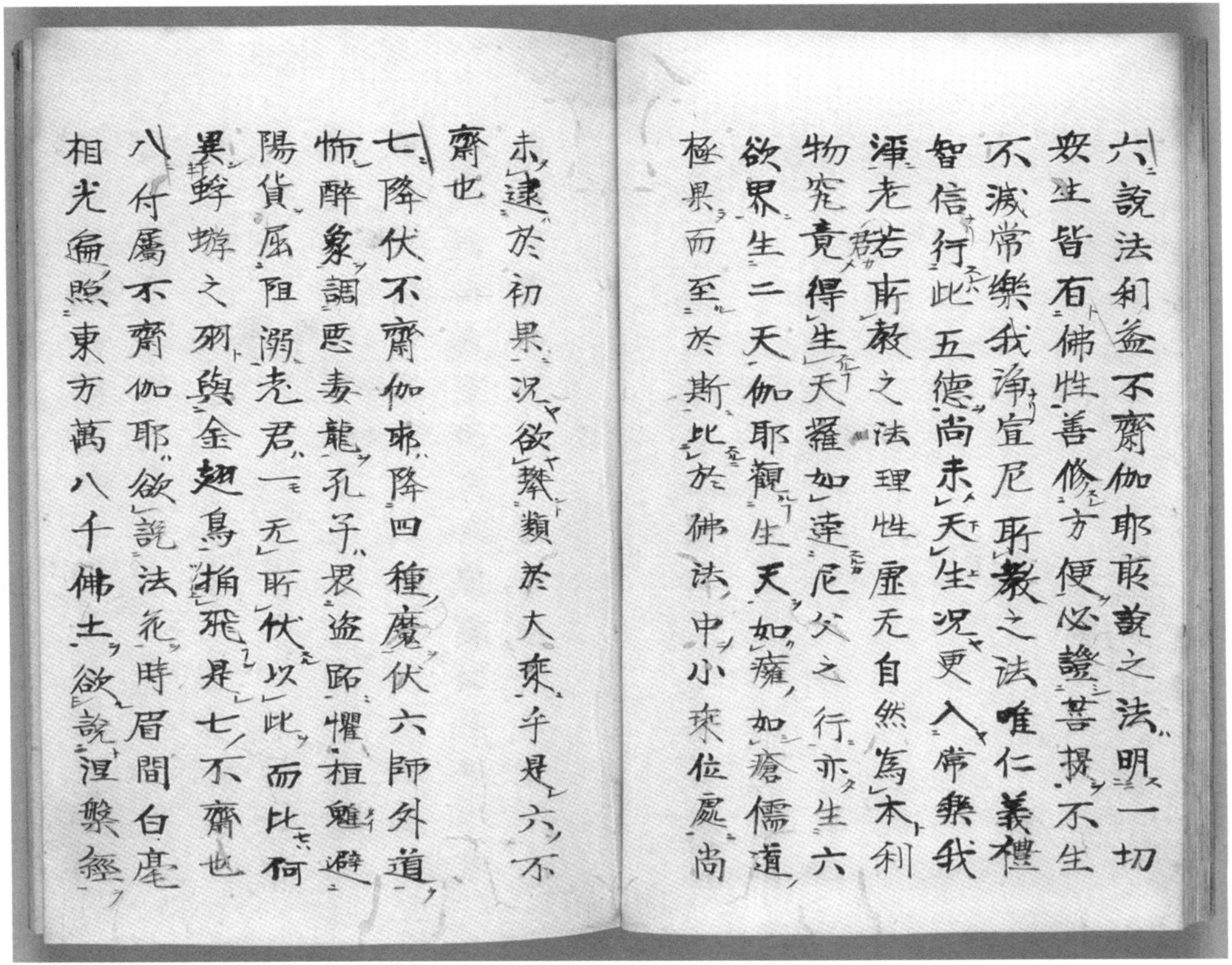
六説法利益不齋伽耶所説之法明一切
衆生皆有佛性善修方便必證菩提不生
不滅常樂我浄宣尼所教之法唯仁義禮
智信行此五德尚未天生況更入常樂我
淨老君所教之法理性虚无自然爲本利
物究竟得生天羅如達尼父之行亦生六
欲界生二天伽耶觀生天如癰如瘡儒道
極果而至於斯比於佛法中小乘位處尚

未逮於初果況欲攀類於大乘乎是六不
齋也
七降伏不齋伽耶降四種魔伏六師外道
怖酔象調悪毒龍孔子畏盗跖懼桓魋避
陽貨厄阻溺老君无所伏以此而比何
異蜉蝣之羽與金翅鳥掮飛是七不齋也
八付屬不齋伽耶欲説法花時眉間白毫
相光遍照東方萬八千佛土欲説涅槃經

14
表

13
裏

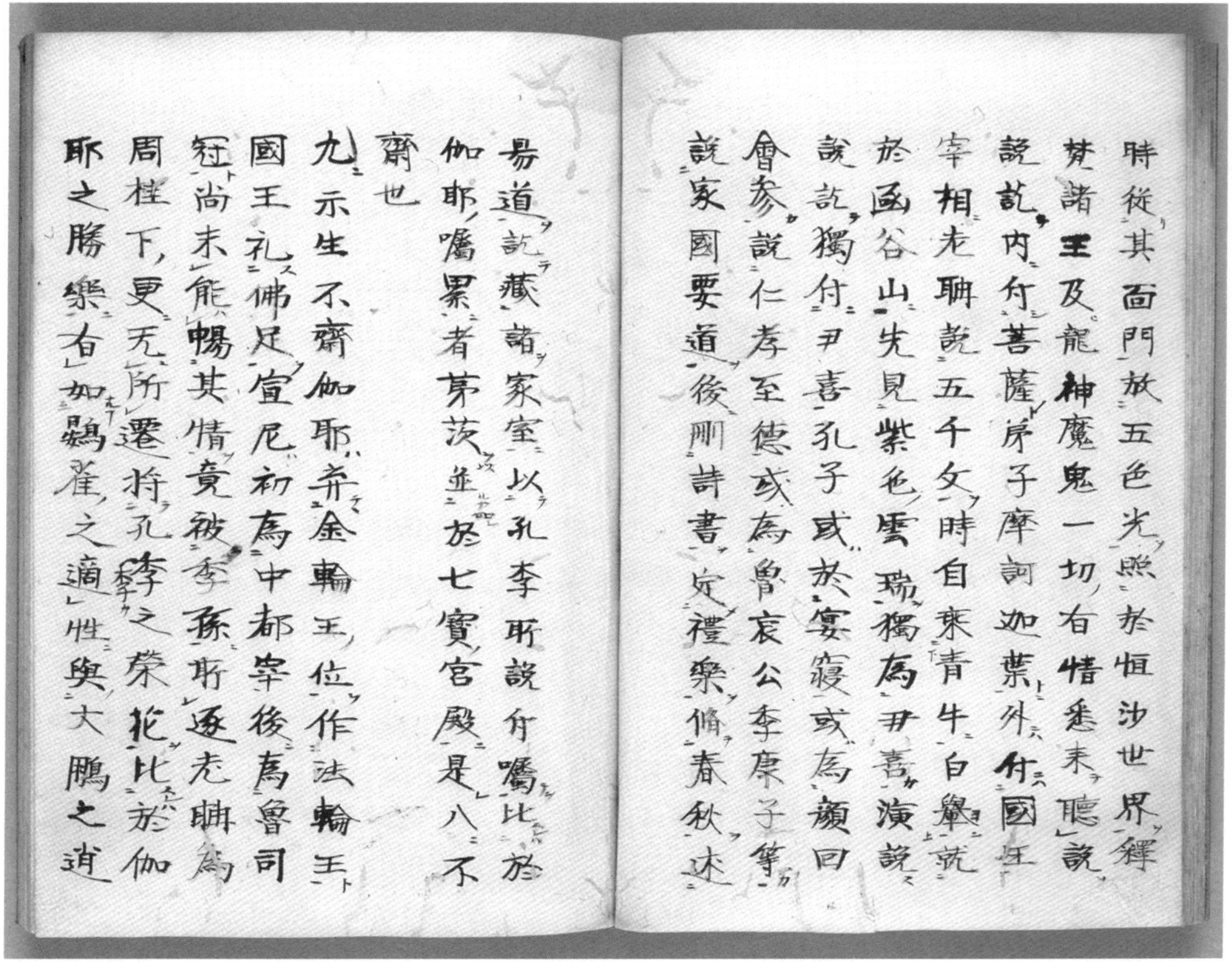
時従其面門放五色光照於恒沙世界釋
梵諸王及龍神魔鬼一切有情悉來聽說
說訖内付菩薩摩子摩訶迦葉外付國王
宰相老聃說五千文時自東青牛白舉就
於函谷山先見紫色雲瑞獨為尹喜演說
說訖獨付尹喜孔子或於宴寝或為顔回
會参說仁孝至德或為魯哀公李康子等
說家國要道後刪詩書定禮樂脩春秋述
易道訖藏諸家室以孔李所說付囑比於
伽耶囑累者茅茨並於七寶宮殿是八不
齋也
九示生不齋伽耶奔金輪王位作法輪王
國王孔佛足宣尼初為中都宰後為魯司
冠尚未能暢其情竟被季孫所逐老聃為
周柱下更无所遷將孔李之榮花比於伽
耶之勝樂右如鶡雀之適性與大鵬之逍

14裏

遥是九不齋也
十亦滅不齋伽耶涅槃之時入甫三昧逆順
上下超次數廻踊身虛空去地高七多羅
樹然後右脇而臥住大寂定入於金棺右
自廻轉處香樓上化火自焚開着聖軀內
外白氎儼然如故墨收舍利足滿八斛
宣尼欲化推夢兩楹託山水壞負手曳杖
從此云亡縱遷而葬墳墓如鬣志聊託身

15表

流沙文史不知所滅將孔李滅以伽耶之
涅槃豈不如谷色之始終與賓上之誕化
是十不齋也已上三教不齋也
一初果不齋求道教之人祇願得仙菩薩願
昇天設如此願即道教之極求佛教者即
不如是然發意即求无上菩提趣於秘密
涅槃不願得仙不願生天設使業身得生
其中亦不甘樂此亦初果不齋也

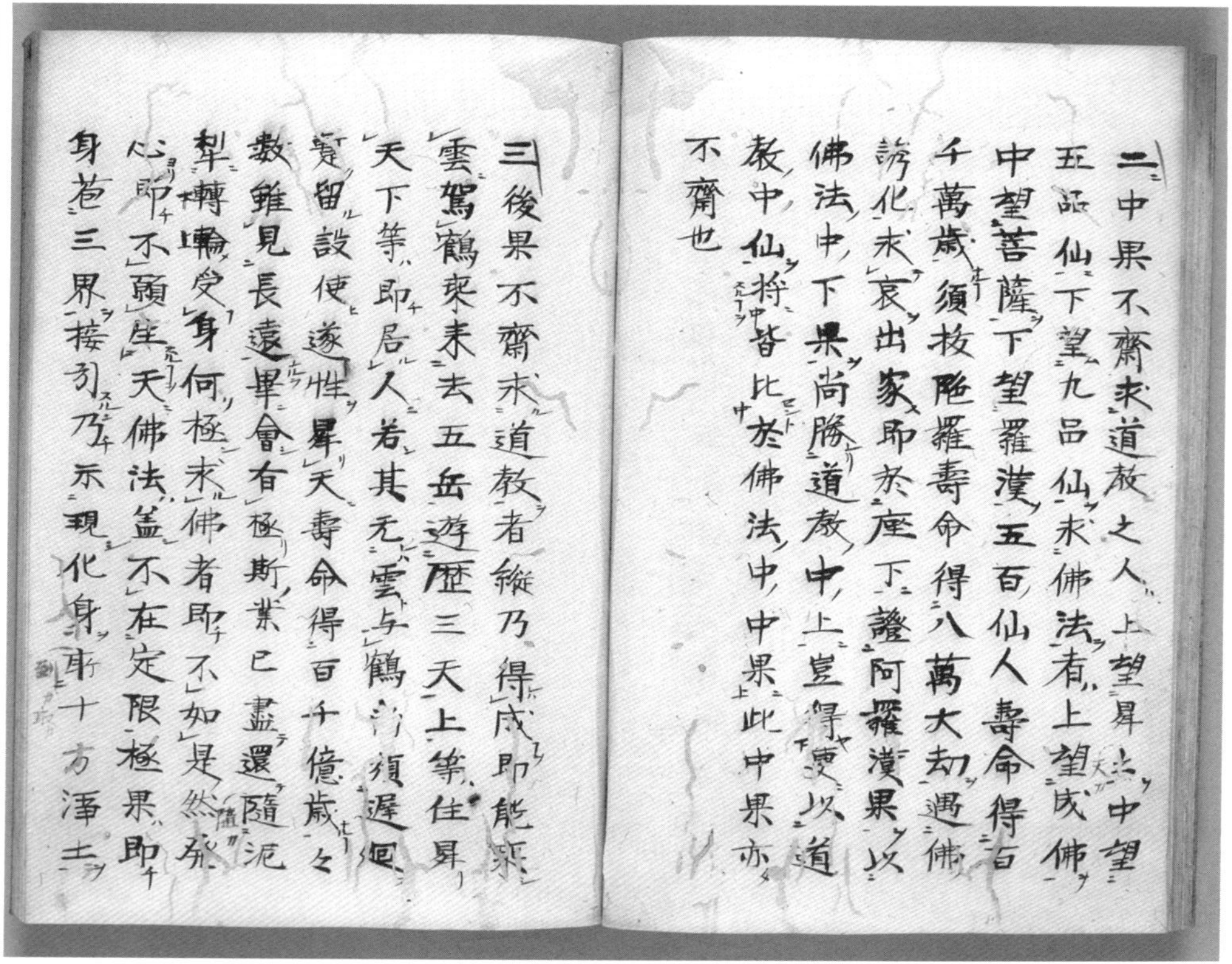
15裏

二中果不齊求道教之人上望昇天中望
五品仙下望九品仙求佛法有上望成佛
中望菩薩下望羅漢五百仙人壽命得百
千萬歳須抜陀羅壽命得八萬大劫遇佛
誘化求哀出家即於座下證阿羅漢果以
佛法中下果尚勝道教中上豈得更以道
教中仙將皆比於佛法中中果此中果亦
不齊也

16表

三後果不齊求道教者縱乃得成即能乘
雲駕鶴來去五岳遊歷三天上等住昇
天下等即居人若其无雲与鶴須遲迴
覓留設使遂性昇天壽命得百千億歳々
數雖見長遠畢會有極斯業已盡還隨泥
犂轉輪受身何極求佛者即不如是然
心即不願生天佛法蓋不在定限極果即
身苞三界接引乃示現化身於十方淨土

16裏

内一毛孔中放一相光遍覆三千大千世
界以此而此後果亦更不齊
已上佛道三教不齊
又止化胡成佛謗
夫愚俗垢重不避泥犂共云老子化胡方
乃成佛常聞此語誠是寒心何愚之甚而
自欺世謹案魏曇謨冣法師齊上統法
師隨國子博士姚長謙等撰周穆天子傳
周書異記言前漢劉向列仙傳序并古舊

17表

二録後漢法本傳及殺法王本記呉尚書
令闞澤等并書准阿含至推佛是周第五
主照王瑕即位廿三年癸丑歳四月十五
日現白象形降自兜率陀天於中天竺國
迦毗羅城託父浄飯王宮於母摩耶夫人
受胎身至胎王廿四年甲寅之歳四月八
日於嵐毗園内波羅樹下右脇而生故普
曜經云普放大光明照三千界即周書異

17
裏

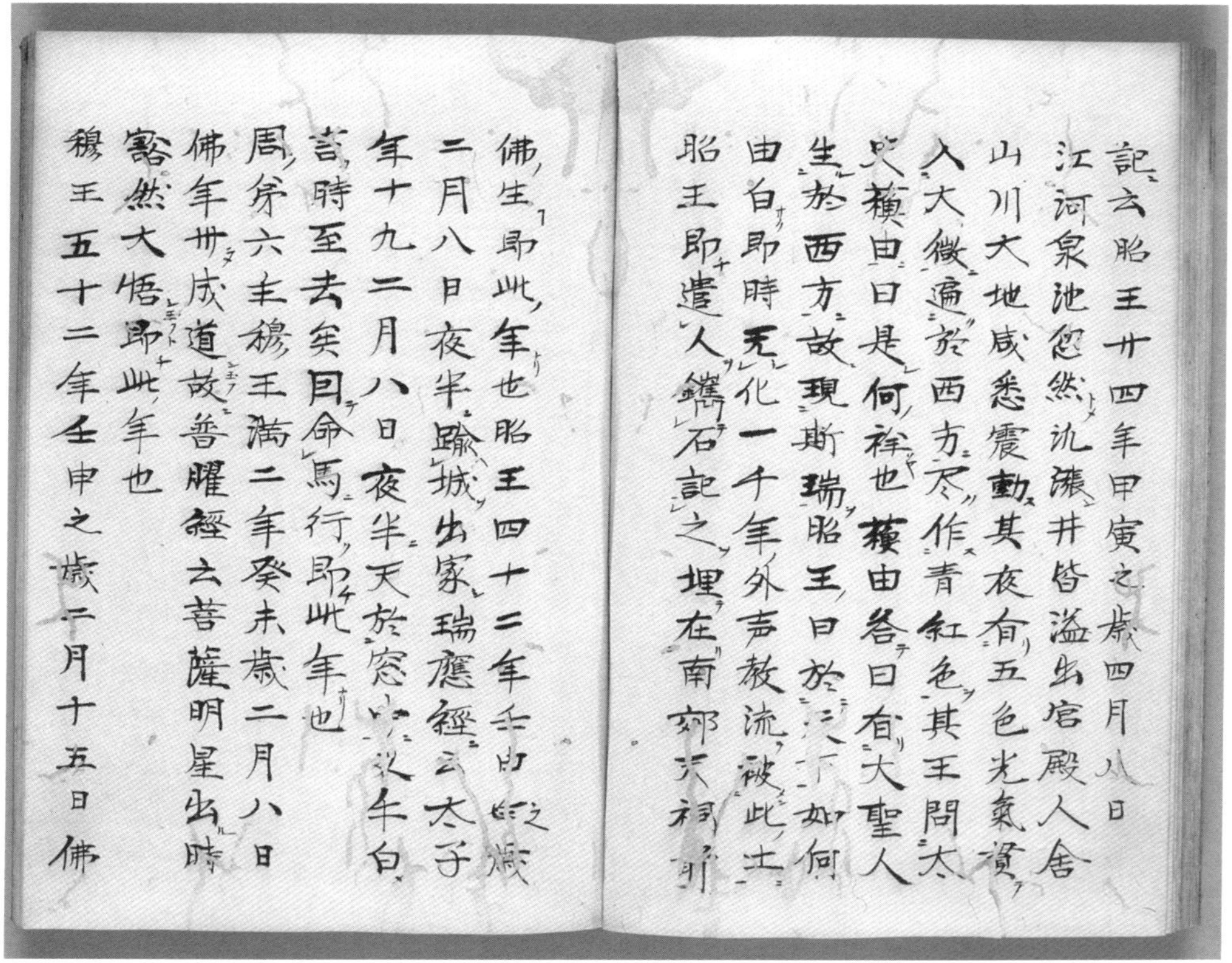
記云昭王廿四年甲寅之歳四月八日
江河泉池忽然汎漲井皆溢出宮殿人舎
山川大地咸悉震動其夜有五色光氣貫
入大微遍於西方尽作青紅色其王問太
史蘇由曰是何祥也蘇由答曰有大聖人
生於西方故現斯瑞昭王曰於天下如何
由白即時無化一千年外声教流被此土
昭王即遣人鐫石記之埋在南郊天祠前

18
表

佛生即此年也昭王四十二年壬申之歳
二月八日夜半踰城出家瑞應經云太子
年十九二月八日夜半天於窓中叉手白
言時至去矣因命馬行即此年也
周第六主穆王滿二年癸未歳二月八日
佛年卅成道故普曜經云菩薩明星出時
豁然大悟即此年也
穆王五十二年壬申之歳二月十五日佛

18裏

年七十九方始滅度涅槃經云二月十五
日佛臨涅槃時出種々光地六種震動声
至有頂光遍大千即周書異記云穆王即
位五十二年壬申之歳二月十五日暁暴
風忽起発損人舎傷折樹木山川大地皆
悉震動于後天陰雲黒西方大白虹十二
道南北通過連夜不滅穆王問大史扈多
曰何徴也扈多對曰西方大聖人滅度哀

19表

相現耳佛入涅槃後至五十五年崩准異
記穆王崩立子恭王恭王十二年崩後立
子懿王ゝゝ廿五年崩立弟辟方為孝王ゝゝ
十五年崩立懿王太子燮是為夷王ゝゝ十
六年崩立子胡是為厲王ゝゝ即位五十一
年崩立太子静是為宣王ゝゝ即位経四十
六年崩立子宮涅為幽王ゝゝ即位十年被
大戎所殺立太子宜臼為平王ゝゝ即位経五

20表

19裏

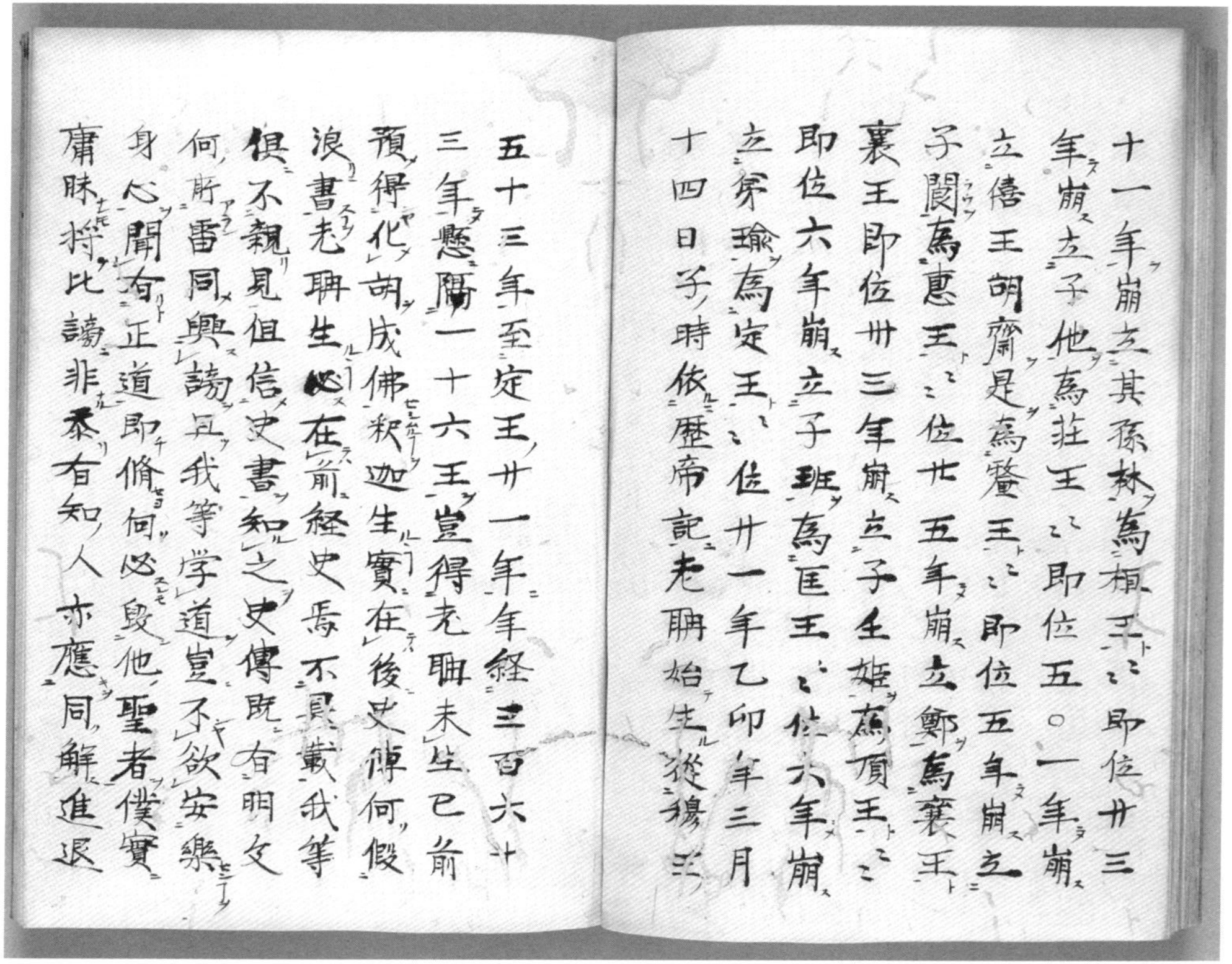
十一年崩立其孫林爲桓王即位廿三
年崩立子他爲莊王即位五○一年崩
立僖王胡齊是爲釐王即位五年崩立
子閬爲惠王位廿五年崩立鄭爲襄王
襄王即位卅三年崩立子壬姫爲頃王
即位六年崩立子班爲匡王位六年崩
立弟瑜爲定王位廿一年乙卯年三月
十四日子時依歷帝記老聃始生從穆王

五十三年至定王廿一年經三百六十
三年懸隔一十六王豈得老聃未生已前
預得化胡成佛釈迦生實在後史傳何假
浪書老聃生必在前經史每不具載我等
但不親見但信史書知之史傳既有明文
何所雷同興謗且我等学道豈不欲安樂
身心聞有正道即脩何必毀他聖者僕實
庸昧捋比謗非悉有知人亦應同解進退

20裏

21表

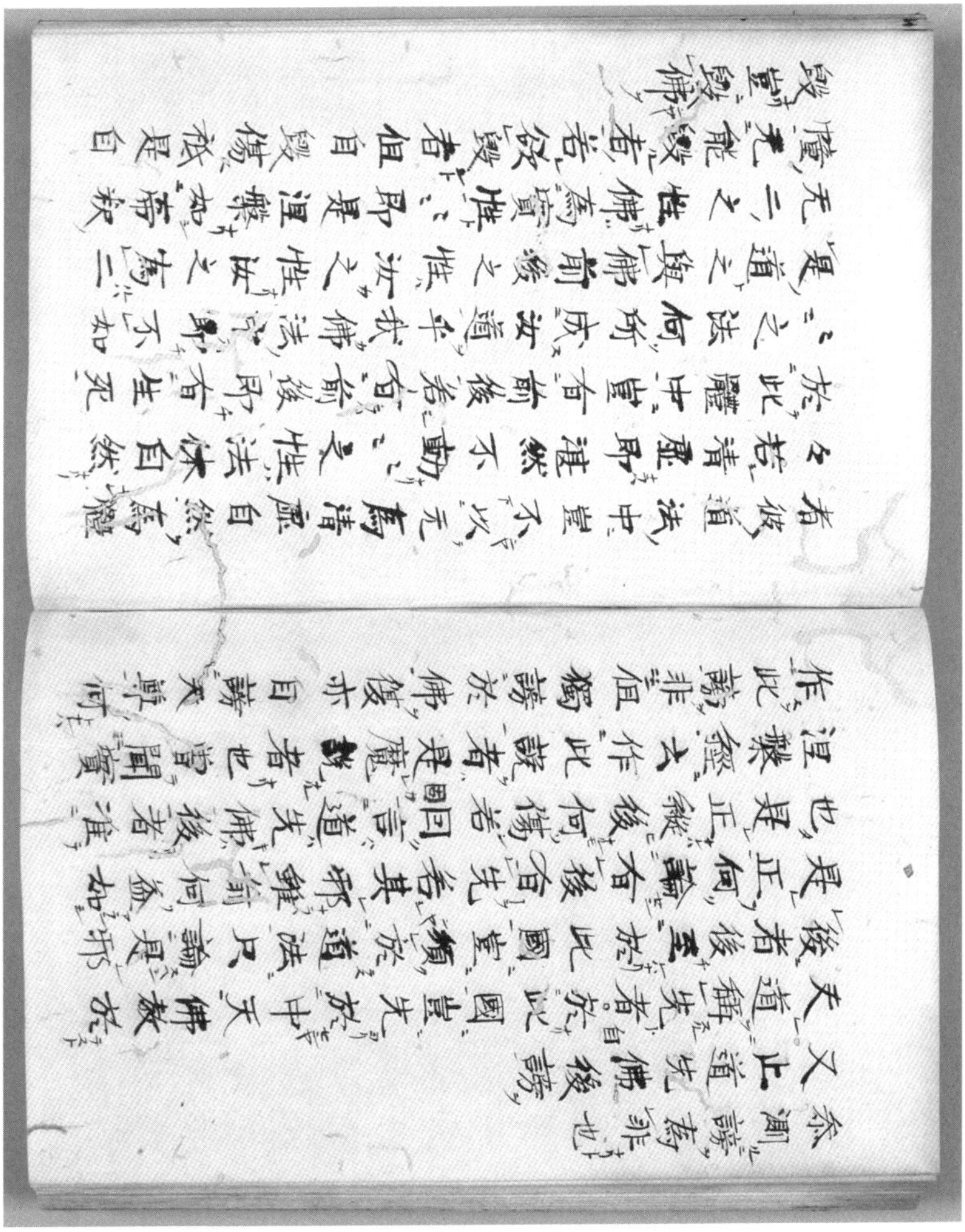
忝測謗爲非也
又止道先佛後謗
夫道稱先者自於此國豈先於中天佛教於
後者後至於此國豈須於道法只論是邪
是正何論有後有先若其邪雖前何益如
也是正縱後何傷若曰言道先佛後者准
涅槃經云作此說者是魔說者也嘗聞實
作此謗非但獨謗於佛復亦自謗天尊何

者彼道法中豈不以无爲清虚自然爲體
々若清虚即湛然不動之性法体自然
於此體中豈有前後若有前後即有生死
之法何所成汝道乎我佛法即不如
是道之與佛前後之性汝之性汝之爲二
无二之性佛爲實性即是涅槃如帝釈
幢无能毀者若欲毀者但自毀傷祇是自
毀豈毀佛

21裏

22表

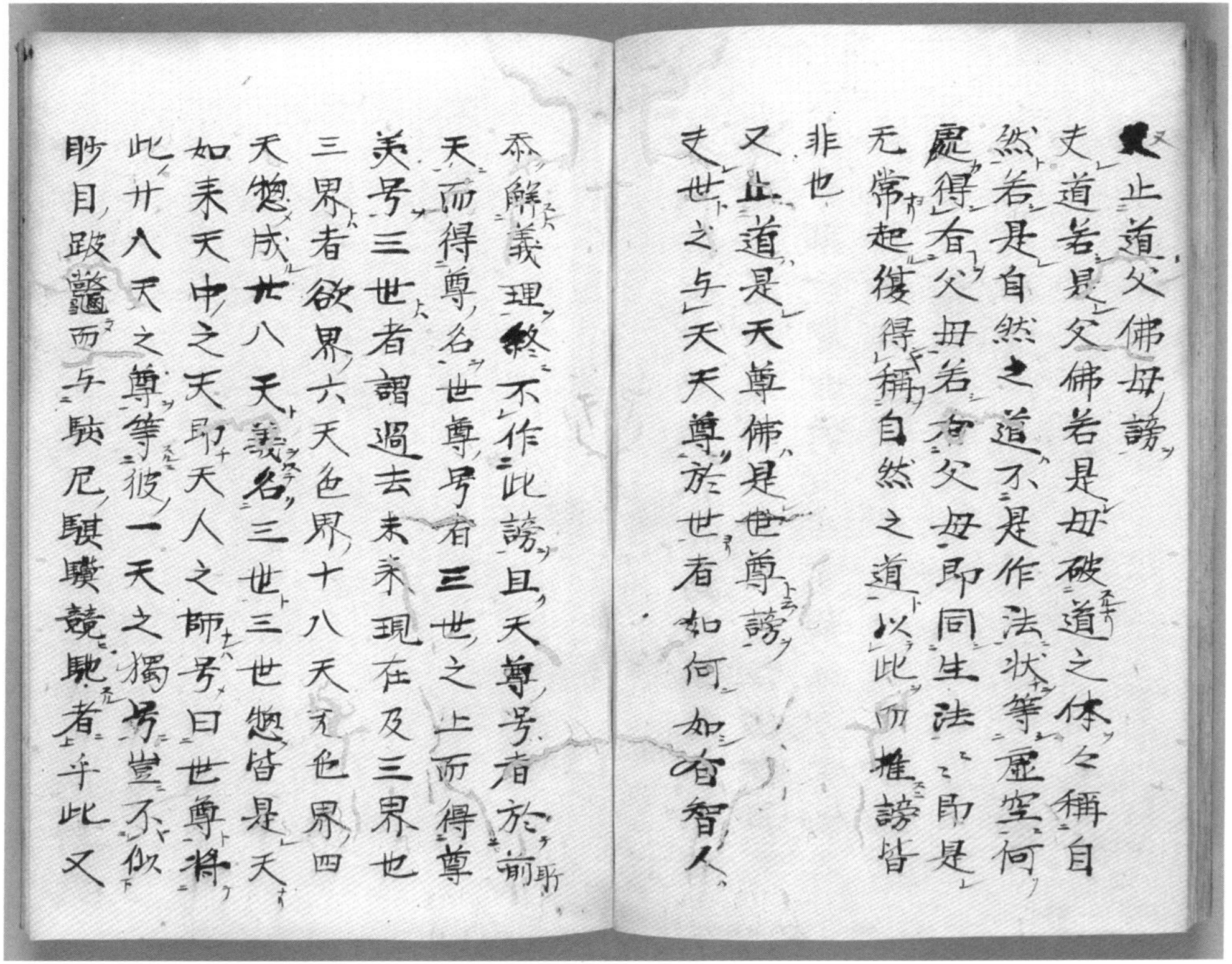
又止道父佛母謗
夫道若是父佛若是母破道之体々稱自
然若是自然之道不是作法狀等虛空何
處得有父母若父母即同生法。即是
无常起復得稱自然之道以此而推謗皆
非也
又止道是天尊佛是世尊謗
夫世之与天天尊於世者如何如有智人
叅解義理終不作此謗且天尊号者於前所
天而得尊名世尊号有三世之上而得尊
美号三世者謂過去未来現在及三界世
三界者欲界六天色界十八天无色界四
天惣成廿八天義名三世三世惣皆是天
如来天中之天即天人之師号曰世尊将
此廿八天之尊等彼一天之獨号豈不似
眇目跛躄而与駿尼騏驥競馳者乎此又

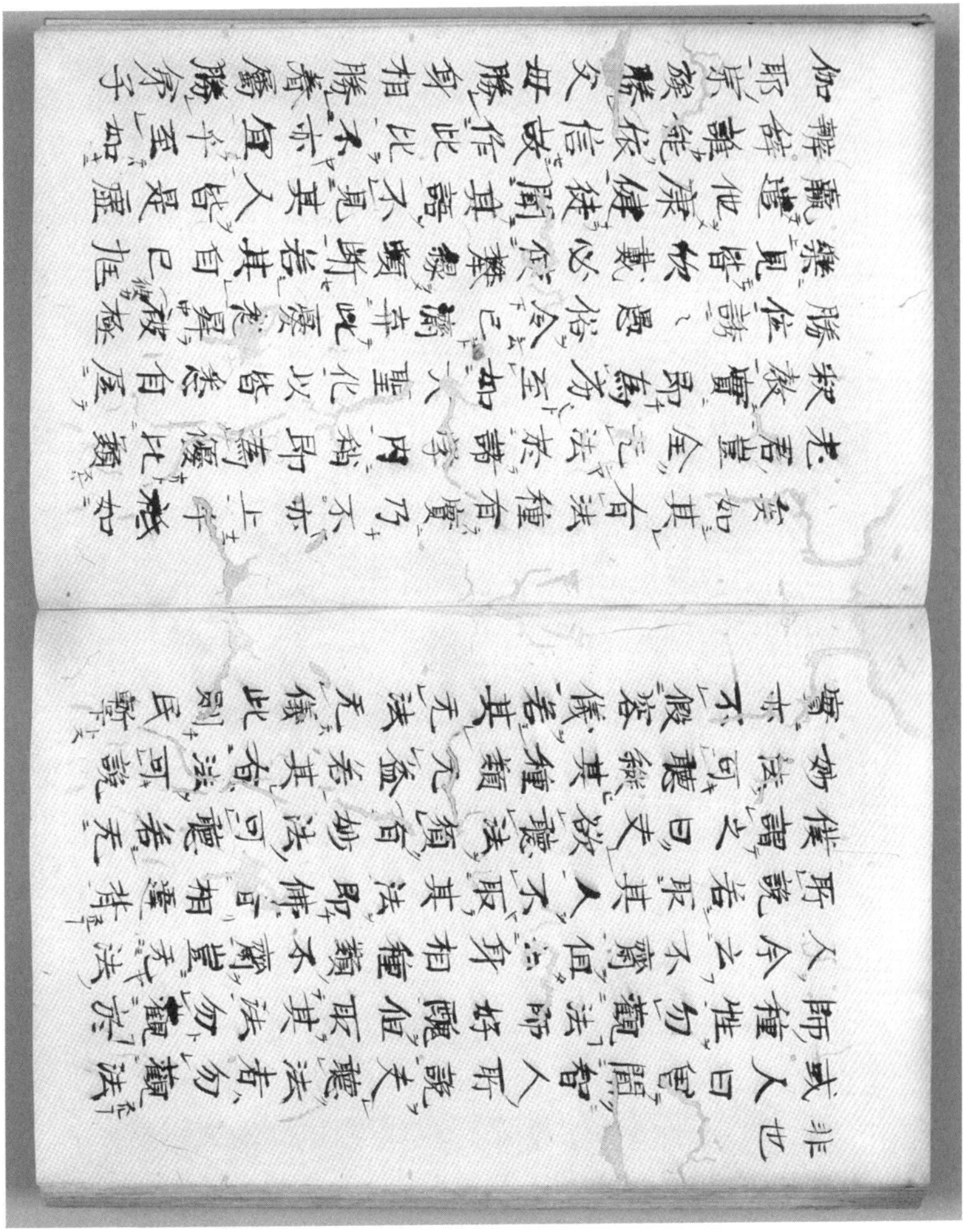

非也
或人曰吾聞智人所說未聽法者勿觀法
師種性勿觀法師好醜但取其法勿觀於
人今之不齊但於身相種類不齊豈无法
所說若取其人不取其法即佛亦相違背
僕謂之曰夫欲聽法須有妙法可聽若无
妙法可聽縱其種類无益若其有法可說
實亦不假容儀若其无法无儀此則民輩

矣如其有法種有實乃不亦上乎於如
老君豈全无法於諸學內稍即為優比類
釈教實即為方至如入聖化以皆悉自居
勝位誹〻愚俗令已濟弃此憂老昇被極
樂見皆依戴必使攀緣頓斷若其自巳尪
羸遣他康健徒聞其語不見其人皆是虛
辭誰能依信故作此比不亦宜乎至如
伽耶宗族勝父母勝身相勝眷屬勝弟子

23
表

22
裏

23裏

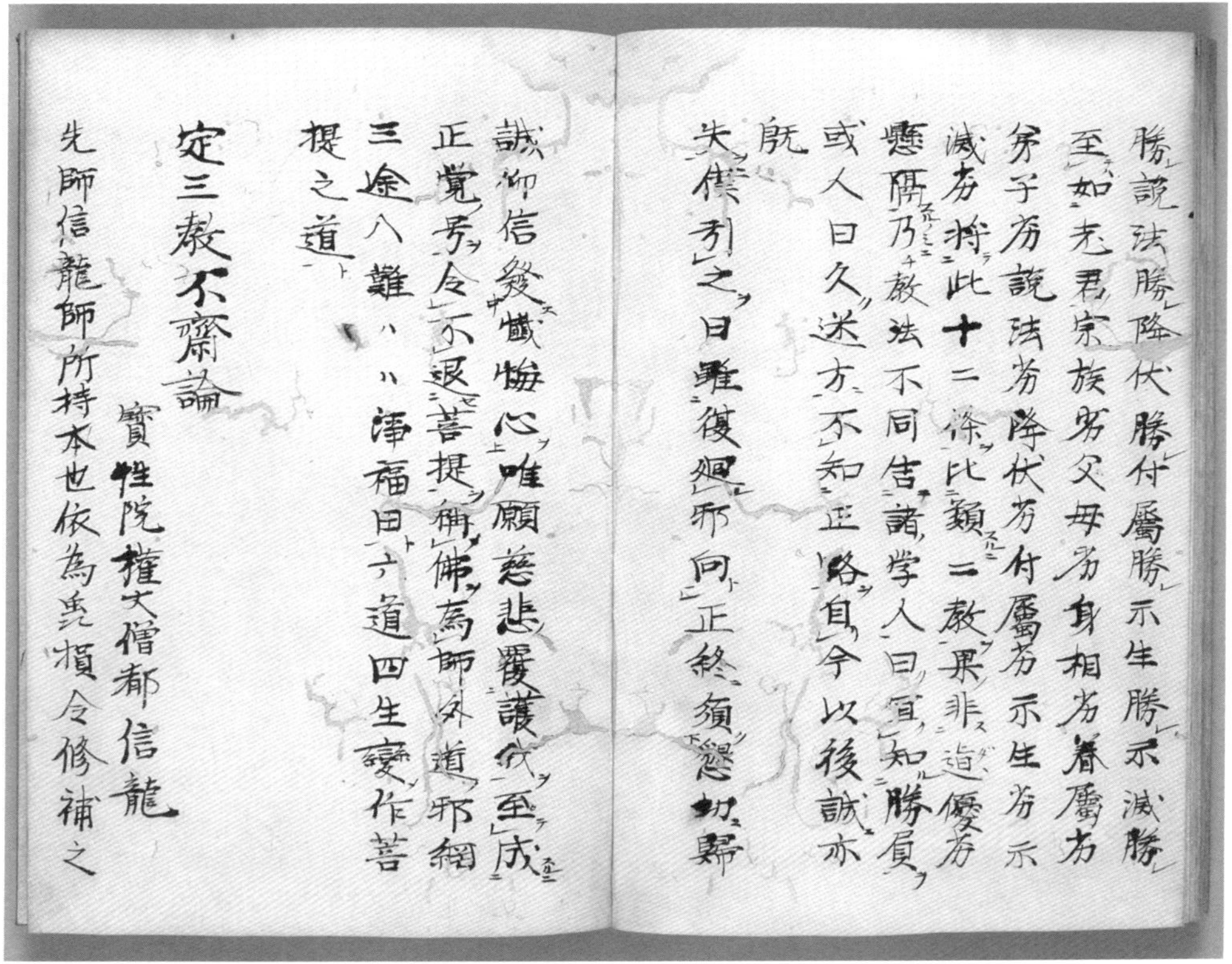
勝説法勝降伏勝付属勝示生勝示滅勝
至如老君宗族劣父母劣身相劣眷属劣
弟子劣説法劣降伏劣付属劣示生劣示
滅劣将此十二条比類二教果非道優劣
懸隔乃教法不同告諸学人曰宜知勝負
或人曰久迷方不知正路自今以後誠亦
既
失僕列之日雖復廻邪向正終須懲切帰
誠仰信発懺悔心唯願慈悲覆護攸至成
正覚男令不退菩提佛為師外道邪網
三途八難ハハ浄福田六道四生変作菩
提之道
定三教不斉論
寶性院権大僧都信龍
先師信龍師所持本也依為虫損令修補之

24表

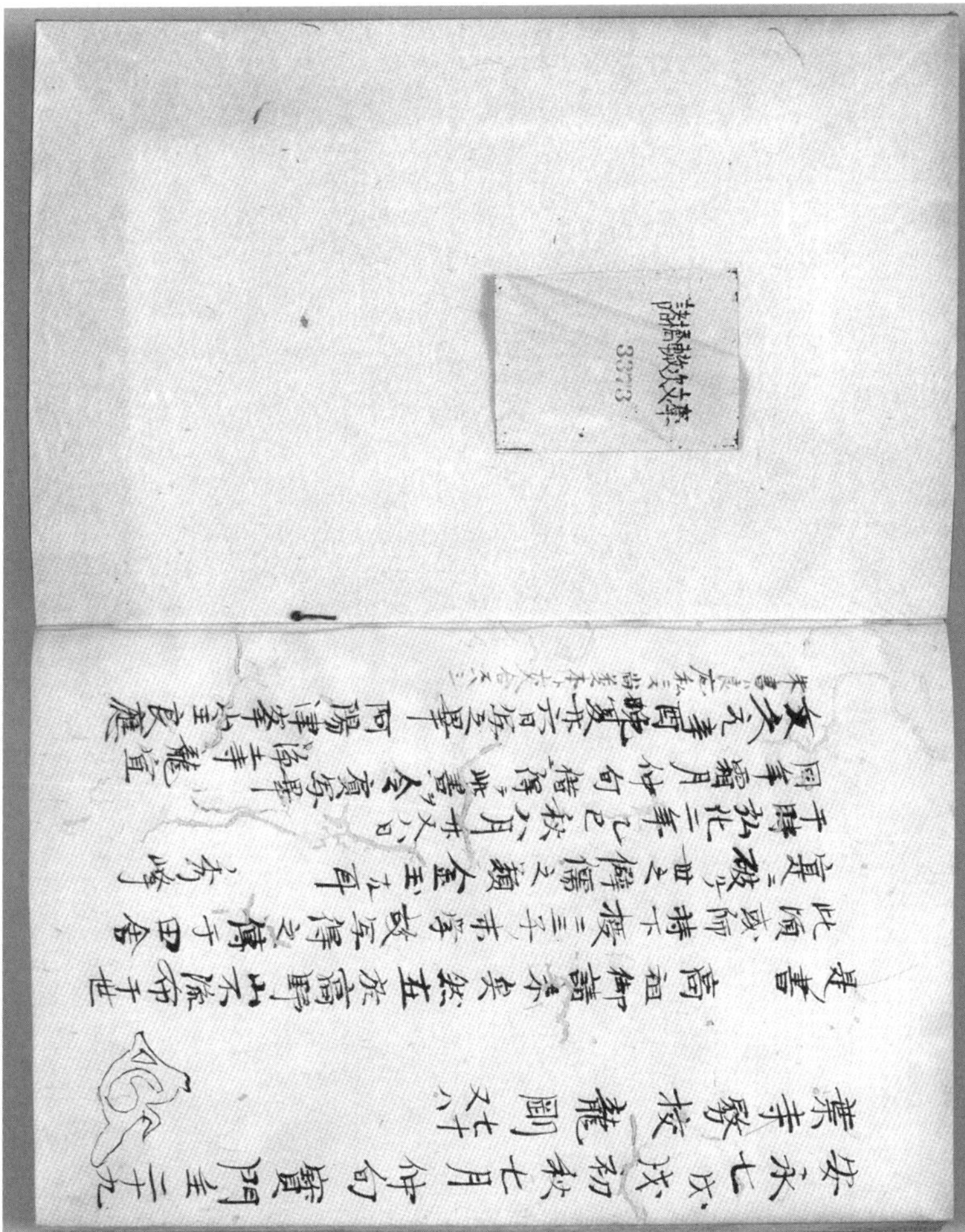
諸橋轍次文庫
3373
安永七戊戌初秋七月仲旬 寶門主二十九
葉寺務校 龍剛 七十又八
是書 高祖御請来矣然在於高野山不流布于世
此頃或師持下授二三子 末学故写得之傳于田舎
寛ニ破リ冊之僻儒之類金玉ナ耳 秀峰
于時弘化二年乙巳秋八月廿又八日
同年霜月仲旬借得テ此書ヲ令賣写畢 浄土寺龍宜
文久元年酉晩夏廿六日写之畢 阿陽津峯山宝良庭
朱書ハ良応私ニ又尚並本ト交合ス

24裏

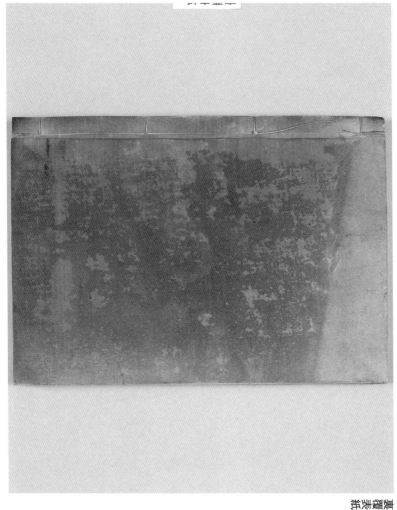

裏覆表紙

校訂テキスト

定三教優劣不斉論（第一紙）[1]　前盧州参軍姚謽撰

夫三千刹土是百億日月之都名、一四天下乃蘇迷盧山之総称、南閻浮提者、妙高山之一面、大唐中国者、郯部洲之一隅。於中三教並興、教法流於万代。移風易俗、莫善於楽[2]、安上理人、莫善於礼[3][4]、競説優劣、紛紜日久。欲知先後者、略引三教、難定是非[5]。

謹案暦帝記[6]・洪明集・百家諸子・国臣記・史記[7]・春秋・暦載記[8]・爾雅[9]・孝経序・千字文等百家之書、広明三教先後、孔老二教、先在此方、遠方仏法、遠則遠矣、難可尋原[10]。先論孔老二教、後揚仏法是非。

案国臣記云、李老君者、生於周定王廿二載乙卯之歳九月十四日夜子時。生十三載為守蔵吏、後為大史。至周簡王入秦、行至函谷関、為令尹[11]喜説五千文。此是生日月也。

又案国臣記云、李伯陽者、八十載在母腹中、初生之時、頭首皓白。以小故号為子、以髪白故号為老。此相得名也。

若説其貌、身長四尺六寸、聃耳褰[12]脣、膊夾跨闊。此是老子相貌也。

若論説教、不立観宇[13]、不統門徒[14]、東不出於海、西不至於秦、北不至於黄河、南不到於広府。此是其化也。

魯孔丘則不然。案国臣記・孝経序云、孔子者生於周末、領徒三千、博読六芸[15]、達者七十二人、曽参行孝、最為上首。国臣記云、魯孔丘[16]者為魯国之大夫[17]也。頭像尼丘山、河目海口、(第二紙)髪長七尺、垂手過膝、身長九尺四寸。修春秋、述易道、立社[18]記、弁四時、存礼楽。此是魯孔丘、益国利人也。

校量二教、足定是非。何能比於仏教者也。

其仏教者、若論種族、即[19]千世転輪王孫、粟散[20]王之嫡子。若不出家、当紹転輪王位、王四天下、厭[21]世栄花、知生死苦、出家成仏、号天人師。

謹案国臣[22]記云、周第四主[23]廿四[24]載甲寅之歳四月八日、江河大漲[25]、井皆溢出、非時樹花。周昭[26]王問大[27]史蘇由曰、是何徴。答曰、西方有大聖人生今日。帝復問曰、其相何如[28]。蘇由曰、身長一丈六尺、紫磨金容、項背円光、胸[29]題万字、足蹈金輪、有卅[30]二相八十種好。昭王問曰、此人何如[31]。蘇由曰、未[32]来八十年住世、説法度人、身没之後一千年外、教流東土。昭王聞已[33]曰、甚大快乎。我聞相貌極[34]長、功徳殊勝。恐奪我位。若当如是、甚大快哉[35]。即遣人鐫[36]石記之、埋在南郊[37]。

若論説法教、修多羅蔵海[38]、時訓人天、八部奉行。孔老説教、法[39]天制用、不敢違天。若論仏者、行則帝釈引前、梵王従後[40]。又[41]案国臣記云、西方有大聖人、時訓天人、教化八部、八十年説法。周穆[42]王五十二年二月十五日、天下黒雲、狂卒風起[43]、発損人舎、樹木傷折、午[44]後天陰。穆王問扈多[45]太[46]史曰、是何徴祥。太[47]史答曰、西方大聖人、今日滅度。穆王喜悦、我常恐此人侵我境土[48]。今日已[49]化没[50]、甚大快哉(第三紙)。此是仏滅度之日月也。

又[51][52]案史記云、漢明帝永平十四年正月十五日、五岳十八諸山道士、皆聞入秦、競共紛紜、各上表定仏法是非。于時漢明帝、摩騰・竺法蘭三蔵二人説法、広現神通。南岳道士褚善信・費叔才二人、闘校勝劣、自知無験。明帝謂諸道士曰、卿等[53]我教無験。聞有益州部内五百戸亡[54]命[55]山沢群賊、卿等今日与彼無異。其褚善信・費叔才[56]聞帝此語、心生惶怖、投河而[57]死。東岳道士呂恵通等一百七十人奏聞、臣等不量徳劣、輒与釈[58]教比並、又大聖神通変[59]化。臣等並請出家為僧、投於釈教。此是仏法東流之年日月也。

従此已来、七百余年、若論其生時[60]年月、在於老君之前三百冊[61]五年。又史記云、仏生日月、為校老君、三百余年。世隔一十[62]余王、年経三百余歳[63]。案前後国記典籍、一一相承、又無差失者。益国利人者、莫過於釈教也。敬乃[64]得福恒沙、礼即除殃万劫。其老君身量不及孔丘、教亦不如。又魏[65]書云[66]、李老君者、但説五千文、更無言説。何能継於孔子。孔子身量不及於仏老[67]、教但一生、後又無福。亦何能比於仏教。仏教[68]者受持読誦、五眼開明、除災万劫。一身相殊勝過人、二即教流万国、三乃種族豪族[69]、四即益国利人。今現目験、定明三教。

僕[70]者開元十一年冬、詣閿郷[71]拝掃、見蒲州女官於所部仙[72]壇観講老子経。洎[73]十二年春、復有陝州(第四紙)道士、又於其中講本際経。並云、仏・道一種、聴者不須分別。于時講下多有博[74]達君子、咸起異端。或有専[75]於道教者、称仏劣而道教優。或有崇仏教者、云仏深而道浅。数輩交唱、紛紜積晨。当時更有外至者復[76]云、非惟仏・道一種、抑[77]亦三教並斉。終日喧喧、有如崔譺、各言己是、咸[78]説他非。竟日終朝、而未能定。僕謂之曰、亦[79]三教俱是聖言[80]、小而論之略同、大而取之全異。漸次而学、如堂室耳。学者体之、総亦兼解、不応頓説三教並不斉也。小子狂簡[81]、輒欲[82]論之。高才見遠、未知許不。或人曰、敢聞命[83]矣。

窃聞老聃入関、宣道徳之妙旨、仲尼放黜、定礼楽之微言[84]。或体之以希夷、不可以声色弁、或悟之以敬譲、不可以富貴求。猶能苞括曦蟾、籠羅穹礴、陰陽之所不測、冥当[85]吉凶、鬼神之所不知、幽通倚伏。尚未若釈尊経満龍宮、化周百億[86]、徳[87]超沙界[88]、言応大千。蕩蕩乎而無能名[89]、焉不可得而像也。況乎法身円寂、妙超無有之場、至理凝虚、亦絶是非之境[90]。心無心相、体無相之真心、非滅非空、悟不空之寂滅。三教於焉[91]鬱起、万人是以同欽。

儒道巍巍、以詩書礼楽為体。衆人[92]行其忠孝、以仁義礼智信而得之。王侯以[93]体[94]之、風雨以時、禍乱不作、四辺寧静、五穀熟成。

道法[95]恬[96]淡、以自然為[97]体。衆[98]人執雌守柔[99]、呼吸吐納[100]而得之。王侯体[101]之、垂拱無為、延年益寿、以百姓[102]（第五紙）為蒭狗、而不望求其報[103]。

仏教以万善為体。教衆生除断[104]煩悩、従[105]菩提心、修六度行而得之。王侯体之、不生[106]不死、得証菩提[107]、視一切衆生[108]、皆如赤子。三教各有宗旨、経典本亦[109]不同。学者先究其根源、然後伏膺修習。

如知道教幽邃、則捨縫掖而曳霓裳。若悟仏法宏深、則置星冠而剃鬢髪。未[110]云誦[111]老子、専説仏経、唱出詩書、讃揚道徳。此則違背師匠、紊乱弊[112]章、非独紫色蛙声、亦復緑衣黄裏。直称仏・道一種、或云三教並斉[113]、意欲自防是非、勧他[114]不須分別。若其無是可是、終日是而非是也。無非可非、終日非而非非。是非全無分別、智[115]不従此生。欲修無分別心、要須従分別起。善法常須増進、悪法不令[116]更生。積善直至菩提、然後始無分別。若其善悪同流、是非斉流、以此得為智人、何愚不名為智。智者須識善悪、愚者不知[117]是非。従此智有智人[118]、是以愚不名智。但僅[119]味於三教、薄[120]識是非。熟見学者、被[121]欺[122]情実、実[123]不能安忍。若也信茲邪火、延焼無量行人、必当共堕阿鼻、実亦不名慈者。

謹題三教不斉論十[124]条、仏・道[125]二教不斉論三条、止道士毀仏論四条、如左云尓。

一宗族不斉、二父母不斉、三身相不斉、四眷属不斉、五弟子不斉、六説[126]法不斉、七降伏不斉、八付属不斉、九示生不斉、十示滅不斉。已上三教不斉。

一初果不斉、二中果不斉、三後果不斉。已上仏・道不斉。

(第六紙)又止化胡成仏謗、又止道先仏後謗、又止道父仏母謗、又止天尊世尊謗。

一者[127]宗族不斉[128]。伽[129]耶万代金輪王孫、宣[130]父帝嚳之裔、老聃自祖曁父、逖未聞官宦。以老君比宣尼之族、対已如幽泉清漢矣。何更欲比金輪王族。豈不以有頂類於泥黎。是一不斉[131]。

二父母不斉。伽耶父名浄飯、母名摩耶、父有六十徳、母有五十二徳。宣尼父叔梁紇、徳行統、魯大夫。母名[132]徴在、儀範匠、充[133]四徳。老君父名元卑[134]、母名精敷、至於徳行官栄、経史未聞明説。今将老耼父母、比於宣尼所生、已如[135]黄天[136]白日矣。何更欲返其摩耶浄飯。豈異伊蘭而欲等於栴檀。是二不斉也。

三身相不斉。伽耶身長丈六、紫磨[137]金色、頂有肉髻、円光一尋、変化自在、相好具足。孔宣尼身長一丈[138]、首如反宇[139]、龍顔虎掌[140]、垂[141]手摩膝、河目海口。老耼修短五尺以来、上尖[142]下闊[143]、脣不覆歯、胸高胯亜[144]、雖心智玄邈、而鬢髪皓然。今将老君儀容類於孔丘、尚自雲泥已隔矣。奈何伯陽敢比於薄伽色相。譬如一蛍之照[145]比千日之光。是三不斉也。

四眷属不斉。伽耶所居之処、常有天龍八部恒沙眷属而護衛之。所履之地、地神歩歩常以蓮花而捧其足。所達[146]之国、国王親自迎送、敬造伽藍、而以四事[147]供養。孔子所聘之国、弟子三千、博読[148]六芸[149]。国君雖聞其政而卒莫能見用（第七紙）、或国飢餧、或廻被囚。老耼所行之処、寂然無記。以孔・李之所届[150]比伽耶之所居、譬極微之塵等十方之[151]国土。是四不斉也。

五弟子不斉。伽耶所教弟子、舎利弗・目犍[152]連・摩訶迦葉・須菩提・富楼那・迦旃延・阿那律・優婆[153]離・羅睺羅・阿難等、並証大阿羅漢果、得六神通、皆已授記当来作仏。至涅槃会、復有八十億百千比丘僧、六十億比丘尼、皆証阿羅漢果。二恒河[154]沙優婆塞・三恒河[155]沙優婆夷並証三[156]果。自余証入道果無量無辺。孔丘所教弟子、数雖三千、至如達者、唯七十有二。弟子曾参有至孝之性。就此数内、徳行有顔回・閔子騫・冉伯[157]牛・仲弓、言語有宰我・子貢、政事有冉有・季路、文学子游・子夏。中間或有為邑宰、或為家臣[158]、或有与[159][160]皈屢空、或有被醯[161]着疾。老耼唯教尹喜。尹喜[162]先為関令、後更不知所遷。将孔・李所訓[163]弟子、比於伽耶徒衆、豈不以一把草葉等[164]於大地叢林。是五不齊也。

六説法利益[165]不齊。伽耶所説之法、明一切衆生皆有仏性、善修方便、必証[166]菩提、不生不滅、常楽我浄。宣尼所教之法、唯仁義礼智信、行此五徳、尚未生天、況更入常楽我浄。老君所教之法、理性虚無自然為本[167]、利物究竟、得生天羅。如達尼父之行、亦生六欲界上二天[168]。伽耶観生天、如癰如瘡、儒道極果而至於斯、比於仏法中小乗位処、尚未逮於初果[169]、況欲攀類於（第八紙）大乗乎。是六不齊也。

七降伏不齊。伽耶降[170]四種魔、伏[171]六外道、怖酔象、調悪毒龍。孔子畏盗跖、懼桓魋、避陽貨、屈沮[172]・溺。老君一無所伏。以此而比、何異蜉蝣[173]羽与金翅鳥揄[174]飛。是七不齊也。

八付嘱[175]不齊。伽耶欲説法花時、眉間白毫相光遍照東方万八千仏土。欲説涅槃経時、従其面門放五色光、照於恒沙世界。釈・梵諸王、及龍神魔鬼、一切有情、悉来聴説。説訖、内付菩薩弟子[176]摩訶迦葉、外付国王宰相。老耼説五千文時、自乗青牛白輿、就於函谷山、先見紫色雲瑞、独為尹喜演説。説訖、独付尹喜。孔子或於宴寝[177]為顔回・曽参説仁孝至[178]徳、或為魯哀公・季康子等説家国要道。後刪詩書、定礼楽、修春秋、述易道訖、蔵諸家室。以孔・李所説付嘱、比[179]於伽耶嘱累者[180]、茅[181]茨[182]並於七宝宮殿。是八不斉也。

九示生不斉。伽耶棄金輪王位、作法輪王、国王礼仏足。宣尼初為中都宰、後為魯司寇[183]、尚未能暢其情、竟被季孫所逐。老耼為周柱[184]下史[185]、更[186]無所遷[187]。将孔・李[188]之栄花、比於伽耶之勝楽、有[189]鷃雀之適性与大鵬之逍遥。是九不斉也。

十示滅不斉。伽耶涅槃之時、入諸三昧、逆順上下、超次数廻、踊身虚空[190]、去地高七多羅樹、然後右脇而臥、住大寂定。入於金棺、棺自迴転、(第九紙)処香楼上、化火自焚。開著聖軀、内外白氎、儼然如故、壘[191]収舎利、足満八斛[192]。宣尼欲化、推[193]夢両[194]楹[195]、託山・木[196]壊、負手[197]曳杖[198]、従此云亡[199]、綏[200]遷而葬、墳[201]墓如鬣[202]。老耼託身流沙、文史不知所滅。将孔・李之[203]滅、比伽耶之涅槃、豈不如[204]名色之始終与[205]頂生之[206]誕化。是十不斉[207]。

已上三教不斉也。

一初果不斉。求道教之人、祇[208]願得仙、并願昇天。設如此願、即[209]道教之極。求仏教者、即不如是。然発意即求無上菩提、趣於秘密涅槃、不願得仙、不願生天。設使業身得生其中、亦不甘楽[210]。此亦初果不斉[211]。

二中果不斉。求道教之人、上望昇天[212]、中望五品仙、下望九品仙。求仏法者[213]、上望成仏、中望菩薩、下望羅漢。五百仙人寿命得百千万歳、須抜陀羅寿命得八万大劫、遇仏誘化、求哀出家、即於座下、証阿羅漢果。

以仏法中下果、尚勝道教中上、豈得更以道教[214]中仙、将皆比於仏法中中果[215]。此中果[216]不斉也。

三後果不斉。求道教者、縦乃得成、即能乗雲駕鶴、来[217]去五岳、遊歴[218]三天、上等[219]住昇天、下等[220]即居人、若其無雲与鶴、尚須遅迴暫留。設使遂性昇天、寿命得百千億歳、歳数雖見長遠、畢会有極。斯業已尽、還堕[221]泥犂、輪転受身何極。求仏者、即不如是。然発心即不願生天。仏法蓋不在定限。極果則[222]身苞三界、摂[223]引乃示（第十紙）現化身、取[224]十方浄土、内一毛孔中、放一相光、遍覆三千大千世界。以此而比彼[225]果、亦更不斉[226]已上仏道二教不斉[227]。

又止化胡成仏謗。

夫愚俗垢重、不避泥犂苦[228]、云老子[229]化胡、方[230]乃成仏、常聞此語、誠是寒心、何愚之甚、而自欺也。謹案魏[231]曇謨[232]最法師[233]、斉時上統[234]法師、隋[235]国子博士姚長謙等撰周穆天子伝、周書異記言、前漢劉向列仙伝序[236]、幷古旧二録、後漢法本伝及穀[237]法王本記、呉尚書令闞沢等衆書、准阿含経推仏是周第[238]五王[239]昭[240]王瑕即位廿三年癸丑歳[241]七月十五日、現白象形、降自兜率陀天、於中天竺国迦毘羅城、託父浄飯王宮、於母摩耶夫人、受胎身。

至昭王廿四年甲寅之歳四月八日、於嵐毘園内波羅樹下、右脇而生。故普曜経云、普放大光明、照三千界。即周書異記云、昭王廿四年甲寅之歳四月八日、江河泉池、忽然汎漲、井皆溢出、宮殿人舎、山川大地[242]、咸悉震[243]動、其夜有五色光気、貫入大微、遍於西方、尽[244]作青紅色。其王問太[245]史蘇由曰、是何祥也。蘇由答曰、有大聖人、生於[246]西方、故現斯瑞。昭王曰、於天下如何。由曰、即時無化、一千年外、声教流被此土。昭王即遣人鐫[247]石記之、埋在南郊天祠前。仏生即此年也。

昭王[248]卌二年壬申之歳[249]二月八日夜半、踰城出家。瑞応経云、太子年十九、二月八日夜半、天[250]於窓[251]中、叉手白言、時[252]可[253]去矣。因命馬行。即[254]此年也。

(第十一紙)周第六王[255]穆王満二年癸未歳、二月八日、仏年卅成道。故普曜経云、菩薩明星出時、豁然大悟、即此年也。穆王五十二年壬申之歳二月十五日、仏年七十九、方始滅度。涅槃経云、二月十五日、仏臨涅槃時、出種種光、地六種震動、声至有頂、光遍大千、即周書異記[256]云、穆王即位、五十二年壬申之歳二月十五日暁、暴風忽起、発[257]損人舎、復[258]折樹木、山川大地、皆悉震動。于[259]後天陰雲累、西方大白虹十二道、南北通過、連夜不滅。穆王問大史扈多曰、是[260]何徴也。扈多対曰、西方有[261]聖人滅度、衰[262]相現耳。

仏入涅槃後、至五十五年崩。准史記、穆王崩、立子恭王。恭王十二年崩、後立子懿王。懿王[263]廿五年崩、立弟辟方為孝王。孝王十五年崩、立懿王太子燮[264]為夷王。夷王十六年崩、立子胡、是為厲[265]王。厲王即位五十一年崩、立太子静、是為宣王。宣王即位経卌[266]六年崩、立子宮[267]温[268]為幽王。幽王即位十年、被犬戎[269]所殺[270]、立太子宜臼為平王。平王[271]即位、経五十一年崩、立其孫林[272]為桓王。桓王即位廿三年崩、立子他為荘王。荘王即位五十一年崩、立僖王胡斉、是為釐王。釐王即位五[273]年崩、立子閬為恵王。恵王即位廿[274]五年崩、立子[275]鄭為襄王。襄王即位卅[276]年崩、立子壬[277]姫為頃[278]王。頃王即位六年崩、立子班為匡王。匡[279]王即位六年崩、立弟瑜為定王。定王[280]即位廿一[281]年、乙卯年三月十四日子時、(第十二紙)依[282]暦帝記、老耼始生。従穆王五十二[283]年至定王廿一[284]年、年経三百六十三年、懸隔一十六王。

豈[285]老耼未生已前、預得化胡成仏。釈迦生実在後、史伝何仮浪[286]書。老耼生必在前、経史焉不具載。我等倶不親見、但信[287]史書知之。史伝既有明文、何所雷同興謗。且我等学道、豈不欲安楽身心。聞有正道即修。何必毀他聖者。僕実庸昧、将[288]此謗非、忝有知人亦応同解進退、忝[289]測謗為非也。

又止道先仏後謗。

夫道称先者、自於此国、豈先於中天。仏教於後者、後至於此国、豈須於道法。只論是邪是正、何論有後有先。若其是邪[290]、雖前何益。如也是正、縦後何傷。若固[291]言道先仏後者、准涅槃経云、作此説者、是魔説者也。嘗[292]聞実作此謗、非但独謗於仏、復亦自謗天尊。何者。彼道法中、豈不以無為・清虚・自然為体。体若清虚、即湛然不動。不動之性、法体自然。於此体中、豈有前後。若有前後、即有生死。生[293]死之法、何処[294]成汝道乎。我仏法中即不如是。道[295]之与仏、前後之性、汝之性。汝之為二、無二之性。仏為実性、実性即是涅槃。如帝釈幢無能毀者。若欲毀[296]傷、祇是自毀、豈毀仏。

又止道父仏母謗。

夫道若[297]是父、仏若是[298]母、破[299]道之体。体称自然。若是自然之道、不是作法、状等虚空。何処得有父母。若有父母、即[300]生法。生法即是無常。豈[301]復（第十三紙）得称自然之道。以此而推、謗皆非也。

又止道是天尊仏是世尊謗。

夫世之与天、天尊於世者如何。如有智人、忝解義理、終不作此謗[302]。且天尊号者、於[303]所天而得尊名、世尊号者、三世之上而得尊美号。三世者、謂過去・未来・現在者[304]及三界[305]。三界者、欲界六天、色界十八天、無色界四天、総成廿八天、義[306]名三世。三世総皆是天[307]、如来天中天[308]之天、即人天[309]之師、号曰世尊。将此廿八天之尊、等彼一天之独号[310]、豈不似眇目跛鼈而与駿足[311]騏驥競馳者乎。此又非也。

或人曰、曽聞智人所説、夫聴法者、勿観法師種性、勿観法師好醜。但取其法、勿観於人。今云不斉、但云身相種類不斉、豈無法所説。若取其人、不取其法、即仏[312]相違背。

僕謂之曰、夫欲聴法、須有妙法可聴。若無妙法可聴、縦其種類無益、若其有法可説、実亦不仮容儀。若其無法無儀、此則民斯[313]下矣、如[314]其有法有種[315]、実乃不亦上乎。

祇如老君、豈全無法。於諸学内、稍即為優、比類尺文[316]、実即為劣。至如大聖化人[317]、皆[318]悉自居勝位、誘道[319]愚俗、令己斉[320]棄此憂愁、昇[321]彼極楽、見皆欣戴[322]、必使攀縁頓断。君[323]其自己[324]尫羸、遣他康健、徒聞其語、不見其人。皆是虚辞[325]、誰能依信[326]。故作此比、不亦宜乎。

至如伽耶、宗族勝[327]、父母勝、身相勝、眷属勝、弟子勝、説法勝、降伏勝、付属勝、示生勝、示滅勝、(第十四紙)至如老君、宗族劣、父母劣、身相劣、眷属劣、弟子劣[328]、説法劣、降伏劣、付属劣、示生劣、示滅劣[329]。将此十二条、比類二教、果非直優劣懸隔、乃教法不同[330]。

告諸学人曰、宜知勝負。

或人曰、久迷大[331]方、不知正路[332]、自今以後、誠亦既不失[333]。

僕謂[334]之曰、雖復廻邪向正、終須懇切帰誠[335]、仰信発懺悔心。唯願慈悲覆護我、至成正覚号、令不退菩提。称仏為師、外道邪網、三途八[336]難、翻之成浄[337]福田、六道四生、変作菩提之道。

定三教不斉論[338]

前[339]盧州参軍姚謽定三教論、其本甚脱錯。
大暦九年三月廿八日。
故之、大唐貞元廿年十一月十六日写竟。台州臨海懸龍興寺北房、日本国求法僧最澄。

明応六年丁巳四月十五日　右翰源雅律師

註

（1）「定三教」【西】「三教定」。
（2）「上」【西】「上」、右に朱字「土カ」、【諸】「土」。
（3）「競」【西】【諸】なし。
（4）「説」【西】「設」。
（5）「難定是非」【西】ではこの右に朱字で「此ノ一句恐ハ前行ノ日久之下ニ入ルヘキカ」とあり。
（6）「暦」【西】【諸】「歴」。
（7）「史記」【諸】なし。
（8）「暦」【西】【諸】「歴」。
（9）「雅」【西】【諸】「雅広雅」。

(10)「原」【石】「厚」、【西】【諸】「原」。【西】【諸】に従う。
(11)「為令」【石】「令為」、【西】【諸】「為令」。【西】【諸】に従う。
(12)「褰」【石】「蹇」、【西】【諸】「褰」。【西】【諸】に従う。
(13)「宇」【石】「字」、【西】【諸】「宇」。【西】【諸】に従う。
(14)「徒」【石】「従」、【西】【諸】「徒」。【西】【諸】に従う。
(15)「芸」【石】「万」、【西】「芸」、【諸】「万」、右に「芸カ」。【西】、【諸】傍記に従う。
(16)「丘」【石】なし、【西】【諸】「丘」。【西】【諸】に従う。
(17)「大」【石】「丈」、【西】「太」、【諸】「大」。【諸】に従う。
(18)「柱」【西】【諸】「柱」。【西】「柱」の右に朱字で「註カ」とあり。
(19)「即」【西】「則」。この後、【西】はしばしば同様に「即」を「則」とするが一々注記しない。
(20)「粟散」【石】「粟散」の左に傍点、行下に「浄飯カ」。
(21)「厭」【石】「猒」、【西】【諸】「厭」。【西】【諸】に従う。
(22)「臣」【石】なし、【西】【諸】「臣」。【西】【諸】に従う。
(23)「主」【西】「王」。
(24)「四」【石】なし、【西】【諸】「四」。【西】【諸】に従う。
(25)「漲」【石】「張」、【西】【諸】「漲」。【西】【諸】に従う。
(26)「昭」【石】「照」、【西】【諸】「昭」。【西】【諸】に従う。【石】校訂テキスト同頁も同じ。
(27)「大」三本ともに「大」のためそのままにする。
(28)「何如」【西】「如何」。
(29)「題」【石】「捉」、【西】【諸】「題」。【西】【諸】に従う。
(30)「卅」【西】【諸】「三十」。
(31)「何如」【西】「如何」。
(32)「未」【西】【諸】「不」。
(33)「已曰」【石】「已」、【西】「曰」、【諸】「已曰」。【諸】に従う。
(34)「極」【西】なし。
(35)「哉」【西】「乎」、右に朱字で「哉カ」とあり。
(36)「鐫」【石】「雋」、【西】【諸】「鐫」。【西】【諸】に従う。
(37)「郊」【石】「効」、【西】【諸】「郊」。【西】【諸】に従う。
(38)「海」【西】「悔」。
(39)「法」【石】「諸」、【西】「諸」、右に朱字で「法カ」とあり、【諸】「法」。【諸】、【西】傍記に従う。
(40)「又」【西】「亦」。
(41)「案」【諸】「按」。

(42)「王」【石】「皇」、【西】【諸】【仏】「王」。【西】【諸】【仏】に従う。
(43)「起」【西】なし。
(44)「午」【石】【諸】「于」、【西】【仏】「午」。【西】【仏】に従う。
(45)「太」【諸】「大」。
(46)「史」【西】「夫」。
(47)「太」【石】「大」、【西】【諸】【仏】「太」。【西】【諸】【仏】に従う。
(48)「境」【諸】なし。
(49)「已」【西】「既」。
(50)「没」【仏】「度」。
(51)「又」【西】「亦」。
(52)「案」【諸】「按」。
(53)「等」三本「等彼」、【諸】「彼」の右に小字「恐衍」。外来の仏教に対して道教を「我教」と呼んでいると解釈し、【諸】傍記に従う。
(54)「亡」【石】「已」、【西】【諸】「亡」。【西】【諸】に従う。
(55)「山」【諸】なし。
(56)「叔才」【石】【西】「等」、【諸】「叔才」。【西】「等」の上に朱点、「等」の右に朱小字「叔才入カ」。【諸】、【西】傍記に従う。
(57)「而」【西】「即」。
(58)「釈」【石】なし、【西】「尺」、【諸】「釈」。【諸】に従う。
(59)「変」【諸】「反」か。虫食いのため判読困難。
(60)「生時」【西】「時」、右に朱小字「生カ」。
(61)「卌」【諸】「卌」、【西】「四十」。
(62)「十」【西】「千」。
(63)「歳」【西】「年」。
(64)「乃」【諸】「則」。
(65)「魏」【石】「巍」、【西】【諸】「魏」。【西】【諸】に従う。
(66)「云」【西】「曰」。
(67)「老」【西】の右に朱小字「教カ」。
(68)「仏教仏教」【石】「仏仏教教」、【西】【諸】「仏教ここ」。【西】【諸】に従う。
(69)「族」【西】【諸】「強」。
(70)「僕」三本「僅」、【西】の右に朱小字「僕カ」。【西】傍記に従う。
(71)「郷」【石】【諸】「卿」、【西】「郷」。【西】に従う。

(72)「仙」【石】「仏」、【西】【諸】「仙」。【西】【諸】に従う。

(73)「洎」三本「洎」、【諸】の左に小字「洎カ」。【諸】傍記に従う。

(74)「博」【石】「転」、【西】「博」、【諸】「転」、左に小字「博カ」。【西】、【諸】傍記に従う。

(75)「専」【石】【諸】「不専」、【西】「専」。【西】に従う。

(76)「復」【石】「須」、【西】【諸】「復」。【西】【諸】に従う。

(77)「抑」【石】「抒」、【西】【諸】「抑」。【西】【諸】に従う。

(78)「咸」【石】「減」、【西】【諸】「咸」。【西】【諸】に従う。

(79)「亦」【西】【諸】「只如」。

(80)「三教倶是聖言」【諸】は「倶」を「但」に作る。【勘】「倶是三教聖言」。

(81)「簡」【西】「蘭而」、「蘭」の右に朱小字「簡カ」。

(82)「欲」【西】「難」、右に朱小字「欲カ」。

(83)「命」【西】「解」。

(84)「之微」【石】「之徴」、【西】【諸】「之微」、【勘】「於微」。【西】【諸】に従う。

(85)「当」【石】「常」、【西】【諸】「当」。【西】【諸】に従う。

(86)「若釈尊経満龍宮、化周百億」【石】【西】【諸】にこの十一字なし。【諸】は「未」と「徳」の間に点あり、左に小字「若尺尊経（左に虫喰あり、「経」の糸偏は判読不能）満竜宮百億周□十字異出」、【勘】に「若釈尊経満龍宮化周百億」とある。【勘】により補う。

(87)「徳」【石】【西】「得」、【諸】「徳」。【諸】に従う。

(88)「界」【西】「門」。

(89)「而」【諸】なし。

(90)「之」【諸】なし。

(91)「焉」【勘】「茲」。

(92)「衆」【勘】「教」。

(93)「以」【勘】なし。

(94)「体」【石】「礼」、【西】【勘】「体」、【諸】「休」。【西】【勘】に従う。これは旧字「體」と「禮」の字形の類似による混同であろう。以下同じ。

(95)「法」【勘】「教」。

(96)「恬」【石】「悟」、【西】【諸】【勘】「恬」。【西】【諸】【勘】に従う。

(97)「為」【勘】「道」。

(98)「衆」【勘】「教」。

(99)「守柔」【西】なし。

(100)「納」【石】「網」、【西】【諸】【勘】「納」。【西】【諸】

【勘】に従う。

(101)「体」【石】「礼」、【西】【諸】【勘】「体」。【西】【諸】【勘】に従う。

(102)「姓」【諸】「性」。

(103)「求其」【勘】なし。

(104)「除断」【西】「断除」、【勘】「断」。

(105)「従」【西】「起」、【諸】の左に小字「発カ」。

(106)「不生」【勘】なし。

(107)「菩提」【勘】「涅槃」。

(108)【諸】は次の葉から書体が変わっているように見える。

(109)「亦」【勘】「上」。

(110)「未」【諸】「求」。

(111)「老」【石】「孝」、【西】【諸】「老」。【西】【諸】に従う。

(112)「弊」【西】「幣」。

(113)「斉」【諸】「斎」、以下同じ。

(114)「他」【西】【諸】「佗」。

(115)「智」【西】「知」。

(116)「更」【石】「綆」、【西】【諸】「更」。【西】【諸】に従う。

(117)「知」【諸】「智」。

(118)「此智有智」【西】「此知有知」、【諸】「是知有智」。

(119)「僅」【西】【諸】「叶」。

(120)「薄」【諸】「博」。

(121)「被」【諸】「彼」。

(122)「欺」【石】「斯」、【西】【諸】「欺」。【西】【諸】に従う。

(123)「実」【西】【諸】「実是」。

(124)「十」【諸】「中」。

(125)「道」【西】なし。

(126)「説」【石】【諸】「論」、【西】「説」。【西】に従う。

(127)「者」【西】なし。

(128)「斉」【西】「斉者」。

(129)「耶」【石】「那」、【西】【諸】「耶」。【西】【諸】に従う。以下同じ。

(130)「父」【石】「文」、【西】【諸】「父」。【西】【諸】に従う。

(131)「斉」【西】「斉也」。

(132)「母名」【石】「名母有」、【西】【諸】「母名」。【西】【諸】に従う。

(133)「充」【諸】「宛」。

(134)「卑」【西】【諸】「累」。

(135)「已如」【石】「如已」、【西】【諸】「已如」。【西】【諸】に従う。

(136)「天」【西】【諸】「泉」。
(137)「磨」【石】なし、【西】【諸】「磨」。【西】【諸】に従う。
(138)「一丈」【石】「支」、右に小字「文歟」、【西】【諸】「一丈」。【西】【諸】に従う。
(139)「宇」【石】「字」、【西】【諸】「宇」。【西】【諸】に従う。
(140)「掌」【石】【諸】「出」、【西】「掌」。【西】に従う。
(141)「垂」【石】「乗」、【西】【諸】「垂」。【西】【諸】に従う。
(142)「尖」【西】「小大」。
(143)「闊」【諸】「濶」。
(144)「亜」【西】【諸】「凸」。
(145)「照」【西】「照以」。
(146)「達」【西】「連」。
(147)「事」【西】の右に小字「時カ」。
(148)「読」【石】「徒」、【西】「読」、【諸】「徒」、右に「読カ」。【西】、【諸】傍記に従う。
(149)「芸」【石】「万」、【西】「芸」、【諸】「万」、右に「芸カ」。【西】、【諸】傍記に従う。
(150)「届」【西】「居」。
(151)「之」【諸】なし。
(152)「犍」【石】【諸】「揵」、【西】「犍」。【西】に従う。
(153)「婆」【西】「婆娑」。
(154)「河」【西】なし。
(155)「河」【西】なし。
(156)「三」【石】「二」、【西】【諸】「三」。【西】【諸】に従う。
(157)「伯」【石】「佰」、【西】なし、【諸】「伯」。【諸】に従う。
(158)「家」【諸】「衆」。
(159)「或」【石】なし、【西】【諸】「或」。【西】【諸】に従う。
(160)「与皈」【石】「興敗」、【西】【諸】「与皈」。【西】【諸】に従う。
(161)「醯」【石】「醘」、【西】「醠」（「醘」「醠」ともに「醯」の異体字）、【諸】「醯」。【諸】に従う。
(162)「尹喜尹喜」【石】「尹尹喜喜」、【西】【諸】「尹喜ここ」。
(163)「訓」【石】「説」、【西】【諸】「訓」。【西】【諸】に従う。
(164)「等」【石】なし、【西】【諸】「等」。【西】【諸】に従う。
(165)「利益」【西】なし。
(166)「君」【諸】「若」、左に朱字で「君カ」。
(167)「自然為本」【石】「然無為不」、【西】【諸】「自然為本」。【西】【諸】に従う。

(168)「上二天」【西】「生三十三天」、【諸】「生二天」。
(169)「逮於初果」【石】「遠於果」、【西】【諸】「逮於初果」。【西】【諸】に従う。
(170)「降」【西】「降伏」。
(171)「六」【西】【諸】「六師」。
(172)「沮」【西】【諸】「阻」。
(173)「蝣」【西】【諸】「蝣之」。
(174)「捔」【石】「踊」、【西】「挿」、【諸】「捔」。【諸】に従う。
(175)「嘱」【西】【諸】「属」。
(176)「摩」【西】「广」。
(177)「寝」【西】【諸】「寝或」。
(178)「至」【石】「至至」、【西】【諸】「至」。【西】【諸】に従う。
(179)「於」【西】なし。
(180)「者」【西】「尚」。
(181)「茅」【石】「弟」、【西】「茅」、【諸】「苐」。【西】に従う。
(182)「茨」【西】「茨以如」。
(183)「寇」【西】【諸】「冠」。
(184)「柱」【諸】「桂」。
(185)「史」【諸】なし。
(186)「更」【西】「吏」。
(187)「遷」【西】「還」。
(188)「李」【石】「季」、【西】「李」、【諸】「季」、左に小字「李カ」。【西】、【諸】傍記に従う。
(189)「有」【諸】「有如」。
(190)「空」【西】【諸】「穹」。
(191)「壜」【西】「壜以」。
(192)「斛」【西】「解」。
(193)「推」【西】「唯」。
(194)「両」【石】「雨」、【西】【諸】「両」。【西】【諸】に従う。
(195)「楹」【石】「搵」、【西】【諸】「楹」。【西】【諸】に従う。
(196)「木」【諸】「水」。
(197)「手」【西】「牛」。
(198)「杖」【石】「材」、【西】【諸】「杖」。【西】【諸】に従う。
(199)「亡」【西】なし。
(200)「綏遷」【石】「嬰遵」、【西】「綏遷」、右に「嬰遵」、【諸】「綏遷」。【諸】に従う。
(201)「墳」【石】「憤」、【西】【諸】「墳」。【西】【諸】に従う。

(202)「鬣」【石】は難読、【西】【諸】「鬣」。【西】【諸】に従う。

(203)「之」【西】【諸】なし。

(204)「如」【石】「知」、【西】【諸】「如」。【西】【諸】に従う。

(205)「与」【石】「象」、【西】【諸】「与」。【西】【諸】に従う。

(206)「生之」【石】「生」、【西】【諸】「上之」。固有名詞と対句の関係から【石】「生」と【西】【諸】「之」に従う。

(207)「斉」【西】「斉也」、【諸】「斎也」。

(208)「祇」【諸】「衹」。

(209)「即」【西】「則」。この後、【西】はしばしば同様に「即」を「則」とするが一々注記しない。

(210)「甘楽」【石】「甘薬」、【西】「其楽」、【諸】「甘楽」。【諸】に従う。

(211)「斉」【西】「斉也」、【諸】「斎也」。

(212)「天」【諸】「土」、左に朱字「天カ」。

(213)「者」【西】「之人者」。

(214)「教」【石】「教教」、【西】【諸】「教」。【西】【諸】に従う。

(215)「中」【西】「下」。

(216)「果」【西】【諸】「果亦」。

(217)「来」【諸】「乗来」。

(218)「歴」【西】「暦」。

(219)「等」【西】右に朱字「果カ」。

(220)「等」【西】右に朱字「果カ」。

(221)「堕」【石】「随」、【西】「堕」、【諸】「随」、左に「堕カ」。【西】【諸】傍記に従う。

(222)「則」【諸】「即」。

(223)「摂」【西】【諸】「接」。

(224)「取」【諸】「所」、左に朱字で「到カ取カ」。

(225)「彼」【西】【諸】「後」。

(226)「斉」【西】「斉也」。

(227)「二」【諸】「三」。

(228)「苦」【西】【諸】「共」。

(229)「老子」【石】「孝云」、【西】【諸】「老子」。【西】【諸】に従う。

(230)「方」【西】「方万」。

(231)「魏」【石】「巍」、【西】【諸】「魏」。【西】【諸】に従う。

(232)「最」【西】「寂」。

(233)「師」【西】「仏」。

(234)「統」【石】「紇」、【西】【諸】「統」。【西】【諸】に従う。

(235)「隋」【西】【諸】「随」。
(236)「仙」【石】「山」、【西】【諸】「仙」。【西】【諸】に従う。
(237)「毅」【西】「叙」、【諸】「殺」。
(238)「第」【石】「弟」、【西】【諸】「第」。【西】【諸】に従う。
(239)「王」【西】【諸】「主」。
(240)「昭」【石】「照」、【西】「昭」、以下同じ、【諸】はここのみ「照」、以下「昭」。【西】【諸】に従う。
(241)「歳」【西】「年」。
(242)「山」【石】「小」、【西】「小」、右に「山カ」、【諸】「山」。【西】傍記、【諸】に従う。
(243)「震」【石】なし、【西】【諸】「震」。【西】【諸】に従う。
(244)「尽」【西】「画」、右に「尽カ」。【西】はそれぞれ旧字「畫」「盡」である。
(245)「太」【西】「大」。
(246)「於」【西】なし。
(247)「鐫」【石】「雋」、【西】【諸】「鐫」。【西】【諸】に従う。
(248)「卌」【諸】「四十」。
(249)「仏生即此年也。昭王卌二年壬申之歳」【西】この十五文字なし。
(250)「天」【西】なし。
(251)「窓」【石】「空」、【西】【諸】「窓」。【西】【諸】に従う。
(252)「時」【西】【諸】「時至」。
(253)「可」【諸】なし。
(254)「即」【西】なし。
(255)「第六王」【石】「弟六王」、【西】「第六王」、【諸】「弟六主」。【西】に従う。
(256)「記」【西】「説」。
(257)「発」【西】右に「廃カ」。
(258)「復」【西】右に「傷イ」。
(259)「于」【西】「午」。
(260)「是」【諸】なし。
(261)「有」【諸】「大」。
(262)「衰」【西】【諸】「哀」。
(263)「懿王懿王」【石】「懿懿王王」、【西】【諸】「懿王々々」。【西】【諸】に従う。以下、王の名前の表記は同様。
(264)「燮」【西】【諸】「燮是」。
(265)「厲」【西】「励」。
(266)「卌」【西】【諸】「四十」。
(267)「宮」【石】【西】なし、【諸】「宮」。【諸】に従う。
(268)「温」【西】「涅」、右に「温カ」、【諸】「涅」。

(269)「犬戎」【西】「大戎」、【諸】「大戒」。

(270)「殺」【石】「敍」、【西】【諸】「殺」。【西】【諸】に従う。

(271)「平王」【諸】なし。

(272)「林」【石】「休」、【西】【諸】「林」。【西】【諸】に従う。

(273)「即位五」【石】「位十」、【西】【諸】「即位五」。【西】【諸】に従う。

(274)「即」【諸】なし。

(275)「立」【石】【諸】なし、【西】「立」。【西】に従う。

(276)「卅」【諸】「卅三」。

(277)「子壬」【石】「子」、【西】なし、【諸】「子壬」。【諸】に従う。

(278)「項」【諸】「頂」。

(279)「即」【石】【諸】なし、【西】「即」。【西】に従う。

(280)「即」【石】【諸】なし、【西】「即」。【西】に従う。

(281)「一」【石】「三」、【西】【諸】「一」。【西】【諸】に従う。

(282)「暦」【西】【諸】「歴」。

(283)「二」【西】【諸】「三」。

(284)「一」【石】なし、【西】【諸】「一」。【西】【諸】に従う。

(285)「豈」【西】【諸】「豈得」。

(286)「浪」【西】なし。

(287)「信」【石】「言」、【西】【諸】「信」。【西】【諸】に従う。

(288)「此」【諸】「比」。

(289)「忝」【石】【諸】「参」、【西】「忝」。【西】に従う。

(290)「是」【諸】なし。

(291)「若固」【石】「害周」、【西】「若固」、【諸】「若因」、「因」の左に「固カ」。【西】、【諸】傍記に従う。

(292)「嘗」【諸】「曽」。

(293)「生死生死」【石】「生生死死」、【西】【諸】「生死々々」。【西】【諸】に従う。

(294)「処」【西】【諸】「所」。

(295)「之」【西】なし。

(296)「毀」【西】【諸】「毀者但自毀」。

(297)「是」【石】なし、【西】【諸】「是」。【西】【諸】に従う。

(298)「是」【西】なし。

(299)「破」【石】「被」、【西】「被」、左に「破カ」、【諸】「破」。【西】傍記、【諸】に従う。

(300)「即」【西】【諸】「即同」。

(301)「豈」三本「起」、【西】右に「豈」。【西】傍記に従う。

(302)「謗」【西】「論」。

(303)「所」【西】「所（?）」、【諸】「前」、右に「所」。

(304)「者」【西】【諸】なし。
(305)「界」【西】【諸】「界也」。
(306)「義」【西】「義以」。
(307)「天」【西】「天也」。
(308)「天」【諸】なし。
(309)「人天」【西】【諸】「天人」。
(310)「之」【石】【西】「化」、【諸】「之」。【諸】に従う。
(311)「足」【諸】「尼」。
(312)「仏」【西】【諸】「仏有」、【諸】は「有」の一部が欠けているが、残画より推定。
(313)「斯」【西】【諸】「暫」。
(314)「如」【西】なし。
(315)「有種」【西】【諸】「種有」。
(316)「尺文」【西】「尺父」、【諸】「釈教」。
(317)「人」【西】【諸】なし。
(318)「皆」【諸】「以皆」。
(319)「道」【西】【諸】「々」。
(320)「斉」【諸】「済」。
(321)「彼」【諸】「被」、左下に小字「彼カ」。
(322)「戴」【石】「載」、【西】【諸】「戴」。【西】【諸】に従う。
(323)「君」【西】【諸】「若」。
(324)「己」【西】【諸】「巳」。
(325)「辞」【西】【諸】「弁辞」。
(326)「信」【西】「⿰亻口」。
(327)「勝」【石】「強（見せ消ち？）勝」、【西】【諸】「勝」。【西】【諸】に従う。
(328)「劣」【石】なし、【西】【諸】「劣」。【西】【諸】に従う。
(329)「劣」【西】「劣也」。
(330)「同」【西】「同也」。
(331)「大」【西】【諸】なし。
(332)「路」【西】の右に「踏イ」。
(333)「誡亦既不失」【西】「誡亦失」、【諸】「誡亦既失」。
(334)「謂」【西】「＝（？）」、【諸】「引」。
(335)「誡」【西】「誡」。
(336)「八」【西】なし。
(337)「翻之成浄」【西】「翻難翻」、【諸】「々々（＝八難）浄」。
(338)「定三教不斉論」【西】なし。
(339)以下は【石】のみ。

訓読

（第一紙）

『三教の優劣(1)斉しからざるを定むる論』

前盧州参軍姚䛒(2)撰

夫れ三千刹土(3)は是れ百億日月(4)の都名(5)、一四天下(6)は乃ち蘇迷盧山(7)の総称、南閻浮提は、妙高山(8)の一面、大唐中国は、剡部洲(9)の一隅なり。中に於いて三教並びに興り、教法万代に流る。風を移し俗を易うるは、楽より善きは莫く、上を安んじ人を理むるは、礼より善きは莫きも、(10)競いて優劣を説き、紛紜(11)たること日久し。先後を知らんと欲せん者、三教を略引すれども、是非を定め難し。

謹みて『暦帝記』(12)『洪明集』(13)・百家諸子・『国臣記』『史記』『春秋』『暦載記』『爾雅』『孝経』序・『千字文』等の百家の書を案じ、広く三教の先後を明らかにすれば、孔老の二教、先に此の方に在り、遠方の仏法、遠きことは則ち遠く、(14)原を尋ね難し。先に孔老の二教を論じ、後に仏法の是非を揚げん。

案ずるに『国臣記』に云く、「李老君は、周の定王二十二載乙卯の歳九月十四日の夜、子の時に生まる。生まれて十三載にして守蔵吏(15)と為り、後に大史(16)と為る。周の簡王に至りて秦に入りて、行きて函谷関に至り、令尹喜(17)の為に五千文を説く(18)」と。此れは是れ生るる日月なり。

又た案ずるに『国臣記』に云く、「李伯陽は、八十載母の腹中に在り、初生の時、頭首皓白なり(19)。小なるを以ての故に号して「子」と為し、髪の白きを以ての故に号して「老」と為す」と。此れ相もて得るの名なり。

若し其の貌を説けば、身長四尺六寸、聃耳褰脣、膊夾く跨闊し(20)。此れは是れ老子の相貌なり。

若し教を説くを論ぜば、観宇を立てず、門徒を統べず(21)、東は海に出ず、西は秦に至らず、北は黄河に至らず、南は広府(22)に到らず。此れは是れ其の化なり。

魯の孔丘は則ち然らず。案ずるに『国臣記』『孝経』序に云く、「孔子は周末に生まれ、徒三千を領し、博く六芸を読み、達する者七十二人(23)、曽参孝を行い、最も上首為り」と。『国臣記』に云く、「魯の孔丘は魯国の大夫為り。頭は尼丘山(24)に像り、河目海口(25)、髪は(第二紙)長さ七尺、手を垂るれば膝を過ぎ(26)、身長九尺四寸(27)たり。春秋を修め、易道を述べ(28)、社記を立て(29)、四時を弁じ、礼楽を存す」と。此れは是れ魯の孔丘、国を益し人を利するなり(30)。

二教を校量すれば、是非を定むるに足る。何ぞ能く仏教に比する者ならんや。

其れ仏教は、若し種族(31)を論ずれば、即ち千世転輪王の孫、粟散王(32)の嫡子なり(33)。若し出家せざれば、当に転輪王位を紹ぎ、四天下に王たるべきも(34)、世の栄花を厭い、生死の苦を知り、出家・成仏し、天人師(35)と号せり。

謹みて案ずるに『国臣記』に云く(36)、「周の第四主二十四載甲寅の歳四月八日、江河大いに漲り、井皆な溢れ出で、時に非ずして樹花さく。周の昭王、大史蘇由に問いて曰く、〝是れ何の徴なるか〟と。答えて曰く、〝西方に大聖人有り、今日生まる〟と。帝(37)復た問いて曰く、〝其の相は何如〟と。蘇由曰く、〝身長一丈六尺、紫磨金容(38)、項背に円光あり、胸に万字を題し、足に金輪を蹈み、三十二相八十種好有り(39)〟と。昭王問いて曰く、〝此の人何如〟と。蘇由曰く、〝未来八十年世に住まり、法を説き人を度し、身没するの後一千年外、教は東土に流る(40)〟と。昭王聞き已りて曰く、〝甚だ大いに快きかな。我れ聞くならく、相貌極長なれば、功徳殊勝なり。我が位を奪わんことを恐る。若し当に是くの如かるべくんば、甚だ大いに快きかな〟と。即ち人を遣わして石を鑄り之を記し、埋めて南郊に在らしむ」と。

若し法教[41]を説くを論ぜば、修多羅[42]蔵海、時に人天に訓え、八部奉行す[43]。孔老の教を説くは、天に法り用を制し、敢えて天に違わず[44]。若し仏を論ずれば、行けば則ち帝釈前を引き、梵王後に従う[45]。又た案ずるに『国臣記』[46]に云く、「西方に大聖人有り、時に天人に訓え、八部を教化し、八十年法を説く。周の穆王の五十二年二月十五日、天下黒く雲り、狂卒に風起こり、人舎を発損し、樹木傷折し、午後天陰る。穆王扈多太史に問いて曰く、〝是れ何の徴祥たるか〟と。太史答えて曰く、〝西方の大聖人、今日滅度せり〟と。穆王喜悦すらく、〝我れ常に此の人の我が境土を侵さんことを恐る。今日已に化没す、甚だ（第三紙）大いに快きかな〟と」。此れは是れ仏滅度の日月なり。

又た案ずるに『史記』[47]に云く、「漢明帝の永平十四年正月十五日、五岳十八諸山の道士は、皆な秦に入るを聞き、競いて共に紛紜とし、各の上表して仏法の是非を定む。時に于いて漢の明帝、摩騰・竺法蘭三蔵[48]の二人は説法し、広く神通を現す。南岳の道士褚善信・費叔才の二人、勝劣を闘校し、自ら験無きを知る。明帝は諸道士に謂いて曰く、〝卿等は我が教に験無し。益州部内の五百戸の山沢に亡命せる群賊有りと聞くに[49]、卿等は今日彼と異なる無し〟と。其の褚善信・費叔才は帝の此の語を聞き、心に惶怖を生じ、河に投じて死す。東岳の道士呂恵通等一百七十人奏聞すらく、〝臣等は徳の劣れるを量らず、輒ち釈教と比並するも[50]、又た大聖は神通変化す。臣等は並びに出家して僧と為り、釈教に投ぜんことを請う〟」と。此れは是れ仏法東流の年日月なり。

此れ従り已来、七百余年、若し其の生る時の年月を論ぜば、老君の前三百四十五年に在り。又た『史記』に云く、(51)「仏生るるの日月は、老君に校ぶるを為さば、三百余年」と。世は一十余王を隔て、年は三百余歳を経。案ずるに、前後の国記典籍は一一相い承け、又た差失する者無し。国を益し人を利する者は、釈教に過ぐる莫きなり。(52)敬すれば乃ち福を得ること恒沙、礼すれば即ち殃を除くこと万劫なり。其の老君の身量は孔丘に及ばず、教も亦た如かず。又た『魏書』に云く、(53)「李老君なる者は、但だ五千文を説くのみにして、更に言説無し」と。何ぞ能く孔子を継がんや。孔子の身量は仏老に及ばず、(54)教は但だ一生のみにして、後に又た福無し。亦た何ぞ能く仏教に比せんや。仏教なる者は受持読誦して、五眼開明し、(55)災を除くこと万劫なり。一は身相殊に勝りて人に過ぎ、二は即ち教は万国に流れ、三は乃ち種族は豪族、四は即ち国を益し人を利する。今現に目験し、(56)定めて三教を明らかにす。

僕者は開元十一年冬、閿郷(57)に詣りて拝掃し、(58)蒲州の女官の部する所の仙壇観(59)に於いて『老子経』を講ずるを見る。十二年春に洎び、復た陝州(第四紙)の道士有り、又た其の中に於いて『本際経』(60)を講ず。並びに云く、〝仏・道は一種、聴者は分別を須たず〟と。時に于いて講下に多く博達の君子有り、咸な異端を起こす。或いは道教に専らなる者有り、仏劣りて道教優ると称す。或いは仏教を崇むる者有り、仏深くして道浅しと云う。数輩交も唱え、紛紜たること積晨なり。時に当りて更に外より至る者有り、復た云く、〝惟だ仏・道の一種なるのみに非ず、抑も亦た三教並びに斉し〟と。終日喧喧として、崔謈(61)の如き有り、各の己れ是なりと言い、咸な他は非なりと説く。竟日終朝なるも、而れども未だ定むる能わず。僕之に謂いて曰く、〝亦た三教は倶に是れ聖言、小よりして之を論ずれば略ぼ同じきも、大よりして之を取れば全く異なる。漸次にして学び、堂室(62)の如きのみ。学者は之を体し、総べて亦た兼ねて解し、応に頓かに三教並びに斉しからずと説くべからざるなり。小子は狂簡にして、(63)輒ち之を論ぜんと欲す。高才は見遠く、(64)未だ許すや不やを知らず〟と。或る人曰く、〝敢て命を聞かん〟と。

窃かに聞けらく老聃関に入り(65)、道徳の妙旨を宣べ、仲尼放黜せられ、礼楽の微言を定む。或いは之を体するに希夷(66)を以てし、声色(67)を以て弁ずべからず、或いは之を悟るに敬譲を以てし、富貴を以て求むべからず。猶お能く曦蟾を苞括し、穹礴(68)を籠羅(69)し、陰陽の測らざる所(70)、吉凶に冥当し、鬼神の知らざる所、倚伏(71)に幽通す。尚お未だ釈尊の経は龍宮に満ち、化は百億(72)に周ねく、徳は沙界を超え、言は大千に応ずるに若かず。蕩蕩乎として能く名づくる無く(73)、焉ぞ得て像るべからざらんや。況や法身は円寂(74)、妙に無有の場を超え、至理は凝虚、亦た是非の境に絶す。心に心相無く、無相の真心を体し、滅に非ず空に非ず、不空の寂滅を悟る。三教焉に於いて鬱として起ち、万人是を以て同に欽む。

儒道は巍巍とし、詩書礼楽を以て体と為す。衆人は其の忠孝を行い、仁義礼智信(75)を以てして之を得。王侯は以て之を体し、風雨以て時あり(76)、禍乱作らず(77)、四辺寧静にして(78)、五穀熟成す(79)。

道法は恬淡(80)とし、自然を以て体と為す。衆人は(第五紙)雌を執り柔を守り(81)、呼吸吐納(82)して之を得。王侯は之を体し、垂拱(83)して為す無く、年を延ばし寿を益し(84)、百姓を以て蒭狗と為して(85)、其の報を望求せず(86)。

仏教は万善(87)を以て体と為す。衆生をして煩悩を除断し、菩提心に従い、六度(88)の行を修めて之を得しむ。王侯は之を体し、不生不死にして(89)、菩提を証するを得、一切衆生を視ること、皆な赤子の如し(90)。三教は各の宗旨有り、経典も本より亦た同じからず。学者先ず其の根源を究め、然る後伏膺(91)修習す。

如し道教の幽邃[92]を知らば、則ち縫掖[93]を捨てて霓裳[94]を曳く。若し仏法の宏深を悟らば、則ち星冠[95]を置いて鬢髪を剃る。未だ『老子』を誦し、専ら仏経を説き、『詩』『書』を唱出し、『道徳』を讃揚すと云わず。此れ則ち師匠に違背し[96]、弊章[97]を紊乱し、独り紫色蛙声[98]のみに非ず、亦復た緑衣黄裏[99]なり。

直だ仏・道は一種と称し、或いは三教は並びに斉しと云い、自ら是非を防がんと意欲し、他に分別を須めずと勧む。若し其れ是の是とすべき無くんば、終日是にして是に非ざるなり。非の非とすべき無くんば、終日非にして非に非ず。是非に全く分別無くんば、智は此従り生ぜず。無分別の心[100]を修せんと欲せば、要ず須く分別従り起つべし。善法は常に須く増進すべく、悪法は更に生ぜしめず[101]。善を積めば直ち[102]に菩提に至り[103]、然る後始めて分別無し。若し其れ善悪流れを同じくし[104]、是非流れを斉しくせば、此を以て智人と為るを得、何の愚か名づけて智と為さざらんや。智者は須く善悪を識るべく、愚者は是非を知らず。此従り智に智人有り、是を以て愚は智と名づけず。但だ僅かに三教を味わい、薄く是非を識るのみ。熟ら学者を見るに、情実を欺かれ、実に安忍[105]する能わず。若し茲の邪火[106]に信せ、無量の行人[107]に延焼せば、必ず当に共に阿鼻に堕つべく、実に亦た慈者と名づけず。

謹みて三教不斉論十条、仏・道二教不斉論三条、止道士毀仏論[108]四条と題すること、左の如しと云うのみ。

一に宗族不斉、二に父母不斉、三に身相不斉、四に眷属不斉、五に弟子不斉、六に説法不斉、七に降伏不斉、八に付属[109]不斉、九に示生不斉、十に示滅[110]不斉。已上三教不斉なり。

一に初果不斉、二に中果不斉、三に後果不斉。已上仏・道不斉なり。

（第六紙）又た化胡成仏[111]の謗を止む。又た道先仏後[112]の謗を止む。又た道父仏母[113]の謗を止む。又た天尊世尊の謗を止む。

一者に宗族斉しからず。伽耶(114)は万代の金輪王の孫(115)、宣父(116)は帝嚳(117)の裔、老耼は祖自り父に曁ぶまで、遜く未だ官宦を聞かず。老君を以て宣尼(118)の族に比すれば、対すること已に幽泉(119)清漢(120)の如し。何ぞ更に金輪王族に比せんと欲せんや。豈に有頂(121)を以て泥黎(122)に類せざらんや。是れ一の不斉なり。

二に父母斉しからず。伽耶は父の名は浄飯、母の名は摩耶(123)、父に六十徳(124)有り、母に五十二徳(125)有り。宣尼は父は叔梁紇(126)、徳行(127)の統にして、魯の大夫(128)なり。母の名は徴在(129)、儀範(130)の匠にして、四徳(131)を充たす。老君は父の名は元卑、母の名は精敷(132)、徳行官栄に至りては、経史に未だ明説を聞かず。今老耼の父母を将て、宣尼の生るる所と比すれば、已に黄天白日の如し。何ぞ更に其の摩耶浄飯を返さんと欲せんや。豈に伊蘭にして栴檀(133)に等しからしめんと欲するに異ならんや。是れ二の不斉なり。

三に身相斉しからず。伽耶は身長は丈六、紫磨金色(134)、頂に肉髻有り(135)、円光は一尋(136)、変化自在、相好具足す。孔宣尼は身長は一丈(137)、首は反宇の如く(138)、龍顔虎掌(139)、手を垂るれば膝を摩し、河目海口なり(140)。老耼は修短五尺以来(141)、上は尖り下は闊く、脣は歯を覆わず、胸は高く胯は亜、心智は玄邈なりと雖も、而れども鬢髪は皓然たり(142)。今老君の儀容を将て孔丘に類するすら、尚自お雲泥已に隔たる。奈何ぞ伯陽(143)敢て薄伽(144)の色相(145)に比せんや。譬えば一蛍の照の千日の光に比するが如し(146)。是れ三の不斉なり。

四に眷属斉しからず。伽耶の居る所の処は、常に天龍八部(147)、恒沙の眷属有りて之を護衛す。履む所の地は、地神歩歩常に蓮花を以て其の足を捧ぐ(148)。達する所の国は、国王は親自ら迎送し、敬みて伽藍を造り、四事を以て供養す(149)。

孔子の聘さるる所の国、弟子三千、博く六芸を読む[150]。国君其の政を聞くと雖も卒に能く用（第七紙）いらるる莫く、或いは国にて飢餧し[151]、或いは廻りて囚わる[152]。老耼の行く所の処、寂然として記す無し[153]。孔・李の届る所を以て伽耶の居る所に比するは、譬えば極微の塵もて十方の国土に等しとするがごとし。是れ四の不斉なり。

五に弟子斉しからず。伽耶の教うる所の弟子、舎利弗・目犍連・摩訶迦葉・須菩提・富楼那・迦旃延・阿那律・優婆離・羅睺羅・阿難等[154]は、並びに大阿羅漢果を証し、六神通を得、皆な已に当来に仏と作らんと授記さる。涅槃会に至るや、復た八十億百千の比丘僧、六十億の比丘尼有り、皆な阿羅漢果を証す[155]。二恒河沙の優婆塞・三恒河沙の優婆夷並びに三果を証す[156]。自余の道果を証入するもの無量無辺たり。孔丘の教うる所の弟子、数三千と雖も、達する者の如きに至りては、唯だ七十有二のみなり[157]。弟子曽参には至孝の性有り。此の数内に就きては、徳行には顔回・閔子騫・冉伯牛・仲弓有り。言語には宰我・子貢有り。政事には冉有・季路有り。文学には子游・子夏あり[158]。中間には或いは邑宰と為る有り[159]、或いは家臣と為り[160]、或いは与に皈し[161]屢しば空しくなる有り[162]、或いは醢にせられ[163]疾を着る[164]有り。老耼は唯だ尹喜に教うるのみ。尹喜先に関令と為り、後に更に遷る所を知らず。孔・李の訓うる所の弟子を将て伽耶の徒衆に比すれば、豈に一把の草葉を以て大地の叢林に等しとせざらんや、是れ五の不斉なり。

六に説法の利益斉しからず。伽耶の説く所の法[165]、一切衆生皆な仏性有り、善く方便を修すれば、必ず菩提を証し、不生不滅、常楽我浄なるを明らかにす。宣尼の教うる所の法、唯だ仁義礼智信のみにして、此の五徳を行ずるも、尚お未だ天に生ぜず、況んや更に常楽我浄に入るをや。老君の教うる所の法、理性の虚無自然[166]たるを本と為し、物を利すること究竟にして、天羅[167]に生ずるを得。尼父[168]の行に達するが如きも、亦た六欲界の上二天[169]に生ず。伽耶の天に生まるるを観ずること、癰の如く瘡の如し。(170)儒道の極果(171)は斯に至るも、仏法中の小乗位処に比すれば、尚お未だ初果にすら逮ばず、況んや(第八紙)大乗に攀類(172)せんと欲するをや。是れ六の不斉なり。

七に降伏斉しからず。伽耶は四種の魔を降し(173)、六外道を伏し(174)、酔象を怖れしめ(175)、悪毒龍を調す(176)。孔子は盗跖を畏れ(177)、桓魋を懼れ(178)、陽貨を避け(179)、沮・溺に屈す(180)。老君は一として伏する所無し。此を以てして比すれば、何ぞ蜉蝣の羽(181)の金翅鳥(182)と飛ぶを捔ぶるに異ならんや。是れ七の不斉なり。

八に付嘱斉しからず。伽耶は『法花』を説かんと欲する時、眉間の白毫の相光遍く東方万八千仏土を照らす(183)。『涅槃経』を説かんと欲する時、其の面門従り五色の光を放ち、恒沙の世界を照らす(184)。釈・梵の諸王、及び龍神魔鬼、一切の有情、悉く来りて説を聴く(185)。説き訖り、内に菩薩弟子摩訶迦葉に付し、外に国王宰相に付す(186)。老聃は五千文を説く時、自ら青牛白輿に乗り、函谷山に就き、先に紫色の雲瑞を見わし、独り尹喜の為に演説す(187)。説き訖り、独り尹喜に付す。孔子は或いは宴寝に於いて顔回・曽参の為に仁孝の至徳を説き(188)、或いは魯の哀公・季康子等の為に家国の要道を説く(189)。後に詩書を刪し、礼楽を定め、春秋を修め、易道を述べ訖り(190)、諸を家室に蔵す。孔・李の説く所の付嘱を以て、伽耶の嘱累に比すれば、茅茨(191)も七宝の宮殿に並ぶ。是れ八の不斉なり。

九に示生斉しからず。伽耶は金輪王の位を棄て、法輪王と作り(192)、国王は仏足に礼す(193)。宣尼は初め中都宰と為り、後に魯の司寇と為るも(194)、尚お未だ其の情を暢ぶる能わず、竟に季孫に逐わる(195)。老聃は周の柱下の史と為り(196)、更に遷る所無し。孔・李の栄花を将て、伽耶の勝楽に比すれば、鷃雀の適性(197)と大鵬(198)の逍遥有り。是れ九の不斉なり。

十に示滅斉しからず。伽耶涅槃の時、諸三昧に入り、逆に順に上下し、次を超えること数廻し[199]、身を虚空に踊らせ、地を去ること高さ七多羅樹、然る後に脇を右にして臥し、大寂定に住す[200]。金棺に入れば、棺は自ら廻転し、(第九紙)[201]香楼上に処き、火を化して自ら焚す[202]。開きて聖軀を著すに、内外の白氈は、儼然として故の如く[203]、壜に舎利を収むれば、八斛に足満す[204]。宣尼は化せんと欲するに、夢に両楹を推し、山・木の壊るるに託し、手を負いて杖を曳き[205]、此れ従り亡ぶと云い、綏遷して葬し、墳墓は鬣の如し[206]。老聃は身を流沙に託し[207]、文史は滅する所を知らず[208]。孔・李の滅を将て、伽耶の涅槃に比せば、豈に名色の始終[209]と頂生の誕化[210]の如くならずや。是れ十の不斉なり。
已上三教の不斉なり。

一に初果斉しからず。道教を求むる人、祇だ仙を得ることを願い、幷びに天に昇ることを願う。設し此の願の如きは、即ち道教の極なり。仏教を求むる者は、即ち是の如くならず。然りて意を発し即ち無上菩提[211]を求め、秘密涅槃に趣き、仙を得るを願わず、天に生ずるを願わず。設使業身は其の中に生ずるを得るとも、亦た甘楽せず[212]。此れ亦た初果の不斉なり。

二に中果斉しからず。道教を求むる人は、上は天に昇ることを望み、中は五品仙を望み、下は九品仙[213]を望む。仏法を求むる者は、上は仏に成らんことを望み、中は菩薩を望み、下は羅漢を望む。五百仙人は寿命百千万歳を得[214]、須抜陀羅は寿命八万大劫を得[215]、仏に遇いて化を誘い[216]、哀を求めて出家し[217]、即ちに座下に於いて、阿羅漢果を証す。仏法中の下果を以てすら、尚お道教中の上に勝る、豈に更に道教の中の仙を以て、将に皆な仏法中の中果に比するを得んや。此れ中果の不斉なり。

三に後果斉しからず。道教を求むる者は、縦い乃ち成ることを得て、即ちに能く雲に乗り鶴に駕し[218]、五岳を来去し、三天[219]を遊歴し、上等は住して天に昇り、下等は即ち人に居るも、若し其の雲と鶴と無くんば、尚お須く遅廻して暫留すべし。設使性を遂げ天に昇り、寿命百千億歳を得て、歳数は長遠せらると雖も、畢に会ず極り有り。斯の業已に尽き、還って泥犁に堕し、輪転して身を受くこと何ぞ極らん。仏を求むる者は、即ち是くの如くならず。然りて発心して即ち天に生ずることを願わず[220]。仏法は蓋し定限に在らず。極果は則ち身は三界を苞い、摂引して乃ち（第十紙）化身を示現し、十方浄土を取りて、一毛孔の中に内れ、一相光を放ちて、遍く三千大千世界を覆う。此を以て彼の果に比せば、また更に不斉なり〈已上仏道二教の不斉〉。

又た化胡成仏の謗を止む。

夫れ愚俗は垢重く[221]、泥犁の苦を避けず、老子胡を化し、方乃て成仏すと云い、常に此の語を聞けば、誠に是れ寒心[222]、何ぞ愚の甚だしくして[223]、自ら欺かんや。謹んで魏の曇謨最法師、斉時の上統法師[224]、隋の国子博士の姚長謙等の撰する『周穆天子伝』[225]、『周書異記』の言、前漢劉向『列仙伝』[226]の序、幷びに古旧の二録[227]、『後漢法本伝』[228]及び穀[229]『法王本記』[230]、呉尚書令闞沢等[231]の衆書を案じ[232]、『阿含経』[233]に准じて推せば仏は是れ周の第五王昭王瑕の即位して二十三年癸丑の歳の七月十五日に、白象の形を現し、降りること兜率陀天自りし、中天竺国迦毘羅城に於いて、父浄飯王宮に託し、母摩耶夫人に於いて、胎身を受く。

昭王二十四年甲寅の歳四月八日に至り、嵐毘園内の波羅樹の下に於いて[234]、右脇より生ず。故に『普曜経』[235]に云く、「普く大光明を放ち、三千界を照す」と。即ち『周書異記』[236]に云く、「昭王二十四年甲寅の歳四月八日、江河泉池、忽然として汎漲し、井皆な溢れ出し、宮殿人舎、山川大地、咸悉く震動し、其の夜に五色の光気有り、大微に貫入し、[237]西方に遍く、尽く青紅色と作る。其の王は太史蘇由に問うて曰く、〝是れ何の祥なるや〟と。蘇由答えて曰く、〝大聖人有り、西方に生じ、故に斯の瑞を現ず〟と。昭王は曰く、〝天下に於いて如何〟と。由白さく、〝即時には化無く、一千年外に、声教は此の土に流被す〟[238]と。昭王は即ち人を遣わし石を鐫り之を記し、埋めて南郊天祠の前に在らしむ」と。仏の生ずるは即ち此の年なり。

昭王四十二年壬申の歳二月八日の夜半、城を踰えて出家す。[239]『瑞応経』に云く、[240]「太子は年十九にして、二月八日の夜半に、天は窓中に於いて、手を叉して白して言さく、〝時に去る可し〟と。因りて馬に命じて行く」と。即ち此の年なり。

周の（第十一紙）第六王穆王満[241]の二年癸未の歳、二月八日、仏年三十にして成道す。故に『普曜経』に「菩薩明星の出ずる時、豁然と大悟す」と云えるは、[242]即ち此の年なり。

穆王五十二年の壬申の歳二月十五日、仏年七十九にして、方始て滅度す。『涅槃経』に「二月十五日、仏涅槃に臨みし時、種種の光を出だし、地は六種に震動し、声は有頂に至り、光は大千に遍し」と云えるは、[243]即ち『周書異記』に云く、[244]「穆王即位して、五十二年の壬申の歳二月十五日の暁、暴風忽ち起こり、人舎を発損し、復た樹木を折り、山川大地、皆悉く震動す。後に于いて天は陰り雲は累なり、西方の大白虹十二道、南北に通過し、連夜滅せず。穆王大史扈多に問うて曰く、〝是れ何の徴なりや〟と。扈多対えて曰く、〝西方に聖人有りて滅度し、衰相現わるるのみなり〟」と。

仏涅槃に入りし後、五十五年に至り崩ず。『史記』に准ぜば、穆王崩じ、子を恭王に立つ。[245]恭王十二年に崩じ、後に子を懿王に立つ。[246]懿王二十五年に崩じ、弟の辟方を立てて孝王と為す。[247]孝王十五年に崩じ、懿王の太子燮を立て

	王名『三教不斉論』	王名『史記』	在位年数『三教不斉論』	在位年数『史記』周本紀	在位年数『帝王世記』（唐『続集古今仏道論衡』所引、大正五二・三九八中）	在位年数『帝王世紀輯存』	在位年数 元『仏祖歴代通載』巻三（大正四九・四九五下～四九九中）
一	穆王	穆王	五五	五五	五五	五五	五五
二	恭王	共王	一二		一二	一二	一二
三	懿王	懿王	二五		二五		二五
四	孝王（辟方）	孝王（辟方）	一五				一五
五	夷王（燮）	夷王（燮）	一六			一六	一六
六	厲王（胡）	厲王（胡）	五一				五一（在政三七＋共和一四）
七	宣王（静）	宣王（静）	四六	四六			四六
八	幽王（宮温）	幽王（宮涅）	一〇				一一
九	平王（宜臼）	平王（宜臼）	五一	五一			五一
十	桓王（林）	桓王（林）	二三	二三			二三
十一	荘王（他）	荘王（佗）	五一	一五			一五
十二	釐王（胡斉）	釐王（胡斉）	五	五			五
十三	恵王（閬）	恵王（閬）	二五	二五			二五
十四	襄王（鄭）	襄王（鄭）	三〇	三二			三三
十五	項王（壬姫）	頃王（壬臣）	六	六			六
十六	匡王（班）	匡王（班）	六	六			六
十七	定王（瑜）	定王（瑜）					二一

て夷王と為す(248)。夷王十六年に崩じ、子の胡を立つ、是を厲王と為す(249)。厲王即位し五十一年にして崩じ、太子の静を立つ、是を宣王と為す(250)。宣王即位し四十六年を経て崩じ、子の宮温を立てて幽王と為す(251)。幽王即位し十年にして犬戎に殺され、太子の宜臼を立てて平王と為す(252)。平王即位し五十一年を経て崩じ、其の孫の林を立てて桓王と為す(253)。桓王即位し二十三年にして崩じ、子の他を立てて荘王と為す(254)。荘王即位し五十一年にして崩じ、僖王胡斉を立つ、是を釐王と為す(255)。釐王即位し五年にして崩じ、子の閬を立てて恵王と為す(256)。恵王即位し二十五年にして崩じ、子の鄭を立てて襄王と為す(257)。襄王即位し三十年にして崩じ、子の壬姫を立てて頃王と為す(258)。頃王即位し六年にして崩じ、子の班を立てて匡王と為す(259)。匡王即位し六年にして崩じ、弟の瑜を立てて定王と為す(260)。定王即位し二十一年、乙卯の年、三月十四日、子の時、『暦帝記』(第十二紙)(261)に依らば、老聃始めて生まる。穆王の五十二年より定王の二十一年に至るに、年三百六十三年を経、一十六王を懸隔す。

豈に老聃の未だ生ぜざる已前に、預め化胡成仏を得ん。釈迦の生まるること実に後に在らば、史伝何ぞ浪りに書すを仮りん。老聃の生まるること必ず前に在らば、経史焉ぞ具さに載せざる。我等倶に親ら見ず、但だ史書の之を知るを信ずるのみ。史伝(262)に既に明文有れば、何所にか雷同して謗を興こさん。且つ我等道を学ぶに、豈に身心を安楽せしむるを欲せざらん。正道有るを聞けば即ち修す。何ぞ必ずしも他の聖者を毀たん。僕実に庸昧なれども、此の謗の非なるを将て、忝くも有知の人の亦た応に同じく進退を解すべく、忝くも測りて謗を非と為すなり。

又た道先仏後の謗を止む。

夫れ道は先と称するは、此の国よりす、豈に中天より先ならん。仏教は後に於いてすとは、後に此の国に至る、豈に道法を須たんや。只だ是れ邪、是れ正と論ずるのみ、何ぞ後有り先有るを論ぜん。若其し是れ邪ならば、前と雖も何ぞ益せん。如也し是れ正ならば、縦い後なるも何ぞ傷らん。固く道は先にして仏は後と言うが若きは、『涅槃経』に準ずるに「此の説を作すは、是れ魔説なる者なり」[263]と云う。嘗て聞く、実に此の謗を作すは、但だ独り仏を謗るのみに非ず、復亦た自ら天尊をも謗ると。何者ぞや。彼の道法の中、豈に無為・清虚・自然を以て体と為さざらん。体若し清虚ならば、即ち湛然として不動なり。不動の性、体の自ら然るに法る。此の体中に於いて、豈に前後有らんや。若し前後有らば、即ち生死有り。生死の法、[264]何処にか汝の道を成ぜん。我が仏法の中は即ち是の如くならず。道と仏と、前後の性は、汝の性なり。汝の二と為すは、無二の性なり。仏は実性と為し、実性は即ち是れ涅槃なり。[265]帝釈の幢の能く毀つ者無きが如し。[266]若し毀傷[267]せんと欲するも、祇だ是れ自ら毀つのみ、豈に仏を毀たんや。

又た道父仏母の謗を止む。

夫れ道は若是し父、仏は若是し母ならば、道の体を破る。体自然に称う。若し是れ自然の道ならば、是れ作法[268]ならず、状虚空に等し。何処にか父母有るを得ん。若し父母有らば、即ち生法[269]なり。生法は即ち是れ無常なり。豈復に(第十三紙)自然の道に称うを得ん。此を以て推せば、謗皆な非なり。

又た道は是れ天尊、仏は是れ世尊の謗を止む。

夫れ世と天と、天の世よりも尊き者は如何。有智の人の如きは、忝くも義理を解し、終に此の謗を作さず。且つ天尊の号なる者は、天とする所に於いて尊の名を得、世尊の号なる者は、三世の上にして尊の美号を得。三世とは、過去・未来・現在者及び三界を謂う。三界とは、欲界の六天、色界の十八天、無色界の四天、総じて二十八天を成し[270]、義として三世と名づく。三世は総皆な是れ天にして、如来は天中天[271]の天、即ち人天の師[272]なれば、号して世尊[273]と曰う。此の二十八天の尊を将て、彼の一天の独号に等しくするは、豈に眇目の跛鼈にして駿足の騏驥と競馳[274]する者の似くならざらんや。此れ又た非なり。

或る人曰く、「曽て智人の説く所を聞く、〝夫れ法を聴く者は、法師の種性を観る勿れ[275]、法師の好醜を観る勿れ。但だ其の法を取り、人を観ること勿れ[276]〟。今〝斉しからず〟と云うは、但だ〝身相と種類斉しからず〟と云うのみ、豈に法の説く所無からんや。若し其の人を取り、其の法を取らざれば[277]、即ち仏と相い違背す」。

僕之に謂いて曰く、「夫れ法を聴かんと欲すれば、須く妙法の聴く可き有るべし。若し妙法の聴く可き無くんば、縦い其れ種類あるも益無く、若し其れ法の説く可き有らば、実に亦た容儀を仮らず。若し其れ法無く儀無くんば、此れ則ち民にして斯れ下とし[278]、如し其れ法有り種有らば、実に乃ち亦た上ならずや[279]。

老君の祇如きは、豈に全く法無からんや。諸学の内に於いて、稍や即ち優為るも、尺文[280]に比類すれば、実に即ち劣為り。大聖人を化するが至如きは、皆悉く自ら勝位に居りて、愚俗を誘道[281]し、己と斉しく此の憂愁を棄て、彼の極楽に昇らしむ。皆な欣戴するを見れば、必ず攀縁[282]をして頓断せしむ。君は其れ自己の尫羸もて、他の康健を遺り、徒だ其の語を聞くのみにして、其の人を見ず[283]。皆な是れ虚辞、誰か能く依信せんや。故に此の比を作せり、亦た宜ならずや[284]。

伽耶の如きに至っては、宗族勝り、父母勝り、身相勝り、眷属勝り、弟子勝り、説法勝り、降伏勝り、付属勝り、示生勝り、示滅勝るも、（第十四紙）老君の如きに至っては、宗族劣り、父母劣り、身相劣り、眷属劣り、弟子劣り、説法劣り、降伏劣り、付属劣り、示生劣り、示滅劣る。此の十二[285]条を将て、二教[286]を比類すれば、果たして直だ優劣懸隔せるのみに非ずして、乃ち教法同じからず」。

諸々の学人に告げて曰く、「宜しく勝負を知るべし」。

或る人曰く、「久しく大方に迷い(287)、正路を知らざりしが(288)、今自り以後、誠に亦た既に失わざらん」。

僕之に謂いて曰く、「復た邪を廻らし正に向かうと雖も(289)、終に須く懇切に帰誠し、仰信して懺悔心を発すべし。唯だ願わくば慈悲もて我を覆護し(290)、正覚の号を成ずるに至り、菩提より退かざらしめんことを。仏を称して師と為し(291)、外道の邪網(292)、三途八難(293)、之を翻じて浄福田を成し(294)、六道四生(295)、変じて菩提の道と作さん」と。


『三教斉しからざるを定むる論』


前の盧州参軍の姚謽三教を定めし論、其の本甚だ脱錯せり。

大暦九年三月二十八日。

之を故に(296)、大唐貞元二十年十一月十六日に写し竟る。台州臨海懸(297) 龍興寺北房(298)、日本国求法僧最澄。


明応六年〈丁巳〉四月十五日　右翰源雅律師(299)。

註

(1) **三教優劣** 『集古今仏道論衡』巻乙 周高祖武皇帝将滅仏法有安法師上論事第一「天和四年歳在己丑三月十五日。勅召有徳衆僧名儒道士文武百官二千余人昇正殿。帝御坐。量述三教優劣廃立、衆議紛紜、情見乖角、不定而散」（大正五二・三七二上）。

（2）**盧州参軍**　淮南道廬州（現安徽省合肥周辺）、中州。もしくは剣南道瀘州（現四川省瀘州市周辺）、下都督府。廬州の治所は現在の安徽省合肥。『旧唐書』地理志「廬州　上　隋廬江郡。武徳三年、改為廬州、領合肥、廬江、慎三県。七年、廃巣州為巣県来属。天宝元年、改為廬江郡。乾元元年、復為廬州、自中升為上。旧領県四、戸五千三百五十八、口二万七千五百一十三。天宝領県五、戸四万三千三百二十三、口二十万五千三百九十六。在京師東南二千三百八十七里、至東都一千五百六十九里」。参軍は参軍事の略称。各州に所属する官吏で、中州参軍事は正九品下、下都督府参軍事は従八品下。

（3）**三千刹土**　呉康僧会訳『六度集経』巻一　布施度無極章「文殊師利為説経法、三千刹土為大震動」（大正三・七下）、後漢支婁迦讖訳『阿闍世王経』巻下「譬若三千大千刹土含受百億国土、百億日月、百億須弥山、百億大海、尽入三千大千」（大正十五・三九八上）。

（4）**百億日月**　『笑道論』巻中　日月普集「臣笑曰。『済苦経』云、乾坤洞然之後、乃使巨霊胡亥造山川、玄中造日月。崑山南三十兆里、復有崑山。如是次第、有千崑山、名小千界。復有千小千、名中千界。復有千中千、名一大千世界。計大千世界中有百億日月」『広弘明集』巻九（大正五二・一四八上）。註（3）参照。

（5）**都名**　『注維摩詰経』巻一　方便品「肇曰、沙門出家之都名也」（大正三八・三三九中）、『大般涅槃経集解』巻一「僧亮曰、此是如来神道之極号、常楽八味之都名」（大正三七・三七七中）。

（6）**四天下**　玄奘『大唐西域記』巻一「然則索訶世界、三千大千国土、為一仏之化摂也。今一日月所照臨四天下者、拠三千大千世界之中、諸仏世尊皆此垂化、現生現滅、導聖導凡」（大正五一・八六九上）、『一切経音義』巻二一（慧苑『華厳経音義』巻上）「状如四洲〈爾雅曰、水中可居之地曰洲。今四天下皆在四大海中、故倶名洲也。言状如四洲者、東洲形円如日、西洲形如半月、南洲北広南狭、北洲其形正方〉」（大正五四・四三七下）。

(7) **蘇迷盧山**　『一切経音義』巻四七「蘇迷盧山〈梵語或云須弥山、此云妙高山、亦云好光山。旧言須弥者訛略也〉」（大正五四・六二二中）、『大唐西域記』巻一「然則索訶世界三千大千国土為一仏之化摂也。今一日月所照臨四天下者、拠三千大千世界之中、諸仏世尊皆此垂化、現生現滅、導聖導凡。蘇迷盧山、四宝合成、在大海中、拠金輪上、日月之所照廻、諸天之所遊舎」（大正五一・八六九上）、唐道宣撰『釈迦方志』巻上「案、索訶世界鉄輪山内所摂国土則万億也。何以知之。如今所住即是一国、国別一蘇迷盧山、即経所謂須弥山也」（大正五一・九四八下）。

(8) **妙高山**　須弥山（蘇迷盧山）。註(7)所引『一切経音義』参照。

(9) **郯部洲**　南贍部洲・（南）閻浮提。

(10) **移風易俗、莫善於楽、安上理人、莫善於礼**　『孝経』広要道「子曰、教民親愛、莫善於孝。教民礼順、莫善於悌。移風易俗、莫善於楽。安上治民、莫善於礼」、『二教論』教旨通局「問。姫孔立教。可以安上治民移風易俗。老荘談玄。可以帰淳反素息尚無為。為化足矣。何仮胡経」『広弘明集』巻八（大正五二・一四一下）。「安上理人」の「理」「人」は「治」「民」の避諱。「治」は唐の高宗・李治、「民」は唐の太宗・李世民の諱。

(11) **紛紜**　註(1)参照

(12) **『暦帝記』**　おそらく姚恭（字長謙）『年暦帝紀』をさす。『隋書』経藉志「『年暦帝紀』。三十巻。姚恭撰」、『弁正論』巻五 仏道先後篇「隋世有姚長謙者、学該内外、善窮算術、以春秋所紀不過七十余国、丘明為伝但叙二百余年、至如世系世本尤失根緒、『帝王世紀』又甚荒蕪、後生学者弥以多惑、開皇五年乙巳之歳、与国子祭酒開国公何妥等、被召修暦。其所推勘三十余人並是当世杞梓、備諳経籍者。拠三統暦、編其年号、上拒運開、下終魏静、首統甲子、傍陳諸国、爰引……陶弘景等数十部書、以次編之、合四十巻、名為『年暦帝紀』。頗有備悉、文義可依。従太極上元庚戌之歳、至開皇五年乙巳、積有一十四万三千七百八十年矣」（大正五二・五二一下）。

(13) **『洪明集』**　僧祐『弘明集』。「洪」は「弘」の避諱。「弘」は唐の高宗の太子李弘の諱。

(14) **遠則遠矣**　『破邪論』巻上「若将孔老二家遠方仏法、遠則遠矣。所以然者、孔老設教、法天制用、不敢違天。諸仏設教、天法奉行、不敢違仏。以此言之、実非比対明矣」（大正五二・四八一上）。『広弘明集』巻一四（大正五二・一八九下）、『釈迦方志』巻下（大正五一・九七一上中）、『続集古今仏道論衡』（大正五二・四〇二下）にも類似箇所あり。註（231）参照。

（15）**生十三載為守蔵吏**　『史記』老子伝「老子者、楚苦県厲郷曲仁里人也、姓李氏、名耳、字聃、周守蔵室之史也」。『破邪論』巻上「正光元年歳次庚子七月、明帝加朝服、大赦天下。二十三日請僧尼道士女官、在前殿設斎。斎訖、帝遣侍中劉騰宣勅請法師等与道士論議、以釈弟子疑網。爾時清通観道士姜斌与融覚寺法師曇謨最対論。帝問曰、仏与老子同時以不。姜斌対曰、老子西入化胡、仏時以充侍者、明是同時。法師問曰、何以得知。姜斌曰、案『老子開天経』、是以得知。法師問曰、老子当周何王幾年而生、当周何王幾年西入。姜斌曰、当周定王即位三年乙卯之歳、於楚国陳郡苦県厲郷曲仁里、九月十四日夜子時生。当周簡王即位四年丁丑之歳、事周為守蔵史。当周簡王即位十三年景戌之歳、遷為太史。当周敬王即位元年庚辰之歳、年八十五、見周徳陵遅、遂与散関令尹喜西入化胡。此足明矣」（大正五二・四八一中）。『広弘明集』巻一（大正五二・一〇〇下）、『続高僧伝』巻二三 曇無最伝（大正五〇・六二四下）、『続集古今仏道論衡』（大正五二・四〇三上）などにも同様の文章あり。乙卯生まれであれば、丁丑の年には十三歳。

（16）**大史**　註（15）所引『破邪論』では「太史」。

（17）**令尹喜**　関令の尹喜。劉向『列仙伝』巻上 関令尹「関令尹喜者、周大夫也。善内学、常服精華、隠徳修行、時人莫知。老子西遊、喜先見其炁、知有真人当過、物色而遮之、果得老子」。

（18）**為令尹喜説五千文**　『史記』老子伝「老子修道徳、其学以自隠無名為務。居周久之、見周之衰、迺遂去。至関、関令尹喜曰、子将隠矣、彊為我著書。於是老子迺著書上下篇、言道徳之意五千余言而去、莫知其所終」。『笑道論』巻上 五仏並出「『文始伝』云、老子以上皇元年下為周師。無極元年乗青牛薄板車度関、為尹喜説五千文曰、吾遊天地之間、汝未得道、不可相随。当誦五千文万遍。耳当洞聴、目当洞視」『広弘明集』巻九（大正五二・一四五下）。

（19）**頭首皓白**　『真誥』巻五「好道在於常山中、積九十七年、精思無所不感、忽然見老公頭首皓白、三人知是大神、乃叩頭流血、涕涙交連、悲喜自搏、就之請道、公乃出素書七巻、以与誦之、兄弟三人倶精読之」。

（20）**老子相貌**　肩や股に関する老子の相貌としての記述は見当たらないが、以下の記述がある。葛洪『抱朴子』内篇 雑応「老君真形者、思之。姓李、名聃、字伯陽、身長九尺、黄色、鳥喙、隆鼻、秀眉長五寸、耳長七寸、額有三理上下徹、足有八卦、以神亀為牀」。

（21）**不立観宇、不統門徒**　『弁正論』巻二 三教治道篇「通人曰、尋老君居世未捨俗塵。儀貌服章、亦無改異、不立館宇、不領門徒、処柱下之微官、隠龍徳而養性、和其光而避外患、同其事以摂内生。愚者見之謂之愚、智者見之謂之智、非魯司寇、莫能識也」（大正五二・四九九下）。

（22）**広府**　『旧唐書』地理志「武徳四年、討平蕭銑、置広州総管府、管広・東衡・洭・南綏・岡五州、幷南康総管」。

（23）**領徒三千、博読六芸、達者七十二人**　『史記』孔子世家「孔子以詩書礼楽教、弟子蓋三千焉、身通六芸者七十有二人」、『古文孝経』序（孔安国伝）「夫子敷先王之教於魯之洙泗、門徒三千、而達者七十有二。貫首弟子顔回・閔子騫・冉伯牛・仲弓、性也至孝之自然、皆不待諭而寤者也。其余則悱悱憤憤、若存若亡、唯曽参躬行匹夫之孝而未達。自天子諸侯以下揚名顕親之事、因侍坐諮問焉。故夫子告其誼。於是曽子喟然知孝之為大也。遂集而録之、名曰『孝経』、与五経並行於世」、『史記』滑稽列伝「孔子曰、六藝於治一也。礼以節人、楽以発和、書以道事、詩以達意、易以神化、春秋以義」。

（24）**頭像尼丘山**　『史記』孔子世家「紇与顔氏女野合而生孔子、禱於尼丘得孔子。魯襄公二十二年而孔子生。生而首上圩頂、故因名曰丘云」。『白虎通』姓名「旁其形者、孔子首類魯国尼丘山、故名為丘」。

（25）**河目海口**　『孔子家語』困誓「孔子適鄭、与弟子相失、独立東郭門外。或人謂子貢曰、東門外有一人焉、其長九尺有六寸、河目隆顙〈河目、上下匡平而長。顙、頰也〉、其頭似尭、其頸似皐繇、其肩似子産、然自腰已下、不及禹者三寸、纍然如喪家之狗」、『毛詩』大雅生民「誕寘之隘巷、牛羊腓字之」、毛伝「天生后稷、異之於人、欲以顕其霊也」、正義「知天生后稷異之於人者、若其不異、不応棄之、異之於人、猶有奇表異相、若孔子之河目海口、文王之四乳龍顔之類」、『弁正論』巻六 十喩篇「外論曰、夫聖人妙相、本異凡夫。八彩双瞳、河目海口、龍顔鶴歩、反宇奇毫」（大正五二・五二八下）。

（26）**垂手過膝**　『孔叢子』嘉言「夫子適周見萇弘、言終退。萇弘語劉文公曰、吾観孔仲尼、有聖人之表、河目而隆顙、黄帝之形貌也。修肱而亀背、長九尺有六寸、成湯之容体也」、『長阿含経』巻一 大本経「時諸相師即披太子衣、説三十二相、一者足安平、足下平満、蹈地安隠。二者足下相輪、千輻成就、光光相照。……。十者平立垂手過膝」（大正一・五上中）。

（27）**九尺四寸**　『史記』孔子世家、『孔子家語』困誓では、身長九尺六寸。

（28）**修春秋、述易道**　『史記』孔子世家「子曰、弗乎弗乎、君子病没世而名不称焉。吾道不行矣、吾何以自見於後世哉。乃因史記作春秋、上至隠公、下訖哀公十四年、十二公」、『捜神記』巻八「孔子修春秋、制孝経、既成、斎戒向北辰而拝、告備於天」、『隋書』経籍志「孔丘以大聖之才、当傾頽之運、歎鳳鳥之不至、惜将墜於斯文、乃述易道而刪詩書、修春秋而正雅頌」。

（29）**立社記**　未詳。

（30）**益国利人**　「人」は「民」の避諱。「益国利民」は傅奕の排仏論のキーワード。『梁書』武帝紀 天監六年春正月詔「四方士民、若有欲陳言刑政、益国利民、淪礙幽遠、不能自通者、可各詮条布懐於刺史二千石」、『広弘明集』巻十一 弁惑篇 太史令朝散大夫臣傅奕上減省寺塔廃僧尼事十有一条「臣奕誠惶誠恐、謹上益国利民事十有一条如左」（大正五二・一六〇下）、『破邪論』巻下「教人捨悪行善、仏法最先、益国利人無能及者」（大正五二・四八五中）。

（31）**種族**　劉宋求那跋陀羅訳『過去現在因果経』巻一「汝等当知、今是度脱衆生之時、我応下生閻浮提中、迦毘羅旆兜国、甘蔗苗裔、釈姓種族、白浄王家。我生於彼、遠離父母、棄捨妻子及転輪王位、出家学道、勤修苦行、降伏魔怨、成一切種智、転於法輪」（大正三・六二三下―六二四上）。

（32）**粟散王**　『仁王般若経』巻上 菩薩教化品「十善菩薩発大心、長別三界苦輪海、中下品善粟散王、上品十善鉄輪王、習種銅輪二天下、銀輪三天性種性、道種堅徳転輪王、七宝金光四天下」（大正八・八二七中）、『広弘明集』巻十二 弁惑篇 決対傅奕廃仏法僧事「案『仁王経』、世間帝王有其五種。一、粟散王威徳最劣。二、鉄輪王治閻浮提。三、銅輪王兼二天下。四、銀輪王化三天下。五、金輪王統四天下。此之五王、論其位上下不同、語其徳勝劣有異。推秦皇漢武、閻浮提内唯王震旦、五種王中粟散王也」（大正五二・一七〇下）。

（33）**千世転輪王孫、粟散王之嫡子**　『破邪論』巻上「尋釈迦祖禰、蓋千代輪王之孫、刹利王之太子。期兆斯赴、物感則形。出三千世界之中央、南閻浮提之大国、垂教設方、但以利益衆生為本」（大正五二・四八二中）。

（34）**若不出家、当紹転輪位、王四天下**　『過去現在因果経』巻一「此相必是正覚之瑞、若不出家、為転輪聖王、王四天下、七宝自至、千子具足」（大正三・六二四中）。

（35）**天人師**　仏の十号の一つ。『長阿含経』巻十三 阿摩昼経「若如来出現於世、応供、正遍知、明行足、為善逝、世間解、無上士、調御丈夫、天人師、仏、世尊、於一切諸天、世人、沙門、婆羅門、天、魔、梵王中、独覚自証、為人説法」（大正一・八三下）。

（36）**謹案『国臣記』云……**　『破邪論』巻上「『周書異記』云、周昭王即位二十四年甲寅歳四月八日、江河泉池忽然泛漲、井水並皆溢出、宮殿人舎山川大地咸悉震動。其夜五色光気入貫太微、遍於西方、尽作青紅色。周昭王問太史蘇由曰、是何祥也。蘇由対曰、有大聖人生在西方、故現此瑞。昭王曰、於天下何如。蘇由曰、即時無他。一千年外声教被及此土。昭王即遣人鐫石記之、埋在南郊天祠前。当此之時、仏初生王宮也」（大正五二・四七八中）。『法琳別伝』巻中（大正五〇・二〇七上中）、『広弘明集』巻十一（大正五二・一六三上）、『続集古今仏道論衡』（大正五二・三九七下）などにも同様の引用箇所あり。

（37）**帝**　「昭王」ではなく「帝」というのは不自然である。仏の相を質問し蘇由が答えるこの箇所は註（36）の『破邪論』巻上所引『周書異記』の文には見えない。

（38）**身長一丈六尺、紫磨金容**　『普曜経』巻八 優陀耶品「王見仏、巨身丈六、相好光明、体紫金色」（大正三・五三六中）、姚秦竺仏念訳『出曜経』巻九 戒品「復経数世、閻浮利内有仏出世、名釈迦文至真等正覚、十号具足、三十二相、八十種好、紫磨金色、円光七尺、語声八種、如羯毘鳥音」（大正四・六五九中）。

（39）**項背円光、胸題万字、足蹈金輪、有三十二相八十種好**　唐澄照讃『略授三帰五八戒並菩薩戒』「我仏世尊由持是戒、今得成仏、遂感卅二相八十種好、身如紫金色、円光一尋、足蹈千輪、胸題万字、挙体香潔、塵水不著、威儀殊勝、梵音深妙」（卍続九五・五二一左上、新纂五九・三六二上）

（40）**教流東土**　『二教論』依法除疑「仏生西域、形儀罔覿、教流東土、得聴余音」『広弘明集』巻八（大正五二・一四三下）。

（41）**法教**　楊衒之『洛陽伽藍記』序「逮皇魏受図、光宅嵩洛、篤信弥繁、法教逾盛」。

（42）**修多羅**　修多羅は梵語 sūtra（経）に相当する音写。

（43）**八部奉行**　呉支謙訳『須摩提女経』「比丘僧、比丘尼、優婆塞、優婆夷、諸天龍王八部等、聞経歓喜、奉行作礼」（大正二・八三七下）。

（44）**孔老説教、法天制用、不敢違天**　註（14）参照。

（45）**行則帝釈引前、梵王従後**　東晋仏陀跋陀羅訳『観仏三昧海経』巻八　観馬王蔵品「仏将阿難・難陀、帝釈在前、擎宝香炉、焼無価香、梵王在後、擎大宝蓋」（大正一五・六八六上）、『破邪論』巻下「行則金蓮捧足、坐則宝蓋承軀。出則帝釈居前、入則梵王従後」（大正五二・四八七上）。

（46）**又案『国臣記』云……**　『破邪論』巻上「穆王五十二年壬申歳二月十五日平旦、暴風忽起、発損人舎、傷折樹木。山川大地皆悉震動。午後天陰雲黒。西方有白虹十二道、南北通過、連夜不滅。穆王問太史扈多曰、是何徴也。扈多対曰、西方有聖人滅度、衰相現耳。穆王大悦曰、朕常懼於彼。今将滅度、朕何憂也。当此之時。仏入涅槃也」（大正五二・四七八中）。『法琳別伝』巻中（大正五〇・二〇七上中）、『広弘明集』巻十一（大正五二・一六三上）、『続集古今仏道論衡』（大正五二・三九七下）などにも同様の引用箇所あり。

（47）**案『史記』云……**　以下の逸話が基づくのはもとより司馬遷『史記』ではない。同様の逸話が唐代の文献にしばしば『漢法本内伝』として引かれており、法琳『破邪論』巻上では引用に続けて「『漢法本内伝』凡有五巻。第一巻〈明帝得夢求法品〉、第二巻〈請法師立寺功徳品〉、第三巻〈与諸道士比校度脱品〉、第四巻〈明帝大臣称揚品〉、第五巻〈広

通流布品〉」（大正五二・四八〇中）とあるため、巻三に記されていたと考えられる。詳しくは次に挙げた『破邪論』巻上（大正五二・四七九中）、および唐道宣撰『集古今仏道論衡』巻甲（大正五二・三六四上）、『広弘明集』巻一（大正五二・九九上）、『法苑珠林』巻十八（大正五三・四一七上）、巻五五（大正五三・七〇〇中）などを参照。『破邪論』巻上「『漢法本内伝』云、……永平十四年正月一日、五岳諸山道士、朝正之次、互相命云、至尊棄我道法、遠求胡教。我等今因朝次、各将太上天尊所制経書、尽己之所能、共上一表曰、五岳十八山観太上三洞弟子道士褚善信等六百九十人、死罪上言。臣聞、太上無形無名、無極無上、……若臣等比乱有勝、乞除虚偽。勅遣尚書令宋庠引入長楽宮、詔此月十五日大集白馬寺南門外。道士等共置三壇、壇別開二十四門。南岳道士褚善信等七十人、将霊宝真文太上玉決崆峒霊章昇玄歩虚太上左仙人請問自然五称諸天内音等経合一百三巻、……都合五百六十九巻、置之西壇。茅成子許成子列子黄子老子荘子恵子合二十七家諸子経書、総有二百三十五巻、置之中壇。饌食奠祀百神、置之東壇。明帝設七宝行殿、在白馬寺南門外道西、置仏舎利及経像。十五日斎訖。道士等即以紫荻和栴檀沈水香積、遶西壇経教上、啼泣啓告曰、臣等上啓、太上無極大道元始天尊、衆仙百霊、今胡神乱夏、人主信邪、正教失蹤、玄風墜緒。臣等謹依三五歩剛之法、敢以置経壇上、以火取験、欲開暁未聞、以弁真偽。便放火焼経。経従火化、悉成灰燼。道士等見火焚経、心大驚怖。先時昇天者不復能昇、先時隠形者不復能隠、先時入火者不復能入、先善禁呪者呼策不応、先有種種功能者無一可験。諸道士等大生慚愧。爾時太傅張衍語褚信曰、卿今所試無験、即是虚妄、宜就西域真法。褚信不答。南岳道士費叔才在衆自憾而死。……時司空陽城侯劉善峻、官人民庶及婦女等発心出家、四岳諸山道士呂恵通等六百二十人出家、五品已上九十三人出家、九品已上鎮遠将軍姜苟児等一百七十五人出家、京都治下民張子尚等二百七十八人出家、明帝後宮陰夫人王婕妤等一百九十人出家、京都婦女阿潘等一百二十一人出家。十六日、帝共大臣文武数百人与出家者剃髪、日日設供、夜夜燃灯、作種種伎楽。比至三十日、法衣瓶鉢悉皆施訖、即立十寺、城外七寺、城内三寺、七寺安僧、三寺安尼。漢之仏法、従此興焉」（大正五二・四七九中）。

（48）**摩騰・竺法蘭三蔵**　摂摩騰（または迦葉摩騰）、竺法蘭の二人については『高僧伝』巻一（大正五〇・三二二下—三二三上）

に伝がある。

(49) **亡命山沢**　『宋書』索虜伝「若亡命山沢、百日不首、復其初罪」、『魏書』孫紹伝「或詭名託養、散在人間、或亡命山藪、漁猟為命、或投仗強豪、寄命衣食」。

(50) **比並**　高斉那連提耶舎訳『大方等大集経』巻四七 月蔵分諸阿修羅詣仏所品「魔王波旬復生悪心、而作是念、我是一切欲界之中最勝自在、於諸衆生能作苦楽。沙門是人、何能狡猾幻惑異端妖邪多語、敢共我競而欲与我挍量比並」（大正十三・三〇八中）。

(51) **又『史記』云……**　ここにいう『史記』も恐らく『漢法本内伝』や『周書異記』の説に基づく。『弁正論』巻五 仏道先後篇「（姚）長謙紀云、仏是昭王二十六年甲寅歳生、穆王五十三年壬申之歳、仏始滅度〈至開皇五年。得一千五百七十六載矣〉。与周書異記幷漢法本内伝及法王本記、与呉尚書令闞沢、魏曇謨最法師等所記不差。推老子以桓王六年丁卯之歳仕周、敬王三十二年癸丑之歳五月壬午、乃西渡関〈至開皇五年、得一千三十七載〉。……是知孔老二儒皆生周末、老在仏後、隔十二王」（大正五二・五二一下）。『法苑珠林』巻一百 伝記篇 暦算部「仏是姫周第五主昭王瑕、即位二十三年癸丑之歳、七月十五日、現白象形、降自兜率、託浄飯宮、摩耶受胎。故『後漢法本内伝』云、明帝問摩騰法師曰、仏生日月可知以不。騰曰、仏以癸丑之年七月十五日託陰摩耶、即此年也。昭王二十四年甲寅之歳四月八日、於嵐毘園内波羅樹下、右脇而誕。故『普曜経』云、普放大光照三千界、即『周書異記』云、昭王二十四年甲寅之歳四月八日、江河泉池忽然汎漲、幷皆溢出、宮殿人舎、山川大地、咸悉震動。其夜即有五色光気入貫太微、遍於西方、尽作青紅之色。昭王即問太史蘇由曰、是何祥耶。蘇由曰、有大聖人生於西方、故現此瑞。昭王曰、於天下何如。蘇由曰、即時無他、至一千年外、声教被此。昭王即遣鐫石記之、埋在南郊天祠前。仏生即当此年」（大正五三・一〇二八上）、『弁正論』巻六 十喩篇「内喩曰、釈誕隆周之初、老生姫季之末、論年二百余祀、語世一十余王。紫気青牛、弗在昭荘之世、神光白象、非関桓景之年」（大正五二・五二八中）、『法琳別伝』巻下「老生姫季之末、釈誕隆周之初、世隔一十余王、年経二百余祀」（大正五〇・二一〇中）。

（52）**益国利人者、莫過於釈教**　註（30）参照。

（53）**又『魏書』云……**　北魏正光元年（五二〇）孝明帝が道士姜斌と法師曇無最に仏道の先後を論じさせ、官僚らが両者の是非を奏上した際の言葉。『続高僧伝』巻二三 曇無最伝「元魏正光元年、明帝加朝服大赦、請釈李両宗上殿、斎訖、侍中劉騰宣勅、請諸法師等与道士論義。時清道館道士姜斌与最対論。帝問仏与老子同時不。……又議『開天経』是誰所説。中書侍郎魏収、尚書郎祖瑩就観取経、大尉蕭綜、太傅李寔、衛尉許伯桃、吏部尚書邢欒、散騎常侍温子昇等一百七十人読訖、奏云、老子止著五千文、余無言説。臣等所議、姜斌罪当惑衆」（大正五〇・六二四下—六二五上）。同様の話が他に『破邪論』巻上（大正五二・四八一下）、『広弘明集』巻一（大正五二・一〇〇下—一〇一上）、『法苑珠林』巻五五 破邪篇（大正五三・七〇八下—七〇九上）にも見え、特に『広弘明集』は「出魏書」、『法苑珠林』は「魏書云」として載録する。

（54）テキストには「老」とあるが、前後の文脈から明らかなように「老」とあるのはおかしいため、現代語訳では除く。

（55）**五眼開明**　五眼とは肉眼・天眼・慧眼・法眼・仏眼。鳩摩羅什訳『金剛般若波羅蜜経』「須菩提、於意云何、如来有肉眼不。如是、世尊、如来有肉眼。須菩提、於意云何、如来有天眼不。如是、世尊、如来有天眼。須菩提、於意云何、如来有慧眼不。如是、世尊、如来有慧眼。須菩提、於意云何、如来有法眼不。如是、世尊、如来有法眼。須菩提、於意云何、如来有仏眼不。如是、世尊、如来有仏眼」（大正八・七五一中）。

（56）**目験**　『広弘明集』巻四 北斉高祖文宣皇帝廃李老道法詔「帝目験蔵否、便下詔曰、法門不二、真宗在一」（大正五二・一一二上）。

（57）**閿郷**　閿郷は河南道の虢州に属し、虢州の北西端、黄河の南岸に位置する。現在の河南省潼関県付近に位置する。『元和郡県志』巻六 河南道二虢州「閿郷県。本漢湖県地、属京兆尹。自漢至宋不改。周明帝二年、置閿郷郡。……隋開皇三年、廃閿郷郡、十六年移湖城県于今所、改名閿郷県、属陝州。貞観八年、改属虢州」。後文の蒲州は河東道に属し、黄河を挟んで虢州の北側に隣接する。陝州は河南道に属し、虢州と蒲州の東側に隣接する。

（58）**拝掃**　『晋書』潘尼伝「尼遂疾篤、取仮拝掃墳墓」、『魏書』賈思伯伝「粛宗時、徴為給事黄門侍郎。因請礼拝掃除、

還郷里。未拝、以風聞免」。作者は恐らく閿郷の人。

（59）**仙壇観**　位置はまったく異なるが、顔真卿に「有唐撫州南城県麻姑山仙壇記」があり、「仙壇」という名が道観につけられうることが分かる。

（60）**『本際経』**　劉進喜、李仲卿の撰述と伝えられ、唐初に成立したとされる『太玄真一本際経』（または『太玄真一本際妙経』）の略称。

（61）**崔謏**　西南院本傍注に考証あり。『説文解字』『広韻』『漢書』などを引き、崔は広大の意、謏は詈で、不当な扱いを大声で嘆く意とする。疑問は残るが、ひとまずこの説に従う。

（62）**堂室**　『論語』先進「子曰、由之瑟、奚為於丘之門。門人不敬子路。子曰、由也、升堂矣。未入於室也」。

（63）**小子狂簡**　『論語』公冶長「子在陳曰、帰与、帰与。吾党之小子狂簡、斐然成章、不知所以裁之」。

（64）**見遠**　『弁正論』巻二　三教治道篇「夫子学優見遠、弁若懸河」（大正五二・五〇一中）。

（65）**窃聞老耼入関**　ここから「悟不空之寂滅」までは、次の文章を踏まえるようである。『弁正論』巻一　陳子良序「蓋聞宣尼入夢、十翼之理克彰、伯陽出関、二篇之義爰著。或鉤深繫象、或探賾希夷、名言之所不宣、陰陽之所不測、猶能弥綸天地、包括鬼神、道無洽於大千、言未超於域内。況乎法身円寂、妙出有無、至理凝玄、迹泯真俗、体絶三相、累尽七生。無心即心、非色為色。無心即心、故能心斯心矣。非色為色、故能色斯色矣」（大正五二・四八九下）。

（66）**希夷**　『老子』十四章「視之不見名曰夷、聴之不聞名曰希、摶之不得名曰微。此三者不可致詰、故混而為一」。

（67）**声色**　『荘子』盗跖「且夫声色滋味権勢之於人、心不待学而楽之、体不待象而安之」。

（68）**穹礴**　『毛詩』大雅桑柔「靡有旅力、以念穹蒼」、毛伝「穹蒼、蒼天」、『荘子』逍遥遊「之人也、之徳也、将旁礴万物以為一」。

（69）**籠羅**　『晋書』陳元達伝「彼人姿度卓犖、有籠羅宇宙之志」。

（70）**陰陽之所不測**　『周易』繫辞伝上「極数知来之謂占。通変之謂事。陰陽不測之謂神」。

(71) **倚伏** 『老子』五八章「禍兮福所倚、福兮禍所伏。孰知其極、其無正」、『文選』巻十四 班固幽通賦「叛廻冗其若茲兮、北叟頗識其倚伏」。

(72) **百億** 北本『涅槃経』巻四 寿命品「我已久住是大涅槃、種種示現神通変化、於此三千大千世界、百億日月、百億閻浮提、種種示現」(大正一二・三八八中)。

(73) **蕩蕩乎而無能名** 『論語』泰伯「子曰、大哉尭之為君也、巍巍乎唯天為大、唯尭則之。蕩蕩乎民無能名焉、巍巍乎其有成功也、煥乎其有文章」、包咸注「蕩蕩、広遠之称、言其布徳広遠、民無能識其名焉」、『破邪論』巻上「史録曰、商太宰嚭問於孔子曰、孰為聖人乎。孔子対曰、西方之人有聖者焉、不治而不乱、不言而自信、不化而自行、蕩蕩乎民無能名焉」(大正五二・四七八中)。

(74) **円寂** 『大乗義章』巻一 衆経教迹義「『涅槃経』等、以仏円寂妙果為宗」(大正四四・四六七上)、『一切経音義』巻二五「涅槃、此翻為円寂也」(大正五四・四六三中)。

(75) **仁義礼智信** 『漢書』刑法志「夫人宵天地之、懐五常之性」、顔師古注「五常、仁、義、礼、智、信」。

(76) **風雨以時** 『漢書』董仲舒伝「陰陽調而風雨時、群生和而万民殖、五穀孰而屮木茂」。

(77) **禍乱不作** 『孝経』孝治章「是以天下和平、災害不生、禍乱不作」。

(78) **四辺寧静** 『三国志』魏書 満田牽郭伝「招呵忠曰、曹公允恭明哲、翼戴天子、伐叛柔服、寧静四海」、『毛詩』大雅既酔「既酔大平也」、正義「作既酔詩者、言太平也。謂四方寧静而無事。此則平之大者、故謂太平也」。

(79) **五穀熟成** 呉康僧会訳『六度集経』巻一 布施度無極章「身自六斎、如斯三年、四境寧靖、盗賊都息、五穀熟成、民無飢寒、王後寿終、即上生第二天」(大正三・三下)。註(76)参照。

(80) **恬淡** 『荘子』天道「夫虚静恬淡、寂漠無為者、天地之平而道徳之至」、『甄正論』巻中「老子当澆醨之代、乃説無為無事恬淡清虚雌柔寡欲逗機之義」(大正五二・五六三下)。

(81) **執雌守柔** 『老子』二八章「知其雄、守其雌、為天下谿」、五二章「見小日明、守柔日強」。

(82) **呼吸吐納**　『荘子』刻意「吹呴呼吸、吐故納新、熊経鳥申、為寿而已矣。此道引之士、養形之人、彭祖寿考者之所好也」。

(83) **垂拱**　『尚書』武成「惇信明義、崇徳報功、垂拱而天下治」。

(84) **延年益寿**　『文選』巻十九　宋玉高唐賦「九竅通鬱、精神察滞、延年益寿千万歳」。

(85) **以百姓為蒭狗**　『老子』五章「天地不仁、以万物為蒭狗、聖人不仁、以百姓為蒭狗」、河上公注「聖人視百姓如蒭草狗畜、不責望其礼意」。

(86) **不望求其報**　『荘子』山木「其民愚而朴、少私而寡欲、知作而不知蔵、与而不求其報」、『淮南子』人間訓「聖王布徳施恵、非求其報於百姓也。郊望禘嘗、非求福於鬼神也」。註(85)参照。

(87) **万善**　『出三蔵記集』巻九　僧肇・長阿含経序「阿含秦言法帰。法帰者、蓋是万善之淵府、総持之林苑」(大正五五・六三中)、『弘明集』巻十三　郗超・奉法要「一善生巨億万善、一悪生巨億万悪」(大正五二・八七中)。

(88) **六度**　六波羅蜜。『出曜経』巻十六　忿怒品「比丘当知、吾所以従無数阿僧祇劫積行已来、修六度無極、行檀修施、頭目髄脳、国財妻子、持戒忍辱、精勤一心、皆欲除貪、除瞋怒想」(大正四・六九六下)、『大智度論』巻十六「此苦業因縁、皆是無明諸煩悩所作、我当精進懃修六度、集諸功徳、断除衆生五道中苦」(大正二五・一七七下)。

(89) **不生不死**　『摩訶般若波羅蜜経』巻二一　方便品「雖時実義中無有分別、但以世俗法故、仮説檀那波羅蜜、尸羅波羅蜜、羼提波羅蜜、毘梨耶波羅蜜、禅那波羅蜜、般若波羅蜜、為欲度衆生生死、是衆生実不生不死、不起不退」(大正八・三六九下)、北本『涅槃経』巻二九　師子吼菩薩品「譬如有人服食甘露、甘露雖滅、以其力勢、能令是人不生不死」(大正一二・五三七下)。

(90) **視一切衆生、皆如赤子**　『漢書』路温舒伝「文帝永思至悳、以承天心、崇仁義、省刑罰、通関梁、一遠近、敬賢如大賓、愛民如赤子、内恕情之所安、而施之於海内、是以囹圄空虚、天下太平」、『増一阿含経』巻二二　須陀品「如来実神妙、愛民如赤子。快哉須摩提、当受如来法」(大正二・六六三下)、北本『涅槃経』巻十九　梵行品「今有大師名末伽黎拘舎離子、一切知見、憐愍衆生、猶如赤子」（大正一二・四七四下）。

（91）**伏膺**　『礼記』中庸「子曰、回之為人也、択乎中庸、得一善、則拳拳服膺、而弗失之矣」、『弘明集』巻十一　僧䂮僧遷法服法支鳩摩耆婆等求止恒標罷道奏「今道標恒等、徳非円達、分在守節、且少習玄化、伏膺仏道、一往之誠、必志匪席」（大正五二・七四下）、『出三蔵記集』巻八　梁武帝注解大品序「龍樹、道安、童寿、慧遠、咸以大権応世、或以殆庶救時、莫不伏膺上法、如説修行」（大正五五・五四中）。

（92）**幽邃**　『文選』巻十一　王延寿魯霊光殿賦「旋室㛹娟以窈窕、洞房叫窱而幽邃」。

（93）**縫掖**　『礼記』儒行「魯哀公問於孔子曰、夫子之服其儒服与。孔子対曰、丘少居魯、衣逢掖之衣、長居宋、冠章甫之冠」、『後漢書』王符伝「後度遼将軍皇甫規解官帰安定、郷人有以貨得鴈門太守者、亦去職還家、書刺謁規。規臥不迎、既入而問、卿前在郡食鴈美乎。有頃、又白王符在門。規素聞符名、乃驚遽而起、衣不及帯、屣履出迎、援符手而還、与同坐極歓。時人為之語曰、徒見二千石、不如一縫掖。言書生道義之為貴也」。

（94）**霓裳**　『楚辞』屈原九歌少司命「青雲衣兮白霓裳、挙長矢兮射天狼」、王逸「言日神来下、青雲為上衣、白霓為下裳、日出東方、入西方、故用其方色以為飾也」、『何水部集』神仙「既変醜以成妍、亦反老而為少。虬駕夭矯而出没、霓裳颯沓而容与」。

（95）**星冠**　『寒山詩集』「昨到雲霞観、忽見仙尊士。星冠月帔横、尽云居山水」。

（96）**違背師匠**　『破邪論』巻上「汝既稟承孔老為師。何以違背師教、誹毀聖尊」（大正五二・四七八下）。

（97）**弊章**　あるいは「彝章」の誤りか。『文選』巻三八　任昉為尚書譲吏部封侯第一表「矜臣所乞、特廻寵命、則彝章載穆、微物知免」。

（98）**紫色蛙声**　『漢書』王莽伝賛「亢龍絶気、非命之運、紫色䵷声、余分閏位、聖王之駆除云爾」、応劭「紫間色、䵷邪音也」、師古「䵷者楽之淫声、非正曲也。近之学者便謂䵷之鳴、已失其義、又欲改此賛䵷声為蠅声、引詩匪雞則鳴、蒼蠅之声、尤穿鑿矣」。

(99) **緑衣黄裏** 『毛詩』邶風緑衣「緑兮衣兮、緑衣黄裏」、毛伝「興也。緑間色、黄正色」、鄭箋「緑兮衣兮者、言椽衣自有礼制也。……今椽衣反以黄為裏、非其礼制也。故以喩妾上僭心之憂矣」。

(100) **無分別心** 真諦訳『大乗起信論』「謂法身菩薩得無分別心、与諸仏智用相応、唯依法力自然修行、熏習真如、滅無明故」(大正三二・五七九上)。

(101) **善法常須増進、悪法不令更生** 姚秦竺仏念訳『菩薩瓔珞本業経』巻上 賢聖学観品「復次即十観心所観法者、一、為自得一切種智故。所謂四正法、善法未生方便令生、善法已生方便令増広、悪法未生方便令不生、悪法已生方便令断。菩薩爾時為求仏果故」(大正二四・一〇一三下)、東晋法顕訳『大般涅槃経』巻上「汝等当知、若有比丘行此七法、功徳智慧、日就増進」(大正一・一九四上)。

(102) **積善** 『周易』坤卦文言伝「積善之家、必有余慶、積不善之家、必有余殃」。

(103) **直至菩提** この語が唐代の仏教文献に見られることは本書藤井第一論文一八八—一九一頁参照。

(104) **善悪同流** 『孟子』尽心上「夫君子所過者化、所存者神、上下与天地同流、豈曰小補之哉」、『後漢書』楊賜伝「今所序用無佗徳、有形埶者旬日累遷、守真之徒歴載不転、労逸無別、善悪同流、北山之詩所為訓作」。

(105) **安忍** 劉宋求那跋陀羅訳『雑阿含経』巻十八 弟子所説誦第四品(四九七)「如世尊所説、解身之苦、当自安忍、況復小苦小謗而不安忍」(大正二・一三〇上中)。

(106) **邪火** 『摩訶止観』巻十上「若学摩訶衍四門即失般若意、為邪火所焼、還成邪人法」(大正四六・一三二下)。

(107) **行人** 『毛詩』斉風載駆「汶水湯湯、行人彭彭」。

(108) **毀仏** 『大智度論』巻二七「提婆達多……阿闍世……九十六種外道……如是等種種因縁来欲毀仏、仏不可動」(大正二五・二六一上)、『集古今仏道論衡』巻丙 道士李仲卿等造論毀仏法琳法師著弁正論以抗事第三(大正五二・三八二中)。

(109) **付属** 付嘱に同じ。

(110) **示生・示滅** 『摩訶般若波羅蜜経』巻十四 仏母品「般若波羅蜜不示五陰破、不示五陰壊、不示生不示滅、不示垢不示浄、不示増不示滅」（大正八・三三三中）、『弁正論』巻六 十喩篇「李耼稟質、有生有滅、畏患生之生、反招白首。釈迦垂象、示滅示生、帰寂滅之滅、乃耀金軀」（大正五二・五二五上）。

（111）**化胡成仏** 西晋の王浮の作と伝えられる『老子化胡経』に代表されるように、老子がインドに行って胡人を教化したという説。『老子化胡経』巻十「我昔化胡時、西登太白山。……化胡成仏道、丈六金剛身。時与決口教、後当存経文。吾昇九天後、剋木作吾身」（大正五四・一二六八上、P二〇〇四）、『高僧伝』巻一 帛遠伝「昔祖平素之日与浮毎争邪正、浮屡屈、既瞋不自忍、乃作『老子化胡経』、以誣謗仏法」（大正五〇・三二七中）。

（112）**道先仏後** 唐王朝は同じ李姓である老子を祖として尊び、仏教を道教よりも下位と定めた。『法琳別伝』巻中「貞観十一年春正月、帝欲宣暢祖風、遵嵩本系、爰発明詔、頒告黎元云……自今已後、斉供行立、至於講論、道士女官可在僧尼之前」（大正五〇・二〇三下）。

（113）**道父仏母** 道教を父、仏教を母とする説。『笑道論』巻上 仏生西陰「老子序云、陰陽之道、化成万物、道生於東、為木陽也。仏生於西、為金陰也。道父仏母、道天仏地、道生仏死、道因仏縁、並一陰一陽、不相離也」『広弘明集』巻九（大正五二・一四六下）。

（114）**伽耶** 梵語 Gaja の音写、象の意。釈迦が象の姿になって摩耶の胎内に宿ったという伝承に基づく。『普曜経』巻一所現象品「仏告比丘、於時菩薩為大天衆、敷演経法、勧助開化、咸令悦予。問諸天子、以何形貌降神母胎。或有言曰、儒童之形。或有言曰、釈梵之形。……彼有梵天名曰強威、本従仙道中来、没生天上、於無上正真之道而不退転、報諸天子言、吾察梵志典籍所載、歎説菩薩応降神母胎。又問、以何形往。答曰、象形第一。六牙白象頭首微妙、威神巍巍、形像姝好、梵典所載其為然矣。縁是顕示三十二相。所以者何。世有三獣、一兎、二馬、三白象。兎之渡水、趣自渡耳。馬雖差猛、猶不知水之深浅也。白象之渡、尽其源底。声聞縁覚、其猶兎馬、雖度生死不達法本。菩薩大乗譬若白象、解暢三界十二縁起、了之本無、救護一切、莫不蒙済」（大正三・四八八中）、『破邪論』巻下「依漢東都郊祀晋魏等書及王倹史録費長房『三宝録』考校『普曜』『本行』等経、並云、仏是周時第十五主荘王他九年癸巳之歳四月八日、乗栴檀楼閣、現白象形、従兜率下降中天竺国迦毘羅城刹利王種浄飯大王第一夫人摩耶之胎」（大正五二・四八四中）。また仏の偉大さを「大象王」になぞらえる表現もある。東晋仏駄跋陀羅訳『大方広仏華厳経』巻五五　入法界品「爾時太子及諸大衆遥見仏来、端厳殊特、諸根寂定、如大象王」（大正九・七四九上）、北本『涅槃経』巻二三　光明遍照高貴徳王菩薩品「若能了了見於仏性、則得名為大涅槃也。是大涅槃、唯大象王能尽其底。大象王者、謂諸仏也」（大正一二・五〇二中）、劉宋宝雲訳『仏本行経』巻一　因縁品「仏猶大象王、入生死華池、践蹈塵労草、竚立泥洹中」（大正四・五六下）。

(115) **金輪王孫**　玄奘訳『阿毘達磨倶舎論』巻十二　分別世品「謂鉄輪王王一洲界、銅輪王二、銀輪王三、若金輪王、王四洲界。契経就勝、但説金輪。故契経言、若王生在刹帝利種、紹灑頂位、於十五日受斎戒時、沐浴首身、受勝斎戒。昇高台殿、臣僚輔翼。東方忽有金輪宝現、其輪千輻、具足轂輞。衆相円浄、如巧匠成。舒妙光明、来応王所。此王定是転金輪王。転余輪王応知亦爾」（大正二九・六四下）、『六度集経』巻七　禅度無極章「太子棄金輪王七宝之位、忍衆苦、度衆生」（大正三・四二上）。

(116) **宣父**　『新唐書』礼楽志「〔貞観〕十一年、詔尊孔子為宣父、作廟於兗州、給戸二十以奉之」。

(117) **帝嚳**　帝嚳は五帝の一であり、黄帝の曽孫、堯の父。『史記』五帝本紀「帝嚳高辛者、黄帝之曽孫也。高辛父曰蟜極、蟜極父曰玄囂、玄囂父曰黄帝。自玄囂与蟜極皆不得在位、至高辛即帝位。高辛於顓頊為族子」。孔子を帝嚳の末裔とする説は未詳。

(118) **宣尼**　『漢書』平帝紀元始元年六月条「追諡孔子曰褒成宣尼公」。

(119) **幽泉**　『広弘明集』巻二九　江淹・傷愛子賦「傷弱子之冥冥、独幽泉兮而永閟」（大正五二・三四二下）。

(120) **清漢**　『文選』巻三十　陸機・擬古詩十二首擬迢迢牽牛星「昭昭清漢暉、粲粲光天歩」。

(121) **有頂**　有頂天は天上界の中で最も高い天。『妙法蓮華経』巻六　随喜功徳品「三千大千界、内外諸音声、下至阿鼻獄、上至有頂天、皆聞其音声、而不壊耳根、其耳聡利故、悉能分別知」（大正九・四八中）、北本『涅槃経』巻一　寿命品「二月十五日臨涅槃時、以仏神力出大音声、其声遍満、乃至有頂」（大正一二・三六五下）。

(122) **泥黎** 梵語 Niraya の音写、地獄の意。『増一阿含経』巻六 利養品「或有衆生、身行悪、口行悪、心行悪、誹謗賢聖、邪見造邪見行、身壊命終、生三悪道、趣泥黎中」(大正二・五七四中)。

(123) **浄飯・摩耶** 北本『涅槃経』巻二一 光明遍照高貴徳王菩薩品「見於菩薩従兜率下、化乗白象、降神母胎、父名浄飯、母曰摩耶、迦毘羅城処胎、満足十月而生」(大正一二・四八八上)。

(124) **六十徳** 『普曜経』巻一 論降神品「菩薩報曰、其国種姓有六十徳、一生補処乃応降神。何謂六十。国土寛博種姓寂静、衆所宗仰、不生雑姓、所生微妙、種姓真正、応男女行、志操堅強、本業丈夫、尊習上業、其行堅要……仁慈普覆、是為六十。時諸菩薩及諸天子聞是六十種姓清浄、欣然大悦、乃知殊特、前白菩薩、何所種姓功勲巍巍、具足如此。菩薩報曰、今此種姓熾盛、五穀豊熟、安隠平賤、快楽無極、人生滋茂、殖衆徳本、迦維羅衛衆人和順、上下相承、心念反復、将護情態、積三帑蔵」(大正三・四八五下―四八六上)。

(125) **五十二徳** 五十二徳とする説は未詳であるが、『方広大荘厳経』には六十四徳と組み合わせて菩薩の母の徳を三十二徳とする説が見える。あるいは「五」は「三」の誤りか。唐地婆訶羅訳『方広大荘厳経』巻一 勝族品「閻浮提中若有勝望種族、成就六十四種功徳者、最後身菩薩当生其家。何等名為六十四徳。一者国土寛広種姓真正……若有女人成就三十二種功徳、当為菩薩之母。何等名為三十二徳。一者名称高遠、二者衆所咨嗟、三者威儀無失、四者諸相具足、五者種姓高貴……三十二者衆相円満、如是名為三十二徳。若有成就如上功徳、方乃堪任為菩薩母。菩薩不於黒月入胎、要以白月弗沙星合、其母受持清浄斎戒、菩薩於是方現入胎」(大正三・五四二中―五四三上)。

(126) **叔梁紇** 『史記』孔子世家「孔子生魯昌平郷陬邑。其先宋人也、曰孔防叔。防叔生伯夏、伯夏生叔梁紇。紇与顔氏女野合而生孔子、禱於尼丘得孔子」。

(127) **徳行** 『論語』先進「徳行、顔淵、閔子騫、冉伯牛、仲弓。言語、宰我、子貢。政事、冉有、季路。文学、子游、子夏」。

(128) **魯大夫** 『春秋左氏伝』襄公十年「県門発。郰人紇抉之以出門者」、杜預「紇郰邑大夫、仲尼父叔梁紇也。郰邑魯県東南巫城是也。言紂多力、抉挙県門、出在内者」。

(129) **徴在** 『孔子家語』本姓解「防叔生伯夏、夏生叔梁紇、曰雖有九女、是無子。其妾生孟皮、孟皮一字伯尼、有足病、於是乃求婚於顔氏。顔氏有三女、其小曰徴在。顔父問三女曰、陬大夫雖父祖為士、然其先聖王之裔、今其人身長十尺、武力絶倫、吾甚貪之、雖年長性厳、不足為疑、三子孰能為之妻。二女莫対、徴在進曰、従父所制、将何問焉。父曰、即爾能矣。遂以妻之」。

(130) **儀範** 『芸文類聚』巻五十 晋伝玄江夏任君銘「承洪苗之高冑、禀岐嶷之上姿。質美珪璋、志邈雲霄。景行足以作儀範、柱石足以慮安危」。

(131) **四徳** 『周礼』天官九嬪「九嬪掌婦学之灋、以教九御婦徳、婦言、婦容、婦功」、鄭玄「婦徳謂貞順、婦言謂辞令、婦容謂婉娩、婦功謂糸枲」、『後漢書』列女伝曹世叔妻引女誡七篇其四「婦行第四。女有四行、一曰婦徳、二曰婦言、三曰婦容、四曰婦功。……此四者、女人之大徳而不可乏之者也」。

(132) **元皐・精敷** 老子の父母の名の伝承は一定しない。『法琳別伝』巻下「老耼。父姓韓、名虔、字元皐、癃跛下践、胎即無耳、一目不明、孤単乞貸、年七十二無妻。遂与隣人益寿氏宅上老婢、字曰精敷、野合懐胎、而生老子。」(大正五〇・二一〇上)、『新唐書』宗室世系表序「五世孫乾、字元果、為周上御史大夫、娶益寿氏女嬰敷、生耳、字伯陽、一字耼、周平王時為太史」。また『猶龍伝』序では「一云父姓李名霊飛、母尹氏名益寿」とし、『混元聖紀』巻二にも同様の記載がある。

(133) **伊蘭・旃檀** 『観仏三昧海経』巻一 六譬品「復次父王、譬如伊蘭倶与栴檀生末利山、牛頭栴檀生伊蘭叢中、未及長大、在地下時、芽莖枝葉如閻浮提竹筍、衆人不知、言此山中純是伊蘭、無有栴檀、而伊蘭臭、臭若膖屍薫四十由旬、其華紅色、甚可愛楽、若有食者発狂而死。牛頭栴檀雖生此林、未成就故、不能発香。仲秋月満、卒従地出、成栴檀樹。衆人皆聞牛頭栴檀上妙之香、永無伊蘭臭悪之気」(大正一五・六四六上)、北本『涅槃経』巻二 寿命品「如来受我供、歓喜無有量。猶如伊蘭花、出於栴檀香」(大正一二・三七二下)。

(134) **身長丈六、紫磨金色**　註(38)参照。

(135) **頂有肉髻**　『長阿含経』巻一　大本経「是時父王慇懃再三、重問相師、汝等更観太子三十二相、斯名何等。時諸相師即披太子衣、説三十二相、一者足安平、足下平満、蹈地安隠。……三十二、頂有肉髻。是為三十二相」(大正一・五上中)。

(136) **円光一尋**　北本『涅槃経』巻十一　現病品「是一一花各有一仏、円光一尋、金色晃曜、微妙端厳、最上無比、三十二相、八十種好、荘厳其身」(大正一二・四三〇上)。

(137) **身長一丈**　『史記』孔子世家「孔子長九尺有六寸、人皆謂之長人而異之」、また註(129)に挙げた『孔子家語』巻九の本姓解に「今其人身長十尺」とある。これ以下の孔子の容貌については、引用される『国臣記』(石山寺本二二行目～二七行目、校訂テキスト五九―六〇頁)およびその註をも参照。

(138) **首如反宇**　『史記』孔子世家「魯襄公二十二年而孔子生。生而首上圩頂、故因名曰丘云」、索隠「圩音烏。頂音鼎。圩頂言頂上窊也、故孔子頂如反宇。反宇者、若屋宇之反、中低而四傍高也」。

(139) **龍顔虎掌**　『史記』高祖本紀「高祖為人、隆準而龍顔」、集解「応劭、隆、高也。準、頰権準也。顔、頟顙也、斉人謂之顙、汝南淮泗之間曰顔。文穎曰、準、鼻也」、索隠「李斐云、始皇蜂目長準、蓋鼻高起。爾雅、顔、頟也。文穎曰、高祖感龍而生、故其顔貌似龍、長頸而高鼻」、『芸文類聚』巻十二　帝王部周文王「帝王世紀曰、文王昌龍顔虎肩、身長十尺、胸有四乳」、『太平御覧』巻三七十　人事部掌「孝経鈎命決曰、仲尼虎掌、是謂威射」。

(140) **垂手摩膝、河目海口**　『摩訶般若波羅蜜経』巻二四　四摂品「云何三十二相。一者足下安平立……九者平住両手摩膝」(大正八・三九五中)。河目海口は註(25)参照。

(141) **老耼修短五尺以来**　これ以下の老子の容貌については、引用される『国臣記』(石山寺本一五行目～一九行目、校訂テキスト五九頁)を参照。他の文献にはこれに合致する記述を見出せない。

(142) **鬢髪皓然**　『後漢書』呉良伝「顕宗以示公卿曰、前以事見良、鬚髪皓然、衣冠甚偉」。

(143) **伯陽**　『抱朴子』内篇　雑応「老君真形者、思之、姓李、名耼、字伯陽」。

（144）**薄伽**　梵語　薄伽梵（bhagavān）の略。

（145）**色相**　北本『涅槃経』巻二四　光明遍照高貴徳王菩薩品「菩薩住是金剛三昧、以一音声有所演説、一切衆生各随種類而得解了、示現一色、一切衆生各各皆見種種色相」（大正一二・五一〇上）。

（146）**一蛍之照比千日之光**　『荘子』逍遥遊「日月出矣而爝火不息、其於光也不亦難乎」、『維摩経』巻上　弟子品「無以大海内於牛跡、無以日光等彼蛍火」（大正一四・五四一上）、『肇論』涅槃無名論「経喩蛍日、智用可知矣」（大正四五・一六〇中）、『高僧伝』巻十一　習禅篇論「比夫蛍爝之於日月、曽是為匹乎」（大正五〇・四〇〇下）。

（147）**天龍八部**　『妙法蓮華経』巻四　提婆達多品「爾時娑婆世界、菩薩、声聞、天龍八部、人与非人、皆遥見彼龍女成仏、普為時会人天説法、心大歓喜、悉遥敬礼」（大正九・三五下）。

（148）**地神歩歩常以蓮花而捧其足**　北本『涅槃経』巻二一　光明遍照高貴徳王菩薩品「父名浄飯、母曰摩耶、迦毘羅城処胎、満足十月而生。生未至地、帝釈捧接、難陀龍王及婆難陀吐水而浴、摩尼跋陀大鬼神王執持宝蓋、随後侍立、地神化花以承其足。四方各行、満足七歩」（大正一二・四八八上）、隋那連提耶舎訳『大方等大集経』巻四三　日蔵分送使品「又於生時、一一方面、各行七歩、脚所蹈処、皆有蓮華承捧其足」（大正一三・二八三中）。

（149）**四事供養**　『増一阿含経』巻十三　地主品「国土人民四事供養、衣被、飲食、床臥具、病痩医薬、無所渇乏」（大正二・六一〇上）。

（150）**弟子三千、博読六芸**　註（23）参照。

（151）**或国飢餧**　『史記』孔子世家「孔子遷于蔡三歳、呉伐陳。楚救陳、軍于城父。聞孔子在陳蔡之間、楚使人聘孔子。孔子将往拝礼、陳蔡大夫謀曰、孔子賢者、所刺譏皆中諸侯之疾。今者久留陳蔡之間、諸大夫所設行皆非仲尼之意。今楚、大国也、来聘孔子。孔子用於楚、則陳蔡用事大夫危矣。於是乃相与発徒役囲孔子於野。不得行、絶糧」。

（152）**或廻被囚**　『史記』孔子世家「将適陳、過匡、顔刻為僕、以其策指之曰、昔吾入此、由彼欠也。匡人聞之、以為魯之陽虎。陽虎嘗暴匡人、匡人於是遂止孔子。孔子状類陽虎、拘焉五日、顔淵後、子曰、吾以汝為死矣。顔淵曰、子在、回何敢死。匡人拘孔子益急、弟子懼。孔子曰、文王既没、文不在茲乎。天之将喪斯文也、後死者不得与于斯文也。天之未喪斯文也、匡人其如予何。孔子使従者為甯武子臣於衛、然後得去」。

(153) **老耼所行之処、寂然無記** 『史記』老子伝「老子修道徳、其学以自隠無名為務。居周久之、見周之衰、迺遂去。至関、関令尹喜曰、子将隠矣、彊為我著書。於是老子迺著書上下篇、言道徳之意五千余言而去、莫知其所終」。

(154) **舎利弗・目犍連・摩訶迦葉・須菩提・富楼那・迦旃延・阿那律・優婆離・羅睺羅・阿難** 以上釈迦の十大弟子。『灌頂経』巻八 灌頂摩尼羅亶大神呪経「仏又告賢者阿難。我十大弟子各有威徳。智慧斉等悉皆第一。我今結之、各現其威神、護諸四輩。仏言阿難。舎利弗・大目揵連・大迦葉・須菩提・富楼那・阿那律・迦旃延・優波離・羅睺羅・阿難」(大正二一・五一七下)。

(155) **復有八十億百千比丘僧、六十億比丘尼、皆証阿羅漢果** 北本『涅槃経』巻一 寿命品「爾時復有八十百千諸比丘等、皆阿羅漢」(大正一二・三六六上)、同上「爾時復有拘陀羅女・善賢比丘尼・優波難陀比丘尼・海意比丘尼、与六十億比丘尼等、一切亦是大阿羅漢」(三六六上)。

(156) **二恒河沙優婆塞・三恒河沙優婆夷並証三果** 三果は四果〈預流果(須陀洹果)・一来果(斯陀含果)・不還果(阿那含果)・阿羅漢果〉のうちの不還果(阿那含果)。二果は一来果(斯陀含果)。北本『涅槃経』巻一 寿命品「爾時、復有二恒河沙諸優婆塞、受持五戒、威儀具足。其名曰威徳無垢称王優婆塞・善徳優婆塞等而為上首。深楽観察諸対治門、所謂苦楽、常無常、浄不浄、我無我、実不実、帰依非帰依、衆生非衆生、恒非恒、安非安、為無為、断不断、涅槃非涅槃、増上非増上。常楽観察如是等法対治之門、亦欲楽聞無上大乗、如所聞已能為他説、善持浄戒、渇仰大乗。既自充足、復能充足余渇仰者、善能摂取無上智慧、愛楽大乗、守護大乗、善能随順一切世間、度未度者、解未解者、紹三宝種使不断絶、於未来世当転法輪、以大荘厳而自荘厳、心常深味清浄戒行、悉能成就如是功徳。於諸衆生生大悲心、平等無二如視一子」(大正一二・三六六中)、同上「爾時復有三恒河沙諸優婆夷、受持五戒、威儀具足。其名曰、寿徳優婆夷・徳鬘優婆夷・毘舎佉優婆夷等、八万四千而為上首。悉能堪任護持正法。為度無量百千衆生故、現女身。呵責家法、自観己身如四毒蛇。是身常為無量諸虫之所唼食、是身臭穢、貪欲獄縛、是身可悪、猶如死狗。是身不浄、九孔常流。是身如城、血・肉・筋・骨・皮裹其上。手足以為却敵楼櫓。目為窺孔、頭為殿堂、心王処中。如是身城、諸仏世尊之所棄捨、凡夫愚人常所味著。貪婬・瞋恚・愚痴羅刹止住其中。是身不堅、猶如蘆葦・伊蘭・水泡・芭蕉之樹。是身無常、念念不住、猶如電光・暴水・幻炎、亦如画水、随画随合。是身易壊、猶如河岸臨峻大樹。是身不久、当為狐・狼・鵄・梟・鵰鷲・烏・鵲・餓狗之所食噉。誰有智者、当楽此身。寧以牛跡盛大海水、不能具説是身無常・不浄・臭穢。寧丸大地使如棗等。漸漸転小、猶葶藶子、乃至微塵、不能具説是身過患。是故当捨如棄涕唾。以是因縁、諸優婆夷以空無相無願之法、常修其心。深楽諮受大乗経典。聞已亦能為他演説。護持本願、毀呰女身、甚可患厭。性不堅牢、心常修集如是正観。破壊生死無際輪転。渇仰大乗、既自充足。復能充足余渇仰者。深楽大乗、守護大乗、雖現女身、実是菩薩。善能随順一切世間、度未度者、解未解者、紹三宝種、使不断絶。於未来世当転法輪。以大荘厳而自荘厳、堅持禁戒、皆悉成就如是功徳。於諸衆生生大悲心、平等無二、如視一子」（三六七上中）。

（157）**孔丘所教弟子、数雖三千、至如達者、唯七十有二**　註（23）参照。

（158）**徳行有顔回・閔子騫・冉伯牛・仲弓、言語有宰我・子貢、政事有冉有・季路、文学子游・子夏**　『論語』先進「徳行、顔淵・閔子騫・冉伯牛・仲弓。言語、宰我・子貢。政事、冉有・季路。文学、子游・子夏」。

（159）**中間或有為邑宰**　『史記』仲由伝「子路為衛大夫孔悝之邑宰」。

（160）**或為家臣**　『論語』先進「季子然問、仲由・冉求、可謂大臣与、子曰、吾以子為異之問、曾由与求之問、所謂大臣者、以道事君、不可則止、今由与求也、可謂具臣矣」、『史記』宰予伝「宰我為臨菑大夫、与田常作乱、以夷其族、孔子恥之」。

（161）**与皈**　「皈」は「帰」と同じ。『国語』晋語「趙文子与叔向遊於九原、曰、死者若可作也、吾誰与帰」。

（162）**屢空**　『論語』先進「子曰、回也其庶乎、屢空」。

（163）**被醯**　「醯」は酢づけの意味。ここでは、おそらく「醢」（塩づけ）が正しい。『礼記』檀弓上「孔子哭子路於中庭、

有人弔者、而夫子拝之。既哭、進使者而問故。使者曰、醢之矣。遂命覆醢」、『弘明集』巻三 答何衡陽書「七十二子雖復升堂入室、年五十者曽無数人。顔夭、冉疾、由醢、予族、賜滅其鬚、匡陳之苦、豈可勝言。忍飢弘道、諸国乱流、竟何所救。以仏法観之。唯見其哀」(大正五二・二一上中)。

(164) **着疾** 『論語』雍也「伯牛有疾。子問之、自牖執其手、曰、亡之、命矣夫、斯人也而有斯疾也、斯人也而有斯疾也」。

(165) **宣尼** 『漢書』平帝紀 元始元年六月条「追諡孔子曰褒成宣尼公」。

(166) **虚無自然** 『破邪論』巻上 上秦王啓「永平十四年正月一日、五岳諸山道士朝正之次、互相命云。至尊棄我道法、遠求胡教。我等今因朝次、各将太上天尊所制経書、尽己之所能、共上一表曰、五岳十八山観太上三洞弟子道士褚善信等六百九十人、死罪上言。臣聞、太上無形無名、無極無上、虚無自然、大道元首、自従造化、道徳従生、無為之尊、自然之父、上古同遵、百王不易」(大正五二・四七九中)。

(167) **天羅** 「天羅」は、『赤松子章暦』巻三「某年某月。恐有天羅所纏、地網所繞。只知惶怖」というように、「地網」とセットで、恐れの対象として用いる場合が多い。「天羅」はあるいは道教の「大羅天」のことか。『弁正論』巻六 気為道本篇「道士大霄隠書・無上真書等云、無上大道君治在五十五重無極大羅天中玉京之上」(大正五二・五三六中)。

(168) **尼父** 『春秋左氏伝』哀公十六年「夏四月己丑、孔丘卒。公誄之曰、旻天不弔、不憖遺一老、俾屏余一人以在位、煢煢余在疚。嗚呼哀哉尼父。無自律」。

(169) **六欲界上二天** 三界(無色界・色界・欲界)のうち、欲界の六天(六欲天)の第一天(四天王天)と第二天(忉利天)。『大智度論』巻三八「下三天結使利而深、上二天結使深而不利、兜率天結使不深不利」(大正二五・三三七上)、唐道掖撰『浄名経関中釈抄』巻上「欲界六天、一、四天王天在須弥半腹住。二、忉利〈此云三十三天〉在須弥頂。三、夜摩〈此云妙善〉。四、兜率〈此云妙足、亦云知足〉。五、須涅密陀、此云化楽。自化宮殿而遊楽也。六、波舎跋提。此云他化自在、他化宮而遊也」(大正八五・五一三中)、元魏慧覚等訳『賢愚経』巻十 須達起精舎品「時舎利弗欣然含笑。須達問言、尊人何笑。答言、汝始於此経地、六欲天中、宮殿已成。即借道眼、須達悉見六欲天中厳浄宮殿、問舎利弗、是六欲天、何処最楽。

舎利弗言、下三天中、色欲深厚、上二天中、憍逸自恣、第四天中、少欲知足、恒有一生補処菩薩、来生其中、法訓不絶」（大正四・四二〇下―四二一上）、『大智度論』巻三二「若布施、持戒、清浄小勝、厭患家業、好楽聴法、供養善人、生四天王処。所以者何。在彼有所須欲、心生皆得。常見此間賢聖善人、心生供養、以近修福処故。若布施、持戒清浄、供養父母及其所尊、心欲求勝、生三十三天」（大正二五・三〇一下）。

（170）**如癰如瘡**　北本『涅槃経』巻四〇　憍陳如品「善男子、汝已先能呵責麁想、今者云何愛著細想。不知呵責如是非想非非想処故、名為想、如癰如瘡如毒如箭」（大正一二・六〇三中）。

（171）**極果**　『摩訶止観』巻一下「当知小乗之極果不及大乗之初初」（大正四六・一〇上）。

（172）**攀類**　隋灌頂『涅槃経疏』巻五　哀嘆品上「攀類文殊、而恥行険路、豈非譏師意耶」（大正三八・六六下）。

（173）**降四種魔**　『大智度論』巻五「魔有四種。一者煩悩魔、二者陰魔、三者死魔、四者他化自在天子魔」（大正二五・九九中）、北本『涅槃経』巻二　寿命品「降煩悩魔、陰魔、天魔、死魔、是故如来名三界尊、如彼力士一人当千」（大正一二・三七三下―三七四上）。

（174）**伏六外道**　いわゆる六師外道である。北本『涅槃経』巻十九　梵行品に「富蘭那」「末伽黎拘舎離子」「刪闍耶毘羅胝子」「阿耆多翅舎欽婆羅」「迦羅鳩駄迦旃延」「尼乾陀若提子」が登場し、彼らが仏との議論の末に出家したことは以下の通り。北本『涅槃経』巻二九　師子吼菩薩品「時諸六師心生嫉妬、悉共集詣波斯匿王、作如是言。……惟願大王、聴我等輩与彼瞿曇較其道力。若彼勝我、我当属彼。我若勝彼、彼当属我。王言、大徳、汝等各各自有行法、止住之処、亦各不同。我今定知如来世尊於汝無妨。六師答言、云何無妨、沙門瞿曇以幻術法誘誑諸人及婆羅門、帰伏已尽。王若聴我与較道力、王之善名流布八方。如其不者、悪声盈路。……王言、善哉、善哉。六師之徒歓喜而出」（大正一二・五四一中下）、巻三十　師子吼菩薩品「諸外道言、若言如来常楽我浄無相故空、当知瞿曇所説之法則非空也、是故我今当頂戴受持。爾時外道其数無量、於仏法中信心出家」（大正一二・五四四下）。

（175）**怖酔象**　北本『涅槃経』巻十九　梵行品「大王本性暴悪、信受悪人。提婆達多放大酔象、欲令践仏。象既見仏、即時醒悟。仏便申手、摩其頂上、復為説法、悉令得発阿耨多羅三藐三菩提心。大王、畜生見仏、猶得破壊畜生業果、況復人耶」（大正一二・四七九中）。

（176）**調悪毒龍** 『過去現在因果経』巻四「唯有優楼、頻螺、迦葉兄弟三人在摩竭提国、学於仙道、国王臣民、皆悉帰信。又其聡明、利根易悟、然其我慢、亦難摧伏。我今当往而度脱之。思惟是已、即発波羅㮈趣摩竭提国、日将昏暮、往優楼、頻螺、迦葉住処。于時迦葉忽見如来相好荘厳、心大歓喜而作是言、年少沙門、従何所来。仏即答言、我従波羅㮈国、当詣摩竭提国、日既晩暮、欲寄一宿。迦葉又言、寄宿止者、甚不相違、但諸房舎、悉弟子住。唯有石室、極為潔浄、我事火具、皆在其中。此寂静処、可得相容。然有悪龍、居在其内、恐相害耳。仏又答言、雖有悪龍、但以見借。迦葉又言、其性兇暴、必当相害、非是有惜。仏又答言、但以見借、必無辱也。迦葉又言、若能住者、便住随意。仏言、善哉。即於其夕而入石室、結加趺坐而入三昧。爾時悪龍毒心転盛、挙体烟出。世尊即入火光三昧、龍見是已、火焔衝天、焚焼石室。迦葉弟子先見此火、而還白師、彼年少沙門、聡明端厳、今為龍火之所焼害。迦葉驚起、見彼龍火、心懐悲傷、即勅弟子、以水澆之、水不能滅、火更熾盛、石室融尽。爾時世尊、身心不動、容顔怡然、降彼悪龍、使無復毒、授三帰依、置於鉢中。至天明已、迦葉師徒倶往仏所、年少沙門、龍火猛烈、将無為此之所傷耶。沙門借室、我昨所以不相与者、正為此耳。仏言、我内清浄、終不為彼外災所害、彼毒龍者、今在鉢中。即便挙鉢、以示迦葉。迦葉師徒見於沙門処火不焼、降伏悪龍、置於鉢中、歎未曾有」（大正三・六四六上）。また隋闍那崛多訳『仏本行集経』巻四十、巻四一にも見える。

（177）**畏盗跖** 『荘子』盗跖「丘之所言、皆吾之所棄也。亟去走帰、無復言之。子之道狂狂汲汲、詐巧虚偽事也。非可以全真也、奚足論哉。孔子再拝趨走、出門上車、執轡三失、目芒然無見、色若死灰、拠軾低頭、不能出気」。

（178）**懼桓魋** 『論語』述而「子曰、天生徳於予、桓魋其如予何」、『史記』孔子世家「孔子去曹適宋、与弟子習礼大樹下。宋司馬桓魋欲殺孔子、抜其樹。孔子去。弟子曰、可以速矣。孔子曰、天生徳於予、桓魋其如予何」。

（179）**避陽貨** 『論語』陽貨「陽貨欲見孔子、孔子不見。帰孔子豚。孔子時其亡也而往拝之、遇諸塗」。

（180）**屈沮・溺**　『論語』微子「長沮、桀溺耦而耕。孔子過之、使子路問津焉。長沮曰、夫執輿者為誰。子路曰、為孔丘。曰、是魯孔丘与。曰、是也。曰、是知津矣。問於桀溺。桀溺曰、子為誰。曰、為仲由。曰、是魯孔丘之徒与。対曰、然。曰、滔滔者天下皆是也、而誰以易之、且而与其従辟人之士也、豈若従辟世之士哉。耰而不輟。子路行以告。夫子憮然曰、鳥獣不可与同群、非斯人之徒与、而誰与。天下有道、丘不与易也」。

（181）**蜉蝣羽**　『毛詩』国風蜉蝣「蜉蝣之羽、衣裳楚楚。心之憂矣、於我帰処。蜉蝣之翼、采采衣服。心之憂矣、於我帰息。蜉蝣掘閲、麻衣如雪。心之憂矣、於我帰説」、毛伝「蜉蝣、渠略也。朝生夕死、猶有羽翼、以自修飾」。

（182）**与金翅鳥捔飛**　金翅鳥は迦楼羅の旧訳。西晋安法欽訳『阿育王伝』巻七「我等尚不能与此沙弥共戦、何況与諸大衆而共捔力。猶如鵠毛俟於爐炭、猶如蚊子与金翅鳥捔飛遅疾、猶如小兎共師子王捔其威力。如此之比、不自度量」（大正五〇・一二九下）。

（183）**眉間白毫相光遍照東方万八千仏土**　『妙法蓮華経』巻一　序品「爾時仏放眉間白毫相光、照東方万八千世界、靡不周遍、下至阿鼻地獄、上至阿迦尼吒天」（大正九・二中）。

（184）**欲説『涅槃経』時、従其面門放五色光、照於恒沙世界**　北本『涅槃経』巻一　寿命品「大覚世尊、将欲涅槃。一切衆生、若有所疑、今悉可問、為最後問。爾時世尊、於晨朝時、従其面門、放種種光。其明雑色、青黄赤白頗梨馬瑙光、遍照此三千大千仏之世界。乃至十方、亦復如是。其中所有六趣衆生、遇斯光者、罪垢煩悩、一切消除」（大正一二・三六五下）、『大般涅槃経集解』巻二「法瑤曰、口出其光、以表最極妙説之相也。僧宗曰、此第二相也。上以音声生解、此従光明得悟也。門以通為義、故以口為面門也」（大正三七・三八五上）。

（185）**釈・梵諸王、及龍神魔鬼、一切有情、悉来聴説**　北本『涅槃経』巻一　寿命品「諸仏世界諸大菩薩悉来集会、及閻浮提一切大衆亦悉来集。唯除尊者摩訶迦葉、阿難二衆、阿闍世王及其眷属乃至毒蛇視能殺人、蜣蜋蝮蝎、及十六種行悪業者、一切来集。陀那婆神、阿修羅等、悉捨悪念、皆生慈心。如父如母、如姉如妹。三千大千世界衆生、慈心相向、亦復如是、除一闡提」（大正一二・三七一中）。

（186）**内付菩薩弟子摩訶迦葉、外付国王宰相**　北本『涅槃経』巻二 寿命品「我今所有無上正法悉以付嘱摩訶迦葉。是迦葉者、当為汝等作大依止、猶如如来為諸衆生作依止処。摩訶迦葉亦復如是、当為汝等作依止処。譬如大王多所統領、若遊巡時、悉以国事付嘱大臣。如来亦爾。所有正法亦以付嘱摩訶迦葉」（大正一二・三七七下）。

（187）**老聃説五千文時、自乗青牛白輿、就於函谷山、先見紫色雲瑞、独為尹喜演説**　『史記』老子伝「老子修道徳、其学以自隠無名為務。居周久之、見周之衰、廼遂去。至関、関令尹喜曰、子将隠矣、彊為我著書。於是老子廼著書上下篇、言道徳之意五千余言而去、莫知其所終」、『列仙伝』巻上 関令尹「老子西遊、喜先見其気、知有真人当過、物色而遮之、果得見老子。老子亦知其奇、為著書授之」、『道門経法相承次序』巻上「周徳既衰、世道交喪。平王三十三年十二月二十五日、去周而度、青牛薄輦、紫気浮関、遂付道徳真経於関令尹喜」、『甄正論』巻中「老子仕周、為柱下史、後遂西之流沙、至函谷関、為関令尹喜演黄帝書、重広其文、為道徳二篇、上下両巻。論修身理国、誡剛守雌、挫鋭解紛、行慈倹謙下之道、成五千余言」（大正五二・五六四下）。

（188）**為顔回・曽参説仁孝至徳**　『論語』顔淵「顔淵問仁。子曰、克己復礼、為仁。一日克己復礼、天下帰仁焉。為仁由己、而由人乎哉」、『論語』子張「曽子曰、吾聞諸夫子。孟荘子之孝也、其他可能也、其不改父之臣与父之政、是難能也」。

（189）**為魯哀公・季康子等説家国要道**　『論語』為政「哀公問曰、何為則民服。孔子対曰、挙直錯諸枉則民服、挙枉錯諸直則民不服」、「季康子問、使民敬忠以勧、如之何。子曰、臨之以荘則敬、孝慈則忠、挙善而教不能則勧」。

（190）**刪詩書、定礼楽、修春秋、述易道**　『尚書』孔安国序「先君孔子生於周末、覩史籍之煩文、懼覧之者不一、遂乃定礼楽、明旧章、刪詩為三百篇、約史記而修春秋、讃易道以黜八索、述職方以除九丘」。

（191）**茅茨**　『史記』太史公自序「墨者亦尚堯舜道、言其徳行曰、堂高三尺、土階三等、茅茨不翦、采椽不刮」。

（192）**棄金輪王位、作法輪王**　北本『涅槃経』巻四 如来性品「相師占我、若不出家、当為転輪聖王、王閻浮提。一切衆生皆信是言。然我已於無量劫中、捨転輪王位、為法輪王。於閻浮提、現離婇女五欲之楽、見老病死及沙門、已出家修道」（大正一二・三八九上）。註（115）参照。

(193) **国王礼仏足** 西晋竺法護訳『仏説鴦掘摩経』「時、王波私匿……王礼仏足稽首而帰」（大正二・五〇九中下）、『長阿含経』沙門果経「爾時、阿闍世王礼世尊足已、還一面坐」（大正一・一〇九中）。

(194) **初為中都宰、後為魯司寇** 『史記』孔子世家「其後定公以孔子為中都宰、一年、四方皆則之。由中都宰為司空、由司空為大司寇」。

(195) **被季孫所逐** 『論語』微子「斉人帰女楽、季桓子受之、三日不朝、孔子行」、孔安国注「桓子、季孫斯也。使定公受斉之女楽、君臣相与観之、廃朝礼三日也」、『広弘明集』巻十二 釈明槩決対傅奕廃仏法僧事「但譏言害徳、偏聴傷賢。故宋受子罕之言、囚於墨翟、魯信季孫之説、逐於尼丘。二子之賢、弗能自免。八条之謗、或累於人」（大正五二・一六八下）。

(196) **為周柱下史** 『史記』老子伝「老子者、楚苦県厲郷曲仁里人也。姓李氏、名耳、字聃、周守蔵室之史也」、『列仙伝』巻上 老子「老子姓李、名耳、字伯陽、陳人也。生於殷時、為周柱下史」。

(197) **適性** 『芸文類聚』巻七二 晋張載酃酒賦「宣御神志、導気養形。遣憂消患、適性順情」。

(198) **鷃雀・大鵬** 『荘子』逍遥遊「湯之問棘也是已。窮髪之北有冥海者、天池也。有魚焉、其広数千里、未有知其修者、其名為鯤。有鳥焉、其名為鵬、背若泰山、翼若垂天之雲、摶扶揺羊角而上者九万里、絶雲気、負青天、然後図南、且適南冥也。斥鴳笑之曰、彼且奚適也。我騰躍而上、不過数仞而下、翺翔蓬蒿之間、此亦飛之至也。而彼且奚適也。此小大之弁也」、『広弘明集』巻十八 釈慧浄・析疑論「甚秋毫之方巨岳、踰尺鷃之比大鵬、不可同年而語矣」（大正五二・二三一上）。

(199) **入諸三昧、逆順上下、超次数廻** 禅定において色界の第一禅から第四禅を自由に行き来すること。劉宋僧伽跋摩訳『雑阿毘曇心論』巻七 定品「無漏禅無色、逆順超次第、次第生六種、七八九与十」（大正二八・九二九中）、『摩訶般若波羅蜜経』巻二十 六度相摂品「是菩薩住諸三昧、逆順出入八背捨」（大正八・三六八上）。

(200) **伽耶涅槃之時……住大寂定** 『大般涅槃経後分』巻上 遺教品「爾時、世尊如是三反、慇懃三告、以真金身示諸大衆、即従七宝師子大床、上昇虚空、高一多羅樹、一反告言、我欲涅槃、汝等大衆、看我紫磨黄金色身。如是展転、高七多羅樹、七反告言、我欲涅槃」（大正一二・九〇三下）、巻上 応尽還源品「仏復告諸大衆、我今時至、挙身疼痛。説是語已、即入初禅、以涅槃光遍観世界、入寂滅定。爾時、世尊所言未訖、即入初禅、従初禅出入第二禅、従二禅出入第三禅……従三禅出入第二禅、従二禅出入第一禅。爾時、世尊如是逆順入諸禅已、……爾時、世尊説是語已、復入超禅、従初禅出入第三禅……爾時、世尊三反入諸禅定、三反示誨衆已、於七宝床右脇而臥、頭枕北方、足指南方、面向西方、後背東方……爾時、世尊娑羅林下寝臥宝床、於其中夜入第四禅、寂然無声。於是時頃、便般涅槃」（大正一二・九〇四中）。

（201）**入於金棺、棺自廻転** 『大般涅槃経後分』巻下 機感荼毘品「爾時、拘尸城内一切人民悲泣流涙、摠入城中、即作金棺、七宝荘厳……扶於如来、入金棺中」（大正一二・九〇六下）、「於娑羅林即自挙棺、昇虚空中、高一多羅樹、拘尸城内一切人民、及諸世間人天大衆等、共不得挙仏聖棺」（九〇七上）、「爾時如来七宝金棺徐徐乗空、従拘尸城東門而出、乗空右繞入城南門、漸漸空行従北門出、乗空左繞還従拘尸西門而入、如是展転遶三匝已。……如是左右遶拘尸城、経于七匝」（九〇七中）。

（202）**処香楼上、化火自焚** 『大般涅槃経後分』巻下 機感荼毘品「是時、大衆哀慟悲結、深重敬心、各以白氎障手、共挙如来大聖宝棺、置於荘厳妙香楼上」（大正一二・九〇八上）、「爾時、如来以大悲力、従心胸中、火踊棺外、漸漸荼毘、経于七日、焚妙香楼、爾乃方尽」（九〇九下）。『釈迦方志』巻下「室東有班血磐石。上古有比丘修定不証。自刺頸便証羅漢、升空化火自焚処」（大正五一・九六四上）。

（203）**儼然如故** 『法苑珠林』巻六十二 占相篇 引証部「宋劉齢者、……。巨云。宜焚去経像、災乃当除耳。遂閉精舎戸、放火焚焼、炎熾移日、而所焼者、唯屋而已、経像幡坐、儼然如故」（大正五三・七六〇下）。

（204）**壜収舎利、足満八斛** 『大般涅槃経後分』巻下 機感荼毘品「以焚香楼、荼毘如来。炬投香楼、自然殄滅」（大正一二・九〇九下）、聖軀廓潤品「爾時城内人衆即開仏棺。兜羅白氎、宛然不焼」（九一〇中）、「満八金壜、舎利便尽」（九一一上）。

（205）**推夢両楹、託山・木壊、負手曳杖** 『礼記』檀弓上「孔子蚤作、負手曳杖、消揺於門、歌曰、『泰山其頽乎、梁木其壊乎、哲人其萎乎』。既歌而入、当戸而坐。子貢聞之、曰、『泰山其頽則吾将安仰、梁木其壊、哲人其萎則吾将安放、夫子殆将病也』。遂趨而入。夫子曰、『賜。爾来何遅也。夏后氏殯於東階之上、則猶在阼也。殷人殯於両楹之間、則与賓主夾之也。周人殯於西階之上、則猶賓之也。而丘也、殷人也。予疇昔之夜、夢坐奠於両楹之間、夫明王不興、而天下其孰能宗予。予殆将死也。蓋寝疾七日而没』」。

(206) **綏遷而葬、墳墓如鬣** 『礼記』檀弓上「孔子之喪、有自燕来観者、舎於子夏氏。子夏曰、聖人之葬人、与人之葬聖人也、子何観焉。昔者夫子言之曰、吾見封之若堂者矣、見若坊者矣、見若覆夏屋者矣、見若斧者矣、従若斧者焉、馬鬣封之謂也。今一日而三斬板而已封、尚行夫子之志乎哉」。

(207) **託身流沙** 『列仙伝』巻上 関令尹「関令尹喜者、周大夫也。善内学星宿、服精華、隠徳行仁、時人莫知。老子西游、喜先見其気、知真人当過、候物色而迹之、果得老子。老子亦知其奇、為著書。与老子倶之流沙之西、服臣勝実、莫知其所終。亦著書九篇、名関令子」。

(208) **不知所滅** 『史記』老子伝「於是老子迺著書上下篇、言道徳之意五千余言而去、莫知其所終」。

(209) **名色之始終** 慧遠『大乗義章』巻三 四諦義「如『五王経』説、始従識支乃至出胎、名之為生。『涅槃経』云、生通始終、始終不同、経分為五。一者初出、所謂識支報始名初、初起名出。二者至終、謂名色支色心具足、対前説終。三者増長、謂前名色増為六入。四者出胎。五者種類、謂出胎後乃至老死」(大正四四・五一二下)、玄奘訳『阿毘達磨大毘婆沙論』巻二三「復次識縁名色依前後説。名色縁識依同時説。問、此経中説名色縁六処応不遍説四生有情。謂胎卵湿生諸根漸起、可説名色縁六処。化生有情諸根頓起」(大正二七・一二〇上)。

(210) **頂生之誕化** この世の快楽と富貴を極め、釈尊の前世の一つである頂生王は仏教で説く胎生学的な四つの生まれ方(胎生・卵生・湿生・化生)の一つ、湿生であることと、註(209)の「名色」とが関わっていると思われるが、未詳。北本『涅槃経』巻三二 師子吼菩薩品「湿生者如仏所説。我於往昔作菩薩時作頂生王及手生王。如今所説菴羅樹女迦不多樹女。当知人中則有湿生」(大正一二・五五九中)、『出三蔵記集』巻九 釈僧衛・十住経含注序「如来反流尽源之舟輿、世

雄撫会誕化之天府」（大正五五・六一中）、『広弘明集』巻十五 支道林・釈迦文仏像讃并序「昔姫周之末有大聖号仏、天竺釈王白浄之太子也。俗氏母族。厥姓裘曇焉。仰霊冑以丕承、藉乃哲之遺芳、吸中和之誕化、稟白浄之浩然」（大正五二・一九五下）。

(211) **求無上菩提** 『破邪論』巻上「対曰、夫出家者、内辞親愛、外捨官栄、志求無上菩提、願出生死苦海」（大正五二・四七七中）。

(212) **亦不甘楽** 北本『涅槃経』巻二 寿命品「我今於此処、不求天人身、設使得之者、心亦不甘楽」（大正一二・三七二下）。

(213) **五品仙・九品仙** 『道門経法相承次序』巻下「仙有九品。第一上仙〈男皇女后〉、二高仙〈男帝女后〉、三大仙〈男王女妃〉、四神仙〈男公女妃〉、五玄仙〈男卿女夫人〉、六真仙〈男大夫女夫人〉、七天仙〈男士女妻〉、八霊仙、九至仙〈男士女妻〉。中乗学洞玄、得道成真」、『破邪論』巻上「四岳諸山道士呂恵通等六百二十人出家、五品已上九十三人出家、九品已上鎮遠将軍姜苟児等一百七十五人出家」（大正五二・四八〇中）、『道教義枢』巻一 位業義第四「証位品者、始自発心、終乎極道、大有五位。一者発心、二者伏道、三者知真、四者出離、五者無上道。均此五心、総有四位。前之二心是十転位、第三一心是九宮位、第四一心是三清位、第五一心是極果位。前四是因、後一是果」。

(214) **五百仙人寿命得百千万歳** 「五百仙人」は仏典によく見られるが、長い寿命を得たという話は未詳。

(215) **須抜陀羅寿命得八万大劫** 須抜陀羅は釈尊より最後に教えを受けたスバドラのことで、唐智昇撰『開元釈教録』巻七「須跋陀羅因縁論二巻」（大正五五・五四五上）などに見える当時よく知られていた須跋陀羅の話に基づくと思われるが、八万大劫という長寿をえたことは未詳。同書は『開元釈教録』編纂の際にはすでに欠本となっていたようである。北本『涅槃経』巻四十 憍陳如品「須跋陀羅得阿羅漢果」（大正一二・六〇三下）。

(216) **誘化** 東晋法顕訳『大般泥洹経』巻三 四法品「荘厳其身、遊諸四衢、方便誘化染心衆生」（大正一二・八七一下）。

(217) **求哀出家** 『弁正論』巻二 三教治道篇「文宣帝令曇顕法師挫其鋒鋭、修静神気、頓尽結舌不言。其徒爾日並皆捨邪帰正、求哀出家、未発心者、勅令染剃」（大正五二・四九七下）。

(218) **乗雲駕鶴**　『甄正論』巻中「道縦修行、不離生死、駕鶴冲天、五千元無此説。控鸞上漢、七篇曽不渉言」（大正五二・五六六下）。

(219) **三天**　『道門経法相承次序』巻上「其三清境者、玉清・上清・太清是也。亦名三天。其三天者、清微天・禹余天・大赤天是也。天宝君治在玉清境、即清微天也。其気青始。霊宝君治在上清境、即禹余天也。其気白元。神宝君治在太清境、即大赤天也。其気黄玄」。

(220) **不願生天**　『南岳思大禅師立誓願文』「我今入山修習苦行、懺悔破戒障道重罪。今身及先身是罪悉懺悔。為護法故求長寿命。不願生天及余趣」（大正四六・七九一下）。

(221) **垢重**　『妙法蓮華経』巻一　方便品「劫濁乱時、衆生垢重、慳貪嫉妬」（大正九・七中）。

(222) **寒心**　『説苑』善説「天下有識之士無不為足下寒心酸鼻者」。

(223) **愚之甚**　『破邪論』巻上「念傅奕下愚之甚」（大正五二・四七七中）。

(224) **斉時上統法師**　法上のこと。『続高僧伝』巻八　法上伝「釈法上。姓劉氏。朝歌人也。……故魏斉二代歴為統師」（大正五〇・四八五上）、『破邪論』巻下「同斉時上統法師答高麗使云、仏是西周第五主昭王二十四年甲寅歳生、至今武徳五年、得一千五百七十七年也」（大正五二・四八五上）、『弁正論』巻五　仏道先後篇「又高麗王表問斉后、諸仏生世可得聞乎。文宣帝召上統法師為文具報。于時引『周穆伝』〈蓋『穆王別伝』也〉以対。使人与姚長謙所引無異」（大正五二・五二二上）。

(225) **『周穆天子伝』**　『法琳別伝』巻中（大正五〇・二〇七中）の記述によれば、姚長謙らは『周穆天子伝』に「拠」ったのであって「撰」述したのではないが、そのままで訳しておく。

(226) **劉向『列仙伝』**　『弘明集』巻二　宗炳・明仏論「劉向列仙叙七十四人在仏経」（大正五二・一二下）、『弘明集』巻十四　僧祐・弘明論後序「劉向序仙云。七十四人出在仏経」（大正五二・九五下）。

(227) **古旧二録**　隋費長房撰『歴代三宝紀』巻十五「旧録一巻〈似前漢劉向捜集蔵書所見経録〉」（大正四九・一二七下）、『開元釈経録』巻十「旧経録一巻　右似是前漢劉向校書天閣。往見有仏経。即謂古蔵経録。謂孔壁所蔵。或秦正焚書。人中所蔵者」（大正五五・五七二下）。『弁正論』巻六 内九箴篇「何者案劉向古旧二録云。仏経流於中夏一百五十年後。老子方説五千文」（大正五二・五三〇下）。

(228)**『後漢法本伝』**　註(47)参照。『漢法本内伝』を指すと思われる。

(229)**毅**　『高僧伝』巻一 摂摩騰伝「通人傅毅奉答、臣聞西域有神、其名曰仏。陛下所夢、将必是乎」（大正五〇・三二二下）。

(230)**『法王本記』**　唐円照集『大唐貞元続開元釈教録』巻中「再修釈迦牟尼仏法王本記一巻」（大正五五・七六五中）。関連は未詳であるが、本書所収池田論文に翻刻されている『法王記』（P二七二二背）がある。なお開元年間に撰述された可能性のある『念仏鏡』巻下（大正四七・一二八上、一二八下）に『法王本記』が用いられている。

(231)**闞沢**　『広弘明集』巻一 呉主孫権論叙仏道三宗「下勅問尚書令闞沢曰、漢明已来、凡有幾年、仏教入漢既久、何縁始至江東。沢曰、自漢明永平十年仏法初来至今赤烏四年、則一百七十年矣。初永平十四年、五岳道士与摩騰角力之時、道士不如。南岳道士褚善信費叔才等、在会自憾而死。門徒弟子、帰葬南岳、不預出家、無人流布。後遭漢政陵遅兵戎不息、経今多載、始得興行。又曰、孔丘李老得与仏比対不。沢曰、臣聞魯孔君者、英才誕秀、聖徳不群。世号素王、制述経典、訓奨周道、教化来葉。師儒之風、沢潤今古。亦有逸民知許成子・原陽子・荘子・老子等百家子書、皆修身自翫、放暢山谷、縦佚其心、学帰澹泊、事乖人倫長幼之節、亦非安俗化民之風。至漢景帝以黄子老子義体尤深、改子為経、始立道学、勅令朝野悉諷誦之。若以孔老二教比方仏法、遠則遠矣。所以然者、孔老二教、法天制用、不敢違天。諸仏設教、天法奉行、不敢違仏。以此言之、実非比対〈今見章醮似俗酒脯碁琴行之〉呉主大悦。以沢為太子太傅」（大正五二・九九下—一〇〇上）。

(232)**謹案魏曇謨最法師……闞沢等衆書**　『弁正論』巻五 仏道先後篇「『長謙紀』云、仏是昭王二十六年甲寅歳生、穆王五十三年壬申之歳仏始滅度〈至開皇五年、得一千五百七十六載矣〉、与『周書異記』幷『漢法本内伝』及『法王本記』、与呉尚書令闞沢魏曇謨最法師等所記不差」（大正五二・五二一下—五二二上）。

(233)**『阿含経』** 未詳。

(234)**於嵐毘園波羅樹下** 釈尊は無憂樹の下で生まれたとされるのが一般的であるが、『法琳別伝』巻中（大正五〇・二〇七上）、『破邪論』巻下（大正五二・四八四中）では波羅樹の下で生まれたとなっている。

(235)**『普曜経』** 釈尊誕生の場面ではないが『普曜経』の別の箇所に類似する表現がある。『普曜経』巻二 降神処胎品「従身放光、具足広普照此三千大千仏国土」（大正三・四九〇下）。

(236)**『周書異記』** 以下の『破邪論』巻上にほぼ対応する箇所がある。「『周書異記』云、周昭王即位二十四年甲寅歳四月八日。江河泉池、忽然泛漲、井水並皆溢出、宮殿人舎、山川大地、咸悉震動、其夜五色光気入貫太微、遍於西方尽作青紅色。周昭王問太史蘇由曰、是何祥也。蘇由対曰、有大聖人、生在西方、故現此瑞。昭王曰、於天下何如。蘇由曰、即時無他、一千年外、声教被及此土。昭王即遣人鐫石記之、埋在南郊天祠前。当此之時、仏初生王宮也」（大正五二・四七六中）。

(237)**貫入大微** 太微は古代中国天文学の星座。

(238)**声教流被此土** 『広弘明集』巻二二 隋煬帝・宝台経蔵願文「菩薩戒弟子楊広和南。仰惟如来応世、声教被物、慇懃微密、結集法蔵、帝釈輪王、既被付嘱」（大正五二・二五七中）、『法苑珠林』巻一百 伝記篇 雑集部「自仙苑告成金河静済。敷字群品、汲引塵矇、随機候而設謀猷、逐性欲而陳声教、綱羅一化、統括大千。受其道者難訾、伝其宗者易暁、遂能流被東夏」（大正五三・一〇二〇中）。

(239)**踰城出家** 『大智度論』巻一「後漸見老病死苦、生厭患心、於夜中半、踰城出家」（大正二五・五九上）。

(240)**『瑞応経』云……** 呉支謙訳『仏説太子瑞応本起経』巻上「至年十九、四月八日夜、天於窓中、叉手白言、時可去矣」（大正三・四七五中）。

(241)**穆王満** 穆王は姓は姫、諱は満、周朝の始祖文王から数えて六代目の君主。本段は『法琳別伝』をほぼそのまま踏襲する。『法琳別伝』巻中「周第六主穆王、諱満、二年癸未二月八日、仏年三十成道。故『普曜経』云、菩薩明星出時

豁然大悟、即此年也。周穆王五十二年壬申之歳二月十五日仏年七十九、方始滅度。故『涅槃経』云、二月十五日臨涅槃時出種種光、大地六種震動、声至有頂、光遍三千。即『周書異記』云、穆王即位五十二年壬申之歳二月十五日平旦暴風忽起、撥損人舎、傷折樹木。山川大地皆悉震動。午後天陰雲黒、西方有白虹十二道南北通過、連夜不滅。穆王問太史扈多曰、是何徴也。扈多対曰、西方有大聖人滅度、衰相現耳」（大正五〇・二〇七中）。

(242) **故『普曜経』云……** 『普曜経』巻六 行道禅思品「明星出時廓然大悟、得無上正真道、為最正覚」（大正三・五二二中）。

(243) **『涅槃経』云……** 北本『涅槃経』巻一 寿命品「二月十五日臨涅槃時、以仏神力出大音声。其声遍満乃至有頂……爾時世尊於晨朝時従其面門放種種光……光遍照此三千大千仏之世界、乃至十方亦復如是。……爾時、大地、諸山、大海皆悉震動。」（大正一二・三六五下）、同巻二 寿命品「是時此地六種震動」（三七五中）。

(244) **『周書異記』云……** 以下の『破邪論』巻上にほぼ対応する箇所がある。「穆王五十二年壬申歳二月十五日平旦、暴風忽起、発損人舎、傷折樹木。山川大地皆悉震動。午後天陰雲黒。西方有白虹十二道、南北通過、連夜不滅。穆王問太史扈多曰、是何徴也。扈多対曰、西方有聖人滅度、衰相現耳。穆王大悦曰、朕常懼於彼。今将滅度、朕何憂也。当此之時。仏入涅槃也」（大正五二・四七八中）。

(245) **准『史記』、穆王崩、立子恭王** 『史記』周本紀「穆王立五十五年、崩、子共王繄扈立」。

(246) **恭王十二年崩、後立子懿王** 『史記』周本紀「共王崩、子懿王囏立」。

(247) **懿王廿五年崩、立弟辟方為孝王** 『史記』周本紀「懿王崩、共王弟辟方立、是為孝王」。

(248) **孝王十五年崩、立懿王太子燮為夷王** 『史記』周本紀「孝王崩、諸侯復立懿王太子燮、是為夷王」。

(249) **夷王十六年崩、立子胡、是為厲王** 『史記』周本紀「帝王世紀云、十六年崩也。夷王崩、子厲王胡立」。

(250) **厲王即位五十一年崩、立太子静、是為宣王** 『史記』周本紀「共和十四年、厲王死于彘。太子静長於召公家、二相乃共立之為王、是為宣王」。

(251) **宣王即位経卌六年崩、立子宮温為幽王** 『史記』周本紀「四十六年、宣王崩、子幽王宮湦立」。テキストは「宮温」

であるが、『史記』では「宮涅」。

(252) **幽王即位十年、被犬戎所殺、立太子宜臼為平王**　『史記』周本紀「申侯怒、与繒、西夷犬戎攻幽王。……遂殺幽王驪山下……於是諸侯乃即申侯而共立故幽王太子宜臼、是為平王、以奉周祀」。

(253) **平王即位、経五十一年崩、立其孫林為桓王**　『史記』周本紀「五十一年、平王崩、太子洩父蚤死、立其子林、是為桓王。桓王、平王孫也」。

(254) **桓王即位廿三年崩、立子他為荘王**　『史記』周本紀「二十三年、桓王崩、子荘荘王佗立」。テキストは「他」であるが『史記』では「佗」。

(255) **荘王即位五十一年崩、立僖王胡斉、是為釐王**　『史記』周本紀「十五年、荘王崩、子釐王胡斉立」。

(256) **釐王即位五年崩、立子閬為恵王**　『史記』周本紀「五年、釐王崩、子恵王閬立」。

(257) **恵王即位廿五年崩、立子鄭為襄王**　『史記』周本紀「二十五年、恵王崩、子襄王鄭立」。

(258) **襄王即位卅年崩、立子壬姫為項王**　『史記』周本紀「三十二年、襄王崩、子頃王壬臣立」。テキストは「項王」「壬姫」であるが、『史記』では「頃王」「壬臣」。

(259) **項王即位六年崩、立子班為匡王**　『史記』周本紀「頃王六年、崩、子匡王班立」。

(260) **匡王即位六年崩、立弟瑜為定王**　『史記』周本紀「匡王六年、崩、弟瑜立、是為定王」。

(261) **『暦帝記』**　註(12)参照。『弁正論』巻五 仏道先後篇「方叔機、陶弘景等数十部書、以次編之、合四十巻、名為年『暦帝紀』。頗有備悉文義可依。従太極上元庚戌之歳、至開皇五年乙巳、積有一十四万三千七百八十年矣」(大正五二・五二一下)。

(262) **史伝**　『甄正論』巻中「何因不説老子化胡之事。若化胡不虚、史伝自然合録」(大正五二・五六五中)。

(263) **作此説者、是魔説者也**　北本『涅槃経』巻十三 聖行品「実諦者是仏所説、非魔所説。若是魔説、非仏説者、不名実諦。善男子。実諦者、一道清浄、無有二也」(大正一二・四四三中)。

(264) **生死之法** 北本『涅槃経』巻二九 師子吼菩薩品「善男子。是生死法悉有因果、有因果故、不得名之為涅槃也。何以故。涅槃之体無因果故。」(大正一二・五三八下)。

(265) **無二之性。仏為実性、実性即是涅槃** 北本『涅槃経』巻八 如来性品「若言無明因縁諸行、凡夫之人聞已、分別生二法想明与無明。智者了達其性無二、無二之性即是実性」(大正一二・四一〇下)。

(266) **如帝釈幢無能毀者** 北本『涅槃経』巻三一 師子吼菩薩品「如帝釈幢不可移転」(大正一二・五四八中)。

(267) **毀傷** 元魏吉迦夜共曇曜訳『雑宝蔵経』巻三「提婆達多欲毀傷仏因縁」(大正四・四六三下)。

(268) **作法** 『大智度論』巻八十「有為法有種種名、所謂作法・有為・数法・相法・若有若無」(大正二五・六二五中)。

(269) **生法** 『大智度論』巻八五「諸法和合因縁故、生法中無自性」(大正二五・六五二下)。

(270) **欲界六天……成廿八天** 『大乗義章』巻八末 六道義「言六道者、所謂地獄・畜生・餓鬼・人・天・修羅、是其六也」(大正四四・六二四下)、「天有欲・色・無色差別。欲天有六。一四天王天。……第二天者、名忉利天、此翻名為三十三天。……第三天者、名曰夜摩、此云妙善。……第四天者、名兜率陀、此名妙足。……第五天者、名須涅蜜陀、此云化楽。……第六天者、名婆舎跋提、此云他化自在天也」(大正四四・六二七中下)、「色界天者、経論不同。若依『雑心』『地持論』等、有十八天。初・二・三禅各有三天、第四禅中独有九天、故合十八」(大正四四・六二七下)、「無色有四。一是空処、二是識処、三無所有処、四者非想非非想処」(大正四四・六二八中)。

(271) **天中天** 北本『涅槃経』巻二 寿命品「夫如来者、天上人中最尊最勝。……我聞諸天寿命極長、云何世尊是天中天、寿命更促、不満百年」(大正一二・三七三下)。

(272) **人天之師** 北本『涅槃経』巻十八 梵行品「善男子、諸仏雖為一切衆生無上大師、然経中説為天人師。何以故。善男子、諸衆生中惟天与人、能発阿耨多羅三藐三菩提心、能修十善業道。……是故号仏為天人師」(大正一二・四六九下)。註(35)参照。

(273) **世尊** 鳩摩羅什訳『成実論』巻一 十号品「……如是九種功徳具足、於三世十方世界中尊、故名世尊」(大正三二・二四二下)。

(274) **眇目跛鼈而与駿足騏驥競馳** 『抱朴子』内篇序「豈敢力蒼蠅而慕沖天之挙、策跛鼈而追飛兎之軌」、『広弘明集』巻十八 慧浄・析疑論「昔闞沢有言、孔老法天、諸天法仏、洪範九疇承天制用、上方十善奉仏慈風。若将孔老以匹聖尊、可謂子貢賢於仲尼、跛鼈陵於駿驥」(大正五二・二三一上)。

(275) **夫聴法者、勿観法師種性、勿観法師好醜** 『大智度論』巻四九「復次菩薩作是念、法師好悪、非是我事。我所求者、唯欲聞法、以自利益。如泥像木像無実功徳、因発仏想、故得無量福徳。何況是人智慧方便、能為人説。以是故、法師有過、於我無咎」(大正二五・四一四下)、北本『涅槃経』巻二一 光明遍照高貴徳王菩薩品「善男子、欲聴法者、今正是時。若聞法已、当生敬信、至心聴受、恭敬尊重。於正法所、莫求其過、莫念貪欲瞋恚愚痴、莫覩法師種姓好悪」(大正一二・四九〇上)。

(276) **但取其法、勿観於人** 『大智度論』巻九「如仏欲入涅槃時、語諸比丘、従今日応依法不依人、応依義不依語、応依智不依識、応依了義経不依未了義」(大正二五・一二五上)。

(277) **若取其人、不取其法** 『摩訶止観』巻四下「上聖大人皆求其法、不取其人」(大正四六・四五中)。

(278) **民斯下矣** 『論語』季氏「生而知之者、上也。学而知之者、次也。困而学之、又其次也。困而不学、民斯為下矣」。

(279) **不亦上乎** 『論語』学而「学而時習之、不亦説乎。有朋自遠方来、不亦楽乎。人不知而不慍、不亦君子乎」をふまえた表現。「上」は、直前の注に引く『論語』季氏「生而知之者、上也」に基づく。

(280) **尺文** 「尺」は「釈」に通ず。ただし「釈文」で「釈迦文」を表す用例は見つからなかった。『広弘明集』巻一 商太宰問孔子聖人「符子云、老氏之師名釈迦文」(大正五二・九八中)。

(281) **誘道** 「道」は「導」に通ず。

(282) **攀縁** 『維摩経』巻中 問疾品「何謂病本。謂有攀縁。従有攀縁、則為病本。何所攀縁。謂之三界。云何断攀縁。以無所得。若無所得、則無攀縁」(大正一四・五四五上)、『注維摩詰経』巻五「什曰、……機神微動、則心有所属。心有所属、名為攀縁。攀縁取相、是妄動之始、病之根也。肇曰、攀縁謂妄想微動、攀縁諸法也」（大正三八・三七七下）。

（283）**徒聞其語、不見其人**　『論語』季氏「隠居以求其志、行義以達其道。吾聞其語矣、未見其人也」。

（284）**不亦宜乎**　『論語』子張「夫子之云、不亦宜乎」。

（285）**十二**　三本ともに「十二」に作るが、「二」の一字は衍字とみなす。

（286）**二教**　三教不斉論十条をうけているので、三教とあるべきだが、ひとまず原文のままにしておく。石山寺本二八行目、校訂テキスト六〇頁に「校量二教」とあるのも参照。

（287）**久迷大方**　『老子』四一章「大方無隅、大器晩成、大音希声、大象無形、道隠名無、夫唯道善貸且成」、『出三蔵記集』巻十四　曇無讖伝「禅師即授以樹皮涅槃経本。讖尋読驚悟、方自慚恨、以為坎井之識、久迷大方。於是集衆悔過、遂専業大乗」（大正五五・一〇二下―一〇三上）。『高僧伝』巻二　曇無讖伝（大正五〇・三三五下）も参照。

（288）**不知正路**　北涼曇無讖訳『優婆塞戒経』巻五　浄三帰品「智者応観外道徒衆、無慚無愧、非如法住。雖為道行、不知正路、雖求解脱、不得正要」（大正二四・一〇六一下―一〇六二上）。

（289）**廻邪向正**　『高僧伝』巻七　慧観伝「使夫荊楚之民、廻邪帰正者、十有其半」（大正五〇・三六八中）、吉蔵『三論玄義』「『百論』為廻邪入正」（大正四五・一三上）。

（290）**慈悲覆護我**　『勝鬘経』（如来真実義功徳章）「哀愍覆護我、令法種増長、此世及後生、願仏常摂受」（大正一二・二一七中）。

（291）**称仏為師**　慧沼『勧発菩提心集』受菩薩三聚浄戒門「従今已往、称仏為師、不敢帰余邪魔外道。唯願三宝慈悲摂受」（大正四五・三九六上）。

（292）**邪網**　『大智度論』巻一「一切衆生入邪見網、為異学悪師所惑。我於一切悪師邪網中得出」（大正二五・五八中下）、巻五「復次依過去未来世生六十二邪見網永離、是名甚深法」（大正二五・九九上）。

（293）**八難**　『大乗義章』巻八末　八難義「言八難者、一是地獄、二是畜生、三是餓鬼、四盲聾瘖瘂、五世智弁聡、六仏前仏後、七鬱単越国、八長寿天」（大正四四・六二八下）。

(294) **浄福田** 『雑阿含経』巻四四（二・一八二）「時天作婆羅門、……而説偈言、『何言婆羅門、施何得大果、何等為時施、云何浄福田』。爾時世尊説偈答言、『……善知心解脱、解脱一切貪、説名婆羅門、施彼得大果、施彼為時施、随所欲福田』」（大正二・三二九下）、東晋仏陀跋陀羅訳『摩訶僧祇律』巻三十一「仏即為説偈呪願、……施少得大利、清浄福田故、智者願清浄、能得福田果」（大正二二・四八二上）。

(295) **六道四生** 『大乗義章』巻八末 六道義「言六道者、所謂地獄・畜生・餓鬼・人・天・修羅、是其六也」（大正四四・六二四下）、巻八 四生義「言四生者、謂胎・卵・湿・化」（大正四四・六一八中）。

(296) **故之** 疑問が残るが、ひとまず訳文のように理解しておく。

(297) **台州臨海懸** 「懸」は「県（縣）」に通ず。台州臨海県は現在の浙江省臨海市。『旧唐書』地理志「台州上 隋永嘉郡之臨海県。武徳四年（六二一）、平李子通、置海州、領臨海・章安・始豊・楽安・寧海五県。五年（六二二）、改為台州。……天宝元年（七四二）、改為臨海郡。乾元元年（七五八）、復為台州」。『新唐書』地理志「台州臨海郡、上」。

(298) **龍興寺北房** 『旧唐書』中宗本紀「〔神龍元年二月〕丙子、諸州置寺・観一所、以〝中興〟為名」、「〔神龍三年二月〕庚寅、改中興寺・観為龍興、内外不得言〝中興〟」、『伝教大師将来台州録』「於大唐台州臨海県龍興寺浄土院、依数写取」（大正五五・一〇五七下）。藤井淳「最澄・空海請来になる姚𧦴撰『三教不斉論』より得られた知見について」（『印度学仏教学研究』第六十巻第一号、二〇一一年）一〇六―一〇九頁、本書三四一―三四五頁を参照。

(299) **右翰源雅律師** 右翰は右筆（祐筆）に同じか。右筆は書記、もしくは文筆に従事する者。源雅律師については、藤井淳「姚𧦴撰『三教不斉論』（石山寺所蔵）写本の翻刻」（『高野山大学密教文化研究所紀要』第二四号、二〇一一年）八―一〇頁、同「最澄・空海請来になる姚𧦴撰『三教不斉論』より得られた知見について」（『印度学仏教学研究』第六十巻第一号、二〇一一年）一〇八―一〇九頁、本書三四四―三四五頁を参照。

現代語訳

『〔儒・仏・道の〕（第一紙）三教は同等ではないことを定める論』

もと盧州参軍である姚䛒の撰述

〔はしがき〕

そもそも三千大千世界とは百億の太陽と月のある世界の総称であり、一四天下（東勝身洲・南贍部洲・西牛貨洲・北倶盧洲の四大陸）とは須弥山世界の総称である。〔我々が住む〕南閻浮提（南贍部洲の別名）はその須弥山の南側にあり、大唐中国は南閻浮提の片隅にある。その地に三教がともに興隆し、その教法は千代に続いて伝わっていく。「風俗をかえるには楽にまさるものはなく、お上を安泰にし民を治めるには礼にまさるものはない」とは言っても、それぞれ競いあって優劣を説き、議論が紛糾して久しい。時代的な前後関係を知ろうとする者が三教の文章を大まかに引用してきたが、正しいか否かは定めがたかったのである。

そこで謹んで『暦帝記』『弘明集』・諸子百家・『国臣記』『史記』『春秋』『暦載記』『爾雅』『孝経』序・『千字文』などのさまざまな書物を参照して、詳しく三教の時代の前後を明らかにしてみると、孔子と老子に始まる二教は最初からここ中国に存在しているが、遠方で起こった仏教は離れているので分かりづらく、その源流を探ることは難しいのである。そこでまずは孔子と老子の二教を論じ、それから仏教が正しいか否かを明らかにしよう。

〔老子について〕

『国臣記』には「李老君（老子）は周の定王二十二年乙卯の歳九月十四日の夜、子の時刻に生まれた。十三歳の時に守蔵吏となり、後に大史となった。周の簡王の時代に秦の地方に入って、函谷関にまで至り、関令の尹喜に『道徳経』五千文字を説いた」とある。これが老子の生年月日である。

また『国臣記』には「李伯陽（老子）は、八十年間母親の胎内にとどまり、生まれた時、頭が真っ白であった。体が小さかったので「子」と呼び、髪が白かったので「老」と呼んだ」とある。これは外見によってつけられた名前である。

その容貌について言えば、身長は四尺六寸、長い耳と皺深い唇、肩幅は狭く、股の幅は広い。これが老子の容貌である。

教化について論じると、立派な建物を建てず、弟子たちを率いず、東は海まで至らず、西は秦まで及ばず、北は黄河まで及ばず、南は広州まで及ばなかった。これが老子の教化である。

〔孔子について〕

魯の孔丘（孔子）はというとそうではない。『国臣記』『孝経』序には「孔子は周の末期に生まれ、門徒三千人を統率し、広く六芸（『礼』『楽』『書』『詩』『易』『春秋』）を読み、その道を究めた者が七十二人いた。曽参は孝行で、一番弟子であった」とある。『国臣記』には「魯の孔丘は魯国の大夫であった。頭は尼丘山に似ていて〔そのため孔「丘」と呼ばれ〕、河のような平らで長い目と海のような幅広い口をしていて、（第二紙）髪は長さ七尺、手を垂らすと膝より長く、身長は九尺四寸であった。『春秋』を編纂し、『易』の道を述べ、社記を立て（未詳）、四季の区別を明確にし、礼楽を保存した」とある。これは魯の孔丘が、国と人民に利益をもたらしたということである。

〔老子と孔子の〕二教を調査し比較すれば、正しいか否かを定めることができる。これらは仏教に比肩するものではないのである。

〔釈尊について〕

仏教については、その開祖である釈尊の家柄を論じると、千代続く転輪王の子孫、粟散王の嫡子である。もし出家しなかったならば、当然転輪王の位を継承し、四天下の王として君臨するはずであったが、世の栄華をいとい、生死輪廻の苦を知り、出家し、悟りをひらいて、天人の師と呼ばれた。

謹んで『国臣記』を参照すると次のようにある。「周の第四代君主の二十四年甲寅の歳、四月八日、河川が増水し、すべての井戸の水があふれ出て、季節はずれの花が咲いた。周の昭王が太史である蘇由に〝これは何の表れであるのか〟と尋ねた。蘇由は〝西方に大聖人が今日誕生されます〟と答えた。昭王はふたたび〝どのようなお姿か〟と尋ねた。蘇由は〝身長は一丈六尺、紫磨という最高級の金の色の容貌で、頭の後に円光があり、胸には卍字が記され、足の裏には金輪がついており、三十二相八十種好という人なみ外れた容貌を備えています〟と答えた。昭王は〝どのような方か〟と尋ねた。蘇由は以下のように答えた。〝これから八十年この世にとどまり、説法して人を救済し、没後一千年してから、その教えが中国に流伝します〟。昭王は聞き終わって〝大変すばらしいことだ。私は、容貌が極めて優れて大きいのであれば、その功徳はとりわけすぐれていると聞いている。我が王位を奪ってしまうかもしれないと恐れていたが〔、その心配は不用だ〕。もしそのようであるなら、大変すばらしいことだ〟と言った。ただちに人を遣わして石に刻んで記録し、南の郊外に埋めさせた」。

仏の説法教化について論ずると、海のごとく広く深い経典の教えによって、時に人や天人を教え導き、天人・龍などの八部衆もそれを崇めて修めていく。孔子や老子が教えを説く時は、天にのっとって自分たちの行動を制限し、あえて天に違(たが)うことをしない。もし仏について論ずるならば、出行する時は帝釈天(たいしゃくてん)が前に、梵天が後ろにつき従った。また『国臣記』には次のようにある。「西方に大聖人がおり、時に天人や人を教え導き、八部衆を教化し、八十年間法(おしえ)を説いた。周の穆(ぼく)王の五十二年二月十五日、天下は黒く曇り、にわかに風が起こり、家屋をなぎ倒し、樹木は傷つき折れ、午後には空が暗くなった。穆王が扈多(こた)太史に〝これは何の表れであるのか〟と尋ねた。太史は〝西方の大聖人が今日亡くなられました〟と答えた。穆王は喜んで〝私はいつもこの人が我が領土を侵(おか)すのではないかと恐れていた。今ではもう亡くなっているというのは(第三紙)大変すばらしいことだ〟と言った」。これは仏が亡くなられた日付である。

また調べ考えるに、『史記』に次のようにある。「漢の明帝(めいてい)の永平(えいへい)十四年（七一）正月十五日、五岳(ごがく)十八山の道士たちはみな仏教が中国の地に伝来してきたのを耳にして、争って入り乱れ、それぞれに表(ひょう)を上奏(じょうそう)し、仏法が正しいか否(いな)かを決定しようとした。そのころ漢の明帝に対して、摂摩騰(しょうまとう)・竺法蘭(じくほうらん)三蔵の二人が説法をし、さまざまに神通力を発揮した。そこで南岳衡山(なんがくこうざん)の道士である褚善信(ちょぜんしん)・費叔才(ひしゅくさい)の二人は、優劣を競ったところ、効験(こうけん)のないことを自ら悟った。明帝は道士たちに〝そなたたちの道教は効験がなかった。聞くところでは益州(えきしゅう)所管の五百戸から山野に落ちのびた盗賊がいるそうである。そなたたちは今や彼らと変わらないではないか〟と告げた。褚善信・費叔才は明帝がこう言うのを聞いて、心中恐怖を覚え、河に身を投げて死んだ。東岳泰山(とうがくたいざん)の道士である呂恵通(りょけいつう)たち一七〇人は〝臣下たる私たちは徳が劣っていることも弁(わきま)えずに、いつも仏教に比肩しようとしましたが、偉大なる聖人は神通力を発揮して変幻を生じさせました。私たちはみな出家して僧侶となり、仏教に身を寄せさせていただきたく存じます〟と奏聞(そうもん)した」。これが仏法が東に位置するここ中国に伝わった年月日である。

〔小結〕

この時以来、七百年あまりが経つが、もしその生まれた年月を論じるならば、老君（老子）よりも三四五年前である。また『史記』には「仏が生まれた月日は、老君と比較するなら、三百年あまり前」とある。十数人の王の治世を隔て、三百年あまりを経ている。調べ考えるに、相前後して著された国史や典籍は、いずれも内容を踏襲しており、またくいちがいがない。国と人民に利益をもたらすのは仏教を超えるものなどないのである。敬えばガンジス河の砂の数ほど多くの福を得、礼拝すれば一万劫（「劫」は非常に長い時間の単位）もの長い間災厄を取りのぞくことができる。老君は身体の大きさが孔丘に及ばないし、教えも同様である。また『魏書』には「李老君（老子）というものは、ただ『道徳経』五千文字を説いただけで、他には何の言説もない」とある。どうして孔子の後に続くことができようか。孔子は身体の大きさが仏に及ばず、教えは一生涯の中にだけ限られており、来世にも福がない。またどうして仏教と比較のしようがあるだろうか。仏教というものは、経典を信じて保ち読み上げると、五種の眼（肉眼・天眼・慧眼・法眼・仏眼）が開かれ、一万劫もの間災厄を取りのぞくことができる。第一には身体の特徴が人よりも特に優れており、第二にはその教えが世界中の国々に広まっており、第三には家柄が権勢のある一族であり、第四には国と人民に利益をもたらす。いま現にそれを眼で確かめて、三教を明らかにしよう。

〔執筆の経緯と目的〕

私は開元十一年（七二三）の冬、閿郷に行って墓参りをした際、蒲州の女官が統括している仙壇観で『老子道徳経』の講義をするのを見た。十二年の春になると、陝州（第四紙）の道士がおり、またもやそこで『本際経』の講義をした。いずれも「仏教と道教は同種のものであり、聴く人は区別をする必要がない」と言った。そのころ講義の場には博識な君子が多くおり、みな異なった見解を提示した。あるいは道教を専門とする人がおり、仏教は劣っていて道教が優れていると述べる。あるいは仏教を尊ぶ人がおり、仏教は深淵であって道教は浅薄だと言う。数人で互いに主張し合い、丁々発止とやりあうこと数日にわたった。その時さらに外部からやって来た人がおり、また「ただ仏教と道教が同種であるだけでなく、さらに儒・仏・道の三教がすべて等しいのである」と言った。日がな一日騒々しく、声高に嘆き叫ぶかのようで、それぞれに自分が正しいと言い、みな他の人が間違っていると説いた。一日中そうしていたが、まだ決定することができなかった。私は彼らにこう言った。「また三教はすべて聖なる教えの言葉であり、小さな観点から論じるならほとんど同じですが、大きな観点から取りあげるとまったく異なります。表の堂から奥の室へと進むように段々と学んでいくものです。学ぶ人というのはこのことを体得し、総合的に理解するものだから、三教はみな等しくないと即座に説くべきではありません。私めは意気盛んなので、このことを論じたく思います。優れたお方はお考えが深いでしょうから、はたしてお許しくださるかどうか」。ある人が「ご教示を承ります」と言った。

聞くところによると、老聃（老子）は函谷関に入って、道の徳の玄妙な意味を広く知らしめ、仲尼（孔子）は放逐されて、礼楽についての深遠な言葉を定めた。一方は耳や目で捉えられないものによって体得するのであり、聴覚と視覚で感じとれるものによって識別できはしないし、一方は敬いへりくだることによって悟るのであり、財力や地位によって求められはしない。これらはやはり太陽と月を包み込み、天空を覆い尽くしており、陰陽では計り知れないものであって、吉凶に不思議と合致し、鬼神にも分からないものであって、禍福に秘やかに通じるのである。それでもなお、釈尊の経典が龍宮に満ちあふれ、教化が百億の世界に行き渡り、徳がガンジス河の砂の数ほど多くの世界を超越し、言葉が三千大千世界と対応しているのには及ばない。その広々とした様は言葉では名づけようがなく、どうして手本として従うべきでないことがあろうか。ましてや法身は円満にして寂静であり、有無に囚われた領域を超越し、至高の理は静まりかえって満ちわたり、是非（正しいこと・正しくないこと）を区別する境界からはかけ離れている。心には心の実体的特徴がなく、実体的特徴のない真の心を体得し、滅でもなければ空でもなく、空でない寂滅の境地を悟るのである。そうして三教は盛んに興り、そこで万人は一様に尊崇したのである。

〔儒教・道教・仏教の根本について〕

儒教の道は高大で、詩書礼楽を根本とする。人々はそのような儒教の忠孝の徳を実践し、仁義礼智信によって自得する。王侯はこれを体得し、風雨は時宜に適い、災厄や戦乱は生じず、四方の辺境の地は平和で、五穀がよく稔る。

道教の法は恬淡としており、自然（本来のありよう）を根本とする。人々はそのような道教の女性的で柔軟なあり方を守り、呼吸（第五紙）して気を出し入れすることで自得する。王侯はこれを体得し、腕を組んだまま何もせず、寿命を延ばし、万民を藁で作った狗のようにみなし、彼らからのお返しを求めはしない。

仏教はあらゆる善を根本とする。衆生に煩悩をなくさせ、菩提心に従って、六波羅蜜の行を修めて自得させる。王侯はこれを体得し、生死を超越し、菩提を悟り、一切の衆生を慈愛をもって赤子のようにみなす。三教にはそれぞれに根本の教えがあり、経典ももともと同じではない。学ぶ者はまず根源を究明し、その後で帰依して修行する。

もし道教の奥深さを知ったなら、儒者の衣を捨てて仙人の衣を纏う。もし仏法の広く深いことを悟ったなら、道士の星冠を置いて髪を剃り落とす。『老子』を唱えつつ、もっぱら仏教経典を説いたり、『詩経』『尚書』を詠いつつ、『道徳経』を誉め讃えるなどと言ったりはしない。それはつまり師匠に背き、損なわれてしまった制度をかき乱すことであり、たんに紫のような雑色や蛙の声のような邪な音楽というだけでなく、緑の衣に黄色の裏地をつけるような分をわきまえない行いである。

あなた方は仏教と道教は同種だと言うばかりであったり、あるいは三教はいずれも等しいと述べ、自ら是非の論争を阻止しようとし、他の人に分別しなくてよいと勧めている。もしも是とみなしうる是がなければ、一日じゅう是でありつつ是ではない。非とみなしうる非がなければ、一日じゅう非でありつつ非ではない。是非をまったく分別しないなら、智はここからは生まれない。分別のない心を養いたいなら、分別から始める必要がある。善法は常に増進すべきだし、悪法は二度と生じさせない。善行を積み重ねればただちに菩提へと辿り着き、そうして初めて分別がなくなるのである。もし善と悪が似通っていて、是と非が同じようであったら、それによって知恵のある人となることができ、どんな愚でも智と呼べることになってしまう。智者は善と悪をわきまえるべきであり、愚者は是と非を知らないものである。そこで智の領域には知恵のある人が存在するのであり、だから愚は智と呼ばないのである。あなた方はただほんのわずかに三教を味わって、少しばかり是と非をわきまえているだけである。じっくりと学ぶ人たちを見たところ、実情を見誤らされており、まことに耐えがたい。もしこの邪悪な火をそのままにして、通りがかりの多くの人にまで延焼させたら、きっと一緒に阿鼻地獄に落ちるはずであり、まことに慈悲ある人とも呼べないことになってしまう。

謹んで〔A〕三教不斉論十条、〔B〕仏・道二教不斉論三条、〔C〕止道士毀仏論四条と題し、左記の通りである（後に現代語訳で示すが、ここでは原文の題を示す）。

〔A〕第一に宗族不斉、第二に父母不斉、第三に身相不斉、第四に眷属不斉、第五に弟子不斉、第六に説法不斉、第七に降伏不斉、第八に付属不斉、第九に示生不斉、第十に示滅不斉。以上が三教不斉である。

〔B〕第一に初果不斉、第二に中果不斉、第三に後果不斉。以上が仏・道不斉である。

〔C〕（第六紙）さらに〔第一に〕化胡成仏の誹謗を阻止する。さらに〔第二に〕道先仏後の誹謗を阻止する。さらに〔第三に〕道父仏母の誹謗を阻止する。さらに〔第四に〕天尊世尊の誹謗を阻止する。

〔A　三教不斉論　十条〕

第一に家柄が等しくない。

伽耶（釈尊）は千代に続く金輪王の子孫、宣父（孔子）は五帝の一人である帝嚳の末裔、老聃（老子）は祖先から父に至るまで、官吏になったという話を杳として聞かない。老君（老子）を宣尼（孔子）の一族と比較すると、冥土と天河のようにかけ離れている。どうしてさらに金輪王の一族である釈尊と比較しようとなどするのか。この世界の最も高い場所にある有頂天を最も低い場所にある地獄と同列に論じるようなものではないか。これが第一の不斉（等しくない事柄）である。

第二に父母が等しくない。

伽耶は父の名は浄飯、母の名は摩耶で、父には六十種類の徳があり、母には五十二種類の徳がある。宣尼は父は叔梁紇、徳行の体現者であり、魯の大夫である。母の名は徴在、礼儀の大家であり、婦人の四つの徳を備えている。老君は父の名は元皐、母の名は精敷、徳行や官界での栄達については、経典や史書の中では明確な言説を耳にしたことがない。いま老耼の父母を、宣尼を生んだ人と比較するなら、すでに大空の太陽のように明白である。どうしてさらに摩耶と浄飯に取り替えようとなどするのか。それでは悪臭を放つ伊蘭を香り高き旃檀と同一視しようとするのと同じではないか。これが第二の不斉である。

第三に身体の特徴が等しくない。

伽耶は身長が一丈六尺、肌は紫磨という最高級の金の色で、頭頂には肉髻があり、円光を放つこと一尋、変幻自在であり、各種のすぐれた容貌が備わっている。孔宣尼は身長が一丈、頭は反りかえった屋根のようで、龍のような額と虎のような掌をしており、手を垂らすと膝に届き、河のような平らで長い目と海のような幅広い口をしている。老耼は背の高さが五尺前後、上は尖って下は広がり、唇は歯に被さらず、胸は高く股は低く、その叡智は奥深く計り知れないが、髪の毛は真っ白である。いま老君の容貌を孔丘（孔子）と比較してすら、すでに雲泥の隔たりがある。どうして伯陽（老子）が薄伽梵（釈尊）の姿と比べものになろうか。まるで一匹の蛍の輝きを千の太陽の光と比べるようなものである。これが第三の不斉である。

第四に周りに集うものたち（眷属）が等しくない。

伽耶（釈尊）がいた場所には、いつも天・龍などの八部衆や無数の眷属がいて護衛した。踏みしめた地には、地神が一歩ごとにいつも蓮華で足を捧げ持った。訪れた国では、国王が自ら送り迎えし、伽藍を謹んで建立し、四事（服・

食べ物・寝具・薬）によって供養した。孔子が召された国には、その弟子が三千人おり、六芸を幅広く学んでいた。国の君主はその政治に関する意見を聞きはしたが、結局は任用（第七紙）されることはなかった。時にはある国で飢え、時には諸国を巡遊していて捕われた。老耼の行ったところについては何も記録がない。孔子と老子が訪れた場所を釈尊の居所と比較するのは、たとえば、最も小さい微粒子をあらゆる方角に広がる世界と等しいとするようなものである。これが第四の不斉である。

第五に弟子が等しくない。

伽耶の教えた弟子、舎利弗・目犍連・摩訶迦葉・須菩提・富楼那・迦旃延・阿那律・優婆離・羅睺羅・阿難たちは、ともに大阿羅漢果を得、六神通を得て、みなすでに将来かならず成仏すると保証されていた。釈尊の入滅に際して、また八十億の百千倍の比丘たち、六十億の比丘尼たちがいて、みな阿羅漢果を得た。二恒河沙（「恒河沙」は非常に多い数の単位）もの数の在家の男性の弟子（優婆塞）・三恒河沙もの数の在家の女性の弟子（優婆夷）たちはみなともに第三果（不還果）を得た。四果のうちその他の段階を証した者は無数にいた。孔丘の教えた弟子は三千人いるとは言っても、その道を究めた者にいたっては、七十二人だけである。弟子曽参には至高の孝の天性が備わっていた。この七十二人の中では、徳行に優れた者として顔回・閔子騫・冉伯牛・仲弓があげられる。言語に優れた者には宰我・子貢がいる。政治に優れた者には冉有・季路がいる。文学に優れた者には子游・子夏がいる。その中にはあるいは地方の長官となる者もあり、あるいは家臣となる者もあり、孔子につき従いしばしば困窮した者もあり、あるいは塩づけという辱めを受けた者もあり、病気を患った者もいる。老耼は尹喜に教えただけである。尹喜は先に関令であったが、その後の官職については不明である。孔子と老子の教えた弟子たちに匹敵するとするのは、一握りの草の葉を大地に広がる森林に等しいとするようなものである。これが第五の不斉である。

第六に説法の利益が等しくない。

伽耶の説いた法は、生きとし生けるものにはみな仏性があり、巧みな手段をよく修めれば、かならず菩提を悟り、不生不滅で、常楽我浄となることを明らかにするものである。宣尼の教法は、ただ仁義礼智信のみで、この五徳を実践したとしても、天に生まれかわることはないし、ましてや常楽我浄の境地に入ることなどなおさらありえない。老君の教法は、本性の虚無自然であることを根本とし、人々に利益をもたらすことをきわめれば、天羅（もしくは大羅天）に生まれかわることができるというものである。尼父（孔子）の行を究めた場合もまた六欲界の上部の二天（四天王天・忉利天）に生まれかわるのである。それに対して伽耶は天に生まれかわることを、まるで腫れ物のように汚らしいものとして観るのである。儒教や道教の最高の果報は天に至るということであるが、これを仏法における小乗の階位に比較してみると、なお小乗の最初の果報にすら及ばない。まして（第八紙）大乗の果報とは比較すべくもない。これが第六の不斉である。

第七に折伏の仕方が等しくない。

伽耶（釈尊）は四種類の魔を降伏させ、六人の外道を折伏し、酩酊した象を怖がらせ、悪しき毒龍を手なずけた。孔子は盗跖を怖れ、桓魋に怯え、陽貨を避け、長沮と桀溺に屈服した。老君は何一つ服従させたものがない。この点によって比較すると、どうして蜉蝣の羽でもってガルーダ鳥と飛び比べをするのと違いがあろうか。これが第七の不斉である。

第八に教えのゆだね方が等しくない。

伽耶が『法華経』を説こうとした時には、眉間の白毫の相光が東方にある一万八千の仏国土を遍く照らした。『涅槃経』を説こうとした時には、口から五色の光を発し、無数の世界を照らした。帝釈天や梵天といった多くの天王、龍神や天魔や鬼神、生きとし生けるものが、みなやって来て説法を聴いた。説き終わると、僧団の内部では菩薩たちと弟子の摩訶迦葉にゆだね、外部では国王や宰相にゆだねた。老耼が『道徳経』五千文字を説いた時には、青い牛・白い車に自ら乗り、函谷関の山へと赴き、まず紫色の瑞雲を現し、尹喜のためにだけ教えを説き明かした。説き終わると、尹喜にだけゆだねた。孔子はある時は居室で顔回と曽参のために仁と孝というこの上ない徳を説き、ある時は魯の哀公と季康子らのために国家の重要な道を説いた。その後、詩書を删定し、礼楽を制定し、『春秋』を編纂し、『易』の道を述べ終わると、それらを家に収蔵しておいた。孔子と老子が説いてゆだねた教えを、伽耶のゆだねた教えと比べるなら、茅葺き屋根の家も七宝の宮殿と肩を並べることになる。これが第八の不斉である。

第九に人々に見せた生き方が等しくない。

伽耶は俗世を治める金輪王の地位を捨て、俗世を超えた法輪王となり、国王たちは仏の足に額を付けて礼をした。宣尼（孔子）は初めに中都の長官となり、後には魯の司寇（官職の名称）となったが、まだ思いを十分に表せぬうちに、季孫氏によって放逐されてしまった。老耼は周の柱下の史となり、まったく異動しなかった。孔子と老子の栄華と、伽耶の勝れた境涯との間には、小さな鶉や雀の満足とその頭上を飛びまわる巨大な鵬の逍遥ほどの隔たりがある。これが第九の不斉である。

第十に人々に見せた亡くなり方が等しくない。

伽耶は涅槃する時、多くの三昧に入り、禅定の境地を順番通りに上ったり、また逆向きに下ったりし、禅定の段階を飛び越すこと数度し、地上七つの多羅の樹ほどの高さまで身体を空中に踊らせ、その後に右脇を下にして横臥し、大いなる涅槃に入った。金の棺に入ると、その棺は自ら回転し（第九紙）、香でたきしめた楼閣の上におさまり、火を現出して自ら火葬した。棺を開いて聖なる身体をあらわにしてみると、内と外の白い敷物はおごそかにもとのままであった。舎利（釈尊の遺骨）を瓶に収めると八斛にも満ちたりた。宣尼は亡くなることを予感した際に、夢の中で二つの柱の間にあることを見、泰山や梁の木が壊れることになぞらえて歌い、手で杖をもって「今から私は亡くなるだろう」といい、綏が遷って（未詳）葬られ、その墳墓は馬の鬣のような形であった。老聃は砂漠に身体を任せ、典籍にはその亡くなった場所が記されていない。孔子と老子の亡くなるありさまを釈尊の涅槃と比べるならば、平凡な心身（名色）の始まりと終わりをすばらしい頂生王の生まれかわりと比べるようなものではないか。これが第十の不斉である。

以上が三教の不斉である。

〔B　仏・道二教不斉論　三条〕

第一に最初の果報（初果）が等しくない。

道教を求める人は、せいぜい仙人になること、天に昇ることを願うにすぎない。この程度の願いが、道教が究極とすることである。仏教を求める者はこのようなものではない。悟りを求める心を起こせば、ただちに無上菩提を求め、秘密涅槃へと向かうので、仙人になることを願わず、天に生まれかわることを願わない。たとえ業を受けている身体はその天の中に生まれかわれたとしても、喜ばない。これが初果の不斉（等しくない事柄）である。

第二に中間の果報（中果）が等しくない。

道教を求める人は、〔上中下の三段階に分けると〕上は天に昇ることを望み、中は五品仙になることを望み、下は九品仙になることを望んでいる。仏法を求める者は、上は仏になることを望み、中は菩薩になることを望み、下は阿羅漢になることを望んでいる。五百仙人は百千万歳の寿命を得、須抜陀羅は八万大劫という極めて長い寿命を得て、仏に出遇って教化を受け、哀れみを求めて出家し、ただちに座下において、阿羅漢果を得た。仏法における下のレベルの果報ですら、道教における上のレベルに勝っている。どうしてさらに道教における中のレベルの仙を、みな仏法における中間の果報に比べることができようか。これが中果の不斉である。

第三に最後の果報（後果）が等しくない。

道教を求める者は、たとえ仙人になることができて、ただちに雲に乗り鶴に駕し、五岳を行ったり来たり、三天をへめぐり、仙人の上のランクのものは天界に住み、下のランクのものはそのまま人間世界にいても、もしその雲と鶴とがなければ、まだもたもたしてとどまっているだろう。たとえ天性を完成し天に昇り、百千億歳もの寿命を得て、年数は延ばされるとはいえ、結局はかならず終わりがある。いま受けているこの業が尽きて、ふたたび地獄に落ち、輪廻して身体を受けることにどうして終わりがあるだろうか。仏を求める者は、このようなものではない。悟りに向けて心を起こし、そのまま天に生まれかわることを願わない。（第十紙）思うに仏法には限定はないのである。究極の果報というものは、身体が宇宙全体を蔽い、人々をおさめとって化身を現し、あらゆる方角に広がる浄土を取ってきて、一つの毛穴の中に入れ、一つの相光を放って、三千大千世界をまんべんなく覆うのである。この果報をかの道教の果報に比べれば、なおさら等しくない。

以上は仏教と道教の等しくない事柄である。

〔C　止道士毀仏論（道士が仏を誹謗するのを阻止する論）四条〕

〔第一に〕さらに老子がインドの人々を教化し仏となったという誹謗を阻止する。

そもそも愚かな俗人たちは煩悩の垢が重くまとわりつき、地獄に落ちて苦しむことを避けられず、老子がインドの人々を教化して初めて仏となったという。このような言葉を聞くと、いつも誠に心が寒々とし、なんと愚かさの甚だしいことで自らをも欺いていることかと思っている。北魏の曇謨最法師、北斉の時の法上大統法師、隋の国子博士であった姚長謙らの撰述した『周穆天子伝』、『周書異記』の言葉、前漢の劉向の『列仙伝』の序、並びに古旧の二つの目録、『後漢法本伝』および傅毅の『法王本記』、呉の尚書令闞沢らの多くの書物を謹んで勘案し、『阿含経』に準じて推測すると以下のようになる。

仏は周の第五代の王、昭王瑕が即位して二十三年目である癸丑の歳の七月十五日に、白い象が姿を現して兜率天より降りてきて、中天竺のカピラ城で父である浄飯王の宮に身体を託し、母である摩耶夫人のお腹の中で胎児となった。

昭王二十四年の甲寅の歳の四月八日になって、ルンビニー園内の波羅樹の下で母の右脇より生まれた。そこで『普曜経』に「あたり一面に光明を放ち、三千大千世界を照らした」とあるのは『周書異記』にある次の記事と合致する。「昭王の二十四年の甲寅の歳、四月八日に河川や泉や池は、突然に増水し、すべての井戸の水があふれ出て、宮殿や人の住処、山や川や大地は、みなすべてゆれ動き、その夜には五色の光気が見られ、太微という星座を貫き通し、西の空一面に広がり、ことごとく青紅色となった。そこでその王は太史である蘇由に〝これは何の兆しであろうか〟と尋ねた。蘇由は〝大聖人が西方に生まれたのでこの瑞祥を現したのです〟と答えた。昭王は〝天下においてどのような意味があるか〟と尋ねた。蘇由は〝ただちには大聖人の教化がおよぶことはなく、一千年後に、その教えはこの地に伝わることでしょう〟と答えた。昭王はただちに人を遣わして石に刻んで記録し、それを南郊の天祠の前に埋めさせた」。仏が生まれたのはこの年である。

昭王の四十二年の壬申の歳の二月八日の夜半に、釈尊は城をのりこえて出家した。『瑞応経』に「太子が十九歳の二月八日の夜半に、天の神が窓の中で、両手を組んで〝城を去るときがきた〟と言った。そこで太子は馬をまわさせて出て行った」とある。それがこの年である。

(第十一紙)周の第六代君主の穆王満の二年癸未の歳、二月八日、仏は三十歳で悟りを完成させた。『普曜経』に「菩薩は明星が出た時、はっと悟った」とあるのは、この年にほかならない。

穆王の五十二年の壬申の歳、二月十五日、仏は七十九歳で涅槃に入った。『涅槃経』に「二月十五日、仏は涅槃に入る際にさまざまな光を放ち、大地は六種類の震動を起こし、音は有頂天にまで響き、光は三千大千世界にいきわたった」とあるのは、『周書異記』の次の記事と合致する。「穆王が即位して五十二年目、壬申の年の二月十五日の暁に、暴風が突然吹き荒れ、家屋をなぎ倒し、樹木を折り、山川大地がすべて揺れ動いた。後に空には暗雲が立ちこめ、西の方角に南北にかかる十二本の大きな白虹が現れ、夜どおし消えることはなかった。穆王が太史である扈多に〝これは何の兆しか〟と尋ねたところ、扈多は〝西方のとある聖人が入滅するため、その衰えのしるしが現れたのです〟と答えた」。

〔釈尊入滅から老子が生まれるまで〕

仏が涅槃に入ったのち、穆王はその治世の五十五年目に崩御した。『史記』によれば、穆王が崩御したのち、子を即位させ恭王とした。恭王は治世十二年目に崩御し、のちにその子を即位させ懿王とした。懿王は治世二十五年目に崩御し、弟の辟方を即位させ孝王とした。孝王は治世十五年目に崩御し、懿王の太子の燮を即位させ夷王とした。夷王は治世十六年目に崩御し、子の胡を即位させ、それが厲王となった。厲王は即位して治世五十一年目に崩御し、太子の静が即位し、宣王となった。宣王は即位して治世四十六年目に崩御し、子の宮温（宮涅）を即位させ幽王とした。幽王は即位して治世十年目に犬戎に殺され、太子の宜臼を即位させ平王とした。平王は即位して五十一年の後に崩御し、その孫の林を即位させ桓王とした。桓王は即位して治世二十三年目に崩御し、子の他（佗）を即位させ荘王とした。荘王は即位して治世五十一目に崩御し、僖王胡斉が即位して、釐王となった。釐王は即位して治世五年目に崩御し、子の閬を即位させ恵王とした。恵王は即位して治世二十五年目に崩御し、子の鄭を即位させ襄王とした。襄王は即位して治世三十年目に崩御し、子の壬姫（壬臣）を即位させ項王（頃王）とした。項王は即位して治世六年目に崩御し、子の班を即位させ匡王とした。匡王は即位して治世六年目に崩御し、弟の瑜を即位させ定王とした。定王が即位して治世二十一年目の乙卯の年、三月十四日の子の時、『暦帝記』（第十二紙）によれば、この時ようやく老耼が生まれた。穆王の五十二年から定王の二十一年にいたるまで、年は三六三年、王は十六人を経ている。

どうして老耼がまだ生まれてもいない時に、前もってインドの人々を教化して仏となることがありえようか。釈迦（釈尊）が本当に老子よりも後だというのであれば、どうして歴史書が事実に反することを書いたりするだろうか。老子が生まれたのが本当に釈尊の前だというのなら、どうして歴史書がそのことを詳しく書かないのか。我々はみな当時のことを自分の眼で見たのではないのだから、歴史書の記事を信じるしかない。歴史書に明らかな記載がある以上、どうして付和雷同して仏を誹謗したりするのか。くわえて我々は、道を学ぶものであり、誰しも心身を安らかにさせようとするものである。正しい道があると聞けば、それをただちに修める。どうして他の聖者を譏ったりなどするものか。私は本当に愚鈍ではあるが、かかる誹謗がまちがいであることにより、かたじけなくも知恵ある人もまたおそらくは同じように身の処し方をわきまえてくれるだろうから、恐縮ながらもこうして考えをめぐらせて誹謗がまちがいであると判断するのである。

〔第二に〕さらに道教が先で仏教が後という誹謗を阻止する。

さて、道教が先であると言うが、道教がこの国から始まったからといって、インド〔の仏教〕よりも先であるわけがない。仏教が後であるというが、後にこの国に伝わったのであり、道教の法に依拠しているわけではない。ただ正邪を論じればよいのであって、先後を論じるには及ばない。もし邪なものであれば、先であっても何の益もない。もし正しいものであれば、たとえ後であっても何の問題もない。頑なに道教が先で仏教が後というのは、『涅槃経』によると「このようなことを言うのは、魔説である」という。以前耳にしたところでは、このような誹謗をすれば、仏を譏るのみならず、とりもなおさず自分で道教の天尊をも譏ることになるという。なぜなら、かの道教の法においては無為・清虚・自然が本体となるからである。本体が清虚（清らかで何もない）であれば、ひっそりと静まりかえって動じることがない。動じない本性は、本体の自ずから然るというありように従う。この本体において、どうして先後があるだろうか。先後があれば、生死輪廻があることになる。生死輪廻する法であれば、どうしてお前の道を完成させることができるだろうか。わが仏教の法はそうではない。道と仏とに、先と後の本性があるというのは、お前が規定している本性である。お前が二つに分けているのは、本当は唯一無二の本性なのである。そして仏はそれを実性とし、実性は涅槃にほかならない。それは例えば帝釈天の幢を誰も壊せないようなものだ。もし壊そうとするなら、自分で自分を傷つけてしまうだけのこと、どうして仏を壊せるものか。

〔第三に〕さらに道教は父で仏教は母という誹謗を阻止する。

さて、道教が父で仏教が母というのであれば、道の本体を損なうことになる。本体は自ずから然りというありようにかなう。自ら然る道であれば、作られた法ではなく、そのさまは虚空に等しい。ならば、どうして父母が存在しえようか。もしも父母が存在するなら、それは生み出された法である。生み出された法とは、無常なものにほかならない。どうして（第十三紙）自ずから然る道と言えるだろうか。このことから推せば、かかる誹謗はすべてまちがいである。

〔第四に〕さらに道教は天尊で仏教は世尊という誹謗を阻止する。

そもそも「世」と「天」について、「天」のほうが「世」よりも尊いとするのはどうなのだろうか。たとえば知恵のある人は、かたじけなくも道理を理解してくれるので、決してこのような誹謗を口にすることはない。しかも天尊という称号は、たっとんでいる「天」に基づいて天尊という名を得るのであるが、世尊という称号は、三「世」の上に位置するので世尊というすばらしい称号を得るのである。三世とは、過去・未来・現在および三界のことである。三界とは、欲界の六つの天、色界の十八の天、無色界の四つの天、合わせて二十八天となり、〔そのすべてが過去・未来・現在にわたって存在するという〕意味のうえから三世と名づける。三世はすべて天であり、如来は天中天の天、つまり人天の師にほかならないから、世尊と呼ぶのである。この二十八天にわたる尊称（世尊）を、あの天一つだけという限定的な称号（天尊）と同列に扱うのは、すがめでびっこのすっぽんを足の速い駿馬と競走させるようなものではないか。これもまちがいなのである。

〔質問とまとめ〕

ある人が次のように言った。「以前、知恵のある人が次のように説くのを聞いたことがあります。〝そもそも法を聴く者は、それを説く法師の家柄を見てはならず、法師の容貌のよしあしを見てもならない。ただ彼の法を見るのであり、教えを説く人を見てはならないのである〟。いまあなたが〝三教は等しくない〟と主張したのは、ただ〝三教の開祖たちの身体の特徴や家柄が等しくない〟と主張するばかりで、法の内容がないではありませんか。法を説く人にばかり目を向け、その人が説く法を見ないのであれば、それこそ仏に背くことです」。

私は彼に次のように言った。「そもそも法を聴こうとするからには、説く側に聴くに値するすぐれた法がなければなりません。聴くに値するすぐれた法がないのであれば、たとえ彼が立派な家柄の出であったとしても何の益もなく、説くに値する法があるならば、立派な容貌や立ち居振る舞いに頼ることなどまったくありません。説く人にすぐれた法がないばかりか立派な立ち居振る舞いを身に付けてもいないとしたら、これはつまり最下等の愚民であり、一方説く人にすぐれた法があり立派な家柄をも兼ね備えているとしたら、本当にそれこそ最上というものではありませんか。

老君（老子）の場合は、法がまったくないわけではありません。諸々の学問のなかで、ややすぐれたものであるには違いありませんが、釈尊と比較すれば、まったくもって劣っているのです。偉大な聖人が人々を教化する際は、自らはみな例外なく高い境界に居りつつ、愚かな俗人を誘い導き、自分同様この世の憂い悲しみを捨てて、かの極楽に昇らせます。そして人々がそろって自分を喜んでおし戴くのを見れば、かならずとらわれの心を一気に断ち切ってやるのです。あなたはそもそも自分は体が弱いからといって、他者が健康であるのを無視し、ただ法の言葉を聞くだけで、法を説く人を見ていません。あなたの言うことはすべてそらごとにすぎないのであって、誰がそれを信用することができるでしょうか。だから私はこの〔孔子・釈尊・老子の身体の特徴や家柄に関する〕比較をしたのであり、これこそ道理にかなったことではありませんか。

伽耶（釈尊）の場合は、家柄がすぐれ、父母がすぐれ、身体の特徴がすぐれ、周りに集うものたちがすぐれ、弟子がすぐれ、説法の利益がすぐれ、折伏の仕方がすぐれ、教えのゆだね方がすぐれ、人々に見せた生き方がすぐれ、（第十四紙）人々に見せた亡くなり方がすぐれていますが、老君の場合は、家柄が劣り、父母が劣り、身体の特徴が劣り、周りに集うものたちが劣り、弟子が劣り、説法の利益が劣り、折伏の仕方が劣り、教えのゆだね方が劣り、人々に見せた生き方が劣り、人々に見せた亡くなり方が劣っています。この十項目によって、〔仏・道の〕二教を比較すると、上述のとおり、ただ〔身体の特徴や家柄の〕優劣にはるかな隔たりがあるだけではなく、教法そのものが異なるのです」。

そこで私は学ぶ人たちに「勝敗がついたことを認めるべきです」と告げた。

ある人が「長い間、偉大な真理を見失い、正しい道を知らずにいましたが、これからは、本当にもう二度と見失うことがないようにいたします」と言った。

私は彼に次のように言った。「間違った考えを改めて正しい教えに進むとしても、あくまでも真心をもって仏に帰依し、敬い信じて懺悔の心を起こさなければなりません。ただ願わくば仏が慈悲をもって私を守護し、正覚（完全な悟りを得た者）という称号を成就させ、悟りへの道で後退りすることがないようにしてくれることを。仏のことを師と呼び、外道の間違った思想や、三途（地獄・畜生・餓鬼の三悪道）や八難（地獄・畜生・餓鬼・盲聾瘖瘂・世智弁聡・仏前仏後・欝単越国・長寿天に生まれること）、これらを福をみのらせる清浄なる田畑に転じ、六道（地獄・畜生・餓鬼・人・天・修羅）や四生（胎生・卵生・湿生・化生）、これらを菩提への道に変えましょう」。

『〔儒・仏・道の〕三教は同等ではないことを定める論』

〔奥書〕

もと盧州参軍である姚[[谷/言]]が三教を確定した論、そのテキストは誤脱が非常に多い。

大暦九年（七七四）三月二十八日。

これ（大暦九年の識語を持つテキスト）をもとにして、大唐の貞元二十年（八〇四）十一月十六日に書写し終わった。台州臨海県龍興寺の北房にて、日本国の求法僧、最澄。

明応六年（一四九七）〈丁巳の歳〉四月十五日。右翰、源雅律師。

II

論文篇

唐代宗教史の結節点としての姚䛒『三教不斉論』

藤井　淳

はじめに

姚䛒『三教不斉論』の検出は、今からおよそ千三百年前の唐代開元年間に著された[1]一文献が見出されたということに留まらず、唐代の宗教を再考する上で重要なきっかけを提供するといえる。というのも筆者は、本書の共同研究者四名とともに姚䛒『三教不斉論』に用いられる典拠を調査する中で、姚䛒『三教不斉論』が唐代における重要な仏教文献と共通の用語・概念を用いていることを確認した。

これらの共通の用語・概念に注目することで、同時代に共通した問題意識を抽出することができる。また『三教不斉論』をもとに後代に改作された『三教優劣伝』と比較することで、唐代中期以後重視されなくなった、つまり盛唐期における仏教徒の考え方を浮き彫りにすることができ、その結果、唐代の宗教の特質の一つを明らかにすることができると考えている。

例えば、中国仏教において独自に発達した教判（教相判釈、釈尊の教えのランク付け）は、その中国における展開が中唐期に終焉するが、その終焉の時期と禅・浄土教が勃興・成長する時期が重なっている。筆者は禅・浄土教が勃興した理由を以下のように考えている。[2] 仏教がインドから中国に伝えられた際に、「仏となる（悟りを得る）までには何度も生まれ変わり（輪廻）をして、想像を絶するほど長い時間をかけて修行して、最高位の悟りの階位まで上がっていかなければならない」という教義がもたらされた。中国の仏教徒は当初それを忠実に受け止め、教判においても大きく分量を割いて修行の階位を扱っていたものの、最終的にはそれを実感として受け止めることはできなかった。この「いかにして仏になる（悟りをえる）か」という問題意識は盛・中唐期まで発展してきた教判から引き継ぎつつも、現世を重視する傾向の強い中国において、禅・浄土教は「悟り（もしくは悟りにいたること）はこの世で可能である」という理論を新しく生み出すことになった。このような問題意識に基づいて、姚䛒『三教不斉論』に見られる「直ちに菩提に至る」という用語に注目すると、その語は禅や浄土教など唐代のほぼ同じ時期に書かれた複数の文献に見られ、その理由を考察することは大きな意味のあることといえる。

その他にも姚䛒『三教不斉論』は唐代の宗教を考え直す上で多くの有益な視点を与えてくれる。現在、中国仏教研究はさまざまな分野に分かれて精緻な研究が行われており、儒仏道三教交渉研究も日本では京都大学人文科学研究所を中心として長らく行われてきた伝統があるが、[3] 近年は三教交渉の新出文献が扱われることが少なかった。

今回姚䛒『三教不斉論』が検出されたことをきっかけにして、[4] 第一に『三教不斉論』と初期の天台教学との関係が明らかになり、第二に近年研究が進んでいる造像銘文の中でもそれ自体では注目されにくい三教交渉に関わる記述に注目した。また『三教不斉論』に引用される漢の明帝時代の仏教の東伝説をきっかけに、敦煌文献『歴代法宝記』に注目し、その後の禅宗において菩提達磨による仏法東伝説が生み出された意義を考察した。

このように姚䛒『三教不斉論』を研究することによって、その文献の内部の解明だけではなく、天台教学、造像銘、禅・浄土教・偽経・敦煌文献などといった三教交渉以外の分野に対しても貢献できると考える。

本稿で述べる論点は今後より詳細に検討されるべきであり、現在のところは試論に留まっているが、今回『三教不斉論』の検出を受けて、今後展開していくと予想される視点を概略的に示すことにする。

『三教不斉論』と天台教学との関係

姚䛒『三教不斉論』は九世紀初めに伝教大師最澄によって日本に最初に将来された。最澄は天台教学を日本に将来することを第一の目的として渡唐し、その目的遂行のために天台教学を中心とする仏典を中国において蒐集した。最澄が将来した仏典の中には禅（北宗禅）や密教、戒律といった純粋な天台教学とは言えないものもあり、最澄が蒐集した仏典・文献は、最澄が渡唐した地域における時代の流行を物語っている。

そして最澄が日本に将来した文献の一つである『三教不斉論』は以下の点で天台文献から影響を受けている。『三教不斉論』には、三教すなわち仏教・儒教・道教それぞれの教祖である釈尊・孔子・老子の優劣を十項目にわたって述べる十不斉の項（石山寺本一三二行目～二一四行目、校訂テキスト六三～六六頁）がある。この項目は以下に見るように天台智顗（五三八～五九七）の『摩訶止観』[5]における釈尊と老子との優劣を対比する記述[6]とパラレルになるものが多く、また「不斉」という『三教不斉論』の表現は著者である姚䛒が『摩訶止観』の記述を念頭においている可能性が高い。

天台智顗以降、湛然に至るまで、中国において天台宗では百年ほど文献が著されなかったことから「暗黒時代[7]」をむかえたとされる。天台宗の荊渓湛然（七一一～七八二）は七五五～七六五年の間に『摩訶止観』の注釈として『止観輔行伝弘決』を著しているが[8]、姚辟『三教不斉論』はそれをさかのぼることおよそ三十数年の七二四年ごろの著作と推定される[9]。そこで姚辟『三教不斉論』の記述の一部が『摩訶止観』から着想を得ているとすれば、『三教不斉論』は中国において『摩訶止観』の一部の記述を直接的に最も早く受容した著作の一つであり[10]、『三教不斉論』は初期天台が与えた影響を考える上で重要な位置にあると言うことができる。

そして最澄が『三教不斉論』を将来したのも姚辟『三教不斉論』が天台教学と関係があると考えた可能性が指摘できる。そこで本稿ではあわせて『三教不斉論』および護法僧・法琳と天台との関係を再考したい。

『摩訶止観』から『三教不斉論』への直接的影響関係

『摩訶止観』には巻三上と巻五下の二箇所に仏教と老荘の教えとの優劣が述べられている[11]。そこでは『三教不斉論』と同じ「不斉」という表現が用いられ、また比較している内容も以下に見るように『三教不斉論』十不斉の項目と多くの点でよく一致する。もっともこの箇所は『三教不斉論』が明らかに参照したであろう法琳『弁正論』巻六・十喩篇でも参考にされたと思われ[12]、姚辟は法琳の十喩篇を通じて参照していたと見ることもできるが、「不斉」という表現や『三教不斉論』のその他の出典を考察した場合、姚辟は『摩訶止観』を直接参照していた可能性が高い。『摩訶止観』の二箇所のうち、巻五下の方が巻三上よりも直接的な関係があると見られるので、先に見ることにする。

以下の引用中（ ）内は湛然による用語、番号は湛然による順番（『止観輔行伝弘決』巻五之六[13]）、傍線部分は「斉しくない」（不斉）と関わる箇所である。

『摩訶止観』巻五下

今の世には多く悪魔の比丘ありて、戒を退して家に還り駆策を懼畏れて、更に道士を越済す。復た名利を邀めて荘・老を誇談し、仏法の義を以って偸んで邪典に安き、高きを押して下きに就け、尊きを推して卑しきに入れ、概して平等なら令む。「道の道とす可きは常の道には非ず、名の名とす可きは常の名に非ず」というをもって、仏法の不可説の示と均斉す。（中略）

諸法の理本をもって往いて（『老子』第一章の）「常の名」「常の道」に望むるに、云何んぞ斉しきことを得ん（①理本不斉）。

教相をもって往いて望むるに、已に斉しきことを得ず（②教相不斉）。

況んや苦集を以て往いて検するに、過患は彰露なり。云何んぞ斉しきことを得ん（③苦集不斉）。

況んや道品を将て往いて望むるに、云何んぞ正法の要に斉しきことを得ん（④道滅不斉）。

本は既に斉しからず、迹も亦た斉しからず。仏の迹は世世に是れ正しく天竺の金輪の刹利なり。荘・老は是れ真丹の辺地の小国の柱下の書史、宋国の漆園の吏なり。此れ云何んぞ斉しからん（⑤示迹不斉）。

仏は三十二相・八十種好を以て其の身を纏絡したもう。荘・老の身は凡流の如く、凡流の形は痤小にして醜蔑なり。『経』に云わく、「閻浮提の人の形状は鬼の如し」と。云何んぞ仏に斉しからん（⑥相好不斉）。

仏が法を説きたもう時は、光を放ち地を動かし、天人が畢く会し、叉手して法を聴き、機に適いて説きたまい、梵響は流るる如く、弁じて尽くすべからず。語を下すに当りては、言を虚しく発せず、聞いて皆な道を得る。老は周の朝に在りて、主上も知らず、群下も識らず。敢て一言の諌諍も出ださず。一人を化し得ることも能わず。壊れた板の車に乗りて関の西に出で、窃かに尹喜に説くも何の公灼か有らん。又た漆園に毫を染め簡に題し、勾治し改足するも、軋軋として抽くがごとく、内外の篇を造りて以て顕達を規む。誰れか共に同じく聞き、復た誰れか道を得たる。云何んぞ斉しきことを得ん。如の是く斉しからず、其の義は無量なり。倦んで説くこと能わず。云何んぞ邪を以て正を干（おか）さん（⑦化境不斉）。

復た次に如来が行きたもう時は、帝釈が右に在り、梵王が左に在り。金剛が前に導き、四部が後に従いて、空を飛びて行きたもう。老は自ら薄板の青牛の車を御して、関の西に向かいて田を作り、荘は他の為めに使われて漆樹を看守す。此の如き挙動が、復た云何ぞ斉しからんや（⑧威儀不斉）。

如来は定んで転輪聖帝と為り、四海は顒顒（ぎょうぎょう）として神宝の至るを待つも、此の栄位を忽（ゆるが）せにして出家して仏を得たまえり。老は関の東に仕え小吏の職を悋（おし）み、関の西に墾農して数畝の田を惜しみ、公私に怱遽（そうきょ）にして此を棄てること能わず、云何んぞ斉しと言わん（⑨族位不斉）。(14)

湛然は注釈として「法琳が『弁正論』で挙げた七つの差異に似ていて、⑧威儀と⑨族位の二つの不斉を加え、合計九つの差異とした」(15)と述べている。

上記の箇所で「不斉」という熟語を用いているのは⑤と⑦のみであるが、反語を含めればほぼすべてに渉って「斉（ひと）しくない」と述べており、『摩訶止観』と『三教不斉論』の用語上の共通点を見ることができる。その点で『三教不斉論』は「不斉」という語を用いていない法琳の『弁正論』よりも『摩訶止観』に近接している。『摩訶止観』と『三教不斉論』十不斉の箇所と比較してみると、以下のようになる。「〇〇不斉」という名称は『止観輔行伝弘決』による。

『摩訶止観』巻五下	『三教不斉論』
①理本不斉	対応なし
②教相不斉	対応なし

③苦集不斉	対応なし
④道滅不斉	対応なし
⑤示迹不斉	一　宗族不斉（校訂テキスト六三頁、現代語訳一五三頁）
⑥相好不斉	三　身相不斉（同六四頁、同一五四頁）
⑦化境不斉	四　眷属不斉（同六四頁、同一五四～一五五頁）、五　弟子不斉（同六四～六五頁、同一五五～一五六頁）、六　説法利益不斉（同六五頁、同一五六頁）
⑧威儀不斉	八　付嘱不斉（同六五～六六頁、同一五七頁）
⑨族位不斉	九　示生不斉（同六六頁、同一五七頁）

『摩訶止観』は『三教不斉論』とは①理本、②教相、③苦集、④道滅の四つの項目では対応していないが、⑤示迹以降は『三教不斉論』に内容的にほぼ対応を見出すことができる。①から④は短い記述ながらも、湛然による名称（理本・教相・苦集・滅道）から伺えるように、釈尊の教化や生涯よりは教義そのものに関わるものである。姚謽は結語（石山寺本三二三行～三四一行、校訂テキスト七〇頁）で自らの『三教不斉論』では「身体の特徴の不同（身相の不同）」についてのみ取り上げ、「法（おしえ）」については述べていないことに対して弁明している。これは姚謽が仏教学に通暁した僧侶でなく俗人であったためと見られる。また『三教不斉論』は三教の教祖（釈尊・孔子・老子）の比較に論点を絞っているため、道教に属する荘子を取り上げていない点は『摩訶止観』と異なる。

次に『摩訶止観』巻三下とそれに対する湛然の注釈を見ておくことにする。『摩訶止観』では「『老子道徳経』と『荘子』逍遥遊篇が仏法と斉しい」という主張を否定すると述べている。湛然は法琳の名前（南山）と著述（十喩九箴）を挙げており、明らかに法琳の『弁正論』十喩篇を参照している。

『摩訶止観』巻三下

終に彼の世間の法師や禅師が、老子の道徳や荘氏の逍遥と仏法と斉(ひと)しと称するに同じからず。是の義は然らず。（中略）蛍と日と懸(はる)かに殊(こと)なり、山と毫と相い絶す。自ら道真と言い、瞿曇を慢(あな)どる者を、寧(なん)ぞ破せざらんや。(16)

『止観輔行伝弘決』巻第三之一

老荘は尚自ら小乗の能著・所著、能破・所破を識(し)らず。況んや大乗の中の若しは著し若しは破すをや。是の故に仏法と少しも同じからず。然も世の講者は名相に迷い、濫禅者は正理に惑(まど)う。「道徳」「逍遥」の名を将(もっ)て、仏法解脱の説に斉しからしめんと欲すれども、豈に得べけんや。（中略）故に（A）法は既に斉しからざれば、人も亦た判ずべきを知る。（B）且(しば)らく法・報を置き、応を以て之に比せば、優降は天(はる)かに殊なり、是非永く隔たる。（C）金輪聖帝の位を捨て、何如んぞ柱史の微官を吝(おし)まん。光明相好、丈六金軀は、何如んぞ凡容の六尺の質ならん。異相は無量にして、具さに云うべからず。委しくは李仲卿の十異九迷を著し、以て仏法を斥するも、南山(17)は十喩九箴を作り、用て邪説を形(あらわ)すが如し。

今は略ぼ其の五は用て邪正を甄(わ)けん。

一に曰く、老君は常に逆らい牧女に託して早く出ず。世尊は化に順じて聖母に因りて誕生す。

二に曰く、老聃は有生有滅、患生の生を畏(おそ)れ、反(かえ)って白首を招く。釈迦は迹を垂(た)れ、生を示し滅を示し、寂滅の滅に帰し、乃ち金軀を耀かす。

三に曰く、重耳は形を誕ずるに、陳州の苦県に居る。能仁は迹を降すに、東夏の神州に出ず。

四に曰く、伯陽は職は小臣に処り、忝(かたじけな)くも蔵吏に充(あ)たり、文王の日に在らず、亦た隆周の師に非ず。牟尼は位は太子に居り、身は特尊を証し、昭王の盛年に当たり、閻浮の教主と為る。
　五に曰く、李氏は三隠三顕にして、教として依るべきもの無く、仮令(たとい)五百許年なれども猶(なお)亀鶴の寿に慚(いた)る。法王は一生一滅なれども、微塵の容を示現し、八十年間恒沙の衆を開演し、凡諸に比決すること、其の事実に多し(18)。

ここに引用した『止観輔行伝弘決』の老子と釈尊を比較する箇所は法琳『弁正論』巻六・十喩篇の第一（外一異、内一喩）から第五（外五異、内五喩）をもとにしており、それを『三教不斉論』の十条の不斉（十不斉）のうち、該当するものと対応させると以下のようになる。対応させている項目の用語（「　」内）は『三教不斉論』のものを用いる。

法琳・十喩篇（『止観輔行伝弘決』に引用）　『三教不斉論』
外一異・内一喩　「母不斉」第二不斉（校訂テキスト六四頁）※父については述べない
外二異・内二喩　「身相不斉」第三不斉（同六四頁）
外三異・内三喩　「示生不斉」第九不斉（同六六頁）
外四異・内四喩　「宗族不斉」第一不斉（同六三頁）
外五異・内五喩　「示生示滅不斉」第九不斉（同六六頁）、第十不斉（同六六頁）

このように法琳の十喩篇（『止観輔行伝弘決』所引）における老子と釈尊を比較する五項目の内容は『三教不斉論』の十不斉と一致するものが多く、姚䛒は法琳の十喩篇も参照したであろうが、「不斉」という表現は法琳の著述には見られない。その意味で姚䛒は先の『摩訶止観』を参照したということができよう。

最後に『止観輔行伝弘決』と『三教不斉論』の関係を見ておこう。先に引用した『止観輔行伝弘決』の箇所に「（C）金輪聖帝の位を捨て、何如んぞ柱史（老子）の微官を吝(おし)まん。光明相好、丈六金軀は、何如んぞ凡容の六尺の質ならん」とある。これは『三教不齐論』（石山寺本一四二～一五〇行目、校訂テキスト六四頁）にあるように、教祖の体格を比較（身相不斉）している観点と同じである。

また湛然は「（A）法は既に斉しからざれば、人も亦た判ずべきを知る」と述べ、まず「法」についての優劣（仏教の道教に対する優越）がわかれば、おのずから「人」の優劣（釈尊の老子に対する優越）も判断できるとしている。これは『三教不斉論』の結語部分の論法（石山寺本三二三～三三六行目、校訂テキスト七〇頁）と酷似している。湛然が『三教不斉論』を参照したかどうかは明らかではないが、注目すべき点であろう。

一方、『止観輔行伝弘決』で「（B）且（しば）らく法・報を置き、応を以て之に比せば」として老子と比較するのは「応」身としての釈迦であって「法」身や「報」身ではないと注意している。この仏身説への言及は『三教不斉論』には見られない湛然の視点である。

以上、『三教不斉論』と『摩訶止観』『止観輔行伝弘決』における釈尊と老子との比較箇所を見てきた。両者には比較する視点や表現方法が似通っており、今後周辺の状況も含めて、より詳細に比較検討していく必要があろう。

『三教不斉論』周辺と天台教学との関係

さらに間接的な状況からも、姚䛒『三教不斉論』と天台との関係を指摘することができる。最澄は台州の長官であった陸淳より紙を得て三日後という、文献を蒐集し始めたばかりのころに姚䛒撰『三教不斉論』を書写している。[19]最澄によって『三教不斉論』がこのように早く書写された理由の一つとして、先に『摩訶止観』との関係を見てきたように、姚䛒の仏教知識の背景には天台教学があり、最澄は姚䛒の著述を天台に関係した文献と考えた可能性が挙げられる。[20] ここではまず法琳と天台との関係を見た上で、最後に最澄が『三教不斉論』を書写した理由を考察してみたい。

護法僧・法琳と天台（湛然・最澄）との関係

護法僧である法琳（五七二～六四〇）の著作と姚謽撰『三教不斉論』との関係については本書の倉本論文に詳しく述べられているが、ここでは『三教不斉論』に影響を与えた法琳と天台教学との関係について先行研究を参照しつつ見ておくことにする。

法琳と智顗との関係については、道宣『続高僧伝』巻十七の智顗伝に「又た終南山龍田寺の沙門法琳は、夙に宗門に預り、親しく戒法を伝う。徳音遽かに遠く、拱木俄に森するを以って、之が行伝を為し、広く世に流る」[21]と述べられていることを出発点として、『仏祖統記』巻九（大正四九・一九九下）にも法琳が智顗の伝記を著したとされているる。ただしこの伝記の著述については別の記録を誤って理解したものとされて、先行研究では史実とはみなされていない。[22]

しかし、本稿では法琳と天台との関係を積極的に見ていきたい。法琳の『弁正論』十喩篇の記述は先に見たように『止観輔行伝弘決』に踏襲されている。さらに以下に見るように、最澄が将来目録の中で法琳の著作『青渓山記』を天台文献とともに一括して挙げていることもあり、中唐期には法琳が天台の系譜に属するものと理解されていた、と見ることができる。

法琳の出身である頴川の陳氏は古代から続く名族であるが、智顗そして『法琳別伝』の序を書いた陳子良は頴川の陳氏である。他に著名な玄奘（六〇二～六六四）も頴川の陳氏である。法琳が唐の皇帝の李姓について老子にさかのぼるという説を批判したこと（『法琳別伝』巻下、大正五〇・二一〇上）は、老子の出身とされる苦県（河南省鹿邑県）が法琳の出身地である潁川（河南省淮陽県）に近接しており、そのような事実が古くからは存しなかったことをよく知っていたのではなかろうか。

『全唐文』巻九〇三には法琳の著述がまとめて挙げられ、その一つとして「法華三昧行事運想補助儀序」がある。中西久味氏はこれを「大正蔵四六巻に収められる荊渓湛然の著述の冒頭部分であり、法琳撰述でない」とされている。確かに『全唐文』の文章は湛然の著述とされる「法華三昧行事運想補助儀」の冒頭とまったく同じであるが、法琳が『摩訶止観』を参照していた可能性や、湛然は先に引用した『止観輔行伝弘決』巻三において『弁正論』十喩篇の記述を踏襲していることから、「法華三昧行事運想補助儀」序の部分が法琳の著述であることを完全に否定することはできない。むしろ法琳が智顗の『法華三昧懺儀』の序として著したものを湛然が序としてそのまま用いている、と考えられるのではないだろうか。

さらに最澄の視点に注目すると、鎌倉時代における証真の『止観輔行伝弘決』に対する注釈『止観私記』には、最澄撰『山家顕仏滅後年代述記』に仏滅年代のことがつぶさに書かれているとする。最澄撰『山家顕仏滅後年代述記』は現存しないが、最澄は同書を著すにあたって仏滅年代に関わる法琳の著作を重要な資料として用いていたと考えられる。『弁正論』など法琳の著作は最澄・空海が渡唐する以前の日本においても参照されており、天台文献と法琳の十喩篇などを読んでいた最澄にとって、『三教不斉論』と天台文献との間に類似した関係を見出すのはたやすかったはずである。

最澄は将来目録（『台州録』『越州録』）の一つ『越州録』第三帙の項に天台の文献を一括して挙げている。そして法琳の著作『青渓山記』一巻を天台文献を一括する帙の項目（『越州録』雑一　大正五五・一〇五九上）に記述している。法琳と天台との関係について、従来は法琳が智顗の伝記を著していないことが指摘され、せいぜい広い意味での門弟ぐらいではないかと否定的に見られていたが、深い関係にあった可能性を考察する必要があろう。

最後に最澄が長官から紙を得た日から最も早い段階で姚辔『三教不斉論』を書写した理由は以下のように推測できる。『弁正論』十喩篇と『摩訶止観』を読んでいた最澄は姚辔『三教不斉論』を台州で書写することのできたものの中では天台文献と関係の深いものと理解し、早い段階で書写した。しかし最澄は『三教不斉論』を『越州録』の中で天台文献とは異なる禅宗文献やその他と同じ帙の項目[27]（『越州録』雑三 大正五五・一〇五九中）に記録している。つまり最澄は姚辔『三教不斉論』を台州で書写しながら、天台文献中心の『台州録』には載せず、さらに『越州録』の天台文献の項にも載せなかったことからすると、後に目録を作成する際に姚辔『三教不斉論』を純粋に天台と関係するものとはせず、仏道論争の記録と思われる『仏道二宗論』（現存せず）の後に並べる形で『三教不斉論』を『越州録』に記載した。以上のように推測することができる。

唐代の優劣比較の記述――『念仏鏡』・造像銘との関係

同時代における人物の優劣比較

『三教不斉論』十不斉の項では釈尊・孔子・老子の三人の人物を身体の特徴や弟子の数などの観点から比較している。このように人物を複数挙げて（以下に弥陀と弥勒の比較を見る）優劣を論ずるものとして唐代浄土教文献の『念仏鏡』がある。

『念仏鏡』は善導（六一三～六八一）の著作といわれるが、近年の説[28]では開元年間に著されたものであろうといわれ、

『三教不斉論』は開元十一、十二（七二三、七二四）年ごろの著述とされるため、ほぼ同時期の文献である。また『念仏鏡』はそれが書かれた時点を計算するために『法王本記』を用いている点で、『法王本記』の書名を挙げる法琳『弁正論』およびその影響を受けている『三教不斉論』と共通する。さらに『念仏鏡』は後に見るように『三教不斉論』と「直ちに菩提に至る」という中国仏教の転換期に見られる重要な概念を示す用語を持つ点で共通し、今後玄宗開元年間の仏教を広い視点から位置づける際に重要な文献である。(29)

『念仏鏡』は十門のうち、最後の第十、釈衆疑惑門で弥陀浄土の教えが優れたものであることを論証するために、三階教・禅宗・戒律などとの優劣の比較を行う。以下の引用箇所は弥勒の兜率天往生と阿弥陀の浄土往生の比較である。弥勒信仰と阿弥陀信仰とに優劣をつけることは阿弥陀信仰が弥勒信仰よりも次第に優勢になる唐代中期より盛んになり、(30)『念仏鏡』がもっとも優劣を明確に述べたかった箇所の一つである。以下に見るように『念仏鏡』は五つの項目を立てて、弥陀浄土の弥勒兜率天に対する優越を述べている。

『念仏鏡』末　第十、釈衆疑惑門　第二、念仏対弥勒門

問う。何故に弥勒の兜率天に生ずるを念ぜずして、云何ぞ阿弥陀仏の往生浄土を念ず。

答える。兜率天の為めに三界を出ず、天報既に尽く、還って閻浮提に堕つ、所以に天に生ずるを願わず。(31) 若し浄土に往生すれば、三界を出過し、直ちに五道を截り、一たび彼の国に生ずれば、直ちに菩提に至り、更に堕落せず、所以に願生す。又た兜率天は、少時楽を受く。弥陀仏国中は、楽最勝なるが故に、名づけて極楽と為し、長時に楽を受くること限期有ること無し。是の因縁を以て、兜率に勝ること百千万倍。何を以て知るを得。経中に説く所なり。

一は則ち身相勝れたり、弥陀仏国の衆生として生ずる者は、皆な三十二相を具す。兜率天の人は則ち此の相

無し。

二は則ち徒衆勝れたり、既に浄土に生じ、諸の菩薩と共に伴侶と為り、男子の身を受く、女人の相無し。兜率天上は、男女雑居し、菩薩に同じからず。

三は則ち寿命勝れたり、兜率天上の寿命は四千歳にして、已に還復却り来り、重ねて閻浮提に堕つ。弥陀仏国は一たび去らば、直ちに仏果に至り、更に再来せず。

四は則ち神通勝れたり、弥陀仏国の菩薩は総じて六神通あり。兜率天上の人は神通無し。

五は則ち果報勝れたり、弥陀仏国の衆生は、衣服・飲食・香・華・瓔珞の一切供具、自然に化成し、造作を須いず、長時に受用すること窮尽有ること無し。兜率天上は造作方めて成り、縦い自然に衣服有るも、多時を得ず、四千歳已りて命終らんと欲する時、五衰相有り。（略）(32)

以上の箇所で『念仏鏡』は①身相・②徒衆・③寿命・④神通・⑤果報という五つの点から弥陀（仏国）信仰の弥勒（兜率天）信仰に対する優位を述べている。これは『三教不斉論』において行われる比較と形式的には極めて類似しており、次のように対応させることができる。

『念仏鏡』	『三教不斉論』
①身相勝	三　身相不斉
②徒衆勝	四　眷属不斉　五　弟子不斉
③寿命勝	対応なし
④神通勝	対応なし
⑤果報勝	対応なし

『念仏鏡』は比較される弥陀と弥勒といういずれも仏教内での人物の比較であり、その点で儒教・道教と仏教の教祖を比較した『三教不斉論』とは異なるが、『念仏鏡』の優劣の規準が『三教不斉論』十不斉の箇所や先に見た『摩訶止観』、法琳『弁正論』十喩篇とも類似していることは指摘しておく必要があろう。

なお『念仏鏡』の右の箇所には傍線で示したように「直ちに菩提に至る」「直ちに仏果に至る」という表現が見られ、これらは当時の中国仏教の変化を示す特徴的な用語であることは後述する。

造像銘における三教優劣の記述

近年、中国における造像銘の資料が紹介され、その研究も盛んである。(33) 筆者は造像銘に関してはわずかな知識しか持ち合わせていないが、『三教不斉論』検出をきっかけに唐代の宗教史の再考を試みるために、それらの資料・研究を参照したところ、依頼者の主要な願いである先祖の供養や現世利益を求める記述が多く見られる造像銘文の中にも、分量が少ないため従来注目されていないが、儒仏道の三教優劣について述べられている記述が存在する。

これらの仏教造像銘文の作者は僧侶だけではなく俗人もいたと思われる。俗人が三教優劣に関する記述を残したということは、三教の優劣について特に関心を抱いたというよりは、当時それだけ三教の優劣に関する話題が造像銘の作者である知識層の俗人、さらに造像銘の依頼者である多数の在家の信者に知られていたといえよう。以下の造像銘の記述は『三教不斉論』と直接に関係するわけではないが、『三教不斉論』の著者姚𧬈が僧侶ではなく俗人であったことに鑑みて、筆者が見出したものを挙げておき、今後の研究に資することにしたい。

以下に久野美樹氏が紹介した龍門石窟の造像銘から孔子・老荘に関わる箇所を紹介する。

賓陽南堂第一五九洞　貞観十五年（六四一）

八儒三墨の称うる所、其の人は邱隴（きゅうろう）を塡（うず）む、柱史（老子）園吏（荘子）の述ぶる所、其の旨は猶糠粃（なおこうひ）[34]のごとし。[35]

釈迦石像記　六六〇年頃

宣尼（孔子）法を闡（ひろ）めるに縄（ただ）しく仁義の塗を究む、荘叟（荘子）の寓言盛んに玄虚の理を述ぶ、身跡の内を□□せざる莫く、未だ生滅の源を窮めず[36]、豈に大聖の規を立つに若かんや。[37]

このように唐代初期の龍門石窟の造像銘に孔子や老子・荘子の教えは限定的なものであるという三教交渉に関わる文言が見られる。

また後に述べることと関連して、造像銘には仏教の東伝についての記述が見られることも注目される。[38]『三教不斉論』にも見られる漢の明帝時代における仏教の東伝説と周代の釈迦生誕説は、仏教が中国において正統であり、道教より優れていることを述べる際にこの時代必ずといってよいほど記述されることであった。

造像銘文全体の分量からすると右のような三教比較に関する記述はごく一部であるが、造像銘文に残されていることから、当時の三教の優劣は文人や造像銘の依頼者である在家信者にも一般的に知られる話題であったことが物証から示される。俗人であった姚䛒が『三教不斉論』を著した理由と共通の宗教理解を探る上で、今後より多くの用例を集めて位置づけていくことが必要である。

この他にも『華厳経』八十巻、『大宝積経』百二十巻といった唐代に皇帝によって後援された大翻訳事業の経典の序文[39]には周代の釈迦の生誕と漢代の明帝の夢および仏教の東伝についての記述があり、『三教不斉論』検出をきっかけとして僧侶以外の当時の俗人が仏教をどのような点に重きをおいて理解していたかについて再び考察する必要があろう。

禅・浄土教との同時代性

姚䛒『三教不斉論』は開元十一・十二年（七二三・七二四）の出来事をきっかけに、八世紀前半に書かれたと推定される。『三教不斉論』と同時代の仏教界における注目すべき動向として、禅・浄土教の勃興があげられる。一般に安史の乱（七五五〜七六三）をきっかけに、それまで教義に偏重していた学問仏教が打撃を受け、それに替わって禅・浄土教などの実践仏教が盛行していくようになったとされる。

本稿との関わりで言えば、以下に見るように、中でも『三教不斉論』に見られる「直ちに菩提に至る」という表現が禅・浄土教などのほぼ同時代の文献で集中的に用いられていることは注目される。本節では二十世紀の初頭に知られるようになった敦煌文献『歴代法宝記』の仏教東伝の記述に注目して、同時代的に共通し、その後変化していく中国仏教の傾向について考察したい。

『三教不斉論』に見られる「直至菩提」をめぐって

中国では「悟りに至る」という仏教における最大の目的を達するために、教判の中で（偽経も含め）インド仏教に由来する多くの階位説を参照して調整することで、悟り（菩提）に至るまでの統合的理解を図ってきたが、禅・浄土といった新興の仏教では「悟りに至る」という目的は教判と共通するものの、修行のために長い期間の輪廻を前提とする階位説を否定する言説が共通して見られるようになる、と筆者は考えている。(40)

その観点から見ると、姚䛒『三教不斉論』（石山寺本一一七行、校訂テキスト六三頁）に見られる「直ちに菩提に至る」

という表現は、仏教をインドが中国に伝わった際に「長い間修行して輪廻を繰り返した最後に仏となる」という理解があわせて伝えられたが、現世を重視する傾向のある中国人は、それを実感として受け入れられず、主体的にこの世で悟りを得られるという理解をするようになった典型例を示す用語として注目される。

この「直ちに菩提に至る」という表現は『首楞厳経』巻十、[41]『念仏鏡』[42]、『歴代法宝記』[43]、智顗の真撰とは考えられないが天台文献の『五方便念仏門』[44]、裴休（七九一〜八六四）「普勧僧俗発菩提心文」[45]といった唐代初期・中期の著述に見られる。以下に筆者が適宜選択した文献を示すと以下のようになる。[46]

善導「般舟讃」（依観経等明般舟三昧行道往生讃）（六一三〜六八一）[47]

唐般剌蜜帝訳『首楞厳経』（『大仏頂如来密因修証了義諸菩薩万行首楞厳経』）久視元年（七〇〇）〜開元十八年（七三〇）[48]

姚䛒『三教不斉論』開元十一、十二年（七二三、七二四）ごろ

『念仏鏡』開元年間[49]

『五方便念仏門』智顗以降湛然（七一一〜七八二）までの著作

『歴代法宝記』七七四年以後

唐般若訳『大乗理趣六波羅蜜多経』

裴休「普勧僧俗発菩提心文」

当然、それぞれの文献で用いられる文脈は少しずつ異なるが、このように「直ちに菩提に至る」という表現は、浄土教や禅の文献、その後中国・日本で重視される偽経、また『五方便念仏門』のように禅・天台・念仏が相互に関係する複雑な文献でも用いられていることが知られる。

一般に「般舟讃」は浄土教の善導（六一三〜六八一）の後期著述とされるが、そうであれば善導は「直ちに菩提に至

る」という表現を最も早く用いたことになる。「般舟讃」は以下のように歴劫成仏（長い時間をかけて何度も生まれ変わって仏となること）に対して批判的である。

　『瓔珞経』の中に漸教と説く、万劫に功を修して不退を証す、『観経』『弥陀経』等に説くは、即ち是れ頓教の菩薩蔵なり。[50]

中国において作成された偽経で後代の中国仏教に大きな影響を与えた『首楞厳経』巻三には「僧祇を歴ず（不歴僧祇）[51]」という表現が見られ、想像を超えるほど長く輪廻を繰り返した後に悟るというインドの仏教観、そしてそれにもとづく階位説から脱却する意図がこの当時になって見え始めたことを示している。

『念仏鏡』は日本の浄土教研究からは、法然・親鸞といった祖師に直接関係していなかったため、適切な位置を与えられていないが、玄宗期の仏教の一動向を示す重要な文献である。そこにも「浄土往生は聞くに易からず、頓に沙劫を超え玄門を証す[52]」と歴劫成仏を乗り越える考えが示される。

禅文献である『歴代法宝記』に見える「階漸に由らず、直ちに菩提に至る」という表現は、当時の禅が階位説を超えて直ちに真理を見出すことを述べる点で、この時代の新機軸となったものである。

姚䛒『三教不斉論』では「直ちに菩提に至る」のは『易経』坤卦文言伝の「積善の家は必ず余慶有り、積不善の家は必ず余殃有り」に基づく「積善（善を積む）」の結果となっている。官僚としての儒教的な教養をもとに「直ちに菩提に至る」という語を用いていることは、他の文献の用法と比較した際に、著者の素養と関心の特徴を示すものである。

唐代より下るが、『三教不斉論』を後代に改作して成立した『三教優劣伝』初果不斉の項には次のような一節があり、歴劫成仏への批判が見られ、また禅で用いられる用語と共通する点が興味深い。

又た三果の不斉。（中略）仏道を求むる者は、（中略）持経・坐禅・観空・入定、一念纔かに悟れば、直ちに仏祖を超え、六道を解脱し、恒河沙劫を歴ず。此れは是れ初果の不斉なり。(53)

『三教優劣伝』はその内容から宋代以降のものであることが明らかである。『三教不斉論』に見られず、『三教優劣伝』で増加・削除されたものは、その後の仏教の展開ということができる。右の箇所には坐禅や念仏のみではなくさまざまな仏教の修行のあり方が述べられていているが、「一念で悟り、直ちに仏祖を超える」という表現は、禅文献に「超仏越祖」という表現が頻出することや『臨済録』の「仏に逢えば仏を殺し、祖に逢えば祖を殺し」という有名な一節を思い起こさせる。

以上見たように、「直ちに菩提に至る（直至菩提）」という『三教不斉論』に見られる表現は、この時代に中国仏教が独自の展開を見せるキーワードとして、他の同時代文献の位置づけを再考する上で重要なものといえる。

仏教の東伝をめぐって

先に造像銘や皇帝による翻訳事業の経典の序に漢の明帝時代の仏教東伝の記事が見られることを述べたが、以下に、敦煌文献として残る初期禅宗文献『歴代法宝記』の仏教東伝についての記事を、姚碧『三教不斉論』の検出をきっかけとして得られた知見から考察したい。『歴代法宝記』は保唐無住（七一四〜七七四）の滅後まもなく、弟子によって編纂されたと言われる八世紀後半の禅文献である。『歴代法宝記』の冒頭には漢の明帝の夢をきっかけとする伝統的な仏教東伝の説が述べられている。この箇所は従来の研究では禅宗文献としては異様とされているが、これを思想史の流れの中に適切に位置づけける必要がある。

柳田聖山〔一九六七〕二九八頁によると『歴代法宝記』は以下のような構成とされる。

一、教法流伝、及び仏伝に関する記載の創唱。
二、西天二十九代説。
三、初祖菩提達磨多羅より六祖慧能に至る東土六代伝。
四、則天武后による伝衣取替え説。
五、資州徳純寺智詵より、保唐寺無住に至る剣南系四祖禅。
六、保唐寺無住の頓教説、及び写真讃文。

禅宗ではこの後、一については初期の禅宗灯史である『宝林伝』（八〇一年編纂）以降顧みられることはなく、これを扱った禅宗文献『歴代法宝記』は孤立した位置にある。これらのうち、二は天台智顗の『摩訶止観』(54)からの影響が指摘され、『歴代法宝記』の説は後に禅宗で固定化する西天二十八祖説への移行段階にあたるとされる。三は同時代の北宗の祖統説との関係で注目されている。しかし、『歴代法宝記』が一を述べることについては現在まで思想史的に十分な位置づけがなされているとは言いがたい。

ここではこの『歴代法宝記』の記述を姚{䛒}撰『三教不斉論』で取り上げられる仏法東伝の記事（石山寺本五二一～六四行、校訂テキスト六一頁）と関連づけて考察してみたい。仏教の東伝（中国への流伝）を述べる際に、漢の明帝から説き起こすことは僧侶以外の俗人にもよく知られた事実であったが、道教側・仏教側がたがいに偽書を用いて自らの教えの古さを喧伝することが次第に陳腐化し、菩提達磨が釈尊正伝の仏法を中国にもたらしたという説が清新なものとして受け止められ、後代にそれまで主流であった漢明帝時代の仏教東伝の説に取って代わっていったと考えられる。

後述するように、漢の明帝時代の仏法東伝説が陳腐化したことの資料として、道教文献『三天内解経』、菩提達磨による仏法東伝説が清新なものとして受け止められた資料として独孤及が著した三祖僧璨の碑文を用いる。

『歴代法宝記』の仏教東伝記事の意義

以下は『歴代法宝記』の初めの方に出てくる、迦葉・摂摩騰による仏教の東伝の記録に続く問答である。

『歴代法宝記』

明帝二師に問う、仏は法王と号すれども、何為（なんすれ）ぞ漢国に生ぜざる。

迦葉・摩騰法師対（こた）えて曰く、迦毘羅衛城は百千日月の中心、三千大千世界の主、一切の龍神・有福の者は皆な彼の国に生ず、法王は所以に天竺国に生ず。

明帝は法師に問うこと有り、仏の種族は是れ誰ぞ、何の時に生じ何の時に滅ぶ。

摩騰法師は答えて曰く、仏は是れ千代金輪王の孫(55)・浄飯王の子、姓は瞿曇氏、亦た釈種と名く。癸丑歳の七月十五日、兜率天宮従り降下し、摩耶夫人は胎を託す。甲寅の歳四月八日、毘尼園に於て、摩耶夫人右脇より誕ず。又た五百釈種・五百白馬・乾陟・車匿等、仏に供え、四月八日同時に生ず。壬申之歳二月八日、城を踰えて出家す。癸未の歳二月十五日、般涅槃に入る(56)。

『歴代法宝記』の上述の箇所は姚䛒撰『三教不斉論』の冒頭や釈迦の伝記を述べる箇所と表現の上で共通している。姚䛒撰『三教不斉論』は『歴代法宝記』と五十〜七十年程度の差の文献であることから、両者の間で三教関係について用いる資料や表現が近似していることは注目に値しよう。

これに先だって『漢法本内伝』に基づく漢の明帝時代の仏教東伝の箇所が述べられる。この仏教東伝についての記述はその後の禅宗灯史では見られず、その点から柳田聖山〔一九七六〕二六頁が「たとえば、開巻劈頭に、『漢法本内伝』によって、後漢明帝の感夢求法と、仏道対立の話を掲げるのは、禅の史書としていかなる意図か、すこぶる解しがたい」と述べるように異様とされている。(57)

禅の祖統説の発生は道教の祖統説などと時代的に共通し、(58)また日本の空海が九世紀前半に記録する中国密教の祖統説もその流れの中にあるといえる。筆者の結論から言うと、禅の祖統説の形成の上で『歴代法宝記』は初期の段階にあり、後に菩提達磨による仏法東伝説が確立・流布すると、次第に漢の明帝時代の仏法東伝説は見られなくなったが、『歴代法宝記』にはまだその移行的な要素を残しているといえる。つまり『歴代法宝記』の著者はそれまで仏教が中国に伝わったことを述べる際に必ず言及される漢の明帝の時代における仏教東伝の説を意識せずにはいられなかったのであろう。

また『三教不斉論』を改作した『三教優劣伝』が巻末に参考にした文献として挙げる文献の一つに『宝林伝』がある。『宝林伝』は初期禅宗灯史として釈尊から菩提達磨に至るまでの二十八祖を挙げたもので、これも唐代の三教論、ひいては仏教理解として広く知られていた漢の明帝時代の仏法の東伝説から菩提達磨による新たな仏教東伝を示す系譜へと重点が移行する過程を示す文献といえる。

仏教は中国固有のものではなく、儒教や道教の発生に遅れて天竺（インド）から東（中国）に伝わったという事実（道先仏後）は、異民族を蔑視する中華思想の根強い中国において、常に仏教側がひけ目をもって意識せざるを得ないことであった。そして仏法伝来の最初として、歴史的事実かどうかはともかく、菩提達磨の東伝説が喧伝され広まるまでは、中国の仏教徒は漢代の明帝が夢で感じた、という説を受け伝えてきた。

七世紀の仏道論争において、道教側は老子が釈迦より先立ってこの世にあらわれ、インドの人々を教化した（老子化胡説）というのに対し、仏教側は護教的意識から、釈尊によって迦葉・阿難らが中国に遣わされ、教化したという説（『清浄法行経』『須弥四域経』など）を偽作して用いるなどして対抗していた。そして儒教の典籍を始め歴史書に広く通じているとされる法琳が道教に対抗して張った論陣は、それらの説を究極まで利用したものと言える。

しかしすでに唐に先立つ百年ほど前に仏教信者で文人である梁の沈約（四四一～五一三）が道教の陶弘景（四五六～五三六）からの疑問に答える形で「釈迦の出世年月は知るを得るべからず。仏経に既に年歴注記無し」として釈迦の生年は分からないと考えていたように[59]、唐代に仏教・道教双方が偽書を用いて老子が先か釈迦が先かを優劣の基準の一つとして激しく論争をする中で、漢の明帝の時代に仏法が東伝したという説に意味を見出すことが次第に陳腐なものとなっていったと考えられよう[60]。

南北朝時代の道教文献である『三天内解経』は、次のように中国における宗教の歴史を述べている。

伏羲・女媧の時に至り、各おの姓名を作し、因りて三道を出で、以って天民を教う。中国は、陽気純正にして、無為の大道を奉ぜしむ。外の胡国八十一域は、陰気強盛にして、仏道を奉ぜしむ。禁誡甚厳にして、以て陰気を抑う。楚越は陰陽の気薄くして、清約の大道を奉ぜしむ。（中略）漢の光武の後より、世俗漸く衰え、人鬼交錯せり。光武の子、漢の明帝は、自ら夢に大人を見ると言う、長さ一丈余、体は金色と作り、群臣は夢を解して、是れ仏真と言う。而して人をして西国に入り、仏経を写取せしめ、因りて仏図塔寺を作り、遂に中国に布流す。三道交錯し、是に於いて人民雑乱し、中外相い混じ、各おの尚ぶ攸（ところ）有り[61]。

右の箇所の傍線部に見られる「漢の明帝が夢を見て仏教が伝来したことから中国に混乱が生じたのだ」という考えは中華思想に基づく道教徒の意識であった。

道教側から見れば漢の明帝による仏教東伝は中国の人々を混乱させたものとする一方で、仏教側からは漢の明帝時代の仏教東伝説とともに語られる周代の釈迦生年説によって釈迦は老子よりも古いために優れている、と主張する。そのような両者の相容れない議論のはてに、そのころ勃興してきた禅宗は、禅の祖師である菩提達磨が西から代々釈尊より伝わった正伝の仏教を伝えた、とする菩提達磨の仏教東伝説（後に「祖師西来意」といわれる）という考え方によって、手垢のついていない清新な形で正統の仏教が伝わったという考えを確保したのではないか。

「『全唐文』は唐初以来の詔勅のうちに、かなりの「道先仏後」の勅のあったことを記録する」[62]とあるように、「道先仏後」の論争は唐代においては盛んであったが、宋代にいたるとその重要性が失われ忘れ去れていく。本書で柳氏が扱う『三教優劣伝』は『三教不斉論』を元に改変したもので、その成立が宋代以降であることはその内容から明らかであるが、事実、柳氏が指摘するように『三教優劣伝』では「道先仏後」の項目は削除されている。[63]初唐代に最高潮に達した「道先仏後」と主張する道教側とそれに対抗する仏教側との泥仕合のはてに、仏教では菩提達磨からの仏法正伝という説が清新なものとして映じたと考えられる。

日本の道元（一二〇〇～一二五三）は『正法眼蔵』弁道話において「東地への仏法伝来は菩提達磨から始まった」と述べる。

いはく、大師釈尊、霊山会上にして法を迦葉につけ、祖祖正伝して菩提達磨尊者にいたる。尊者、みづから神丹国（中国）におもむき、法を慧可大師につけき。これ東地の仏法伝来のはじめなり。かくのごとく単伝して、おのづから六祖大鑑禅師にいたる。このとき、真実の仏法まさに東漢（中国）に流演して、節目にかかはらぬむねあらはれき。（大正八二・一五中～下）

道元は「永平寺」を開くように、漢の明帝時代の永平年間の仏教東伝を明らかに知りながらその歴史にふれず、上述のように「菩提達磨」に始まる法が「東地の仏法伝来のはじめ」であると述べている。これは日本の禅僧の記録であるが、後代に確立した禅宗における菩提達磨による仏法伝来の意義を端的に述べたものである。

先に引用した『歴代法宝記』がその冒頭の箇所で漢の明帝時代の仏教東伝の説を述べているのは、後の禅宗の祖統説を常識として受けいれている者からすると異様に映る。しかし、これを思想史的に理解するためには、単に異様として拒絶するのではなく、「道先仏後」という問題の関心が高まった時期の余波が残る中で、それを意識せざるをえなかったこの時代の意識を踏まえてその記述がなされた意味を考える必要があろう。(64)『歴代法宝記』が仏教の流伝を述べる際には、第一に漢代の明帝からの仏教東伝を記していくという意識が残存していたためと、第二に禅宗の祖統が形成されつつある時期にあり、それを並記して述べなければならなかった結節点にあるためと解釈できる。そして後代にこの漢明帝時代の仏法東伝説は禅宗では顧みられなくなる。

禅が出現した意義

次に見る盛唐の文人である独孤及（七二六〜七七七）が著した三祖僧璨（?〜六〇〇）の碑文の一節は、漢の明帝時代に中国へ仏教が伝来したことを知りながらも菩提達磨によって伝えられた「禅」「諸仏の心要」が文人に清新なものとして映じたことを指し示している。

独孤及「舒州山谷寺三祖鏡智禅師碑(65)」

某(それがし)以謂(おもえ)らく、初めて中国の仏教を有するや、漢の孝明自り始まれり。魏晋宋斉を歴て梁武に及ぶまで、第一義諦を言う者は布施持戒に過ぎず。天下は報応に惑いて人は未だ禅を知らず、世は道と交(こもご)も相い喪(うし)なわる。菩提達摩大師に至って始めて人に示すに諸仏の心要を以てす。（中略）当時、道を禅師（僧璨）に聞く者、其の浅き者は有為の法の妄想に非ざる無きを知り、深き者は仏性を言下に見ること灯の物を照らすが如く、朝には凡夫為るも、夕には聖賢と為る。(66)

『歴代法宝記』以後、『宝林伝』を始めとする禅宗文献はこの漢の明帝に始まる仏教東伝を扱わず、菩提達磨による仏教東伝説が用いられるようになる。老子と釈迦の生年の先後を問わず、そして菩提達磨による東伝を述べるところに禅宗の特色があり、またさらに、「今ここに仏の教えが現前する」とする禅宗の教えが東アジアで広く受容されていくことになるのである。

まとめ

以上見てきたように姚䛒撰『三教不斉論』は『摩訶止観』から影響を受けたものとして最初期にあたる文献であり、教祖を比較して優劣を述べる老子批判を行うものとして共通の意識を有している。

姚䛒『三教不斉論』が著されたのは禅の勃興期であり、かつ阿弥陀仏信仰という形での浄土教が進展していく時代でもある。また僧侶ではなく文人による唐代の著作という点から、初期の禅・浄土教・偽経・造像銘・敦煌文献などと用語的・思想的に多くの点を共有しており、今後幅広い観点から位置づける必要がある。

本稿は大まかな素描に留まっている試論であるが、姚䛒『三教不斉論』は今後唐代の宗教を理解する上で、さまざまな視点を提供する可能性を有する貴重な文献と言える。

参考論文（五十音順）

池田　魯參〔一九九〇〕「天台教学と老荘思想」『駒澤大学佛教学部論集』二一。論文末に天台智顗と老荘関係の関係論文が列挙される

池田魯參〔一九九六〕『摩訶止観　天巻（定本訓読篇）』大蔵出版
伊吹敦〔二〇〇二〕「『念仏鏡』に見る禅の影響」『印度学仏教学研究』五一―一
金子寛哉〔二〇〇六〕『『釈浄土群疑論』の研究』大正大学出版会
久野美樹〔二〇一一〕『唐代龍門石窟の研究――造形の思想的背景について』中央公論美術出版
小林正美〔一九九〇〕「三教交渉における『教』の観念」『六朝道教史研究』所収（初出は吉岡博士還暦記念『道教研究論集』国書刊行会、一九七七）
小林正美〔二〇一一〕「東晋・南朝における「佛教」・「道教」の称呼の成立と貴族社会」『魏晋南北朝における貴族制の形成と三教・文学』汲古書院
佐藤智水〔一九七七〕「北朝造像銘考」『史学雑誌』八六（一〇）
佐藤智水〔一九九四〕『北魏仏教史論考』（岡山大学文学部研究叢書一五）
佐藤哲英〔一九五四〕「正倉院聖語蔵本天台大師五方便門について」『印度学仏教学研究』四―一
島地大等〔一九八六〕『天台教学史』（現代仏教名著全集　普及版）隆文館（初版は一九二九、明治書院）
池麗梅〔二〇〇八〕『唐代天台仏教復興運動研究序説――荊渓湛然とその『止観輔行伝弘決』』大蔵出版
塚本善隆〔一九七四〕『北朝仏教史研究』（塚本善隆著作集第二巻）大東出版社
中西久味〔二〇〇二〕「法琳雑記」『比較宗教思想研究』二
西山蕗子〔一九七二〕「法琳『破邪論』について」『鈴木学術財団年報』第九号
藤井淳〔二〇一一a〕「姚䛒撰『三教不斉論』（石山寺所蔵）写本の翻刻」『高野山大学密教文化研究所紀要』二四

藤井　淳〔二〇一一b〕「中国における教判の形成と展開」『大乗仏教とは何か　シリーズ大乗仏教』春秋社
藤井　淳〔二〇一二〕「最澄・空海請来になる姚䛒撰『三教不齐論』より得られた知見について」『印度学仏教学研究』六〇―一
三宅　徹成〔一九九八〕「『念仏鏡』について――著者及び成立年代」『印度学仏教学研究』四七―一
牧田　諦亮〔一九六二〕「三教優劣傳」『佛教文化研究』十一
望月　信亨〔一九四六〕「第十章　如来蔵並に密教関係の疑偽経　第二節　唐懐廸訳と伝えられる大仏頂首楞厳経」『仏教経典成立史論』法藏館、四九三―五〇九頁
柳田　聖山〔一九六七〕『初期禅宗史書の研究』禅文化研究所
柳田　聖山〔一九七六〕「はじめに」『禅の語録3　初期の禅史Ⅱ　歴代法宝記』筑摩書房
吉川　忠夫〔一九八二〕「仏は心に在り――「白黒論」からの姚崇の「遺令」まで」『中国中世の宗教と文化』京都大学人文科学研究所
吉川　忠夫〔一九八四〕『大乗仏典〈中国・日本篇〉第四巻』中央公論社
吉川　忠夫〔一九八八〕「道教の道系と禅の法系」『東洋学術研究』二七

註

（1）撰述年代については本書村田みお氏論文二一三―二一五頁参照。
（2）藤井淳〔二〇一一b〕。
（3）吉川忠夫〔一九八六〕四三七―四三八頁の参考文献参照。小林正美〔一九九〇〕〔二〇一一〕の研究も重要である。

（4）久野美樹〔二〇一一〕など。また二〇一三年に『陝西薬王山碑刻芸術総集』全八巻（陝西省考古研究院　陝西省銅川市薬王山管理局編）が出版された。

（5）『摩訶止観』は天台智顗によって講義され、弟子の章安灌頂（五六一～六三二）によってまとめられたものであるが、智顗と灌頂との著述の区分については現代の立場からは明確ではなく、本稿では『摩訶止観』を灌頂以後の天台宗において受持されてきたもの、と理解しておく。

（6）中国仏教における仏教と老荘思想とを対比して優劣を論ずる記述としては吉蔵（五四九～六二三）の『三論玄義』が有名であるが、本稿では姚䛒『三教不斉論』との関係で『摩訶止観』に限って取り上げる。湛然までの天台教学と老荘思想との関係については池田魯参〔一九九〇〕に詳細に述べられている。

（7）灌頂以後、荊渓湛然（七一一～七八二）に至るまでの約百年間の初期天台は第一期暗黒時代と言われており、著述がほとんど残っていない。島地大等〔一九八六〕二七一頁上参照。

（8）池麗梅〔二〇〇八〕一三九頁参照。

（9）本書の村田みお氏論文二一四頁参照。

（10）初期天台から影響を受けたものとして法蔵（六四三～七一二）『華厳五教章』、永嘉玄覚（六六五～七一三）、他に鑑真（六八八～七六三）による天台三大部の日本への将来を挙げることができる。その他にも『摩訶止観』に見られる西天二十四祖説などは天台以外にも受容された。

（11）池田魯参〔一九九〇〕七七上―七八下に紹介されている。

（12）大正五二・五二四下―五二六下。

（13）大正四六・三二四上―下。

（14）今世多有悪魔比丘、退戒還家懼畏駆策、更越済道士。復邀名利誇談荘・老、以仏法義偷安邪典、押高就下、推尊入卑、概令平等。以「道可道非常道、名可名非常名」。均斉仏法不可説示。（中略）

諸法理本往望「常名」「常道」、云何得斉（①理本不斉）。教相往望、已不得斉（②教相不斉）。況以苦集往検、過患彰露。云何得斉（③苦集不斉）。況将道品往望、云何得斉正法之要（④道滅不斉）。本既不斉、迹亦不斉。仏迹世世是正天竺金輪刹利。荘・老是真丹辺地小国柱下書史、宋国漆園吏。此云何斉（⑤示迹不斉）。仏以三十二相・八十種好纓絡其身。荘・老身如凡流、凡流之形、痤小醜蔑。『経』云、「閻浮提人形状如鬼」。云何斉仏（⑥相好不斉）。

仏説法時、放光動地、天人畢会、叉手聴法、適機而説、梵響如流、弁不可尽。当於語下、言不虚発、聞皆得道。老在周朝、主上不知、群下不識。不敢出一言諫諍。不能化得一人。乗壊板車出関西、窃説尹喜有何公灼。又漆園染毫題簡、勾治改足、軋軋若抽、造内外篇以規顕達。誰共同聞、復誰得道。云何得斉。如是不斉、其義無量。倦不能説。云何以邪而干於正（⑦化境不斉）。

復次如来行時、帝釈在右、梵王在左。金剛前導、四部後従、飛空而行。老自御薄板青牛車、向関西作田、荘為他所使看守漆樹。如此挙動、復云何斉（⑧威儀不斉）。

如来定為転輪聖帝、四海顒顒待神宝至、忽此栄位出家得仏。老仕関東恪小吏之職、墾農関西惜数畝之田、公私忽遽不能棄此。云何言斉（⑨族位不斉）（大正四六・六八中下、池田魯参〔一九九六〕三七七―三七八頁）、道邃『摩訶止観論弘決纂義』巻五（大日本仏教全書三七・二九下―三〇上）、証真『止観私記』巻五末（大日本仏教全書三七・一四一中下）。

(15) 如道士李仲卿著『十異論』。琳法師立『十喩論』。……。似彼七異、復加威儀及族位不斉、合為九異（大正四六・三二五上）。

(16) 池田魯参〔一九九六〕一八八頁参照。終不同彼世間法師禅師、称老子道徳荘氏逍遥与仏法斉。是義不然。（中略）蛍日懸殊、山毫相絶。自言道真、慢瞿曇者、寧不破耶（大正四六・三二二下）。証真『止観私記』巻三末（大日本仏教全書三七・一一二中）、『止観輔行伝弘決』巻三之一「自言道真」等者、迦葉見仏現大神変、内心已知仏力難量、仍為矯言自憍慢彼、而云「瞿曇雖神不如我道真」（大正四六・二四七中）。

(17) ここの「南山作十喩九箴、用形邪説」にある「南山」とは『続高僧伝』巻十七（大正五〇・五六八上）に「唐終南山龍田寺釈法琳伝」とあるように、法琳のことを指す。

(18) 老荘尚自不識小乗能著・所著、能破・所破。況大乗中若著若破。是故不与仏法少同。然世講者迷於名相、濫禅者惑於正理。欲将「道徳」「逍遥」之名、斉於仏法解脱之説、豈可得乎。（中略）故（A）知法既不斉、人亦可判。（B）且置法報、以応比之、優降天殊、是非永隔。（C）捨金輪聖帝之位、何如吝於柱史微官。光明相好、丈六金軀、何如凡容六尺之質。異相無量、不可具云。委如李仲卿著『十異九迷』、以斥仏法、南山作『十喩九箴』、用形邪説。今略其五用甄邪正。一曰、老君逆常託牧女而早出。世尊順化因聖母而誕生。二曰、老聃有生有滅、畏患生之生、反招白首。釈迦垂迹、示生示滅、帰寂滅之滅、乃耀金軀。三曰、重耳誕形、居陳州之苦県。能仁降迹、出東夏之神州。四曰、伯陽職処小臣、忝充蔵吏、不在文王之日、亦非隆周之師。牟尼位居太子、身証特尊、当昭王之盛年、為閻浮之教主。五曰、李氏三隠三顕、無教可依、仮令五百許年猶慚亀鶴之寿。法王一生一滅、示現微塵之容、八十年間開演恒沙之衆、凡諸比決、其事実多（大正四六・二四七上中）。

(19) 姚䛒『三教不斉論』書写の日付は石山寺本の奥書より。紙を得た日付は『天台法華宗伝法偈』の記録より。藤井淳〔二〇一二〕一〇八頁、本書三四一―三四二頁参照。

(20) 他のいくつかの語句の典拠調査（訓読注（171）、（277））からも『摩訶止観』の影響が推定される。

(21) 又終南山龍田寺沙門法琳、夙預宗門、親（麗本により改む）伝戒法。以徳音遽遠、拱木俄森、為之行伝、広流於世（大正五〇・五六八上）。

(22) 中西久味〔二〇〇二〕。

(23) 大正四六・九五五下。

(24) 証真『止観私記』（大日本仏教全書三七―一四一下）。また最澄の著作一覧として江戸中期のものと推定される、龍堂編『山家祖徳撰述篇目集』巻上には「顕仏滅後年代述記」として所載される（大日本仏教全書九五―一九五中）。

(25) 『弁正論』八巻が奈良時代に日本に存したことは正倉院文書（大日本史料）に確認できる。

(26) 西山蕗子〔一九七二〕、中西久味〔二〇〇二〕参照。

(27) この帙は延暦寺の御経蔵の第二十六帙（天台雑文幷達摩宗雑文一帙）として一五七一年の織田信長による元亀の焼き討ちまで存したはずである。藤井淳〔二〇一一a〕一〇八頁下、本書三四四頁参照。

(28) 二〇一五年九月十九日に行われた日本印度学仏教学会第六六回学術大会での加藤弘孝氏の発表「『念仏鏡』引用の「法王本記」について」による。三宅徹成〔一九九八〕は「大通師」の名前が頻繁に出ることから、八二〇年ごろの著作としている。そうであれば『三教不斉論』からおよそ百年下る会昌の破仏以前の中唐期の文献と見られるが、ここでは加藤氏の開元年間説を取る。また本書の池田論文には名前の類似する敦煌文献『法王記』の翻刻を掲載している。

(29) 伊吹敦〔二〇〇二〕が『念仏鏡』と禅との影響関係について言及している。

(30) 金子寛哉〔二〇〇六〕二四八―二五八頁など参照。

(31) 文脈は異なるが『三教不斉論』では道教およびそれに含めて儒教を批判する際に、「道教や儒教ではせいぜい天を願うに過ぎない」と述べる（石山寺本一七五―一八〇、二一五―二一七行目、校訂テキスト六五、六六頁）。『念仏鏡』は唐代に阿弥陀浄土への往生信仰が盛んになったことを受けて、兜率天に生じることを批判的に見ている。両者の文脈は異なるが「不願生天」という表現が開元年間の同時代文献として『三教不斉論』と『念仏鏡』に共通して見られる。

(32) 問。何故不念弥勒生兜率天、云何念阿弥陀仏往生浄土。
答。為兜率天不出三界、天報既尽、還堕閻浮提、所以不願生天。若往生浄土、出過三界、直截五道、一生彼国、直至菩提、更不堕落、所以願生。又兜率天、少時受楽。弥陀仏国中、楽最勝故、名為極楽、長時受楽無有限期。以是因縁、勝於兜率百千万倍。何以得知。経中所説。

一則、身相勝、弥陀仏国衆生生者、皆具三十二相。兜率天人則無此相。

二則、徒衆勝、既生浄土、与諸菩薩共為伴侶、受男子身、無女人相。兜率天上、男女雑居、不同菩薩。

三則、寿命勝、兜率天上寿命四千歳、已還復却来、重堕閻浮提。弥陀仏国一去、直至仏果、更不再来。

四則、神通勝、弥陀仏国菩薩総六神通。兜率天上人無神通。五則、果報勝、弥陀仏国衆生、衣服・飲食・香・華・瓔珞一切供具、自然化成、不須造作、長時受用無有窮尽。兜率天上造作方成、縦有自然衣服、不得多時、四千歳已命欲終時、有五衰相。（略）」（大正四七・一二七下―一二八上）。

（33）北朝の造像銘については佐藤智水〔一九七七〕〔一九九四〕によって古くより言及されていたが、近年久野美樹〔二〇一一〕が唐代における龍門石窟の造像銘を紹介している。本書の共同研究者である倉本尚徳はその成果を『北朝仏教造像銘研究』（法藏館、二〇一六）として刊行した。

（34）『高僧伝』巻六　慧遠伝「乃歎曰、儒道九流皆糠粃耳」（大正五〇・三五八上）。

（35）「八儒三墨之所称、其人塡邱隴、柱史園吏之所述、其〔旨〕猶糠粃矣」。久野美樹〔二〇一一〕四五七頁八―九行目、訓読二〇頁。

（36）この最後の「未窮生滅之源」という記述は道安『二教論』帰宗顕本第一の「究心窮於生滅、宣尼又所未言」（大正五二・一三七中）とも共通している。このことは逆に言えば、当時仏教が「生滅を窮める」ものとして理解されていたことが分かる。『論語』先進篇「未だ生を知らず、焉んぞ死を知らんや」。皇侃『論語義疏』参照。

（37）「宣尼闡法縄究仁義之塗、荘叟寓言盛述玄虚之理、莫不□□身跡之内、未窮生滅之源、豈若大聖立規」。久野美樹〔二〇一一〕四八五頁一―二行目、訓読一一九頁。

（38）奉先寺洞第一二八〇洞　彙一六三七　大盧舎那像龕記　開元一〇年（七二二）「正教東流七百余歳」（久野美樹〔二〇一一〕四六〇頁一三行目）、彙二七　王師徳等三十人造像記　永徽元年（六五〇）「夢霊西照、象法東流」（久野美樹〔二〇一一〕四六三頁六行目）。

（39）「大周新訳大方広仏華厳経序」天冊金輪聖神皇帝製（大正一〇・一上中）・「大宝積経幷序」大唐太上皇製（大正一一・一上中）。

（40）藤井淳〔二〇一一b〕。

（41）大正一九・一五四中。
（42）大正四七・一二三中・一二七下。
（43）「感荷大師愍我迷愚、示我正法、不由階漸、直至菩提」（大正五一・一九六上）。
（44）大正四七・八七中。佐藤哲英〔一九五四〕四七頁下、五〇頁上は『五方便念仏門』の広本に菩提流志が翻訳した『大宝積経』が引用されることから八世紀後半か九世紀前半に本書が増広されたものとし、智顗以降湛然の著作とする。
（45）卍続蔵第一〇三輯三五〇表下、三五一裏下。
（46）データベースで検索されたすべての用例を示したわけではないが、唐代のこの時期から見られることは確認できる。
（47）「般舟讃」は善導を重視した日本の法然は知らず、その弟子の証空・親鸞が受容した善導作とされる文献である。
（48）望月信亨〔一九四六〕参照。
（49）開元年間とするのは註（28）参照。
（50）『瓔珞経』中説漸教、万劫修功証不退、『観経』『弥陀経』等説、即是頓教菩薩蔵（大正四七・四四八下）。
（51）大正一九・一一九中。この一節は『宗鏡録』巻三（大正四八・四三一下）、『景徳伝灯録』巻八（大正五一・二六〇下）などに引用・受容される。
（52）大正四七・一三二中。また『念仏鏡』には「又准『群疑論』中説、「浄土竪超三界、横截五道、一得往生、更不堕三界牢獄、直至無上菩提」」（大正四七・一三〇中）とある。しかし懐感の『釈浄土群疑論』には類似の一節は見つからず、「『群疑論』中の説に準ずるに」とあるように、この一節は『念仏鏡』の作者がパラフレーズしている可能性がある。
（53）又三果不斉。（中略）求仏道者、（中略）持経・坐禅・観空・入定、一念纔悟、直超仏祖、解脱六道、不歴恒河沙劫。此是初果不斉。牧田諦亮〔一九六二〕。
（54）『摩訶止観』において灌頂が『付法蔵因縁伝』に見られる釈尊からの付法説を「第〇祖」という形で整理した。池麗梅〔二〇〇八〕一六九―二二二頁参照。

（55）筆者が『三教不斉論』を通じて『歴代法宝記』に注目したきっかけは「直至菩提」という表現が共通して見られることとあわせて、『歴代法宝記』に出るこの「金輪王孫」という表現も『三教不斉論』の「伽耶万代金輪王孫」の他に右の『歴代法宝記』と唐栖復『法華経玄賛要集』巻六（卍続蔵第五三輯・二九六裏下、新纂三四・二九五上）にしか見られないことによる。

（56）明帝問二師、仏号法王、何為不生於漢国。迦葉・摩騰法師対曰、迦毘羅衛城者百千日月之中心、三千大千世界之主、一切龍神・有福之者皆生彼国、法王所以生於天竺国。明帝有問法師、仏種族是誰、何時生何時滅。摩騰法師答曰、仏是千代金輪王孫・浄飯王子、姓瞿曇氏、亦名釈種。癸丑歳七月十五日、従兜率天宮降下、摩耶夫人託胎。甲寅之歳四月八日、於毘尼園、摩耶夫人右脇而誕。又五百釈種・五百白馬・乾陟・車匿等、供仏、四月八日同時生。壬申之歳二月八日、踰城出家。癸未之歳二月十五日、入般涅槃。（大正五一・一七九中）

（57）『歴代法宝記』は四川で著されたため、四川における独自の仏教・道教の論争を念頭においたものとも考えられるが、筆者は『歴代法宝記』を四川独自の特徴を示すもののみとは見ず、冒頭の記述を八世紀後半の中国における仏教徒の意識の一端を示したものとして考える。

（58）吉川忠夫〔一九八八〕参照。

（59）『広弘明集』巻五 華陽先生難鎮軍均聖論「答曰、釈迦出世年月不可得知。仏経既無年歴注記」（大正五二・一二二中）。吉川忠夫〔一九八四〕一五一頁参照。

（60）塚本善隆〔一九七四〕五六三頁は北周時代の仏道二教の優劣論について「どんな低俗なこじつけあいであったかなども推察せられるであろう」と述べている。

（61）至伏義・女媧時、各作姓名、因出三道、以教天民。中国、陽気純正、使奉無為大道。外胡国八十一域、陰気強盛、使奉仏道。禁誡甚厳、以抑陰気。楚越陰陽気薄、使奉清約大道。（中略）自漢光武之後、世俗漸衰、人鬼交錯。光武之子、漢明帝者、自言夢見大人、長一丈余、体作金色、群臣解夢、言是仏真。而遣人入西国、写取仏経、因作仏図塔寺、遂布流中国。三道交錯、於是人民雑乱、中外相混、各有攸尚（道蔵第八七六冊 巻上 第三a～第五b）。

(62) 柳田聖山〔一九七六〕二九頁。

(63) 本書三二四頁参照。

(64) ここで問題にしているのは偽経に基づく主張としての「道先仏後」に関わる論争であり、実際に宮中で僧侶か道士のどちらを先に扱うか（「僧先道後」）については宋代においても論争が行われていた。賛寧『大宋僧史略』巻中（大正五四・二四七中）参照。

(65) 『唐文粋』巻六三、吉川忠夫〔一九八二〕九二―九三頁参照。

(66) ここでは本稿で見た「直ちに菩提に至る」という考えが、文章の修辞の可能性はあるが、「朝には凡夫為るも、夕には聖賢と為る」と表現されている。

姚䛒『三教不斉論』執筆の経緯と三教論争における位置づけ

――あわせて空海『三教指帰』序文への影響をも論じる

村田 みお

序

姚䛒(ようべん)『三教不斉論』は、その存在を広く知られて以来、新出の唐代三教論争文献として注目を浴びている。六朝隋唐のさまざまな三教論争の中において、この『三教不斉論』がどのような位置を占めるのかは興味深い問題である。そこで本稿は、姚䛒『三教不斉論』の執筆の動機と論点・論調について検討し、他の三教論争文献と比較しつつその特徴を探ってみたい。このような考察によって新出の姚䛒『三教不斉論』の位置づけを解明することは、翻っては姚䛒の論の角度から、これまでにさまざまな研究成果が蓄積されている他の三教論争文献をあらためて見つめ直し、従来与えられていた位置づけを修正・補足する契機ともなり得ると考える。

本稿ではまず基本的な点として、姚䛒という人物について考察して、彼の職位と出身地を明らかにしてから、『三教不斉論』全体の構成を示す。次に『三教不斉論』が著された時期と執筆の動機を検討した上で、他の三教論争文献と適宜比較しつつ、論の中で採り上げられる論点および全体的な論調の特徴を明らかにする。そして最後に、空(くう)

海『三教指帰』序文への影響を指摘する。

一　著者姚䛇について

『三教不斉論』の著者である姚䛇については、伝記が未詳であるため、その生涯のほとんどが謎に包まれている。しかし少なくとも、巻頭の著者名に付された官職および論中での言及によって、廬州または瀘州の参軍を務めたことがあり、つまり正九品下、若しくは従八品下の官僚で、さらに恐らく河南道虢州閿郷県の人であったと指摘できる。

『三教不斉論』巻頭の著者名の前には「前盧州参軍」とある。この「盧州」にそのまま該当する地名はないが、それ以外に二つの可能性が考えられる。一つは「まだれ」の付いた淮南道廬州（現・安徽省合肥周辺）、もう一つは「さんずい」の付いた剣南道瀘州（現・四川省瀘州市周辺）である。当時各州には上中下のランク分けがあり、「まだれ」の廬州の場合は中州、[1]「さんずい」の瀘州の場合は州ではなく都督府で、下都督府に当たる。[2]「参軍」とは「参軍事」という官職の通称で、各州に所属する官吏である。九品の官位の中では、中州参軍事は正九品下、下都督府参軍事は従八品下であり、[3]いずれにしても官僚の中では下位に属すると言ってよい。

さらに、第七六行には「詣閿郷拝掃（閿郷に行って墓参りをした）」[4]（校訂テキスト六一頁）とある。閿郷は河南道の虢州に属し、現在の河南省北西部に位置する。[5]そして「拝掃」は墓参りを意味するので、姚䛇は閿郷出身の人であったと考えられる。

二 『三教不斉論』の構成

次に『三教不斉論』の構成を簡単に示しておこう（藤井淳氏の翻刻に付された行数による）。

1－123 序論
123－131 目次
132－322 本論
三教不斉論十条
132－135 一宗族不斉
136－142 二父母不斉
142－150 三身相不斉
151－158 四眷属不斉
159－173 五弟子不斉
174－182 六説法不斉
183－186 七降伏不斉
187－198 八付属不斉
199－204 九示生不斉

205–214　十宗滅不斉

仏道二教不斉論三条

215–219　一初果不斉

219–226　二中果不斉

227–236　三後果不斉

止道士毀仏論四条

236–294　又止化胡成仏謗

294–307　又止道先仏後謗

308–312　又止道父仏母謗

313–322　又止天尊世尊謗

323–346　結語

347–末　尾題、奥書

以上に示したように、『三教不斉論』は、おおまかに分けると序論、目次、本論、結語からなっている。さらに本論は、三教不斉論十条、仏道二教不斉論三条、止道士毀仏論四条の三つに分かれる。最初の三教不斉論は、釈迦・孔子・老子の順に（第八条のみ釈迦・老子・孔子）、出自・容貌などの観点から叙述し、ほぼ毎条で最後に「孔子と老子は釈迦には遠く及ばない」と結ぶ。次の仏道二教不斉論では、道教・仏教の順に、修行によって至りうる境地を比較し、仏教の境地の方が上であると説く。最後の止道士毀仏論は、従来の道教を優位とする四種の見解に対しての反論で、「化胡成仏」などの他の文献にもしばしば見られる論点を取り上げて反駁する。

三　著述の時期と動機

では、このような『三教不斉論』は如何なる経緯で執筆されるに到ったのだろうか。それについては、序論第七五―八九行の次の一段によって知ることができる。

> 僕者開元十一年冬、詣閿郷拝掃、見蒲州女官於所部仙壇観講老子経。洎十二年春、復有陝州道士、又於其中講本際経。並云、仏・道一種、聴者不須分別。于時講下多有博達君子、咸起異端。或有専於道教者、称仏劣而道教優。或有崇仏教者、云仏深而道浅。数輩交唱、紛紜積晨。当時更有外至者復云、非惟仏・道一種、抑亦三教並斉。終日喧喧、有如雀譟、各言己是、咸説他非。竟日終朝、而未能定。僕謂之曰、亦三教倶是聖言、小而論之略同、大而取之全異。漸次而学、如堂室耳。学者体之、総亦兼解、不応頓説三教並不斉也。小子狂簡、輒欲論之、高才見遠、未知許不。或人曰、敢聞命矣。（序論、七五―八九、校訂テキスト六一―六二頁）

私は開元（かいげん）十一年の冬、閿郷（ぶんきょう）に行って墓参りをした際、蒲（ほ）州の女官が統括している仙壇観（せんだんかん）で『老子道徳経』の講義をするのを見た。十二年の春になると、また陝（せん）州の道士がおり、またもやそこで『本際（ほんざい）経』の講義をした。いずれも「仏教と道教は同種のものであり、聴く人は区別をする必要がない」と言った。そのころ講義の場には博識な君子が多くおり、みな異なった見解を提示した。あるいは道教を専門とする人がおり、仏教は劣っていて道教が優れていると述べる。あるいは仏教を尊ぶ人がおり、仏教は深淵であって道教は浅薄だと言う。数人で互いに主張し合い、丁々発止（ちょうちょうはっし）とやりあうこと数日にわたった。その時さらに外部からやって来た人がおり、また「ただ仏教と道教が同種であるだけでなく、さらに儒・仏・道の三教がすべて等しいのである」と言った。日がな一日騒々しく、声高に嘆き叫ぶかのようで、それぞれに自分が正しいと言い、みな他の人が間違っていると説いた。一日中そうしていたが、まだ決定することができなかった。私は彼らにこう言った。「また三教はすべて聖なる教えの言葉であり、小さな観点から論じるならほとんど同じですが、大きな観点から取りあげるとまったく異なります。表の堂（どう）から奥の室（しつ）へと進むように段々と学んでいくものです。学ぶ人というのはこのことを体得し、総合的に理解するものだから、三教はみな等しくないと即座に説くべきではありません。私めは意気盛んなので、このことを論じたく思います。優れたお方はお考えが深いでしょうから、はたしてお許しくださるかどうか」。ある人が「ご教示を承ります」と言った。（現代語訳一四九―一五〇頁）

すなわち姚䛒は、まず開元十一年（七二三）冬、虢州閿郷県に墓参りした際、仙壇観で蒲州の女官[6]（女性の道士）による『老子』の講義を聴き、次いで十二年（七二四）春、またもや仙壇観で陝州の道士による『本際経』[7]の講義を聴いた。蒲州と陝州は、閿郷県があった虢州に隣接する州である。蒲州は河東（かとう）道に属し、黄河を挟んで虢州の北側に隣接しており、陝州は河南道に属し、虢州と蒲州の東側に隣接している。この蒲州の女官、陝州の道士による講義の場で噴出した議論を経て、姚䛒は『三教不斉論』を執筆したのである。[8]

まず著述の時期についてであるが、『三教不斉論』の文献としての成立時期は、石山寺本の奥書に大暦（だいれき）九年（七七四）と記されているため、これが明らかな下限である。ただしこの論の執筆の契機は、序論に明らかなように、二つの講義での仏・道二教の区別を否定する発言と、それに伴う論争であった。したがって、この七二三、四年の時点ですでに構想していたことは間違いないと言ってよい。もちろん明確に限定することはできないが、『三教不斉論』の形での執筆も、七二四年からさほど大きくは降らないと考えるのが自然である。

また動機の面での特徴としては、皇帝の御前や都の大寺で行われた対論ではなく、地方の一道観における議論がきっかけとなっている。女官および道士の「仏教と道教は同種のものであり、聴く人は区別をする必要がない」という発言は、価値的な上下関係を言うのではなく、仏教・道教の区別を不要だとし、さらには仏教に疎い聴衆を道教に取り込み、囲い込もうとする意図が窺える。聴衆からも「仏劣りて道教優る」「仏深くして道浅し」「三教並びに斉し」という各種の反論が出された。女官・道士の見解は言うなれば仏道の区別不要論であり、続く聴衆からの反論は、前二者は仏道の優劣論、後者は三教斉一論と呼んでよいだろう。このような複数の見解に対しての姚왴からの反論として、彼は『三教不斉論』を著した。つまり、「三教並びに斉し」への反論が三教不斉論十条、「仏・道は一種」への反論が仏道二教不斉論三条、「仏劣りて道教優る」への反論が止道士毀仏論四条というように、本論の三つの部分が対応していると考えられる。(9)

四　『三教不斉論』の論点、論調の特徴

以上のように、『三教不斉論』は玄宗開元年間の七二三、四年に構想された論である。唐王朝は道教上位である「道先仏後」の方針を基調とし、玄宗は特にこの方針を強め、道教に傾倒したことは周知の通りである。李氏の祖先として老子崇拝を顕著にし、宰相であった姚崇の提案に従って仏教の統制を強めた。開元年間初めには仏教を強く抑圧し、玄元節を設けるなどしている。極端な廃仏は行わず、仏教を完全に排斥しなかったとはいえ、玄宗が道教・老子を第一としたことに違いはない。そのような時代的背景の中で、三教の比較を通して仏教の優越を説こうとしたのが姚왴『三教不斉論』である。

それでは以下で、姚謽以前のさまざまな三教論争と比較しつつ、互いに幾分重複する部分もあるが、大きく三点に分けて『三教不斉論』の特徴を考えていきたい(10)。

①三教の内容的違いの明確化に重点がある。

そもそも『三教不斉論』は三教の区別を不要とする、つまり三教を同一視させようとする見解に対しての反駁であり、三教の内容的違いの明確化に重点を置いているのが大きな特徴である。

上で一度引用したように、姚謽は「三教はすべて聖なる教えの言葉であり、小さな観点から論じるならほとんど同じですが、大きな観点から取りあげるとまったく異なります」（序論、八四―八七、現代語訳一五〇頁）と述べ、三教をすべて「聖言」と見なしている。儒・仏・道はいずれも聖なる教えとしつつ、その中での順位を定めようとする論であり、儒・道を強く排斥するわけではない。

また次のように、三教の教えを混同せず、はっきり区別することの必要性を説く。

三教各有宗旨、経典本亦不同。学者先究其根源、然後伏膺修習。如知道教幽邃、則捨縫掖而曳霓裳。若悟仏法宏深、則置星冠而剃鬢髪。未云誦老子、専説仏経、唱出詩書、讃揚道徳。此則違背師匠、紊乱弊章、非独紫色蛙声、亦復緑衣黄裏。直称仏・道一種、或云三教並斉、意欲自防是非、勧他不須分別。若其無是可是、終日是而非是也。無非可非、終日非而非非。是非全無分別、智不従此生。欲修無分別心、要須従分別起。（序論、一〇八―一一六、校訂テキスト六二―六三頁）

三教にはそれぞれに根本の教えがあり、経典ももともと同じではない。学ぶ者はまず根源を究明し、その後で帰依（きえ）して修行する。もし道教の奥深さを知ったなら、儒者の衣（ころも）を捨てて仙人の衣を纏（まと）う。もし仏法の広く深いことを悟ったなら、道士の星冠を置いて髪を剃り落とす。『老子』を唱えつつ、もっぱら仏教経典を説いたり、『詩経』『尚書』を詠いつつ、『道徳経』を誉め讃えるなどと言ったりはしない。それはつまり師匠に背き、損なわれてしまった制度をかき乱すことであり、たんに紫のような雑色や蛙の声のような邪な音楽というだけでなく、緑の衣に黄色の裏地をつけるような分をわきまえない行いである。あなた方は仏教と道教は同種だと言うばかりであったり、あるいは三教はいずれも等しいと述べ、自ら是非の論争を阻止しようとし、他の人に分別しなくてよいと勧めている。もしも是とみなしうる是がなければ、一日じゅう是でありつつ是ではない。非とみなしうる非がなければ、一日じゅう非でありつつ非ではない。是非をまったく分別しないなら、智はここからは生まれない。分別のない心を養いたいなら、分別から始める必要がある。（現代語訳一五一―一五二頁）

ここでは、「三教にはそれぞれに根本の教えがあり、経典ももともと同じではない」というように三教が同一ではないことを明言し、「あなた方は仏教と道教は同種だと言うばかりであったり、あるいは三教はいずれも等しいと述べ、自ら是非の論争を阻止しようとし、他の人に分別しなくてよいと勧めている」と、女官・道士の意見を批判的に取り上げる。さらに「分別のない心を養いたいなら、分別から始める必要がある」というように、まずは区別することが必要だという点を強調している。

そして結語の部分では、三教不斉を論じた十条を再度提示して「仏教が勝り、道教が劣る」と結論づけた上で、「優劣の隔たりがあるだけでなく、教えが異なるのだ」と述べる点にも、内容的違いの論証に重点があることが明瞭に表されている。

至如伽耶、宗族勝、父母勝……至如老君、宗族劣、父母劣……将此十二条[11]、比類二教、果非直優劣懸隔、乃教法不同。（結語、三三六―三四二、校訂テキスト七〇頁）

伽耶（釈尊）の場合は、家柄がすぐれ、父母がすぐれ……老君の場合は、家柄が劣り、父母が劣り……この十項目によって、〔仏・道の〕二教を比較すると、上述のとおり、ただ〔身体の特徴や家柄の〕優劣にはるかな隔たりがあるだけではなく、教法そのものが異なるのです。（現代語訳一六六頁）

では、以上の点を他の三教論争文献と比較して、論点・論調の特徴をより明確にしていきたい。

ここでまず、『三教不斉論』執筆の契機となった「仏道は一種」という女官らの発言と対比してみたいのが、三教論争文献によく見られる「具体的な教えの内容は異なるが、最終的な帰着点は同じ」という一種の常套句で、三教帰一論とでも呼ぶべき考え方である。

この三教帰一論と呼ぶべき言説は、そもそもは『周易』繋辞伝の「天下は同帰して殊塗し、一致して百慮す」に見られるような「終着点は同じだが道筋は異なる」という考え方や、『荘子』天運篇の「迹」（事象）と「迹する所以」（その根本となる真理）を下敷きにしているであろう。[12]そしてさまざまな三教論争文献の中に表された「具体的な教えの内容は異なるが、最終的な帰着点は同じ」という主旨は、例えば次のような言葉の中に見てとれる。東晋孫綽「喩道論」には（儒仏は）「共為首尾、其致不殊（ともに首尾一体となっており、行き着くところは異ならない）」、「其跡則胡越、然其所以跡者、何常有際哉（個々の事象は胡と越のように懸け離れているが、それをかくあらしめる根本には、未だかつて違いなどなかった）」、東晋慧遠「沙門不敬王者論」体極不兼応には（儒仏は）「発致雖殊、潜相影響、出処誠異、終期則同（出発点は違っているが、ひそかに影響しあっており、進退は異なるものの、最終的な目標は同じである）」、劉宋宗炳「明仏論」には「雖三訓殊路、而習善共轍也（三つの教えは道が異なるが、善きことを習うという点では同じ道筋を辿っている）」、梁劉勰「滅惑論」には（儒仏は）「検迹異路、而玄化同帰（具体的な行いを調べてみると道が異なってはいるが、玄妙なる教化は同じところに落ち着く）」、北周武帝「大周二教鍾銘」には（仏道は）「弘宣両教、同帰一揆（二つの教えを広めつつ、一つの道理に帰着する）」、北周王明広（おうめいこう）「周天元立有上事者対衛元嵩」には（三教は）「教迹雖殊、宗帰一也（教えの具体的なあり方は違うが、根本的な帰着点は同じである）」、唐龍朔（りゅうさく）二年（六六二）ごろの作「一僧尼請依旧不拝父母」には（仏道は）「誘済源雖不同、従善終帰一致（導き救うことの出発点は同じではないが、善に従うという点では最終的に同じところに落ち着く）」とあり、また北周道安（どうあん）「二教論」帰宗顕本では、質問者である逸俊童子（いつしゅんどうじ）からの問いかけに「三教雖殊、勧善義一。塗迹誠異、理会則同（三教は違っているが、善を勧めるという意義は一つである。道筋はたしかに異なるが、理が一致するのは同じである）」とある。(13)

こういった言説は、教えの内容を折衷・融合させるのではなくて、違いを保持したままにそれぞれの教えを併存させ、終着点の同一のみを言い、本質的には同目的・等価値だとする考え方である。つまり、三教が各々に異なった教えであることを前提としており、その上で「教えは違っていても、目的・帰着点は同じだ、同じように尊いのだ」という論法と言える。この種の論法は、先行研究では三教調和論、三教斉一論などと呼ばれる場合があった。しかし、これは三教の内容的な調和や斉一ではないのであり、調和論や斉一論という呼称では誤解を生じる恐れがあると思われる。そこで本稿ではこれを三教帰一論と呼ぶことにしたい(14)。

そして、前に見た女官・道士の「仏教と道教は同種のものであり、聴く人は区別をする必要がない」という発言は、一見したところ、従来の三教調和論、三教斉一論という呼び方に合致するかのようで、上に列挙した三教帰一論と同種の考え方を示しているように思えるかもしれない。しかしながら、区別不要と言っている点から、終着点が同じだとする帰一論とは明らかに異なり、教えの内容的な違いを含めて否定するものであることは明白である。敢えて仮に名付けるのであれば、三教同一論、三教混同論とでも呼ぶことになる。この論法には、仏教と道教を混同させて、同じなのだから道教だけでいいというように、仏教を不用と見なすよう誘導する意図があったであろう。

つまり、三教論争でよく見られる三教帰一論は、教えの違いを前提とした終着点・価値のみの一致であるのに対して、『三教不斉論』に見られる女官・道士の言説は、本来は異なる教えを全体的な混同へと導こうとするものである。そして、このような三教を混同させようとする論への反駁であったからこそ、姚謽の言う「不斉」とは、三教の価値的な違い・優劣の主張に止まるのではなく、むしろ内容的に異なることの主張に重点が置かれていたのである。

②他教を強く否定する論ではなく、攻撃性が低い。

もう一つ対比すべき点としては、『三教不斉論』と対照的な論調として、従来の論争によく見られる防御型または攻撃型と呼ぶべき論調が挙げられる。仏教の立場から言えば、防御型とは仏教擁護論であり、他者からの疑念・批判に対して、自身の正当を主張する論調である。「仏など存在しないのではないか、仏教の教えは嘘ではないか」といった問いに対して、「いや、仏は本当に存在し、仏教によって悟りに至り得る。何故なら……」などと主張する。一方で攻撃型の場合は、仏教の立場では道教批判論となり、他者の不当を批判し、存在価値を否定する論調である。つまり「道教の神など存在しない、経典など嘘っぱちだ」などと主張する。

防御型（仏教擁護論）：他者からの疑念・批判に対して、自身の正当を主張
　孫綽「喩道論」、宗炳「明仏論」など
攻撃型（道教批判論）：他者を不当と批判、存在価値を否定
　甄鸞（しんらん）「笑道論」、玄嶷（げんぎょく）「甄正論」など

防御型の明瞭な例としては、東晋の孫綽「喩道論」、劉宋の宗炳「明仏論」を挙げてよいであろう。また攻撃型の代表と言えるのは、全篇を通じて痛烈な道教批判である北周の甄鸞「笑道論」、則天武后（そくてんぶこう）期の玄嶷「甄正論」である。もちろん、防御／攻撃の論調は一つの論の中に混在し得るのであり、必ずいずれか一方に分類されるというわけで

はない。これは三教論争に表れている論調を捉えるための座標軸のようなものであり、その座標軸で分かりやすく突出した位置にあるものとして、これらを挙げるのが適切だろうという意味である。また、今は仮に仏教の立場の場合のみ挙げたが、儒教および道教の立場からの言説にも防御／攻撃の論調がある。

ではさらに、攻撃型の論調の中によく現れる批判の言説を見てみよう。

「笑道論」：「道門詭号」「一何可笑」「後人妄論」「虚妄可曝」「誣惘迷謬」「邪見之重」「妖鄙之甚、穿鑿濫行」など

「甄正論」：「近始偽造、進退無拠」「再三虚妄、偽跡逾彰」「乃委巷之浮談、非典実之雅論、虚偽之状、此又彰焉」など

「詭」、「妄」、「偽」、「浮」、「邪」、「妖」といった語彙からも明白なように、これらの論では道教に対しての明らかな強い否定の表現が用いられている。これらの批判の言説は、真偽の観点から道教を偽り・出鱈目だと否定したり、正邪善悪の観点から道教を邪悪だと非難するものである。

では、このような防御／攻撃の論調と比較して、姚𧬂『三教不斉論』の場合はどうかというと、こちらは防御／攻撃の論調がいずれも希薄であり、また右で例示したような強い否定的表現は皆無と言ってよい。姚𧬂『三教不斉論』は、仏教を攻撃する者や、道教上位を主張する者といった単一の対象に向けた反論ではなく、女官らの区別不要とする論や優劣論といった複数の論を受けての反論であった。そのため、仏教攻撃に対しての正当性・真実性を主張する防御型論調や、道教優位の主張に対しての否定的な攻撃型論調という立場をとらず、女官や聴衆による複数の論全体に対応した形の反論として構成されたと考えられる。

定する。

③老子の否定や教義上の問題点の批判が見られない。

②の攻撃性の低さと関連してさらに述べておきたいのが、老子の否定や教義上の批判をしない点である。姚䛒『三教不斉論』では老子（ひいては道教）を全否定しない。存在やその価値を認めつつ、比較の上では劣ると判定する。

祇如老君、豈全無法。於諸学内、稍即為優、比類尺文、実即為劣。（結語、三三〇―三三一、校訂テキスト七〇頁）

老君の場合は、法（おしえ）がまったくないわけではありません。諸々の学問のなかで、ややすぐれたものであるには違いありませんが、釈尊と比較すれば、まったくもって劣っているのです。（現代語訳一六五頁）

結語の部分で「法がまったくないわけではありません」と言うように、老子にも尊ぶに価する法があると認めている。(15)

このような老子に対する尊重は、先行する文献にも見られることである。例えば北周の道安「二教論」や、すでに挙げた甄鸞「笑道論」は、道家思想と道教を明確に区別しており、老子そのものは批判対象から除外し、後代の道教経典や神仙術、儀礼、まじないなどを厳しく批判する。「二教論」では例えば第六条「道仙優劣」、第九条「服法非老」、第十条「明典真偽」などに顕著に表れているし、また「笑道論」には次のように言う。

案老子五千文、辞義俱偉、諒可貴已、立身治国、君民之道富焉。所以道有符書厭詛之方、仏禁怪力背哀之術、彼此相形、致使世人疑其邪正、此豈大道自然虚寂無為之意哉。将以後人背本、妄生穿鑿故也。（大正五二、一四三下―一四四上）

考えるに老子の五千言からなる教えは、言葉も意味も立派で、まことに尊ぶべきであり、身を立て国を治め、民の上に君主となる道が豊かに備わっている。そして道教にはお札やまじないの方法があり、仏教では怪力や背哀の術を禁じ、両者が互いに対比をなして、世の中の人にその邪正を疑わせて、これがどうして大道自然、虚寂無為の意であろうか、ということになった。後世の人が根本に背き、出鱈目にこじつけたためではあるまいか。

ここには、老子を尊重し、後世に付け加えられた要素を批判する立場がはっきりと表明されている。老子には古来の道家思想としての地位があり、道教を攻撃するからといって老子そのものまで否定してしまう方が、むしろ不自然だったと言える。『三教不斉論』での老子に対する態度は、このように先行する三教論争文献と共通したものである。しかし、「二教論」や「笑道論」が道教経典や神仙術などを強く批判したのに対して、『三教不斉論』はそれらを批判しないばかりか、そもそも教義的な論点にほぼ触れないという点が大きく異なっている。

『三教不斉論』においては、教義上の議論はほとんどなされない。本論の最初の三教不斉論十条では、論点を三教の開祖である釈迦・孔子・老子に限定している。一例として、最も短い第七条の全文を次に挙げておこう。

> 七降伏不斉。伽耶降四種魔、伏六外道、怖酔象、調悪毒龍。孔子畏盗跖、懼桓魋、避陽貨、屈沮・溺。老君一無所伏。以此而比、何異蜉蝣羽与金翅鳥捔飛。是七不斉也。（三教不斉論第七条、一八三―一八六、校訂テキスト六五頁）

> 第七に折伏（しゃくぶく）の仕方が等しくない。伽耶は四種類の魔を降伏させ、六人の外道を折伏し、酩酊（めいてい）した象を怖がらせ、悪（あ）しき毒龍を手なずけた。孔子は盗跖（とうせき）を怖れ、桓魋（かんたい）に怯（おび）え、陽貨（ようか）を避け、長沮（ちょうそ）と桀溺（けつでき）に屈服した。老君は何一つ服従させたものがない。この点によって比較すると、どうして蜉蝣（かげろう）の羽でもってガルーダ鳥と飛び比べをするのと違いがあろうか。これが第七の不斉である。（現代語訳一五六頁）

三教不斉論十条では開祖個人の人物・事跡を順に記述して、ランク付けするという論法をとる。出自や外貌、経歴に関する十項目について記述する口吻はかなり淡々としており、また三者について述べている内容は、一般的な三者のイメージから逸脱していないと言ってよく、孔子・老子を貶めるための操作を加えているわけではない。つまり一般的なイメージの中で釈迦を最上とするのに都合のよい論点を選んだのである。

『三教不斉論』の中で多少なりとも道教・仏教の教義面での評価と見なし得るのは、仏道二教不斉論三条である。しかし仏道二教不斉論においても、教義上の問題点を批判するわけではなく、目指す境地の違いを述べることが主眼である。そして境地の高さによって仏教上位と述べる。第一条を例として挙げてみよう。

一初果不斉。求道教之人、祇願得仙、幷願昇天。設如此願、即道教之極。求仏教者、即不如是。然発意即求無上菩提、趣於秘密涅槃、不願得仙、不願生天。設使業身得生其中、亦不甘楽。此亦初果不斉。（仏道二教不斉論第一条、二二五―二二九、校訂テキスト六六頁）

第一に最初の果報が等しくない。道教を求める人は、せいぜい仙人になること、天に昇ることを願うにすぎない。この程度の願いが、道教が究極とすることである。仏教を求める者はこのようなものではない。悟りを求める心を起こせば、ただちに無上菩提を求め、秘密涅槃へと向かうので、仙人になることを願わず、天に生まれかわることを願わない。たとえ業を受けている身体はその天の中に生まれかわれたとしても、喜ばない。これが初果の不斉である。（現代語訳一五八―一五九頁）

例えば道教に対する攻撃的な論であれば、「仙人や天上世界など存在しない、すべて嘘っぱちだ」とでも言うところであろう。しかしすでに述べたように『三教不斉論』には攻撃的言説は皆無であり、「得仙」、「昇天」をあり得ないこととして否定するわけではないのである。

このような『三教不斉論』と比較すると、他の三教論争文献では多くの場合、教理や儀礼、経典といった論点が中心とされる。例えば仏教に関しては、仏陀・涅槃・輪廻・因果応報などの実在性や、中国古来の習慣との齟齬が問題となり、道教については、神仙術・符呪・経典の真偽や経典間の矛盾が問題となる。そして多くの場合、他教を批判・否定する言説が繰り広げられる。『三教不斉論』が、こういった過去の論争でよく取り上げられてきた問題点にほとんど触れず、開祖個人に論点をしぼった背景としては、一、比較するには不便だから、二、道教を否定したくはないから、三、実は教義の知識が足りなかったから、といった可能性が考えられるだろう。

上で述べてきたように、『三教不斉論』は三教すべてを「聖言」とみなし、また教理や儀礼、経典といった論点をほぼ排除したこともあって、攻撃的言説が顕著に少ない論となっている。『三教不斉論』は、三教論争によく見られるような他教を排除する立場をとらずに、まずは三教すべてを「聖言」とみなした上で、区別不要論への反論として各教えの内容的違いを記述し、その記述を通して三教の序列を明らかにする、という手法をとっているのである。

五　空海『三教指帰』序文への影響

以上のような特徴を持つ姚謽『三教不斉論』は、後に最澄（七六七―八二二）と空海（七七四―八三五）によって日本へと将来された。ではこの文献は、日本への伝来によっていかなる影響をもたらしたのか。この問題について、本稿では空海『三教指帰』序文への影響を指摘しておきたい。

空海『三教指帰』は、まず入唐以前の延暦十六年（七九七）に『聾瞽指帰』という題名で著され、後に序と末尾の詩のみ改作したものである。その本論では、兎角公の館で蛭牙公子に対して亀毛先生（儒教）、虚亡隠士（道教）、仮名乞児（仏教）という三人の人物がそれぞれ順に三教の素晴らしさを説き、最後の仏教の立場が最も優れていると結ばれる。いずれの登場人物も自身の奉じる教えを称揚するのが主眼であり、他の二教を批判、非難することはない。

この本論は、『聾瞽指帰』と『三教指帰』の間で字句が多少異なるのみであり、我々が姚䛒『三教不斉論』との関わりから注目すべきは、大きく改作された序と詩である。
松長有慶氏は、この論が著述された時点での『聾瞽指帰』序は一種の文学論で、詩は儒・道二教に批判的であるが、その後改作された『三教指帰』序は自伝的回想と呼べる内容であり、序と詩では儒・道二教それぞれに価値を認め、融和的かつ協調的だとする[16]。また加地伸行氏と松長氏は、序と詩の改作は空海帰朝後であり、改作時期は八二〇年代ではないかとも推測している。さらに両氏は序・詩改作を空海入唐時（八〇四―八〇六）の三教調和の風潮に影響を受けたと考える[17]。
しかしこの点については、新たに発見された姚䛒『三教不斉論』の影響が大きかったと言えるだろう。そのことは『三教指帰』序の一節に顕著に表れている。

『三教指帰』序

余思物情不一、飛沈異性。是故聖者駆人、教網三種、所謂釈孔李也。雖浅深有隔、並皆聖説。若入一羅、何乖忠孝。

私が思うに、万物の本性は一つではなく、鳥と魚は性分が異なる。そのため聖人が人々を導くのには、三種類の教えの網があり、それがいわゆる釈尊（仏教）、孔子（儒教）、老子（道教）である。浅さ深さには隔たりがあるとはいえ、いずれも聖人の教説である。もし一つの網の中に入れば、どうして忠孝の教えに背くことなどあり得ようか。

空海のこの言を、すでに上文でも引用した『三教不斉論』の「三教俱是聖言（三教はすべて聖なる教えの言葉）」（八五、校訂テキスト六一―六二頁）と見比べると、明らかな類似が認められる。入唐した九世紀初頭の風潮とも関連するかもしれないが、より直接的には、玄宗開元年間に作られた姚䛒『三教不斉論』の方が改作の契機であったと考えてよいだろう。これによって、『三教指帰』への改作時期は、少なくとも唐からの帰国後であったと確定してよい。入唐以前の若き日に空海がすでに著していた本論は、上でも述べたように各教がいかに優れているかを順に称揚する内容である。そのような論を書いたことのある空海にとって、入唐中に眼にした姚䛒『三教不斉論』は、同じく批判的・否定的な言説が皆無であり、また儒・道二教を尊重しつつ仏教を最上とする論として、大いに彼の共感を呼んだのであろう。

結

以上で見てきたように、姚䛒『三教不斉論』の「不斉」とは、三教に優劣の差があることのみならず、三教の教えの内容的違いをも指している。彼の言う「不斉」の重点は、価値が等しくない、優劣がある、ということよりも、むしろ内容が同じではないと主張することに置かれていた。この論は、道筋は違うが終着点は同じとする三教帰一論とは異なり、道筋だけでなく、最終的な到達点にも優劣の序列を設けており、仏教を最上とし、儒教・道教を下位に位置づける論である。その点では儒教・道教に対する批判的論であることに変わりはない。ただし『三教不斉論』は儒教・道教を不要とするような強い批判・否定ではなく、三教すべての存在価値を認めており、他の教えを尊重する立場をとっている。このような論調が、すでに『聾瞽指帰』を著していた空海の共感を呼び、『三教指帰』序への改作を促したのであろう。

今回の考察により、姚䛒『三教不斉論』の論調は、従来知られていたさまざまな三教論争文献とは趣を異にすることが明らかとなった。この考察から浮かび上がってきた『三教不斉論』の論調を新たな起点として、従来の三教論争に見られる各種の論調を改めて分析し、各論争文献の位置づけを捉え直すことができるだろう。それによって三教論争全体の見取り図を作ることを今後の課題としたい。上で触れたように、従来の「三教斉一論」「三教調和論」といった呼び方は些か曖昧に使われてきたと言える。これに代わる呼称として、例えば今回用いた「三教帰一論」以外にも「目的一致論」「価値同等論」「内容一致論」「内容融合論」などを提案してみてよいだろうし、さらにはそのような論を著した意図がどこにあったのかも、その時々の社会情勢と相まって、実際にはかなり多様であったろう。各々の論の意図については、その当時の時代背景、政権側の保護・弾圧といった態度、特定の対論者の有無といった要素を考えねばならない。また防御型／攻撃型の要素や、攻撃における真偽・正邪・善悪という批判の角度についてもさらなる考察が必要であろう。これについては稿を改めて論じたい。

註

（1）『通典』巻百八十一、『旧唐書』巻四十。『旧唐書』巻四十によれば乾元元年（七五八）に中州から上州に昇格。

（2）『通典』巻百七十五、『旧唐書』巻四十一。

（3）『唐六典』巻三十、『通典』巻三十三、『旧唐書』巻四十二、四十四。

（4）『三教不斉論』の引用は本書本文篇による。引用の際には藤井淳「姚謽撰『三教不斉論』（石山寺所蔵）写本の翻刻」（『高野山大学密教文化研究所紀要』第二四号、二〇一一、一―四六頁）の行数および本書本文篇の頁数を示す。

（5）河南道の虢州に属し、虢州の北西、黄河の南岸に位置する。『元和郡県図志』巻六河南道二虢州「閿郷県。（望。東南至州一百里。）本漢湖県地、属京兆尹。自漢至宋不改。周明帝二年、置閿郷郡。按、閿郷、本湖県郷名。……隋開皇三年、廃閿郷郡、十六年移湖城県于今所、改名閿郷県、属陝州。貞観八年、改属虢州」。

(6) 他に「仙壇」が道観の名とされた例としては、顔真卿「麻姑仙壇記」の作が挙げられるが、これは撫州南城県麻姑山を指す。

(7) 伝承では隋～初唐に劉進喜、李仲卿が仏典を取り入れて撰述（『甄正論』巻下、大正五二、五六九下）。山田俊『唐初道教思想史研究――『太玄眞一本際経』の成立と思想』（平楽寺書店、一九九九）によれば、六三〇年ごろにはすでに存在し、七〇〇年ごろには十巻本の形が成立した。玄宗朝では全国の道観にこの経の転読が命じられた（『全唐文』巻三十一、三十六）。

(8) これらの講義が行われた閿郷県の当時の状況と仙壇観について、詳しくは本書所収の倉本論文を参照。

(9) この対応については池田将則氏よりご指摘をいただいた。

(10) 以下では主として次の論文・訳注を参照した。西山蕗子「法琳『破邪論』について」（『鈴木学術財団年報』第九号、一九七三、六九―八六頁）、蜂屋邦夫「北周・道安「二教論」注釈」（『東洋文化』第六二号（特集 六朝隋唐の道家道教と仏教）、一九八二、一七五―二一二頁）、「六朝隋唐時代の道仏論争」研究班「「笑道論」訳注」（『東方学報』京都六〇号、一九八八、四八一―六八〇頁）、吉川忠夫『大乗仏典〈中国・日本篇〉第四巻　弘明集・広弘明集』（中央公論社、一九八八）、中西久味「『弁正論』と三論教学」（『平井俊榮博士古稀記念論集　三論教学と仏教諸思想』春秋社、二〇〇〇、二一一―二三四頁）、藤善真澄『隋唐時代の仏教と社会――弾圧の狭間にて』（白帝社、二〇〇四）、『新アジア仏教史07中国Ⅱ隋唐　興隆・発展する仏教』（佼成出版社、二〇一〇）、吉川忠夫「第1章　隋唐仏教とは何か」、中嶋隆蔵「第7章　士大夫の仏教受容」。

(11) 本文篇の訓読の註(285)で述べるように、この「二」は衍字とする。

(12) 『周易』繫辞伝下「子曰、天下何思何慮。天下同帰而殊塗、一致而百慮。天下何思何慮」、『荘子』天運「老子曰、幸矣子之不遇治世之君也。夫六経、先王之陳迹也、豈其所以迹哉。今子之所言、猶迹也。夫迹、履之所出、而迹豈履哉」。

(13) 東晋孫綽「喩道論」、『弘明集』巻三、大正五二、一七上。東晋慧遠「沙門不敬王者論」体極不兼応、『弘明集』巻五、大正五二、三一上。劉宋宗炳「明仏論」、『弘明集』巻二、大正五二、一二上。梁劉勰「滅惑論」、『弘明集』巻八、大正五二、五〇中。北周武帝「大周二教鍾銘」、『広弘明集』巻二十八、大正五二、三三〇上。北周王明広「周天元立有上事者対衛元嵩」、『広弘明集』巻十、大正五二、一五八中。唐龍朔二年（六六二）ごろの作「一僧尼請依旧不拝父母」、『広弘明集』巻二十五、大正五二、二九〇中。北周道安「二教論」帰宗顕本、『広弘明集』巻八、大正五二、一三六中。

（14）ここでは詳論を控えるが、三教帰一論を用いる目的は状況によってさまざまであり、例えば、価値が自明である儒教に引きつける・論争で劣勢な側が用いて自分たちの価値を引き上げ、対等を主張する・優位な側が用いて、他教を取り込もうとする・論争を調停する立場が用いて、論争の激化を防ぎ、各教の併存を勧める、といった目的が考えられる。

（15）「云老子化胡、方乃成仏、常聞此語、誠是寒心、何愚之甚、而自欺也」（二三七―二三八、校訂テキスト六七頁）という止化胡成仏謗の中の一箇所は非難に類する表現と言えるが、この場合も老子化胡説を愚かと評しているに過ぎず、老子そのものや道教全体を否定するわけではない。

（16）松長有慶「空海の生涯・思想と『三教指帰』」（福永光司訳『空海』中央公論新社、二〇〇三、一―二七頁）参照。

（17）加地伸行「空海と中国思想と――『指帰』両序をめぐって」（『中国思想からみた日本思想史研究』吉川弘文館、一九八五、第一部第二章第一節、六九―九六頁）、松長前掲書参照。

法琳の著作との比較から見た姚辔『三教不斉論』の特徴について

倉本　尚徳

はじめに

本稿では、姚辔『三教不斉論』の特徴を明らかにするため、本テキスト内外両面からの検討を加える。最初に外的側面としては、本論撰述のきっかけとなった女官（女性の道士）・道士の講義が行われた、閿郷（ぶんきょう）県における老子顕彰活動について明らかにする。次に内的側面については、筆者が『三教不斉論』の典拠調査をする過程で最もこの書と関係が深いと判断した法琳の文章、特に『弁正論』との比較を行い、『三教不斉論』の特徴を明らかにしたい。

まず、『三教不斉論』の概要について簡単に説明しておこう。本論の正式な名称は、石山寺本・諸橋文庫本では「定三教優劣不斉論」、西南院本では「三教定優劣不斉論」である。つまり三教には優劣があり、同等ではないことを定める論ということである。著者の姚辔は、かつて「盧州参軍」という下級地方官に就いていた在俗者である。

藤井淳氏の指摘によれば、『三教不斉論』の文献としての成立時期の下限は、石山寺本の奥書により、大暦九年（七七四）である。[1] ただし、この論が執筆される直接の契機となったのは、開元十一年（七二三）・十二年の二回、姚辔が仙壇観における女官と道士の講義を聴講したことである。明確に限定することはできないが、『三教不斉論』の形での執筆も開元十二年（七二四）からさほど大きくは降らないと考えるのが自然である。[2] 執筆のいきさつ・動機については、本論中において以下のように述べられている。

僕者開元十一年冬、詣閿郷拝掃、見蒲州女官於所部仙壇観講老子経。洎十二年春、復有陝州道士、又於其中講本際経。並云、仏・道一種、聴者不須分別。于時講下多有博達君子、咸起異端。或有専於道教者、称仏劣而道教優。或有崇仏教者、云仏深而道浅。数輩交唱、紛紜積晨。当時更有外至者復云、非惟仏・道一種、抑亦三教並斉。終日喧喧、有如崔議、各言己是、咸説他非。竟日終朝、而未能定。僕謂之曰、亦三教倶是聖言、小而論之略同、大而取之全異。漸次而学、如堂室耳。学者体之、総亦兼解、不応頓説三教並不斉也。小子狂簡、輒欲論之、高才見遠、未知許不。或人曰、敢聞命矣。（本書六一―六二頁）（以下、『三教不斉論』の出処については本書校訂テキストの頁数を示す。）

すなわち、開元十一年の冬、姚謽が閿郷県に墓参りのため帰郷した折、蒲州を本籍とする女官が管轄する仙壇観において、その女官による『老子』の講義を聴講した。また、十二年の春には、陝州を本籍とする道士が同じ場所で『本際経』を講じた。講義においては、上記の女官と道士ともに、仏教と道教は一種であり、区別する必要はないと主張した。

それに対し、聴講者がみな異議を唱えた。道教を専門とする者は、仏教は劣り、道教は優れていると主張した。仏教を崇拝する者は、仏教が深遠で道教は浅薄であると述べた。さらに外からやって来た者は、仏教と道教が一種であるだけでなく、そもそも三教が斉一であると主張した。それぞれ自説に固執し、諸説紛々として日が暮れても決着がつかなかった。

『三教不斉論』の著者はそれらの意見に対して、三教はともに「聖言」であり、小さい点から論ずればほぼ同じであるが、大きな点ではまったく異なる。そして、それらは順に学ぶものであるという自説を開陳した。その時の議論の内容をもとに撰述されたのが『三教不斉論』であると考えられる。

このことを本論の内容に即して具体的に説明しよう。『三教不斉論』は大きく分類して「三教不斉」「仏道二教不斉」「止道士毀仏論」の三部分より構成される。そして、「三教不斉」は「三教並びに斉し」という論に対する反論、「仏道二教不斉」は「仏・道は一種、聴者は分別を須(ま)たず」に対する反論、「止道士毀仏論」は「仏劣りて道教優る」という論に対する反論となっている。(3)

唐代の道観の観主は必ずしも本籍地任用ではないので、この文章を素直に読めば、蒲州を本籍とする女官が管轄した仙壇観は、閿郷に存在したと考えられる。(4)では、この道教の経典講義とその後の議論の舞台となり、かつ撰者の故郷である閿郷とは、当時いかなる宗教的背景を有した土地であろうか。このことについて、次節において検討してみたい。

一　閿郷県における太上老君降臨説話

唐代の閿郷県の治所は、現在の地名で言うと陝西省との省境も近い河南省霊宝市の西部、南から北へ流れる双橋河の黄河への流入口付近東岸に位置する。当時においては、長安と洛陽を結ぶ幹線道路沿いに位置し、交通の要衝

閿郷県周辺地図

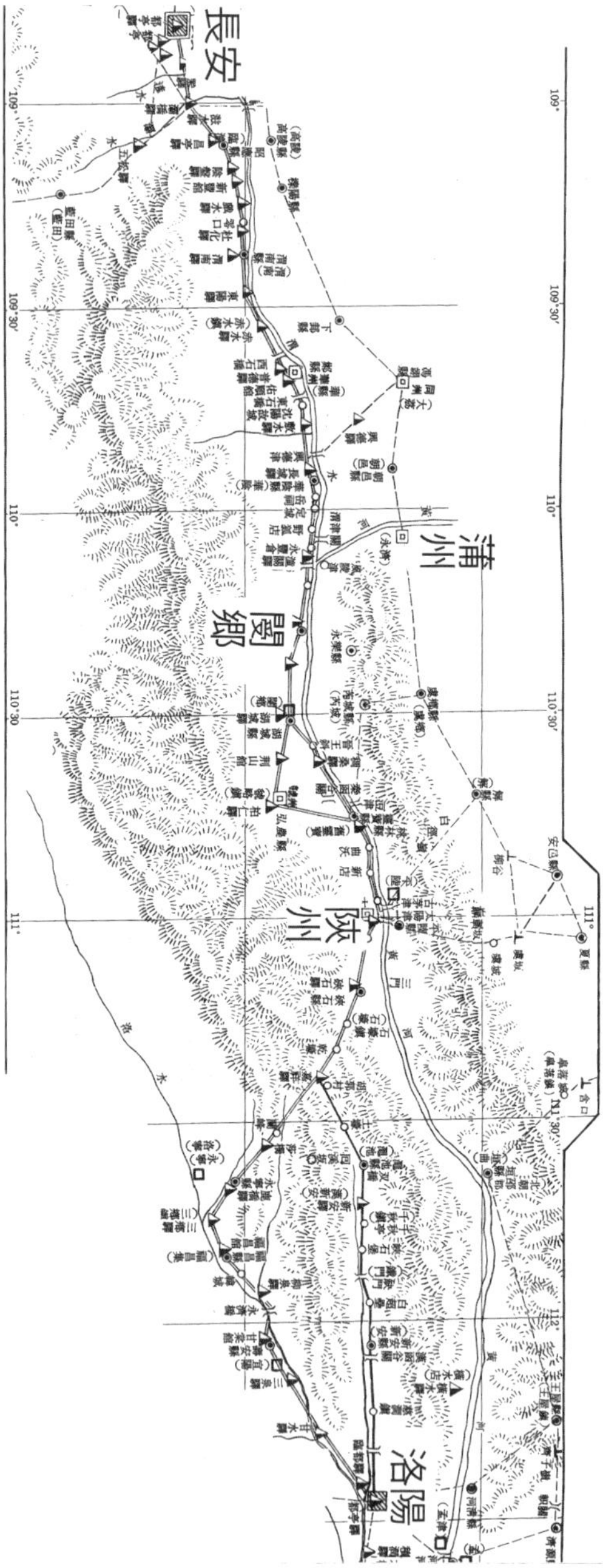

厳耕望『唐代交通図考』上海古籍出版社、二〇〇七、第一巻、図2をもとに加工

であった（地図参照）。

では仙壇観という道観はどこにあったのであろうか。『閿郷県志』を参照して閿郷県の道教関係古蹟を調べてみると以下のごとくである。

①『（順治）閿郷県志』

○山川（巻二）

董社原　按『通鑑』、在県西南四十五里、隋楊玄感起兵与宇文述嘗戦于此。世伝唐玄宗時、有白髪黄冠過此、謂鄔元崇曰、我是太上老君、汝帝元祖也。因更名皇天原(5)。

○古蹟（巻二）

鄔東聚　県西五十里蜀真人鄔元崇隠此。

○祠廟（巻三）

三清殿　神像後有大唐総章二年建造小石老子像及左右二侍者。見存。

○寺観（巻三）

朝陽観　東街。

煉真観　県南二十里。

玉嵓観　県東南三十里。

祥符観　唐開元中建。内有玄宗御書道徳経二碑。今廃。

寥游軒　県西四十五里。更名朝陽観。

朝元観　在陽平社。奉勅賜額。有碑記。

薬王祠　西峪山下。

②『（民国）新修閿郷県志』巻二十三

○古蹟

皇天原　在城西南四十五里、即董社原地。『通鑑』隋楊元(ママ)感起兵与宇文述嘗戦於此。世伝唐元(ママ)宗時、有白髪黄冠過此、謂鄔元崇曰、我是太上老君、汝帝元祖也。因更名皇原天(ママ)。

○廟寺

三清殿　神像後有大唐総章二年建造小石老子像及左右二侍者。見存。(6)

朝陽観　県城東街城隍廟西辺。今廃。

朝元観　県南陽平社庵上村。奉勅賜額。有碑記。今廃。

祥符観　唐開元中建。有玄宗御書道徳経二碑。今廃。

凌虚観　県西四十五里皇天原巓。蜀真人鄔元崇上升之地。見『夢遊軒記』。

煉真観　県南二十里陽平鎮。

鄠東観　県西五十里。

玉宮観　県東南三十五里。

以上のように、『鄠県志』には仙壇観という道観は見られない。しかし玄宗の時、太上老君が現れたという「皇天原」や、玄宗の御書道徳経二碑があったという「祥符観」が注目される。祥符観については、以下のように柴通玄に関する記事がいくつかある。

柴通玄、字又玄、陝州鄠郷人。為道士於承天観。年百余歳、善辟穀長嘯、唯飲酒、言唐末事、歴歴可聴。太宗

召至闕下、懇求帰本観。……所居観即唐軒遊宮、有明皇詩石及所書道徳経二碑。（『宋史』巻四百六十二　方技下・柴通玄伝）

柴先生獲太乙真君筆
柴文元（ママ）、本綿州彰明県弓手。……住閿郷県観中。真宗西祀回、召対賜坐、問以無為之要、賜茶薬束帛。時已百余歳、善服気、能長嘯、精彩如中年人。観即唐軒遊宮、有明皇詩及所書道徳経二碑。真宗作詩賜之、改賜祥符観額。邑人至今呼為柴先生観。（南宋　呉曽撰『能改斎漫録』巻十八　神仙鬼怪）

閿郷。望。貞観元年来属。……有軒遊宮、故隋別院宮、咸亨五年更名。（『新唐書』巻三十八　地理志二　虢州弘農郡）

これらの資料によると、祥符観はもともと隋の別院宮であり、咸亨五年（六七四）に軒遊宮と改名された。ここで注目されるのが、以下の杜光庭『歴代崇道記』（中和四年（八八四）撰）の記事である。

文明元年天后欲王諸武、上乃現于虢州閿郷県龍台郷方興里皇天原、遣鄗玄崇、令伝言於天后云、国家祚永而享太平、不宜有所僭也。天后遂寝、乃捨閿郷行宮為奉仙観。

つまり、『三教不斉論』の撰者姚謽の郷里である閿郷県には、文明元年（六八四）太上老君が皇天原に降臨し、鄗玄崇を遣わして、自身の一族を王位に就けようとした武后の専横を誡めたという故事が存在した。則天武后は、閿郷の行宮を喜捨して「奉仙観」としたという。『歴代崇道記』にはさらに以下のような記事もある。

帝東封、獲江淮間三脊茅、乃令於所獲之地置霊茅観。乃礼畢、迴謁聖祖於亳州本宮、親札道徳経於石、作大幢、造八角楼、覆之於虚无殿之前。又幸懐州開元観及閿郷奉仙観、為王公万民所請、亦親札二経、以大石対峙立之、一如太清之製。乃詔授鄔玄崇為虢州刺史。

『旧唐書』巻八　玄宗本紀によれば、玄宗は開元十二年（七二四）十一月に東都洛陽に御幸し、そのまま東都にとどまり、翌年開元十三年十一月に泰山に参詣し、封禅の儀礼を執り行っている。上記記事によれば、その帰途、亳州本宮に立ち寄って老子を拝し、『道徳経』を揮毫した。また、懐州開元観と閿郷奉仙観に行幸し、王公万民の請いに応じて『道徳経』を揮毫した。そして、唐王朝に忠義を尽くして武后を諫めた鄔玄崇を讃えるため、彼に虢州刺史の官を贈与した。『冊府元亀』には、開元二十九年（七四一）二月、鄔玄崇に棣州刺史を追贈した記事もあり[7]、玄宗がこの故事を特に重視していたことがわかる。

以上の記事を総合すると、この道観の名は「奉仙観↓……↓承天観↓祥符観」というように変遷したと考えてよいだろう。また『旧唐書』や『通志』には、この故事が『皇天原太上老君現跡記』という書物として流通していたことが、以下のように記録される。

『皇天原太上老君現跡記』一巻　文明元年老子降事。[8]

『皇天原太上老君現跡記』一巻　唐文明元年現于虢州閿郷県皇天原。与予章人鄔元宗語唐世祚運事。(9)

ここで再び、冒頭に掲げた『三教不斉論』の記事を参照すると、仙壇観における講経の講下には多くの「博達君子」が集まり、議論が活発に交わされ、日が暮れても決着がつかなかったとされる。この記事からは、この仙壇観が比較的大きい規模であったことが推察される。そうすると、『三教不斉論』の「仙壇観」は、玄宗の御書道徳経碑が置かれた「奉仙観」を指す可能性を第一に考えてよいだろう。

たとえ、仙壇観がことは別の道観であったとしても、仙壇観の道士たちは、皇天原の老子降臨説話についてよく知っていたであろう。仙壇観において講経が行われた開元十一・十二年は、まさに皇天原における老子顕現と鄔玄崇の唐王朝に対する忠節の故事が顕彰されていた時期なのである。その結果、玄宗皇帝もこの故事に注目して奉仙観に御幸し、王公万民の請いに応じて御筆道徳経碑を建立し、鄔玄崇に贈官したのであろう。

『三教不斉論』は、道教について論ずる際、六朝期から道教の最高神とされた元始天尊などではなく、老子を主題としている。『三教不斉論』撰述の時代的・地域的背景として、玄宗による一連の老子尊崇政策に呼応した閿郷県における老子降臨説話の顕彰活動を想定すべきではないだろうか。(10)

二　『三教不斉論』序論における三教比較

次に、『三教不斉論』の内容の検討に移りたい。まず、本書校訂テキスト五九―六一頁の序論にあたる部分を検討する。この論の主要な論点はほぼこの箇所にまとめられているといってよい。その内容をまとめて整理した**表一**を参照いただきたい。表を一見してわかるように、三教比較の内容は三教の教理内容の比較ではなく、孔子・老子・釈迦という三者の生年、出自、外見、その教化力といった、いわば教主の優劣の比較であり、釈迦―孔子―老子という優劣の序列を明確にすることである。これは本論全体を通じた特徴である。それではこのような論はいかなる背景のもとに生み出されたか。以下では、まずその典拠資料の調査から始めることにしよう。

表一 『三教不斉論』序論の三教比較

	釈迦	孔子	老子
生年	周第四主廿四載甲寅之歳四月八日。若論其生時年月、在於老君之前三百卌五年。	周末	周定王廿二載乙卯之歳九月十四日夜子時。
種族・官歴	千世転輪王孫、粟散王之嫡子。若不出家、当紹転輪王位、王四天下、厭世栄花、知生死苦、出家成仏、号天人師。	魯国之大夫	生十三載為守蔵吏、後為大史。至周簡王入秦、行至函谷関、為令尹喜説五千文。
身相（相貌）	身長一丈六尺、紫磨金容、項背円光、胸題万字、足蹈金輪、有卅二相八十種好。	髪長七尺、垂手過膝、身長九尺四寸。	身長四尺六寸、珊耳褰脣、膊夾跨闊。
説教 教化 益国利民	修多羅蔵海、時訓人天、八部奉行。孔老説教、法天制用、不敢違天。若論仏者、行則帝釈引前、梵王従後。	領徒三千、博読六芸、達者七十二人、曽参行孝、最為上首。修春秋、述易道、立社記、弁四時、存礼楽。	不立観宇、不統門徒、東不出於海、西不至於秦、北不至於黄河、南不到於広府。

結論	若論其生時年月、在於老君之前三百卌五年。益国利人者、莫過於釈教也。敬乃得福恒沙、礼即除殃万劫。仏教者受持読誦、五眼開明、除災万劫。一身相殊勝過人、二即教流万国、三乃種族豪族、四即益国利人。	孔子身量不及於仏老（老は衍字か?）、教但一生、後又無福。亦何能比於仏教。	其老君身量不及孔丘、教亦不如。李老君者、但説五千文、更無言説。何能継於孔子。

三　『三教不斉論』の典拠資料について

本節では、『三教不斉論』の典拠について検討する。以下それぞれA（書名を挙げるもの）、B（書名を挙げて文章を引用するもの）、C（書名を挙げないが他書を参照・借用したと思われる箇処）に分けて示す。

A　書名を挙げるもの

『三教不斉論』の中に挙げられている書名は、『暦帝記』『洪明集（弘明集）』・百家諸子・『国臣記』『史記』『春秋』『暦載記』『爾雅』『孝経序』『千字文』『魏書』『涅槃経』、さらには、〈周『穆天子伝』『周書異記』・前漢劉向『列仙伝』序・古旧二録・後漢『法本伝』『法王本記』・呉尚書令闞沢等衆書、『阿含経』『普曜経』『瑞応経』〉である。ただし、〈 〉内は『唐護法沙門法琳別伝』（以下『法琳別伝』と略）巻中から転用した文章中に見られる書名である。よって直接参照したとは限らない。

『暦帝記』は、おそらく姚恭『年暦帝紀』である。この書は『隋書』経籍志に「年暦帝紀　三十巻　姚恭撰」、『旧唐書』経籍志には「年暦帝紀　二十六巻　姚恭撰」とある。『弁正論』巻五　仏道先後篇ではさらに詳しくこの書について説明している。その文は以下の通りである。

隋世有姚長謙者（陳子良註：名恭、斉為渡遼将軍、在隋為修暦博士。）学該内外、善窮算術、（中略）、開皇五年乙巳之歳、与国子祭酒開国公何妥等、被召修暦。其所推勘三十余人並是当世杞梓、備諳経籍者、拠三統暦、編其年号、上拒運開、下終魏静、首統甲子、傍陳諸国。爰引九紀・三元・天皇・人帝・五経・十緯・六芸・五行・開山図・括地象・古史考・元命包・援神契・帝系譜・鉤命決・始学篇・太史公律暦志・典略之与世紀・志林之与長暦・百王詔誥・六代官儀・地理書・権衡記・三五暦・十二章、方叔機・陶弘景等数十部書、以次編之、合四十巻、名為『年暦帝紀』。頗有備悉、文義可依。（大正五二・五二一下）

B　書名を挙げて文章を引用するもの

『三教不斉論』が書名を挙げて文章を引用するものを示すと、**表二**の上段のようになる。『国臣記』は佚書であるので典拠を示すことはできないが、関連する文章を下段に掲げておく。序論部分では、『国臣記』という他書にはほとんどその名が見えない書物を多く引用している。『国臣記』は『周書異記』に見える釈迦・老子の生年と共通する内容を有している。よって、仏教を儒・道よりも優位とする立場から書かれたものと思われる。他には、『史記』や『魏書』を引用しているが、これらは現行本の『史記』や『魏書』に見えない。実際は、法琳の『破邪論』や『法琳別伝』、あるいは『広弘明集』などを参照して撰述したと考えられる。

表二　『三教不斉論』が書名を挙げて引用する文章

『三教不斉論』	関連する文章
案『国臣記』云、「李老君者、生於周定王廿二載乙卯之歳九月十四日夜子時。生十三載為守蔵吏、後為大史。至周簡王入秦、行至函谷関、為令尹喜説五千文」（本書五九頁）。	『破邪論』巻上　元魏孝明召仏道門人論前後（出魏書）「法師問曰、老子当周何王幾年而生、当周何王幾年西入。姜斌曰、当周定王即位三年乙卯之歳、於楚国陳郡苦県厲郷曲仁里九月十四日夜子時生。当周簡王即位四年丁丑之歳、事周為守蔵吏、当周簡王即位十三年景戌之歳、遷為太史。当周敬王即位元年庚辰之歳、年八十五、見周徳陵遅、遂与散関令尹喜西入化胡」（大正五二・四八一中）。 　四明山石芝宗暁『三教出興頌注』「今按『史記』幷『老子内伝』『魏書』『国臣記』等、皆云、老子在周世第二十二主定王元年乙卯九月十四日子時、生於陳国楚苦県厲郷曲仁里」（続蔵一〇一・二〇六左上、新纂続蔵五七・九九上-下）。
又案『国臣記』云、「李伯陽者、八十載在母腹中、初生之時、頭首皓白、以小故号為子、以髪白故号為老」（本書五九頁）。	葛玄『道徳真経序訣』「周時復託神李母、剖左腋而生、生即皓然、号曰老子」。
案『国臣記』・『孝経序』云、「孔子者生於周末、領徒三千、博読六芸、達者七十二人、曽参行孝、最為上首」（本書五九-六〇頁）。	『古文孝経序』「夫子敷先王之教於魯之洙泗、門徒三千、而達者七十有二。貫首弟子顔回・閔子騫・冉伯牛・仲弓、性也至孝之自然、皆不待諭而寤者也」。
『国臣記』云、「魯孔丘者為魯国之大夫也。頭像尼丘山、河目海口、髪長七尺、垂手過膝、身長九尺四寸。修春秋、述易道、立社記、弁四時、存礼楽」（本書六〇頁）。	『孔子家語』困誓「孔子適鄭、与弟子相失、独立東郭門外。或人謂子貢曰、東門外有一人焉、其長九尺有六寸、河目隆顙」。
謹案『国臣記』云、「周第四主廿四載甲寅之歳四月八日、江河大漲、井皆溢出、非時樹花。周昭王問大史蘇由曰、是何徴。答曰、西方有大聖人生今日。帝復問曰、其相	『広弘明集』巻十一　法琳　上秦王論啓「案周書異記云、周昭王即位二十四年甲寅歳四月八日、江河泉池忽然泛漲、井泉幷皆溢出。宮殿人舍山川大地咸悉震動。其夜五色光気入貫太微、遍於西方、

何如。蘇由曰、身長一丈六尺、紫磨金容、項背円光、胸題万字、足蹈金輪、有卅二相八十種好。昭王問曰、此人何如。蘇由曰、未来八十年住世、説法度人、身没之後一千年外、教流東土。昭王聞已曰、甚大快乎。我聞相貌極長、功徳殊勝。恐奪我位。若当如是、甚大快哉。即遣人鐫石記之、埋在南郊」（本書六〇頁）。

尽作青紅色。周昭王問太史蘇由曰、是何祥也。由対曰、有大聖人、生於西方、故現此瑞。昭王曰、於天下何如。由曰、即時無他。一千年外声教被及此土。昭王即遣鐫石記之、埋在南郊天祠前」（大正五二・一六三上）。

又案『国臣記』云、「西方有大聖人、時訓天人、教化八部、八十年説法。周穆王五十二年二月十五日、天下黒雲、狂卒風起、発損人舍、樹木傷折、午後天陰。穆王問扈多太史曰、是何徴祥。太史答曰、西方大聖人、今日滅度。穆王喜悦、我常恐此人侵我境土、今日已化没、甚大快哉」（本書六〇頁）。

『広弘明集』巻十一「（上記文章のつづき）……。至穆王五十二年壬申歳二月十五日平旦、暴風忽起、発損人舍、傷折樹木、山川大地皆悉震動。午後天陰雲黒。西方有白虹十二道。南北通過連夜不滅。穆王問太史扈多曰、是何徴也。対曰、西方有大聖人滅度。衰相現耳。穆王大悦曰、朕常懼於彼。今已滅度、朕何憂也」（大正五二・一六三上）。

又案『史記』云、「漢明帝永平十四年正月十五日、五岳十八諸山道士、皆聞入奏、競共紛紜、各上表定仏法是非。于時漢明帝、摩騰・竺法蘭三蔵二人説法、広現神通。南岳道士褚善信・費叔才二人、闘校勝劣、自知無験。明帝謂諸道士曰、卿等我教無験。聞有益州部内五百戸亡命山沢群賊、卿等今日与彼無異。其褚善信・費叔才聞帝此語、心生惶怖、投河而死。東岳道士呂恵通等一百七十人奏聞、臣等不量徳劣、輒与釈教比並、又大聖神通変化。臣等並請出家為僧、投於釈教」（本書六一頁）。

※司馬遷『史記』にはなし。

『破邪論』巻上「『漢法本内伝』云、……永平十四年正月一日、五岳諸山道士、朝正之次、互相命云、至尊棄我道法、遠求胡教。我等今因朝次、各将太上天尊所制経書、尽己之所能、共上一表曰、五岳十八山観太上三洞弟子道士褚善信等六百九十人、死罪上言。臣聞、太上無形無名、無極無上、……若臣等比対有勝、乞除虚偽。勅遣尚書令宋庠引入長楽宮、詔此月十五日大集白馬寺南門外。道士等共置三壇、壇別開二十四門。南岳道士褚善信等七十人、将霊宝真文太上玉決崆峒霊章昇玄歩虚太上左仙人請問自然五称諸天内音等経合一百三巻、……都合五百六十九巻、置之西壇。……臣等謹依三五歩剛之法、敢以置経壇上、以火取験、欲開暁未聞、以弁真偽。便放火焼経。経従火化、悉成灰燼。道士等見火焚経、心大驚怖。……先有種種功能者無一可験。諸道士等大生慚愧。爾時太

	傅張衍語褚信曰、卿今所試無験、即是虚妄、宜就西域真法。褚信不答。南岳道士費叔才在衆自憾而死。……四岳諸山道士呂恵通等六百二十人出家。……漢之仏法、従此興焉」（大正五二・四七九中－四八〇中）。
又『史記』云、「仏生日月、為校老君、三百余年。世隔一十余王、年経三百余歳」（本書六一頁）。 ※司馬遷『史記』にはなし。	『法琳別伝』巻下「又老生姫季之末、釈誕隆周之初、世隔一十余王、年経二百余祀」（大正五〇・二一〇中）。
又『魏書』云、「李老君者、但説五千文、更無言説」（本書六一頁）。 ※現行本『魏書』にはなし。	（『続高僧伝』巻二十三　曇無最伝「元魏正光元年、明帝加朝服大赦、請釈李両宗上殿、斎訖、侍中劉騰宣勅、請諸法師等与道士論義。時清道館道士姜斌与最対論。帝問仏与老子同時不。……又議開天経是誰所説。中書侍郎魏収、尚書郎祖瑩就観取経、大尉蕭綜、太傅李寔、衛尉許伯桃、吏部尚書邢欒、散騎常侍温子昇等一百七十人読訖、奏云、老子止著五千文、余無言説。臣等所議、姜斌罪当惑衆」（大正五〇・六二四下－六二五上）。同様の逸話を『広弘明集』巻一は「出魏書」、『法苑珠林』巻五十五は「魏書云」として載録。）
准『史記』、穆王崩、立子恭王。恭王十二年崩、後立子懿王。……定王即位廿一年、乙卯年三月十四日子時。（本書六八頁）。	『史記』巻四　周本紀「穆王立五十五年崩、子共王繄扈立」。『史記』同上「四十六年、宣王崩、子幽王宮湦立」など。
依『暦帝記』、老聃始生。従穆王五十二年至定王廿一年、年経三百六十三年、懸隔一十六王。（本書六八頁）。	？
准『涅槃経』云、「作此説者、是魔説者也」（本書六九頁）。	北本『涅槃経』如来性品「仏説是已、便入涅槃。如是説者、即是魔説」（大正一二・四〇八下－四〇九上）。

Ｃ　書名を挙げないが他書を参照、借用したと思われる箇所

書名を挙げないものについては多数あるので、本書の訓読に付した諸註釈を御参照いただきたい。とりわけ多く目につくのは、経典では『涅槃経』である。特に三教不斉十条のうちの「五弟子不斉」では、「涅槃会」に集った弟子たちが四果を証したというのは『涅槃経』を典拠としており、「六説法利益不斉」において仏の説いたものとして挙げられている「一切衆生皆有仏性」「常楽我浄」はまさに『涅槃経』の教旨である。また、「八付嘱不斉」においては『法花（法華経）』とともに『涅槃経』に言及する。「九示生不斉」においても「棄金輪王位、為法輪王」という箇所は『涅槃経』の「捨転輪王位、為法輪王」を基にしたと考えられる。「十示滅不斉」においては『大般涅槃経後分』を典拠とする箇所がいくつか見られる。姚謽は『三教不斉論』において、儒教と道教に対する仏教の優位を端的に示すものとして、釈迦の涅槃を特に重視していたことがわかる。

一方、経典を除けば、『破邪論』『弁正論』『法琳別伝』という唐の法琳に関わる著作が目につく。特に『法琳別伝』からは長文を流用しており注目される。以下、『三教不斉論』の文章中において、これら法琳に関わる三書を参照したと推定される箇所を対照して**表三**にまとめておく。この表によってわかることは、姚謽『三教不斉論』が明らかに法琳関係の著作を参照しながら執筆されていることである。以下では『三教不斉論』と法琳の著作との関係をより具体的に調べてみよう。

表三　『三教不斉論』が法琳関連の著作を参照したと推定される箇所

『三教不斉論』	『破邪論』『弁正論』『法琳別伝』
謹案暦帝記・洪明集・百家諸子・国臣記・史記・春秋・歴載記・爾雅・孝経序・千字文等百家之書、広明三教先後、孔老二教、先在此方、遠方仏法、遠則遠矣、難可尋原。（本書五九頁）。若論説法教、修多羅蔵海、時訓人天、八部奉行。孔老説教、法天制用、不敢違天。若論仏者、行則帝釈引前、梵王従後。（本書六〇頁）。	『破邪論』巻上「呉書云、……呉主又曰、孔丘老子得与仏比対以不。闞沢対曰、……。若将孔老二家遠方仏法、遠則遠矣。所以然者、孔老設教、法天制用、不敢違天。諸仏設教、天法奉行、不敢違仏」（大正五二・四八〇下-四八一上）。『破邪論』巻下「行則金蓮捧足、坐則宝蓋承軀。出則帝釈居前、入則梵王従後」（大正五二・四八七上）。
若論説教、不立観宇、不統門徒。（本書五九頁）。	『法琳別伝』巻中「尋老君垂範治国治家、所佩服章亦無改易。清虚卓志与世不群。不立観宇、不領門徒」（大正五〇・二〇四上）。
其仏教者、若論種族、即千世転輪王孫、粟散王之嫡子。（本書六〇頁）。	『破邪論』巻上「尋釈迦祖禰、蓋千代輪王之孫、刹利王之太子」（大正五二・四八二中）。
益国利人者、莫過於釈教也。（本書六一頁）。	『破邪論』巻下「教人捨悪行善、仏法最先。益国利人無能及者」（大正五二・四八五中）。
窃聞老耼入関、宣道徳之妙旨、仲尼放黜、定礼楽之微言。或体之以希夷、不可以声色弁、或悟之以敬譲、不可以富貴求。猶能苞括曦蟾、籠羅穹礴、陰陽之所不測、冥当吉凶、鬼神之所不知、幽通倚伏。尚未若釈尊経満龍宮、化周百億、徳超沙界、言応大千。蕩蕩乎而無能名、焉不可得而像也。況乎法身円寂、妙超無有之場、至理凝虚、亦絶是非之境。心無心相、体無相之真心、非滅非空、悟不空之寂滅。（本書六二頁）。	『弁正論』巻一　陳子良序「蓋聞、宣尼入夢、十翼之理克彰、伯陽出関、二篇之義爰著。或鉤深繫象、或探賾希夷、名言之所不宣、陰陽之所不測、猶能弥綸天地、包括鬼神、道無洽於大千、言未超於域内。況乎法身円寂、妙出有無、至理凝玄、迹泯真俗、体絶三相、累尽七生。無心即心、非色為色。無心即心、故能心斯心矣。非色為色、故能色斯色矣」（大正五二・四八九下）。
又止化胡成仏謗。夫愚俗垢重、不避泥犁苦、云老子化胡、方乃成仏、常聞此語、誠是寒心、何愚之甚、而自欺也。（本書六	『弁正論』巻六　内忠孝無違指六「諒足寒心、傲然不懼。何愚之甚、悠悠未覚。爾盲六也」（大正五二・五三三中）。

七頁)。

謹案魏曇謨最法師・斉時上統法師・隋国子博士姚長謙等撰、周『穆天子伝』・『周書異記』言、前漢劉向『列仙伝』序、幷古旧二録・後漢『法本伝』及毅『法王本記』・呉尚書令闞沢等衆書、准『阿含経』推仏是周第五王昭王瑕即位廿三年癸丑歳七月十五日、現白象形、降自兜率陀天、於中天竺国迦毘羅城、託父浄飯王宮、於母摩耶夫人、受胎身。

至昭王廿四年甲寅之歳四月八日、於嵐毘園内波羅樹下、右脇而生。故『普曜経』云、普放大光明、照三千界。即『周書異記』云、昭王廿四年甲寅之歳四月八日、江河泉池、忽然汎漲、井皆溢出。宮殿人舎・小川大地、咸悉震動、其夜有五色光気、貫入大微、遍於西方、尽作青紅色。其王問太史蘇由曰、是何祥也。蘇由答曰、有大聖人、生於西方、故現斯瑞。昭王曰、於天下如何。由白、即時無化、一千年外、声教流被此土。

昭王即遣人鐫石記之、埋在南郊天祠前。仏生即此年也。昭王冊二年壬申之歳二月八日夜半、踰城出家。『瑞応経』云、太子年十九、二月八日夜半、天於窓中、叉手白言、時可去矣。因命馬行。即此年也。

周弟六王穆王満二年癸未歳、二月八日、仏年卅成道。故『普曜経』云、菩薩明星出時、豁然大悟、即此年也。穆王五十二年壬申之歳二月十五日、仏年七十九、方始滅度。『涅槃経』云、二月十五日、仏臨涅槃時、出種種光、地六種震動、声至有頂、光遍大千、即『周書異記』云、穆王即位、五十二年壬申之歳

『法琳別伝』巻中

「謹依魏国曇謨最法師・斉朝上統法師、及隋修暦博士姚長謙等、拠周『穆天子伝』・『周書異記』・前漢劉向『列仙伝』序、幷古旧二録・後漢『法本内伝』及傅毅『法王本記』・呉尚書令闞沢等衆書、准『阿含』等経推仏是姫周第五主昭王瑕即位二十三年癸丑之歳七月十五日、現白象形、降神自兜率、託浄飯王宮、摩耶受胎。

(中略)

昭王二十四年甲寅之歳四月八日、於嵐毘園内波羅樹下、右脇而誕生。故『普曜経』云、普放大光、照三千界。即『周書異記』云、昭王二十四年甲寅之歳四月八日、江河泉池、忽然汎漲、枯井涌泉並皆溢出。宮殿人舎・山川大地、咸悉震動、其夜即有五色光気、入貫太微、遍於西方、尽作青紅色。昭王即問太史蘇由曰、是何祥也。蘇由曰、有大聖人、生於西方、故現此瑞。昭王曰、於天下何如。蘇由曰、即時無他。一千年後声教被於此土。

昭王即遣人鐫石記之。埋在南郊天祠前。仏生即此年也。昭王四十二年壬申之歳、四月八日夜半、踰城出家。故『瑞応経』云、太子十九、四月八日夜半、天人窺於窓中、叉手白言、時可去矣。因命馬行。即此年也。

周第六主穆王諱満二年癸未、二月八日、仏年三十成道。故『普曜経』云、菩薩明星出時、豁然大悟、即此年也。周穆王五十二年壬申之歳二月十五日、仏年七十九、方始滅度。故『涅槃経』云、二月十五日、臨涅槃時、出種種光、大地六

二月十五日暁、暴風忽起、発損人舎、復折樹木、山川大地、皆悉震動。于後天陰雲累、西方大白虹十二道、南北通過、連夜不滅。穆王問大史扈多曰、是何徴也。扈多対曰、西方有聖人滅度、衰相現耳。仏入涅槃後、至五十五年崩。（本書六七・六八頁）。	
種震動。声至有頂、光遍三千。即『周書異記』云、穆王即位、五十二年壬申之歳二月十五日平旦。暴風忽起、撥損人舎、傷折樹木。山川大地皆悉震動。午後天陰雲黒。西方有白虹十二道、南北通過。連夜不滅。穆王問太史扈多曰、是何徴也。扈多対曰、西方有大聖人滅度、衰相現耳。仏入涅槃、即此年也」（大正五〇・二〇七上中）。	

四　法琳の著作との比較

張文良［二〇一二］は、法琳と李仲卿がかつて仏道論争において十項目の差異について論争したが、その内容は多く釈迦と老子の家系・父母・外貌・寿夭などの外在的特徴であったこと、そして、この論争はかつて唐初において大きな影響があったので、姚䛒がこれを参考にして法琳の思想を吸収し、『三教不斉論』を書写した可能性を指摘している。ただし張文良氏は語句レベルでそのことを論証されてはいなかった。上記の表で示した典拠調査の結果によって、姚䛒が法琳の著作を参照するのみならず、少なからずその文章を流用していたことが明らかとなった。

そこで、より詳しく法琳の文章と『三教不斉論』とを比較し、『三教不斉論』の特徴をより明らかにしてみたい。最初にAとBにおいて法琳の主要著作と『弁正論』撰述のいきさつについて述べ、C以降で『弁正論』と『三教不斉論』の比較を行う。

A　法琳関係主要著作

礪波護［一九九九］によれば、『破邪論』は武徳五年（六二二）に成立し、『弁正論』は貞観九年（六三五）冬～十年春ごろの成書である。『法琳別伝』は貞観十九年（六四五）～総章元年（六六八）の成立（中西久味［二〇〇四］）であり、貞観十三年九月に行われた『弁正論』の内容に対する朝廷の喚問と法琳の答弁を詳細に記録したものである。この書は『漢法本内伝』とともに一時期禁書となっていたが、代々伝写されていたことが『開元釈教録略出』に記される[11]。すでに表三で示したように、『三教不斉論』もこの書から長文をほぼそのまま流用している。

B　『弁正論』撰述のいきさつ

次に『弁正論』の撰述の経緯について見ていきたい。まず『法琳別伝』巻中の記事を以下に掲げる。

> 往以武徳四年仲冬之月、得清虚観道士李仲卿所製『十異九迷』及劉進喜『顕正』等論、軽侮大聖、昏冒生霊、妄引典謨、飾非為是。琳既慨其無識、念彼何辜。因乃広拾九流、論成八軸、叙述三教、志明益国。標「十代」者意顕遵崇。拠史籍而弁「後先」。約訓誥以明「師敬」。「十喩」斥其「十異」、「九箴」挫彼「九迷」、「気為道本」並有典謨。「信毀」皦然、非無実録。（大正五〇・二〇五中）

> 創陳三教、敍立論之由。次顕「九箴」、答仲卿之説。其中亦有古来共惑、因論釈通。後以武徳八年仲春之月、高祖親臨国学、将行奠礼、備陳三教、商確微言。于時二衆通人雲羅御席、五都才子星布義筵。時有潘誕黄巾妄陳先後、奏高祖言、「悉達太子不能得仏。六年求道方得成仏。此則道能生仏。仏由道成。道是仏之父師。仏乃道之子弟。……」。当爾之時、有勝光寺釈慧乗者、学業鉤深、……遂使主上迴光、群公拝首。于時九仙外道束体轅門、

三洞黄巾望風結舌。法琳既縁此議、又撰「仏道先後・釈李師資」等篇。又以傅弈所上事云、「後漢中原未全有信。晋魏夷虜信者一分」。仲卿論云、「石勒之日念其胡風、与僧澄道人矯足毛羽。因此胡法始興於世」。劉進喜云、「胡来此土、未全有信。姚石已後、胡風乃盛」。但琳縁此三人不能黙已。遂広陳君王宰輔敬仏度僧、用対彼辞、顕其虚妄。後陳「信毀交報」、以示仲卿、彰善悪之有徴、使其悛改。（大正五〇・二〇五中下）

中西久味［二〇〇一］のまとめによれば、上記記事の概要は以下の通りである。

一、はじめに儒道仏三教を論じて、この論書を撰述するゆえんを述べた。

二、つぎに「九箴」を著し、李仲卿の「九迷」への答えとした。なお、「十喩」によって「十異」を斥けたこと、「気を道の本とした」ことも内容的には一連のものであるから、ここに含まれる。

三、のち、武徳八年（実際には七年）二月、高祖が国子学で釈奠の礼に臨御した際に行われた三教論衡における勝光寺慧乗の論議にもとづいて、「仏道先後篇」「釈李師資篇」などを著した。

四、また、傅奕・李仲卿・劉進喜三人とともに仏教は後漢以前に伝わらないと指摘することに対する反証として、歴代宰輔の崇仏の事跡を列挙した。

五、のち「信毀交報」を述べて応報因果を明らかにして、李仲卿を改悛せしめようとした。

以上のような構成は、三教不斉論に類似する箇所がある。以下に図で示してみよう。

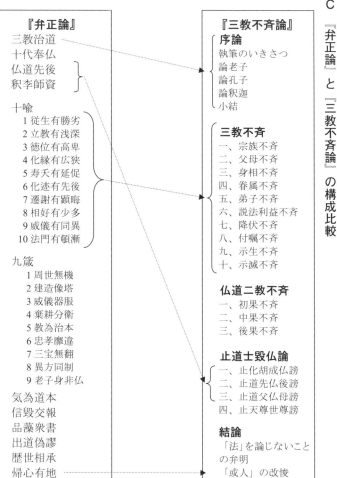

C 『弁正論』と『三教不斉論』の構成比較

『弁正論』

三教治道
十代奉仏
仏道先後
釈李師資

十喩
1 従生有勝劣
2 立教有浅深
3 徳位有高卑
4 化縁有広狭
5 寿夭有延促
6 化迹有先後
7 遷謝有顕晦
8 相好有少多
9 威儀有同異
10 法門有頓漸

九箴
1 周世無機
2 建造像塔
3 威儀器服
4 棄耕分衛
5 教為治本
6 忠孝靡違
7 三宝無翻
8 異方同制
9 老子身非仏

気為道本
信毀交報
品藻衆書
出道偽謬
歴世相承
帰心有地

『三教不斉論』

序論
執筆のいきさつ
論老子
論孔子
論釈迦
小結

三教不斉
一、宗族不斉
二、父母不斉
三、身相不斉
四、眷属不斉
五、弟子不斉
六、説法利益不斉
七、降伏不斉
八、付嘱不斉
九、示生不斉
十、示滅不斉

仏道二教不斉
一、初果不斉
二、中果不斉
三、後果不斉

止道士毀仏論
一、止化胡成仏謗
二、止道先仏後謗
三、止道父仏母謗
四、止天尊世尊謗

結論
「法」を論じないことの弁明
「或人」の改悛

以上の表を参照すると、序論に相当する『弁正論』の「三教治道」に対し、『三教不斉論』の序論では釈迦・孔子・老子という三教の教主の比較という類似した構成を取っている。次に『弁正論』の「仏道先後」「釈李師資」（釈迦と老子の師弟関係）については、『三教不斉論』は「止道士毀仏論」にその内容を収める。

『弁正論』の十喩に関しては道仏二教の比較であるのに対し、『三教不斉論』は儒仏道三教の比較であるという大きな違いがある。その内容については、大きく見れば十喩の内容のほとんどが『三教不斉論』の「三教不斉」に取り込まれている。具体的には、『弁正論』の出生（1）、教化内容（2・10）、華夷（3・4）、寿命の長さ（5）、年代の前後（6）、死（7）、相好・威儀（8・9）、つまり、釈迦と老子が生まれてから死ぬまで、さらにその外見・威儀の比較について、それぞれの具体的な内容は異なる点もあるものの、論点自体は取り込んでいる。

『三教不斉論』の議論で『弁正論』にあまり見られないものは、眷属・弟子・降伏・付嘱、つまり、仏や老子の周囲にいる人々の比較と、得られる「果報」の比較である。前者については「釈李師資」や「化縁有広狭」に関連する議論が見えるのみである。後者についての『三教不斉論』の論旨は、道教の最上の境地である「昇天」や「得仙」は仏教から見れば輪廻の迷いの世界であり、仏教は「生天」を願わず「成仏」を目指すというものである。果報には、そのレベルに応じて「初果」「中果」「後果」という概念を用いている。一方、法琳は仏教における「生天」を必ずしも否定的にはとらえておらず、[12] 初唐における浄土思想の発展による時代差を表したものと言えよう。

また、『弁正論』の「九箴」以下の部分に関しては、末尾の「帰心有地」を除けば、『三教不斉論』に対応箇所が見られない。

まとめると、姚望が『三教不斉論』執筆の際に『弁正論』を参照していたことはほぼ確実であるが、九箴以下の教理内容にかかわる部分についてはほとんど取り込まず、また、仏や老子の周囲にいる人々の比較と、得られる果報についての比較を行う部分を追加しているということである。

D 文章形式の比較

次に文章形式について、比較検討してみよう。以下、具体例を提示する。

『三教不斉論』

「以老君比宣尼之族、対已如幽泉清漢矣。何更欲比金輪王族。豈不以有頂類於泥黎。是一不斉」（本書六三頁）。

「今将老聃父母、比於宣尼所生、已如黄天白日矣。何更欲返其摩耶浄飯。豈異伊蘭而欲等於旃檀。是二不斉也」（本書六四頁）。

『弁正論』十喩篇上　答李道士十異論

「豈唯就攀枝而偉瑞、徴白首而効祥。猶蛍光与龍燭競輝、魚目共蛇珠並耀。爾道之劣一也」（大正五二・五二七上）。

「豈夫大覚開無窮之縁、挺円極之照、測微則窮乎絶陳、究理則控在無方、美気与氛氳共和、金軀同太虚比固、語其量也、猶嵩華与培塿殊峻、溟渤将坎井異深。爾道之劣二也」（大正五二・五二七中）。

以上のように、両者ともに、反語を用いつつ、まったく異なる二つのものを例示してその懸隔を表すという形式が共通する。論の文章形式においても類似しているのは興味深い。ただし、『弁正論』が二教の比較であるのに対し、『三教不斉論』は三教の比較であり、老子は孔子より劣っており、まして釈迦より劣っていることはなおさらであると、釈迦と老子の優劣が孔子を間に挟むことでより強調されている。これは『三教不斉論』が『弁正論』よりもさらに一歩進んだ論法を採用していると言えよう。

E　法琳の三教観

法琳の三教観を示すのは以下のいくつかの資料である。

①『弁正論』三教治道篇

「通人曰、訥言敏行君子所称。無以己之寡聞取況於典論。子不聞魯侯之誡乎。無多言無多事。多言多害。多事多患。若事親殉主則以忠孝為初。遠害全身則以道徳居始。利生救苦則以慈悲統源。奉孝懐忠、可以全家国。行道立徳、可以播身名。興慈運悲、可以済群品。済群品則恩均六趣。播身名、止栄被一門。全家国、乃功包九合。故忠孝為訓俗之教、道徳為持身之術、慈悲蓋育物之行、亦猶天有三光、鼎有三足、各称其徳、並著其功。遵而奉之、可以致嘉祐也」（大正五二・四九二上）。

②『法琳別伝』巻中（『弁正論』に対する皇帝側の論難に対する答弁）

「法師対曰、琳聞、儒教済時、人知希仰。釈老利物、愚者致疑。所以託彼上庠、陳其末論、寄之碩学、暢此玄功。故云、殉主事親則忠孝為首。全身遠害則道徳居尊。救苦利生則慈悲作本。懐忠奉孝、可以全家国。行道立徳、可以播身名。興慈運悲、可以済群品。済群品、則恩均六趣。播身名、即栄被一門。全家国、乃功包六合。故忠孝為訓俗之教、道徳為持身之術、慈悲蓋育物之行、亦猶天有三光各称其徳、鼎有三足並著其功。三教同遵、嘉祥可致也」（大正五〇・二〇五下―二〇六上）。

③『弁正論』三教治道篇

「又言、道称教者、凡立教之法先須有主。道家既無的主、云何得称道教。以三事故、道家不得別称教也。

一者、就周孔対談、周孔二人直是伝教人、不得自称教主。何以故。教是三皇五帝之教。教主即是三皇五帝。

二者、案前漢芸文志、討論今古墳典、総判凡有九流。一儒流。二道流。道無別教。総在九流之內。拠此而言、無別立教。何以故。無教主故。若言以老子為教主者、老子非是帝王。若為得称教主。若言別有天尊為道教主者、案五経正典、三皇已来、周公孔子等不云別有天尊住在天上、垂教布化、為道家主。並是三張以下偽経妄説天尊。上為道主、既其無主。何得称教。

三者、姚道安作二教論、唯立儒教仏教、不立道教。何以故。儒者、用三皇五帝為教主。……。墳典是教、帝皇為主、儒得称教。仏是法王所説。十二部経布化天下、有教有主也。然仏是出世人、経是出世教、故得称教主。三皇五帝是世主、三墳五典是世教。先以世教化、後以出世教化、事尽於此、摂法既周、為縁亦了。何須別有道教。又毛詩云、一国之事繫一人之本、謂之風。天子有風、能化天下、故得称教。道非天子、不得有風。既其無風、云何布化。無風可化、不得別称教也」（大正五二・四九九上）。

④『弁正論』三教治道篇

「儒生問曰、初列三教、各陳其美、後将道教判入儒流。棄太史之正言、従班生之曲説。君子不党、何若是歟。開士喩曰、小人党親、君子党理。若理符而事順者、亦何愧於蒼蒼乎。吾聞、世間法者有字無義。出世間法者有字有義。何者。世法浮偽、喩如驢乳。出世真実、喩如牛乳。然而驢乳為酪、不能出酥。縦強搆之、還即成溺。所以然者、勢分絶也。牛乳出酥酪、乃至醍醐。転搆転浄、唯香唯美。五種具足、八味甘濃。仏所説経、引之為喩。且考『史記』、先黄老、後六経。『漢書』先六経、後黄老者、其見乃異、就理不殊、各随所愛、非尽言之論也。且班固云、易有六十四卦。道止当謙一卦。『芸文』総判九流、道止入在一流。孔安国云「三皇所行、謂之大道。五帝所行、謂之常道」。不言別更有道、令人奉之。今以勧子、不可随其臆断、善自求其実也」（大正五二・五〇二中）。

以上掲げた資料のうち、①②では、「遠害全身則以道徳居始」「道徳為持身之術」として道教に「全身」「持身」という役割を与え、「亦猶天有三光、鼎有三足、各称其徳、並著其功。遵而奉之、可以致嘉祐也」「三教同遵、嘉祥可致也」と三教それぞれの価値を肯定している。しかし、③では、道安『二教論』の見解と同じく、『史記』ではなく『漢書』の見解に従い、道教を独立した教とは認めていない。④では、①②と③との矛盾をついた質問に対して、『史記』と『漢書』とは「見」は異なるが「理」は同じであり、道は一つであると弁明している。

この点以外に、中西久味［二〇〇二］は、法琳の三教観の核心を要領よくまとめているので以下に示そう。「三教がそれぞれいかなるかたちで治政に関与するか、そしてほかでもなく、仏教がいかに益国利民するか。天下国家の治政にたいする仏教の効用を説くことこそが、法琳の主眼であったはずである。……これはがんらい出世間の教え・方外の教えであるはずの仏教にたいして、政治的社会的な観点からの排撃が澎湃として起こっていたという当時の情勢からなかば要請された弁明にほかならない」。ここでのキーワードは「益国利民（人）」である。この語は『三教不斉論』でも用いられているが（本書六一一頁）、『三教不斉論』では必ずしも主要な論点とはなっていない。

F　法琳の論との相違点

以上では『三教不斉論』と法琳『弁正論』との比較を行ったが、両者の相違点をまとめて指摘してみたい。

a　論の重点の違い

中西氏の述べるように、仏教がいかに「益国利民」であるか、換言すれば、天下国家の治政に対する仏教の効用を説くことこそが、法琳の主眼である。それに対し姚䛒『三教不斉論』は、仏・儒・道という優劣を、主にその教主の相貌・出自・教化力の優劣という観点から定めることに主眼がある。法琳が最も重視した仏教の「益国利人（民）」についてはごく簡単に言及するのみである。

b　論の緻密さ、批判の痛烈さの相違

法琳の著作は傅奕の排仏論が発端となり撰述されたものであり、自身が道士であった経歴も有するため、道教の書も含め博引傍証し、道士やその教義の虚偽性に対する批判は痛烈である。それに対し、『三教不斉論』は、道教の書を引用することはなく、三教をともに「聖言」と認めているので、法琳のような痛烈な批判は見られない。(13)

c　道教批判の論法の相違（仏道先後・化胡成仏）

『弁正論』の「仏道先後」「釈李師資」は法琳が皇帝を誹謗する者として罪せられた箇所である。法琳は、『西昇経』など道教の経典を多数引用し、老子が仏を師として敬っていたことを論ずるが、『三教不斉論』ではただ釈迦と老子の生卒年の相違を考証することに限定して論じ、釈迦は老子が生まれるよりかなり前に寂滅したことを明らかにし、老子化胡説を否定する。また、先後の問題よりも、正邪を論ずることの方が重要で、「正」であれば「後」でもよいとも述べる。

d　教主に関する議論

道安『二教論』を踏襲して、周公・孔子を教主と認めず、三皇五帝を儒教の教主として論じた法琳に対し、『三教不斉論』では、儒教は孔子について専ら論じ、三皇五帝には言及しない。『弁正論』では、一見道教の価値を認めているようでありながら、同じく道安『二教論』を踏襲し、道教については、「三教同遵、嘉祥可致也」とその立場を承認しながらも、道教を儒教と異なる教とは認めていない。また、『弁正論』では、道教については老子以外に「天尊」という語をしばしば使用するが、『三教不斉論』では一部を除いて専ら老子について論ずる。

e　三教比較の際、『三教不斉論』は教理内容（「法」）をほとんど問題にせず、ほぼ「人」に限定して比較する。以下、その理由を姚謽自身が述べる箇所を示そう。

或人曰、「曽聞智人所説、夫聴法者、勿観法師種性、勿観法師好醜。但取其法、勿観於人。今云不斉、但云身相・種類不斉、豈無法所説。若取其人、不取其法、即仏相違背」。

僕謂之曰、「夫欲聴法、須有妙法可聴。若無妙法可聴、縦其種類無益、若其有法可説、実亦不仮容儀。若其無法無儀、此則民斯下矣、如其有法有種、実乃不亦上乎。祇如老君、豈全無法。於諸学内、稍即為優、比類尺文、実即為劣。至如大聖化人、皆悉自居勝位、誘道愚俗、令己斉棄此憂愁、昇彼極楽、見皆欣戴、必使攀縁頓断。君其自己尫羸、遺他康健、徒聞其語、不見其人。皆是虚辞、誰能依信。故作此比、不亦宜乎……」。（本書七〇頁）

以上の文章の概要を示せば以下の通りである。

ある人が、説法を聴く時は、法師の家柄、容貌のよしあしを見てはならず、ただその内容を重視すべきであるという『涅槃経』などの説を根拠として、この『三教不齐論』がただ外見と家柄だけを問題とし、教えの内容を論じないことに対し、仏に違背すると批判した。

それに対して、姚謽は、教えを聴く場合、その教えは聴く価値のある優れたものであるべきで、そうでなければたとえ家柄が優れていても無益であり、説く価値のある教えであれば、優れた外見はたしかに必要ではない、と相手の意見をいったんは肯定するかに見える。

その上で、老子はまったく教えに内容がないとは言えず、諸学の中でも少し優れているが、釈迦と比較するとはるかに劣っていると述べる。大聖が人々を教化する場合、みな高い境地に居りつつ、そこから愚かな俗人を誘い導き、そして、この世の憂いを捨てて極楽へ登らせる。皆がそろって自分を推し戴くのを見れば、必ずとらわれを一気に断ち切ってやるのである。君は自分の体が弱いからといって他者が健康であるのを無視し、ただその教えの言葉だけを聞いて、その教えを説く人物を見ない。これはみなそらごとにすぎないのであり、誰が信用することができようか。だからこのような家柄や外見の比較をするものもまた道理にかなっているであろう、と述べる。

つまり教の内容が優れているかどうかは、それを説く人物が優れていることが前提であるので、教の主体である教主の優劣を論ずる必要があるということである。このように姚謽が人物論に議論を集中し、釈迦―老子という優劣の序列を明確にすることを重視した動機としては、玄宗が当時推進していた老子の顕彰政策とそれに応じた閿郷県における老子降臨説話の顕彰活動に対する仏教徒としての対抗意識があったのではないだろうか。

おわりに

本稿では、『三教不斉論』に関わる地域的環境や典拠資料を調査した結果、以下のことを明らかにした。

①姚䛒の郷里と考えられる閿郷には、皇天原という地がある。文明元年、この地に太上老君が降臨し、鄎玄崇に武后の専横を制止させた。この時、武后は行宮を喜捨して奉仙観とした。この故事は、唐王朝の守護神的役割としての太上老君と、鄎玄崇の唐王朝への忠義という二つの美談を兼ね備えるものとして玄宗が特に重視し、奉仙観における御筆道徳経碑の建立、鄎玄崇への贈官、追贈などによって複数回顕彰している。『三教不斉論』撰述の時代的・地域的背景として、このような閿郷県における老子の顕彰活動を想定すべきである。『三教不斉論』に見える仙壇観がこの奉仙観を指す可能性も想定できる。

②『三教不斉論』は序論部分における孔子・老子・釈迦の比較に際し、『国臣記』という佚書を多く引用し立論している。また、経典では、『涅槃経』が重視されている。

③「止化胡成仏謗」の文章の大半を『法琳別伝』から借用していることに代表されるように、『三教不斉論』は法琳の文章に依拠する部分がかなり大きい。

④しかし、『三教不斉論』と法琳の論とは、論の重点の違い、教主の問題、論の緻密さ、批判の痛烈さ、道教批判の論法の相違などの相違がある。「止化胡成仏謗」では、『西昇経』などを引用して、老子が釈迦を師としたとする法琳の説を排除するなど、法琳の三教論とはテーマが同じでも議論の内容を変えている部分もある。特に、法琳の論との最大の相違は、天下国家の治政にたいする仏教の効用を説くことが法琳の目的であったのに対し、『三教不斉論』の主要な目的は、三教を区別する必要がないとする論への批判にあったことである。ただし、『三教不斉論』において実際に重点が置かれているのは、老子の地位を釈迦よりも低く位置づけることである。そのため、老子を聖人ではあるが、釈迦に比べればはるかに劣り、さらには教法が異なるものとして位置づける。これには当時の玄宗の老子顕彰に反応した閿郷県における老子降臨説話の顕彰活動に対する対抗の意図があったと推測できる。

張文良氏は『三教不斉論』について、厳格な論文ではなく、仏教の教理内容についてほとんど無知の一般庶民を対象に、仏教の優越性を宣伝する類の書物であるとする。しかし、この書を単に無知の庶民向けのものと理解するのでは一面的理解にとどまるであろう。冒頭で述べたように、閿郷県は洛陽と長安を結ぶ幹線道路沿いに位置し、なおかつ唐王朝と縁の深い重要な道観が存在する土地であった。この地の仙壇観は、道士による講義に際し、多くの「博達の君子」が集まる比較的規模の大きい道観であった。そして、まさに玄宗が老子の顕彰を行っており、閿郷県においても、皇天原における太上老君降臨説話による老子顕彰活動が行われていた。このような状況に対し、姚䛒は釈迦があらゆる点において老子よりも優れていることを論証し、釈迦を老子よりもはるかに上位に位置づけたのである。このような「教」を人物主体で論じるという姿勢は、中国における「教」の概念の基本的な性格を端的に示す好事例と思われる。この点については今後改めて検討してみたい。

引用文献

今枝二郎［一九八二］「玄宗皇帝の宗教政策」『川崎大師教学研究所研究紀要　仏教文化論集』三。

礪波護［一九九九］『隋唐の仏教と国家』東京、中央公論社。

中西久味［二〇〇二］「法琳の三教論によせて」『中国思想史研究』二四。

中西久味［二〇〇四］「法琳雑記（続）」『比較宗教研究』四。

藤井淳［二〇一一］「姚辯撰『三教不斉論』（石山寺所蔵）写本の翻刻」『高野山大学密教文化研究所紀要』二四。

宮川尚志［一九七八］「唐の玄宗と道教」『東海大学文学部紀要』三〇。

陳垣［一九八八］『道家金石略』北京、文物出版社。

劉林魁［二〇一一］『《廣弘明集》研究』北京、中国社会科学出版社。

張文良［二〇一二］「姚辯著《三教不斉論》考」『輔仁宗教研究』二五。

註

（1）藤井淳［二〇一一］。
（2）本書所収村田みお論文参照。
（3）本書所収村田みお論文参照。
（4）例えば陳垣［一九八八］に収録される唐代の道観の観主碑誌銘においては、その本籍地と道観の所在地が一致しないものが多い。なお、『蒲州府志』なども調べてみたが、仙壇観という道観は掲載されていなかった。

（5）ちなみに皇天原という地名は、『閿郷県志』の言うように、この説話によって名が改められたのではなく、以前から使用されており、漢代では天を祭る場であったことが以下の記事よりわかる。「河水又東北、玉澗水注之。水南出玉渓、北流逕皇天原西。『周固記』開山東首上平博、方可里余、三面壁立、高千許仞。漢世祭天于其上、名之為皇天原。上有漢武帝思子台。又北逕閿郷城西」（『水経注』巻四　河水）。

（6）『（民国）新修閿郷県志』巻二十三「以上考之元統二年歳次甲戌立石煉真宮三清殿壁間」とあるので、三清殿は煉真宮に存在したことがわかる。

（7）『冊府元亀』巻五十三　帝王部　尚黄老一「二月帝謂宰臣曰、洪州人鄔玄宗往在文明中伝玄元皇帝真告於天后曰、〝我国祚無窮、当千万君〟。遂遭禁錮、因茲淪喪。自非忠義之士感激過人、孰能不避死亡之誅、竟達神霊之命。宜与追贈、以慰泉壌。其子瑗亦依資授一官。制曰、故洪州人鄔玄宗、往者来応嘉詔、次于虢略、忽覩玄元皇帝、俾之升雲空中与言、使戒天后、表国祚中興之運、示宝暦無疆之期、遂能不顧其身、来伝此旨、竟遭幽縶、諒可傷嗟。自非竭節本朝、孰克犯顔茲日。宜加追贈、用慰幽魂。可贈棣州刺史」。

（8）『新唐書』巻五十九　芸文志。

（9）『通志』巻六十七　芸文略。

（10）玄宗の老子尊崇政策については、宮川尚志［一九七八］、今枝二郎［一九八二］などを参照。

（11）『開元釈教録略出』巻四「右二部伝明勅禁断、不許流行、故不編載。然代代伝写之」（大正五五・七四六中）。

（12）例えば『弁正論』三教治道篇では『四天王経』などの経典を引用し、受戒による生天の功徳を述べている（大正五二・四九五上）。

（13）唐代の朝廷における三教講論が当初の宗教闘争という性格を次第に失い、徐々に役者と観客という劇場性を帯びたことについては、劉林魁［二〇一二］第十章を参照。

劉晏述『三教不斉論』の再検討[1]

池田　将則

はじめに

本稿は、ごく最近、日本において、中国唐代（七二四年頃）に撰述され最澄（七六七〜八二二）・空海（七七四〜八三五）によって日本にもたらされた姚䛒撰『定三教優劣不斉論』（儒・仏・道の三教は優劣が同等ではないということを確定する論）』（以下、姚䛒撰『三教不斉論』と略称）[2]なる新資料が発見されたことを承け、この姚䛒撰『三教不斉論』と同名の異書であり、唐代における儒・仏・道三教交渉史の一資料としてつとに知られてきた敦煌写本、劉晏述『三教不斉論』（首欠尾存、スタイン五六四五写本の一部）の文献的性格をあらためて検討し直すことを目的とするものである。

周知の通り、外来宗教である仏教は中国に伝来した当初から中国伝統の儒教・道教との間にさまざまな軋轢を生じた。[3]特に唐代においては、李姓である唐王室が老子（李耳、字は伯陽、諡は聃）を尊崇したことによって道教の勢力が拡大し、唐初の法琳（五七二〜六四〇）『破邪論』『弁正論』や道宣（五九六〜六六七）『広弘明集』『集古今仏道論衡』に典型的にみられるような仏道二教の対論が活発に行われ、また儒教との間にも、唐初の彦悰『集沙門不応拝俗等事』に典型的にみられる礼敬問題（僧尼の君親に対する拝不拝の問題）に関する議論や、同じく唐初の傅奕、初唐から盛唐の姚崇（六五〇〜七二一）、中唐の韓愈（七六八〜八二四）らが提起した排仏論に関する論争などが継続して行われた。二〇一一年に日本・駒澤大学の藤井淳氏によって発見された姚謽撰『三教不斉論』も、このような唐代三教交渉史の流れのなかに位置づけられる重要資料の一つであり、当時の三教交渉における有力な思潮の一つであったいわゆる三教調和論、すなわち儒・仏・道の三教に優劣の違いはなく（「三教並斉」）[4]、三教がそれぞれ鼎立しながら究極的にはその帰趨を一にするという三教一致の思想に抗して、三教には優劣の違いがある（「三教不斉」）と主張し、儒教・道教に対する仏教の優位性、特に道教に対する仏教の優位性を証明することを骨子としている。撰者姚謽については、撰号に「前盧州参軍姚謽撰」という官位が見える以外、くわしい伝歴などは不明であるが、『三教不斉論』内の記述により、この論は姚謽が唐玄宗（在位七一二〜七五六）の開元十一年（七二三）冬および同十二年（七二四）春に故郷の閿郷（現在の河南省潼関県付近）に墓参に出かけた際、蒲州（現在の山西省蒲州県）の女官が統括する仙壇観（道観）において儒・仏・道三教の優劣に関するさまざまな議論を耳にしたことが契機となって撰述されたものであることが分かる。[5]

この姚謽撰『三教不斉論』のテクストとしては、現在、日本の石山寺、高野山西南院、東京都立中央図書館「諸橋文庫」に計三本の写本が伝存することが確認されているが、注目すべきことは、現存する三本の写本のなかで最も書写年代の古い石山寺本の識語（奥書）に次のような情報が記されていることである。[6]

大唐の貞元二十年（八〇四）十一月十六日に書写し終わった。台州臨海県龍興寺の北房にて、日本国の求法僧、最澄。

明応六年（一四九七）〈丁巳の歳〉四月十五日。右翰、源雅律師。

この識語によれば、現存の石山寺本は室町時代の一四九七年に右翰（右筆に同じ。書記、または文筆に従事する者）の源雅律師が書写したものであるが、その祖本は最澄が延暦二十三年（八〇四）から同二十四年（八〇五）にかけて入唐した際に台州臨海県（現在の浙江省臨海市）の龍興寺において自ら書写し持ち帰ったテクストであり、最澄の将来目録の一つである『伝教大師将来越州録』に「三教不斉論一巻」（大正五五・一〇五九中）と著録されている文献（撰述者の名は記されていない）がこれに該当すると考えてよい。

一方、西南院本（一八五二年書写）・諸橋文庫本（一八六一年書写）の両本は、藤井氏の考証によればいずれも江戸時代中期の安永七年（一七七八）に高野山金剛峯寺の第三二四代座主であった龍剛が校定したテクストから転写されたものであるが、ここでさらに注目されるのは、最澄とほぼ同時期、延暦二十三年（八〇四）から同二十五年（八〇六）にかけて入唐した空海が中国から持ち帰った典籍などの目録である『御請来目録』にも「三教不斉論一巻」（大正五五・一〇六四上）が著録されていることである（撰述者の名は記されていない）。残念ながら現存の西南院本・諸橋文庫本のテクストは空海が請来したテクストの面影をそのまま伝えているわけではないようであるが、しかし空海請来の姚䛩撰『三教不斉論』が高野山（真言宗）系統においてある時期まで確かに流通していたことは、藤原敦光（一〇六二〜一一四四）が撰述した空海『三教指帰』に対する注釈書である『三教指帰勘註鈔』[7]、および撰者不詳であるが真言宗系統の著述であると考えられる南北朝期の写本『仏法和漢年代暦』（康永二年〔一三四三〕以降の成立）[8]に姚䛩撰『三教不斉論（定三教優劣不斉論）』が引用されることから確認することができる。

以上の事実からして、新出の姚䛩撰『三教不斉論』が最澄および空海によって日本にもたらされた唐代三教交渉の実録資料であることはほぼ間違いのない事実であると言ってよい。

さて、上述のように姚䛩撰『三教不斉論』は最澄および空海の将来目録に共通して記載される撰者不明の「三教不齐論一巻」に比定される文献であり、[9]唐代三教交渉史の研究に新たな視角を提供する重要資料として内外の注目を集めているものであるが、ところが実はこの文献と同名の異書である劉晏述『三教不齐論』（S五六四五）なる文献が敦煌写本のなかに伝存し、藤井氏によって姚䛒撰『三教不齐論』が発見される以前、故牧田諦亮（一九一二〜二〇一一）氏はこの劉晏述『三教不齐論』こそが最澄・空海の将来目録に記載される「三教不齐論一巻」であると推論していた。もちろん姚䛒撰『三教不齐論』の存在が明らかとなった現在においては、この牧田氏の推論が誤りであったことはすでに確定しているわけであるが、ただそうであるとしても、それではこの劉晏述『三教不齐論』とは一体いかなる文献であるのかという疑問が新たに生じてくる。言い換えれば、姚䛒撰『三教不齐論』と劉晏述『三教不齐論』という二つの同名の文献が一体どのような関係にあるのかということを、姚䛒撰『三教不齐論』の研究を進めるに当たっての先決問題としてまず明らかにする必要があるということである。

実はこの問題に関してはすでに中国人民大学の張文良氏が両文献の比較考察を行い、姚䛒撰『三教不齐論』（『定三教優劣不齐論』）がその名の通り儒・仏・道三教の間に優劣の差があることを論証する論文であるのに対し、劉晏述『三教不齐論』は儒教倫理に対する仏教の超越性などを根拠として、沙門は王者を礼敬しなくともよいと主張する上奏文である、という重要な事実を指摘しているが、劉晏述『三教不齐論』の内容が「三教不齐論」という題目と合致しないことについては特に問題視しておらず、課題を残している。本稿において筆者はこの張文良氏の考察をさらに推し進め、劉晏述『三教不齐論』の現存部分の内容が彦悰『集沙門不応拝俗等事』巻三に収録される二つの議状の文言をふまえているという新たな事実を指摘し、従来、劉晏述『三教不齐論』の本文とされてきた文章は、僧尼は君主・父母に拝礼する必要はないという「僧尼不応拝君親」の施策を皇帝に建言するために撰述された「議」であって劉晏述『三教不齐論』の本論の文そのものではないこと、したがって現存の劉晏述『三教不齐論』を姚䛒撰

『三教不斉論』の直接の比較対象として用いることはできないという新たな見解を提示してみたい。

以下、まず第一節「先行研究の問題点」において牧田諦亮氏および張文良氏の先行研究の問題点を指摘し、次に第二節「スタイン五六四五写本の構成」において劉晏述『三教不斉論』を含むスタイン五六四五写本の全体構成を概観し、第三節「劉晏述『三教不斉論』現存部分の論述内容」において劉晏述『三教不斉論』の論述内容を検証した上で、第四節「劉晏述『三教不斉論』と「賨徳玄・張仙寿等議状」「鄭欽泰・秦懐恪等議状」」において劉晏述『三教不斉論』と『集沙門不応拝俗等事』巻三所収の二つの議状との関係を考察し、現存の劉晏述『三教不斉論』が「僧尼不応拝君親」を主張する「議」であることを論証する。

一　先行研究の問題点

(1)　牧田諦亮氏の説

姚辔撰『三教不斉論』の存在が明らかになる前、一九六〇年代から七〇年代前半にかけて、牧田諦亮氏は劉晏述『三教不斉論』（および姚辔撰『三教不斉論』）に関連する次の四編の論考を発表した。

①牧田諦亮［一九八一 a］「劉晏の三教不斉論」（初出は一九六一年）
②牧田諦亮［一九八四］「三教優劣伝について」（初出は一九六二年）
③牧田諦亮［一九八一 b］「仏法和漢年代暦について」（初出は一九六八年）
④牧田諦亮［一九七三］「伝教大師将来録追跡調査の試み――南嶽高僧伝と三教不斉論――」

このうち、まず①「劉晏の三教不斉論」は、最澄および空海の将来目録に記される撰者不明の「三教不斉論一巻」

と同名の劉晏述『三教不斉論』という文献が敦煌出土スタイン五六四五写本の中に含まれていることを初めて指摘した論文である。この論考において牧田氏はまずスタイン五六四五写本の全体構成を分析し、現存の劉晏述『三教不斉論』の全文を翻刻した上で、撰述者の劉晏を粛宗（在位七五六～七六二）・代宗（同七六二～七七九）両朝において安史の乱後の唐朝経済の建て直しに尽力した功臣である劉晏（七一五～七八〇）[10]に比定し、この『三教不斉論』は劉晏が特に代宗朝における行き過ぎた崇仏を正すために、代宗の跡を継いだ徳宗の即位直後（七七九年）に（？）皇帝に奉った仏教淘汰論なのであろうと推論した。

次に②「三教優劣伝について」は、日本において伝承された、「菩薩戒弟子迪功郎前廬州録事参軍姚功言述」と称する『三教優劣伝』なる文献を初めて翻刻紹介した論考である。この姚功言述『三教優劣伝』は、後に姚䛒撰『三教不斉論』の発見によって、姚䛒撰『三教不斉論』に若干の改変を加えて後代（宋代以降）に成立したテキストであることが明らかとなったが[11]、この時点ではまだ姚䛒撰『三教不斉論』の存在が世に知られていなかったため、牧田氏は『三教優劣伝』の著者とされる「姚功言」（「功言」は「䛒」の誤り）に関する考証を独自に行い、また次の③「仏法和漢年代暦について」において紹介される古写本『仏法和漢年代暦』が引用する『定三教優劣不斉論』の文を姚功言述『三教優劣伝』からの引用であると認める（実際には姚䛒撰『三教不斉論』からの引用）などの事実誤認を犯している。

③「仏法和漢年代暦について」は、本稿の初めにおいても言及したように、真言宗系統の著述であると考えられる古写本『仏法和漢年代暦』を初めて翻刻紹介した論考であり、上述のように牧田氏はこの文献のなかに引かれる『定三教優劣不斉論』の文を『三教優劣伝』からの引用であると誤認したが、この引用例はむしろ新出の姚䛒撰『三教不斉論』が真言宗系統においてある時期まで確かに流通していたことを示す状況証拠として価値があるものであ

る。

最後に④「伝教大師将来録追跡調査の試み」は、最澄が将来した仏教典籍の意義を再確認するという観点から、『伝教大師将来台州録』に著録される「南嶽高僧伝一巻」[13]と『伝教大師将来越州録』に著録される「三教不斉論一巻」との二書を取り上げて考証を施したものであり、後者については①「劉晏の三教不斉論」の論述内容を踏襲している。

以上、最澄・空海がもたらした「三教不斉論」の考証に端を発する牧田氏の一連の論考は、スタイン五六四五写本中に伝存する劉晏述『三教不斉論』に初めて着目しただけでなく、『三教優劣伝』や『仏法和漢年代暦』といった日本伝存の関連資料をも発掘するなど、三教交渉史研究の新たな一面を切り開いた画期的な成果であったが、ただ姚䛒撰『三教不斉論』の存在が明らかとなった現在の視点から見ると、妥当ではないと思われる部分も少なくない。なかでも特に問題であると考えられるのは、牧田氏が①「劉晏の三教不斉論」において行った劉晏述『三教不斉論』の撰述者および成立背景などに関する推論が、実際にはほとんど根拠がないという点である。

上述の通り牧田氏は劉晏述『三教不斉論』の撰述者である劉晏を粛宗・代宗両朝の功臣劉晏に比定したが、これは実は最澄・空海が将来した「三教不斉論」は劉晏述『三教不斉論』であるという前提と、劉晏述『三教不斉論』の内容は皇帝に奏上された仏教淘汰論であるという理解とに基づいて、最澄・空海の入唐（八〇四年）以前にある程度の地位を持って活動していた官僚政治家のなかから劉晏という名が一致する人物を選び出したというだけのことに過ぎず、最澄・空海がもたらした「三教不斉論」が劉晏述『三教不斉論』であるという前提がすでに崩れている以上、説得力のある論証と言うことはできない。それだけでなく、劉晏述『三教不斉論』を、皇帝の過度の崇仏を誡め、仏教に対する批判粛清を促す仏教淘汰論の一種とみなす牧田氏の理解も実は明らかな誤読に基づくものであり、たとえば牧田氏は劉晏述『三教不斉論』の「陛下降初地之尊、光臨贍部、受一人之貴、理化閻浮。何屈折僧尼、盤擗法服」（S五六四五・二六表三〜六）[14]という一文を解釈して「天下の王たる陛下としての地位を認識して、仏教に対して厳然たる態度を執るべきことを、要請しているのである」と述べているが[15]、本稿第三節において正しい訳文を示すように、実際には劉晏はここで「僧尼に対し君主・父母への拝礼を強要する必要はない」という仏教に対する寛容策を皇帝に建言しているのであって、牧田氏の解釈はまったくの誤解である。

①「劉晏の三教不斉論」を公表して以来、牧田氏は姚𧦬述『三教優劣伝』の存在や『仏法和漢年代暦』に引用される『定三教優劣不斉論』の文に気付きながらも、劉晏述『三教不斉論』こそが最澄・空海が将来した「三教不斉論一巻」であると信じて疑わなかったが、結局のところ、それはさしたる根拠があってのことではなかったのであり、姚𧦬撰『三教不斉論』の発見によって完全に否定されることとなったのである[16]。

(2) 張文良氏の説

牧田氏の一連の論考の後、劉晏述『三教不斉論』に関する専論は出なかったが、ごく最近、姚𧦬撰『三教不斉論』の発見を承けて、張文良氏が次の論考を発表した。

張文良［二〇一二］「姚𧦬著『三教不斉論』考」

この論考において張文良氏は、姚𧦬撰『三教不斉論』を考察の中心に据えながら、新出の姚𧦬撰『三教不斉論』と既知の劉晏述『三教不斉論』という同名の二つのテクストを比較検討することによって両者の文献的性格と思想史的位置づけとを論じ、本稿の初めにも述べたように、姚𧦬撰『三教不斉論』（『定三教優劣不斉論』）がその名の通り儒・仏・道三教のあいだに優劣の差があることを論証する論文であるのに対し、劉晏述『三教不斉論』は儒教倫理に対する仏教の超越性などを根拠として、沙門は王者を礼敬しなくともよいと主張する上奏文である、という重要な事実を初めて指摘した。[17] 張文良氏は前項において指摘した牧田氏の論考にみられる誤読をおおむね正しく読み直しており、その点で劉晏述『三教不斉論』の研究に大きな寄与をなしたと評価することができるが、ただ問題であるのは、それにも拘らず、張文良氏が劉晏述『三教不斉論』の撰述者および成立背景などに関する牧田氏の推論を基本的にそのまま承認して論を進めてしまっていることである。

まず張文良氏は牧田氏の説をそのまま踏襲し、劉晏述『三教不斉論』の撰者劉晏を粛宗・代宗両朝の功臣劉晏に比定しているが、この推論が特に説得力を持たないことは前項で指摘した通りである。

またこれも前項で述べたように、劉晏述『三教不斉論』は前代の行き過ぎた崇仏を正すために徳宗の即位直後に（?）奉られた仏教淘汰論ではないかとする牧田氏の説は、劉晏述『三教不斉論』の本文に対する完全な誤読に基づいていた。張文良氏は、劉晏述『三教不斉論』が牧田氏の説とは逆に護教を趣旨としていることを正しく理解した上で、この論は玄宗が開元二年（七一四）に発した「令僧尼道士女冠拝父母勅」（僧・尼および道士・女冠に対し父母への拝礼を命ずる勅）を諫めるために上奏されたものではないかという新たな推測を提示しているが、にも拘らず、最終的には牧田氏の推論を追認してしまっている（ただし牧田氏の本来の主張とは逆に、張文良氏はあくまでも仏教に対する抑制策を諫める上奏文としてこの論を理解している[18]）。

またさらに言えば、張文良氏が新出の姚謽撰『三教不斉論』の直接の比較対象として劉晏述『三教不斉論』を用いたこと自体が、実は問題を含んでいたと考えられる。本稿の初めに述べたように姚謽撰『三教不斉論』は「盧州参軍」であった著者が玄宗の開元十一年および同十二年に見聞した議論を契機として撰述されたものであり、また牧田氏および張文良氏の推論に従えば劉晏述『三教不斉論』の撰述者劉晏は粛宗・代宗両朝の功臣劉晏であるから、この二つの文献は比較的近い時期にいずれも俗人によって撰述された同名の異書であるということになり、両者を比較してそれぞれの特徴を抽出することが一見すると可能であるかのように思われる。しかし再三述べるように劉晏述『三教不斉論』の撰述者に関する牧田諦亮・張文良両氏の推論は特に根拠があるものではなく、また両文献の題名は確かに同一であるが、姚䛒撰『三教不斉論』が題名通り儒・仏・道「三教」の優劣の差（「（優劣）不斉」）を論証する「論」であるのに対し、現存の劉晏述『三教不斉論』は道教に関する記述が存在しないばかりか、内容そのものも「沙門は王者を礼敬しなくともよい」と主張する上奏文であって「三教不斉論」なる題名と一致しない、という見逃すことのできない相違点がある。

張文良氏はこの点について、標題に「三教」とある以上、劉晏述『三教不斉論』現存写本の首部の欠落部分に道教に関する記述が存在していたのであろうが、そうであるとしても、「三教不斉論」という題名を持ちながらも立論の重点を仏教と儒教倫理との関係に置き、皇帝への上奏文の形式を採って拝不拝の問題を論ずることこそが、姚䛒撰『三教不斉論』とは異なる劉晏述『三教不斉論』の特色なのだと解釈している。(19) だがもしそのように考えるとしたら、劉晏述『三教不斉論』は「三教不斉論」という標題と実際の内容とがまったく合致しない奇妙なテクストであるということになるわけであり、そのようなテクストを新出の姚䛒撰『三教不斉論』の比較資料として用いることが果たして可能であるのかという根本的な疑問が生じてくる。張文良氏の論考は、おおよそ以上のような問題を抱えていると言うことができる。

二　スタイン五六四五写本の構成

劉晏述『三教不斉論』が書写されているスタイン五六四五写本は線装の冊子本で計三五葉が残存し、ひとまず牧田諦亮氏の先行研究（牧田諦亮［一九八一 a］）に従えば、次の九つの文献から構成されている。[20]

文献名	題号等の有無	残存状態	葉数等
①「礼讃文」	擬題	首欠・尾存	一表一〜四表三
②「結下文」	首題あり	首存・尾存	四表四〜裏二
③「解下文」	首題あり	首存・尾存	四裏二〜六
④「迴向文」	擬題	首存・尾存	四裏七〜五表六
⑤「懺悔文」	擬題	首存・尾存	五表七〜一〇表一
⑥「呪生偈」	首題あり	首存・尾存	一〇表一〜一一表三
⑦『小乗録』	首題あり	首存・中欠・尾欠	一一表四〜二一裏八
⑧劉晏述『三教不斉論』	尾題・撰号あり	首欠・尾存	二二表一〜二六裏八
⑨『司馬頭陀地脉訣』	首題あり	首存・尾欠	二七裏一〜三五裏九

現存の写本は、写本全体の首部と尾部、すなわち①「礼讃文」の首部と⑨『司馬頭陀地脉訣』の尾部とが欠落し

ているほか、⑦『小乗録』の中間部分（第一五葉と第一六葉との間）と尾部、⑧劉晏述『三教不斉論』の首部とに料紙の欠落がある。九文献すべて同筆で書写されており、朱あるいは墨で見出し点が加えられている箇所もある。①「礼讃文」から⑦『小乗録』までは切れ目なく連写されているが（⑦『小乗録』と⑧劉晏述『三教不斉論』とが連写されていたかどうかは不明）、第二六葉の裏で⑧劉晏述『三教不斉論』の書写が終わった後、次の第二七葉の表は空白となっていて、第二七葉の裏から⑨『司馬頭陀地脉訣』の書写が開始されている。おそらく、本来は別のものであった、①「礼讃文」から⑧劉晏述『三教不斉論』までを書写した冊子と⑨『司馬頭陀地脉訣』を書写した冊子とを後から一つに綴じ合わせたのであろう。

この九文献についてごく簡単に解説すると、まず①「礼讃文」から⑥「呪生偈」までの六文献はいずれも実践儀礼の際に唱えられる読誦文の類いに属するものであり、それぞれ①六時礼讃・②③夏安居・④食事供養・⑤⑥亡者追福に関わる偈文あるいは布薩文がここに集められているのではないかと考えられる。各文献の具体的な内容については牧田氏の先行研究を参照。

次に⑦『小乗録』および⑧劉晏述『三教不斉論』はいずれも仏教の護法を主題とする文献であり、牧田氏が指摘する通り、前者の異本としてペリオ二七二二写本紙背の『法王記』が存在する。本稿の付録として両文献の翻刻を掲載したので参照されたい。注目すべきことは、これも牧田氏も指摘する通り、⑦『小乗録』の所々に「至今唐咸通十年己丑之歳」（S五六四五・一四表八～裏一、一六表三、一六表五～六、一六裏八、一七表二）との記述があり、この文献が唐懿宗（在位八五九～八七三）の咸通十年（八六九）かあるいはそれをあまり下らない時期に成立したものであることが分かることである。上述のようにスタイン五六四五写本はすべて同筆で書写されているので、この写本全体が書写されたのも八六九年以後のことであると考えてよい（ただし各文献の成立年時が何時であるかはまた別問題である）。⑧劉晏述『三教不斉論』については次節以下で詳述する。

最後に⑨『司馬頭陀地脈訣』は牧田氏の考察からは除外されていたが、後に宮崎順子氏の専論が出、「形派風水」の初期の思想を伝える風水文献であることが明らかにされた。(21) 宮崎氏の分析によればこの文献の第四段落において寺院の風水が論じられているが、あるいはそういった面で仏教との関連性があったが故に、この文献が他の八文献と一緒に一つの冊子に綴じ合わされたのかもしれない。

三　劉晏述『三教不斉論』現存部分の論述内容

前節で述べたように現存の劉晏述『三教不斉論』は首部が欠けているが、残存部分の論述内容はおおよそ三つの段落に区分することができる。

まず第一段落（S五六四五・二三表一〜二四表二）において、儒教の教えと仏教の教え、孔子の事績と釈尊の事跡とを比較し、儒教に対する仏教の優位性を論証する。

次に第二段落（S五六四五・二四表二〜二六表六）において、帝王が名僧を拝礼した事例、儒教倫理において帝王の命に従わないことが容認される事例を列挙した上で、儒教の礼制と仏教の規範原理とは異質のものであるから、僧尼に対し君主・父母への拝礼を強制することは無益であると結論する。この段落は本文献の核心部分であるので、以下、全文を現代語訳し、論旨を確認しておく。

【原文】

爰自摩騰入漢、僧会来呉、雖運隔帝朝、而声光不墜。道安道生之侶、宋帝拝首欽承、慧持慧遠之流、晋王傾心見重。羅什受秦主之礼、趙王拝図澄、梁帝御坐志（＝誌）公、魏王親礼思大。北斉師於上統、蹈法（↓髪？）聴受三帰、隋文稽首曇延、接足請持於八戒。帝王崇信、著在典章、若欲広陳、恐煩御覧。敬僧重仏之事、播在明時、乖常抑挫之儀、聞於乱世。君父之恩、感同天地、〔非？〕稽首拝首、便可酬恩。則蘇武不拝単于、可以得名忠孝、李陵雖拝蕃王、却為背国之臣。若論事主尽忠、比干見危而致命、養親竭力、目連不懼阿鼻。何煩日用三生、不仮徒施両拝。昔許由固違尭命、蒲衣不跪舜王、禹帝特賞百城、武帝不誅夷叔、楊軻（↑珂）臥看趙主、干木坐見文侯、管寧直揖曹王、皇甫不朝晋帝、厳陵倨謁光武、亜父不拝漢文。所以盛載群書、自古重其高節、将欲激厲貪婪、以峻清風。況仏法与周孔政（＝正）乖、釈典共孔経殊制。袈裟偏袒、全虧朝天之衣、錫杖鉢盂、故非廊廟之器。若命脱衣而拝、又越俗儀、若教整服而趍、緇裳有異。伏恐一跪之益、不加万乗之威、両拝之労、未報君親之徳。伏惟陛下降初地之尊、光臨瞻（＝贍？）部、受一人之貴、理化閻浮。何屈折僧尼、盤擗法服。（S五六四五・二四表二～二六表六）

【現代語訳】

摂摩騰が漢の地に入り、(22)康僧会（？～二八〇）が呉の国にやって来て以来、(23)時が巡り幾多の王朝〔の移り変わり〕を経てきたとはいえ、〔仏教の〕名声と威光とが地に落ちることはありませんでした。釈道安（三一二？～三八五）や竺道生（三八二以前～四三四）といった者どもは劉宋の皇帝に稽首の礼をもって尊崇され、(24)慧持（三三七～四一二）や廬山慧遠（三三四～四一六）の一派は東晋の帝王に心から重んぜられました。(25)鳩摩羅什（三四四？～四一三？）は後秦の君主（姚興、在位三九三～四一六）の礼遇を受け、(26)後趙の帝王（石勒と石虎。在位はそれぞれ三一九～三三

三、三三四～三四九）は仏図澄（二三二～三四八）に拝礼し、[27]梁の皇帝（武帝、在位五〇二～五四九）は保誌先生（四一八～五一四）をそばに座らせ、[28]北魏（東魏）の帝王は自ら慧思大師（五一四～五七七）に敬礼しました。[29]北斉（の文宣帝〔在位五五〇～五五九〕）は沙門大統の法上（四九五～五八〇）に師事し、仏法を実践して（髪を踏ませて？）三帰依を受けることを請い、[30]隋の文帝（在位五八一～六〇四）は曇延（五一六～五八八）に稽首し、足を額におしいただいて八戒を受持することを請いました。[31]帝王が〔仏法を〕敬い信ずることは、制度法令に照らして明らかなのであり、もし詳細に述べようとするなら、おそらくは陛下の閲覧の労を無駄にわずらわしくさせるだけのことでございましょう。

僧を敬い仏を尊ぶ事例は、平和な時において広まるものであり、不変〔の道理〕にさからい〔仏法を〕抑えつける儀礼（＝拝礼）は、乱世において聞こえてくるものなのです。

君主・父母の恩は、天地と同様に感ずるものであり、稽首し拝首（拝手？）することによって、簡単にその恩に報いることができるのです〔できるようなものではありません？〕。つまり蘇武（前一二〇以前～前六〇）は単于に拝礼しませんでしたが、忠臣孝子と呼ぶことができ、[32]李陵（？～前七四）は蕃族（匈奴）の王に拝礼しましたが、かえって国を裏切る賊臣となってしまいました。[33]もし君主に仕え忠誠を尽くすことを論ずるのであれば、王子比干は国家の危機に際して命を投げ出しましたし、[34]親を養い力を尽くすこと〔を論ずるの〕であれば、大目犍連は〔母親を救うために〕阿鼻地獄〔に赴くこと〕を恐れませんでした。[35]日々、〔過去・現在・未来の〕三世〔にわたる行い〕に心をくだく必要もなく、[36]無駄に〔君主・父母〕両方への拝礼を実施させるまでもないのです。

昔、許由は堯の命令を固辞し、[37]蒲衣子は舜王に服従せず、[38]禹帝は特別に百城を賞賛し（？）、[39]〔周の〕武帝（武王）は伯夷・叔斉を誅殺せず、[40]楊軻は床に臥したまま後趙の君主（石虎）の訪問を受け、[41]段干木は座ったまま〔魏の〕文侯と会見し、[42]管寧（一五八～二四一）はただ曹魏の帝王を慕うのみ〔で出仕はせず〕[43]、皇甫謐（二一五～二八二）は西晋の皇帝（武帝、在位二六五～二九〇）に仕えず、[44]厳子陵（厳光、前三八以後～後四一以後）は尊大な態度で後漢の光武帝（在位二五～五七）に謁見し、[45]亜父（范増）は前漢の文帝（在位前一八〇～前一五七）に拝礼しませんでした。[46]〔これらの事例を〕盛んにさまざまな書物に載せ、古来、その節度の高さを尊んでいる理由は、貪欲にふける心を叱咤し、清らかな風紀を打ち立てようとするからなのです。

ましてや仏法と周公・孔子〔の教え〕とはまったく異質のものであり、釈尊の経典と孔子の経書とは体制を異にしております。右肩を脱いでかける袈裟は、決して天子に拝謁するための服装ではなく、錫杖や鉢盂は、そもそも朝堂で用いる道具ではありません。[47]もし〔僧侶の〕衣を脱いで〔君主に〕拝礼することを命ずるのであれば、なおさら世間の礼儀から外れてしまいますし、もし〔僧侶としての〕身なりを整えたうえで〔官僚のように宮中を〕足早に歩かせるのであれば、〔僧侶の〕黒い衣と〔官僚の〕衣裳とで異なりが生じてしまいます。伏して心配いたしますのは、〔僧侶を〕一礼させることの利益は、〔陛下の〕万乗の威光を増加させるようなものではなく、〔君主・父母の〕両方に拝礼する労力は、いまだ君主・両親の恩徳に報いていないということなのです。

伏して思いますに陛下は初地という尊き位から降りてこられ、瞻部洲に君臨し、天子という高貴〔な身分〕を受け、条理によって閻浮提を教化しておられます。どうして僧尼を屈服させ、法衣（袈裟）を這いつくばらせようとなされるのでしょうか。

第二段落において以上のように結論した後、本文献は最後に第三段落（S五六四五・二六表六～裏七）において、このような建言をあえて奏した所以を述べた上で、次のように全体を結んでいる。

【原文】

愚臣所議、万不尽忠、井蛙之量、豈測滄溟。[48] 塵黷天堦、伏増殞絶。謹議。

『三教不斉論』。劉晏述。

【現代語訳】

〔以上、〕私めが建議しましたことは、決して〔陛下に対する〕忠義を尽くしたと言えるような代物ではありませんが、〔そもそも私の〕井の中の蛙のような見識によって、どうして大海を推し量ることができましょうか。[49] 陛下〔の威光〕を汚し、伏して絶え入んとする思いが募るばかりでございます。謹んで議す。

『三教不斉論』。劉晏述。

劉晏述『三教不斉論』現存部分の内容は以上の通りであり、この文献がまず儒教倫理に対する仏教の超越性を確定した上で、僧尼は君主・父母に拝礼する必要はないという「僧尼不応拝君親」の施策を皇帝に建言するために撰述されたものであることが明らかであるが、ここで問題となるのは、本稿第一節の（2）においても指摘したように、現存の劉晏述『三教不斉論』の文章内容と「三教不斉論」という題名とがまったく合致していないという点である。またさらにここで注意しておきたいのは劉晏述『三教不斉論』の末尾にみられる「謹議」の二字であり、これはこの文章が皇帝の発議に応じて臣下が自らの意見を奏上する際に用いる「議」（議状）[50] という文書形式に属するものであることを示している。したがって現存の劉晏述『三教不斉論』は、内容面からみても文書形式の面からみても、「三教不斉論」という標題とは明らかに異なる性質のテクストであると言わざるを得ない。以上の問題点をまとめると次のようになる。

①「三教」と題するにも拘らず道教に関する記述がない。

②「三教不斉」と題するにも拘らず実際に主張されているのは「僧尼に対し君主・父母への拝礼を強要する必要はない」という「僧尼不応拝君親」の建言である。

③「論」と題するにも拘らず文書形式が明らかに「議」である。

上述のようにこれらの問題点について張文良氏は、現存写本の首部の欠落部分に道教に関する論述があったのではないかと推測し、また立論の重点を仏教と儒教倫理との関係に置き、皇帝への上奏文の形式を採って拝不拝の問題を論ずることこそ劉晏述『三教不斉論』の特色なのだと解釈しているが、たとえ冒頭に道教に関する記述があったとしても、結論が「僧尼不応拝君親」の建言である以上、そのようなテクストを「三教不斉論」と名づけることができるかどうかがまず疑問であるし、形式上、明らかに「議」であるものを「論」と称することができるのかどうかも疑問である。むしろ現存の劉晏述『三教不斉論』はあくまでも「僧尼不応拝君親」を建言する「議」であって、標題が示すところの「三教不斉論」ではないと認めてしまったほうが、論理的にはっきりと筋が通るのではないだろうか。

ここで注目されるのは、現存の劉晏述『三教不斉論』の文章と彦悰『集沙門不応拝俗等事』巻三に収録される「司元太常伯竇徳玄・少常伯張仙寿等議状一首」（大正五二・四五八上中。以下「竇徳玄・張仙寿等議状」）および「司戎少（→太？）常伯護軍鄭欽泰・員外郎秦懐恪等議状一首」（大正五二・四五八中～四五九下。以下「鄭欽泰・秦懐恪等議状」）[51]の文章との間に明らかな影響関係が確認されるという事実であり、これは劉晏述『三教不斉論』の現存部分が「僧尼不応拝君親」

を建言する「議」であって「三教不斉論」ではないことを裏付ける証拠とみなすことができる。次に節をあらためて両者の影響関係を明らかにしてみたい。

四　劉晏述『三教不斉論』と「賓徳玄・張仙寿等議状」「鄭欽泰・秦懐恪等議状」

劉晏述『三教不斉論』現存部分の文章と「賓徳玄・張仙寿等議状」「鄭欽泰・秦懐恪等議状」の文章とが相似する部分を対照して示すと次のようになる。

劉晏述『三教不斉論』（S五六四五）	「賓徳玄・張仙寿等議状」（大正五二）
只如執礼奉議者、罕窮其妙、懐忠理孝者、未測其波瀾。事存玄妙之言、理出幽玄之表。（二二裏六～二三表一）	執礼蹈儀者、靡窮其要妙、懐忠履孝者、未酌其波瀾。理存太極之先、事出生霊之表。（四五八上）

劉晏述『三教不斉論』（S五六四五）	「鄭欽泰・秦懐恪等議状」（大正五二）
君父之恩、感同天地、〔非?〕稽首拝首、便可酬恩。（二四裏五～七）	君親之恩、事絶名象。豈稽首拝首、可酬万分之一者歟。（四五八下）
若論事主尽忠、比干見危而致命、養親竭力、目連不懼阿鼻。（二五表一～三）	莫不致身以輸忠、彼則不臣王者、莫不竭力而遵孝、彼則不敬其親。（四五八下）
厳陵倨謁光武、亜父不拝漢文。（二五裏一～二）	亦有厳陵踞謁光武、亜夫長揖漢文。（四五八中）
況仏法与周孔政乖、釈典共孔経殊制。（二五裏四～五）	豈不以道釈与尭孔殊制、傷毀与礼教正乖。（四五八下）

若命脱衣而拝、又越俗儀、若教整服而趍、緇裳有異。（二五裏七～二六表一）	解服而拝、則越俗非章甫之儀、整服而趨、則緇衣異朝宗之典。（四五九上）
伏恐一跪之益、不加万乗之威、両拝之労、未報君親之徳。（二六表一～三）	深恐一跪之益、不加万乗之尊、一拝之労、式彰三服之墜。（四五八下）
何屈折僧尼、盤擗法服。（二六表五～六）	何必屈折於僧容、盤辟於法服。（四五九中）
臣若徇情草創、恐千秋万歳犯不忠之罪、若隠而不奏、則恐未来生招匿聖之□。（二六表六～八）	儻縁斯創造、無益将来、於恒河沙劫有毫釐之累。……何以塞有隠之責、蠲不忠之罪。（四五九中）
所以搔首捫心、傍徨無地、堕瀝膽肝、上陳天威。（二六裏一～二）	搔首捫心、堕肝瀝膽。（四五九中）
願得奈苑重春、法輪再響。（二六裏二～三）	伏願聖朝重興至教、恒春奈苑、永転法輪。（四五九中）
臣死絶勝生、朝夕可矣。（二六裏五）	則雖死猶生、朝夕可矣。（四五九中）
愚臣所議、万不尽忠。（二六裏五～六）	臣愚千慮、万不一得。（四五九中）
井蛙之量、豈測滄溟。（二六裏六）	管豈窺天、蛙焉測海。（四五九中）

「竇徳玄・張仙寿等議状」および「鄭欽泰・秦懐恪等議状」は、唐初の高宗（在位六四九～六八三）龍朔二年（六六二）四月十五日に発布された「命有司議沙門等致拝君親勅」に端を発し、百官に拝不拝の問題を詳議させる過程で提出された議状のうちの二点であり、いずれも僧尼は君親に拝礼する必要はないという不拝の立場に立っている。[52] 上掲の対照から劉晏述『三教不斉論』と「竇徳玄・張仙寿等議状」「鄭欽泰・秦懐恪等議状」とのどちらが先に成立したのかを推定することは難しいが（「竇徳玄・張仙寿等議状」「鄭欽泰・秦懐恪等議状」は唐初における礼敬問題に関する議論のなかで奉られた議状であるから、おそらく劉晏述『三教不斉論』のほうが後代に成立したのだろうと思われるが、確定はできない）、ひとまず確実であると考えられるのは、劉晏述『三教不斉論』と「竇徳玄・張仙寿等議状」「鄭欽泰・秦懐恪等議状」との

間には文章表現上の影響関係があり、したがって現存の劉晏述『三教不斉論』は「賓徳玄・張仙寿等議状」「鄭欽泰・秦懐恪等議状」と同様、「僧尼不応拝君親」を建言する「議」であって「三教不斉論」ではないということである。

ただ、それでは現存の劉晏述『三教不斉論』の末尾にみられる「三教不斉論　劉晏述」（S五六四五・二六裏七〜八）という題号と撰号とは、一体何を意味するものなのであろうか。この点については、おそらく大きく二つの可能性を想定することができるのではないかと思われる。

一つは、劉晏述『三教不斉論』の現存の文章、すなわち「僧尼不応拝君親」を建言する「議」を一種の付録のような存在とみなした上で、「三教不斉論　劉晏述」という題号・撰号が指し示す通り本来はその付録の前（すなわち写本の欠落部分）に儒・仏・道三教の〔優劣の〕不斉を論ずる本論（「三教不斉論」）が存在していたはずだが、今は失われてしまっている、と考える見方である。この考え方の難点としては、本稿第二節の一覧に示したように、劉晏述『三教不斉論』を含むスタイン五六四五写本に書写されている他の八文献のうち、題号を有するものはすべてその文献の冒頭に標題が記されているのに、劉晏述『三教不斉論』のみ文献の末尾に標題が記されていることになる、という点が挙げられる。

もう一つは、「僧尼不応拝君親」を建言する「議」と「三教不斉論　劉晏述」という題号・撰号とをそれぞれ別箇のものとみなして、首題（および撰号）と首部とを欠く「議」と、首題と撰号とのみを残して本文はすべて失われた劉晏述『三教不斉論』という二つの文献が存在する、と考える見方である。本稿第二節において解説したように、劉晏述『三教不斉論』を含むスタイン五六四五写本は、写本全体の首部と尾部とが欠けているほか、⑦『小乗録』の中間部分と尾部、および⑧劉晏述『三教不斉論』の首部（＝「議」の首部）に料紙の欠落があるが、この見方によれば、それに加えて⑧劉晏述『三教不斉論』と⑨『司馬頭陀地脉訣』との間にも料紙の欠落があるということになる。ただしこの考え方の難点としては、スタイン五六四五写本に書写されている他の八文献のうち、題号を有するものはすべて改行もしくは擡頭するか、あるいは直前の字から一字もしくは二字程度間隔を空けて標題が記されているのに、劉晏述『三教不斉論』のみ改行もせず、また直前の字から間隔も空けずに標題が記されていることになる、という点が挙げられる。

いずれの考え方にも難点があるため、卒爾にどちらかに決定することはできないが、しかしいずれにしても現存の劉晏述『三教不斉論』は「僧尼不応拝君親」を建言する「議」であって、「三教不斉論」という題名が指し示す劉晏述『三教不斉論』の本論の文そのものではないと考えられる。したがって、この劉晏述『三教不斉論』を新出の姚謽撰『三教不斉論』の直接の比較対象として用いることは適切ではないと言わざるを得ない。

おわりに

以上、本稿においては、姚謽撰『三教不斉論』の発見により再考を迫られた劉晏述『三教不斉論』の文献的性格を検討し、現存の劉晏述『三教不斉論』は「僧尼は君主・父母に拝礼する必要はない」という「僧尼不応拝君親」の施策を皇帝に建言するために撰述された「議」であって、『三教不斉論』の本論の文そのものではないこと、したがって劉晏述『三教不斉論』が「三教不斉」という論題をどのように論じていたのかは一切不明であり、現存の劉晏述『三教不斉論』を新発見の姚謽撰『三教不斉論』の直接の比較対象として用いることはできない、ということを明らかにした。

なお本稿第一節において述べたように、牧田諦亮・張文良両氏は劉晏述『三教不斉論』の撰述者である劉晏を粛宗・代宗両朝の功臣劉晏に比定していた。しかし上述のように現存の劉晏述『三教不斉論』の文が「三教不斉」を論じた本論の文そのものではないと考えられる以上、厳密に言えば劉晏述『三教不斉論』の著者「劉晏」に関する情報は「三教不斉論なる論を撰述した人物」という一事以外にないわけであり、このような状況において撰述者の比定を試みることはほぼ不可能に近いと言わざるを得ないであろう。

またこれも第一節において述べたように、劉晏述『三教不斉論』の成立背景について張文良氏は、この論は玄宗が開元二年（七一四）に発した「令僧尼道士女冠拝父母勅」を諫めるために上奏されたものではないかという推測を行っていた。しかし玄宗が開元年間に僧尼（および道士・女冠）に対し君親への拝礼を命ずる勅を発布した際には、拝不拝の是非を臣下に問う発議はなされなかったようであり、また玄宗はまず開元二年に僧尼（および道士・女冠）に対し父母への拝礼を命じた後、一九年後の開元二十一年（七三三）にさらに僧尼に対し君主へも拝礼することを命じたのであるが、(53) 劉晏述『三教不斉論』の現存の文章（＝「議」）は「両拝之労、未報君親之徳（君主・父母の）両方に拝礼する労力は、いまだ君主・両親の恩徳に報いていない）」と主張しているので、少なくともこの「議」は開元二年の段階で奏されたものではないと思われる。したがって、現存の劉晏述『三教不斉論』（＝「議」）が何時、どのような状況下で建議されたものであるのかという問題についても、現時点では明確な答えを出すことは難しいと言わざるを得ないであろう。

参考文献

久保田量遠［一九八六］『中国儒仏道三教史論』国書刊行会（原刊一九三一年）
斉藤達也［二〇〇〇］「鳩摩羅什の没年問題の再検討」『国際仏教学大学院大学研究紀要』第三号

常盤大定［一九三〇］『支那に於ける仏教と儒教道教』東洋文庫
礪波護［一九九九］『隋唐の仏教と国家』中央公論社（中公文庫）
中村裕一［一九九一］『唐代制勅研究』汲古書院
藤井淳［二〇一一］「姚詧撰『三教不斉論』（石山寺所蔵）写本の翻刻」『高野山大学密教文化研究所紀要』第二四号
牧田諦亮［一九七三］「伝教大師将来録追跡調査の試み――南嶽高僧伝と三教不斉論」『伝教大師研究　正篇』早稲田大学出版部
牧田諦亮［一九八一ａ］「劉晏の三教不斉論」同『中国仏教史研究　第一』大東出版社（初出一九六一年。『牧田諦亮著作集第二巻　中国仏教史研究一』臨川書店、二〇一五年に再録）
牧田諦亮［一九八一ｂ］「仏法和漢年代暦について」同『中国仏教史研究　第一』大東出版社（初出一九六八年。『牧田諦亮著作集第三巻　中国仏教史研究二』臨川書店、二〇一五年に再録）
牧田諦亮［一九八四］「三教優劣伝について」同『中国仏教史研究　第二』大東出版社（初出一九六二年。『牧田諦亮著作集第三巻　中国仏教史研究二』に再録）
宮崎順子［一九九六］「敦煌文書『司馬頭陀地脉訣』の形派風水術」羽衣学園短期大学国文学会『羽衣国文』第九号
宮崎順子［二〇〇七］「陰宅風水――墓葬と子孫繁栄」大阪府立大学人文学会『人文学論集』第二五号
柳田聖山［一九七四］『世界の名著一八　禅語録』中央公論社
吉川忠夫・船山徹（訳）［二〇〇九～一〇］『高僧伝（一）～（四）』岩波書店（岩波文庫）

饒宗頤［二〇〇〇］「三教論及其海外移植」同『中国宗教思想史新頁』北京大学出版社
上海古籍出版社・法国国家図書館（編）［二〇〇二］『法蔵敦煌西域文献　一七』上海古籍出版社
黄正建［二〇〇一］『敦煌占卜文書与唐五代占卜研究』学苑出版社
金身佳［二〇〇七］『敦煌写本宅経葬書校注』民族出版社
張文良［二〇一二］「姚辔著『三教不斉論』考」輔仁大学社会科学院宗教学系『輔仁宗教研究』第二五期
郝春文（著）・山口正晃（訳）［二〇一三］『よみがえる古文書――敦煌遺書』東方書店

註

（1）本稿は韓国・東国大学仏教文化研究院『仏教学報』第七一輯（二〇一五年七月）に発表した同名の拙論の改訂増補版である。

（2）後述するように姚辔撰『三教不斉論』には三本の写本が現存し、各写本の外題・内題をまとめると次頁の表のようになる。これによる限り、この文献の正式名称は「定三教優劣不斉論」もしくは「三教定優劣不斉論」であり、略称として「定三教不斉論」ないし「三教不斉論」が用いられていたようである。

	外題	内題　首	内題　尾
石山寺本	三教不斉論一巻	定三教優劣不斉論	定三教不斉論
西南院本	三教定優劣不斉論	三教定優劣不斉論	（なし）
諸橋文庫本	三教不斉論	定三教優劣不斉論	定三教不斎（↓斉）論

（3）中国における三教交渉史の概観として、常盤大定［一九三〇］・久保田量遠［一九八六］などを参照。

（4）姚謽撰『三教不斉論』「見蒲州女官、……復有陝州道士、……並云、〝仏・道一種、聴者不須分別〟。……当時更有外至者復云、〝非惟仏・道一種、抑亦三教並斉〟」（校訂テキスト六一頁）。

（5）本書所収の村田みお氏の論考を参照。

（6）「大唐貞元廿年十一月十六日写竟。台州臨海懸（↓県）龍興寺北房、日本国求法僧最澄。／明応六年〈丁巳〉四月十五日　右翰源雅律師」（校訂テキスト七一頁）。以下、姚謽撰『三教不斉論』の流通過程の考証については藤井淳［二〇一一］および本書所収の藤井淳「最澄・空海将来になる姚謽撰『三教不斉論』により得られた知見について」を参照。

（7）藤原敦光『三教指帰勘註鈔』巻一「三教不斉論曰、老聃入関、宣道徳之妙旨、仲尼放黜、定礼楽於微言、未若釈尊経満龍宮、化周百億。……倶是三教聖言」（真言宗全書四〇・三中～四上）。ここに引かれる『三教不斉論』の文は、姚謽撰『三教不斉論』（校訂テキスト六一～六二頁）にほぼ対応する文言を見出すことができる。

（8）『仏法和漢年代暦』「〈弘法大師請来〉『定三教優劣不斉論』〈姚謽撰〉云、又案『国臣記』云、西方有大聖人、時訓天人、教化八部、八十年説法。……〈云云〉」（牧田諦亮［一九八一b］三七〇～三七一頁）。この引用文は姚謽撰『三教不斉論』の一節（校訂テキスト六〇頁）と完全に一致する。

（9）なお永超（?～一〇九五）『東域伝灯目録』にも「三教不斉論一巻」（大正五五・一一六四上）が著録されている（撰述者の名は記されていない）。

（10）伝は『旧唐書』巻百二十三、『新唐書』巻百四十九。なお牧田氏は牧田諦亮［一九七三］一五七一頁・注一一において劉晏と道教との関わりを示す資料として『南嶽総勝集』巻下（大正五一・一〇八二下～八三中）の記事を挙げ、次項において取り上げる張文良［二〇一二］四二頁・注一八はさらに劉晏と仏教との関わりを示す資料として『太平広記』巻九十六の記事があることを指摘している。ちなみに『太平広記』の記事は段成式（八〇三?～八六三）『酉陽雑俎　続集』巻四、貶誤が伝える徑山道欽（七一四～七九三）と劉晏との問答に基づくが、『祖堂集』巻三および『景徳伝灯録』巻四（大正五一・二三〇中）はほぼ同じ内容の問答を鳥窠道林（七四一～八二四）と白居易（七七二～八四六）とのあいだに交わされたものとして記録している。柳田聖山［一九七四］四四九～四五一頁を参照。

（11）本書所収の柳幹康氏の論考を参照。

（12）上註（8）を参照。

（13）『伝教大師将来台州録』「南岳高僧伝一巻〈黄門侍郎盧蔵用撰〉」（大正五五・一〇五六中）。

（14）次節で解説するようにスタイン五六四五写本は冊子本であるので、本稿では同写本の葉数・表裏・行数を一表一、二裏二のように記すこととする。

（15）牧田諦亮［一九八一a］三五三頁。なお牧田氏は同［一九七三］一五七〇頁においても同じ文に言及し、「陛下はこの世界を統治されるのであって一人の尊貴を得られるものであり、どうして僧尼に屈折し法服に盤擗することがあろうか」と解釈した上で、「仏教に対して毅然たる態度をとるべきことを要請した有能な政治家劉晏の三教不斉論は、……」と述べている。

(16) なお次項において取り上げる張文良［二〇一二］三七〜三八頁が指摘するように、饒宗頤［二〇〇〇］一六五頁も牧田氏と同様、劉晏述『三教不斉論』が最澄・空海将来の「三教不斉論一巻」であると推論している。

(17) 張文良［二〇一二］「姚謽通過比較儒・釈・道三教創始者孔子・釈尊・老子在家系・父母・弟子等十個方面的差異（不斉）、讃頌了釈尊的偉大、……」（三八頁）、「姚謽『三教不斉論』是論文体、而劉晏『三教不斉論』則是上奏皇帝的奏表」（四三頁）、「劉晏明確地提出僧侶不応礼敬王者。但劉晏提出的根拠除了世間倫理与出世間倫理的分際之外、還挙出歴史上的蘇武・李陵・比干……等名人的例子、説明忠孝的実質大於形式」（四四頁）。

(18) 張文良［二〇一二］「従劉晏『三教不斉論』的内容看、其結論就是反対僧尼礼拝父母・帝王、語気上似乎是直接針対皇帝的某種政策而発、所以不排除此奏表是針対唐玄宗的〝僧尼礼拝父母詔〟而発的可能性。当然、在唐代中期的皇帝中、除了唐玄宗・唐宣宗・唐徳宗在即位初期也有排仏的傾向。特別是唐徳宗即位之初、朝中多有沙汰僧尼的議論、……在徳宗在位時期（七七九〜八〇五）、劉晏位尊権高、上書皇帝更為便捷。所以牧田諦亮推測、劉晏的『三教不斉論』針対宣（→徳）宗的某項政策而発的可能性似乎更高」（四六頁）。

(19) 張文良［二〇一二］「当然、由於劉晏『三教不斉論』標題為〝三教不斉〟、欠失的前半部分或許渉及仏教与道教的関係、但即便如此、鑑於表奏的後半部分乃至結尾部分都是関於仏教与世俗政治的関係、因此可以推測、劉晏的関注点与姚謽是不同的」（四三頁）、「在表奏正文的結尾部分、劉晏討論了僧侶是否応該向帝王礼拝的問題」（四四頁）、「但就現存内容看、姚謽立論的重点在仏道関係而劉晏的理論重点在仏儒関係」（四七頁）。なお牧田諦亮［一九八一 a］三四〇頁も、劉晏述『三教不斉論』現存写本の欠落部分において道教に関する論議がなされていたのであろうと推測している。

(20) 郝春文（著）・山口正晃（訳）［二〇一三］一四頁・図三〇は冊子本の実例の一つとしてスタイン五六四五写本を挙げている。

(21) 宮崎順子［一九九六］。同［二〇〇七］も参照。ほかに黄正建［二〇〇一］八七頁にも『司馬頭陀地脈訣』への言及があり、また金身佳［二〇〇七］三二〇～三二四頁もこの文献の校録文を作成している。

(22)『高僧伝』巻一、摂摩騰伝、「愔等於彼遇見摩騰、乃要還漢地。騰誓志弘通、不憚疲苦、冒渉流沙、至乎雒邑」（大正五〇・三二二下）。なお以下『高僧伝』の読解にあたっては吉川忠夫・船山徹（訳）［二〇〇九～一〇］を参照した。

(23)『高僧伝』巻一、康僧会伝「乃杖錫東遊、以呉赤烏十年（二四七）、初達建鄴」（大正五〇・三二五中）。『出三蔵記集』巻十三（大正五五・九六中）も参照。

(24) 道安の伝は僧佑『出三蔵記集』巻十五、宝唱『名僧伝』、慧皎『高僧伝』巻五などにあるが、道安は武帝劉裕（在位四二〇～四二二）が宋王朝を建てる三十年以上前にすでに亡くなっているので、劉宋の皇帝に尊崇されたとするのは時代が合わない。道生については本伝に次のようにある。『高僧伝』巻七「宋太祖文皇深加歎重」（大正五〇・三六六下）。慧遠

(25) 慧持は慧遠の弟であり、『高僧伝』巻六に伝があるが、東晋の皇帝に重んぜられたという記述は見出されない。慧遠については本伝に次のようにある。『高僧伝』巻六「帝遣使労問、遠修書曰、……。詔答、……法師既養素山林、又所患未痊。邈無復因、増其歎悵」（大正五〇・三六一上）。

(26)『高僧伝』巻二、鳩摩羅什伝「興待以国師之礼、甚見優寵」（大正五〇・三三二上）。『出三蔵記集』巻十四（大正五五・一〇一中）も参照。なお鳩摩羅什の生卒年をめぐる諸問題について、斉藤達也［二〇〇〇］を参照。

(27)『高僧伝』巻九、竺仏図澄伝「勒由此信服」（大正五〇・三八三下）、「勒登位已後、事澄弥篤」（大正五〇・三八四中）、「虎傾心事澄、有重於勒」（大正五〇・三八四下）。

(28)『高僧伝』巻十、釈保誌伝「今上即位、下詔曰、……自今行道来往、随意出入、勿得復禁。誌自是多出入禁内」（大正五〇・三九四中下）。保誌を「誌公」と称することについては次を参照。『南史』巻七十六、隠逸伝下、陶弘景伝付釈宝誌伝「雖剃鬚髪、而常冠帽、下裙納袍、故俗呼為誌公」。

(29) 慧思の伝は道宣『続高僧伝』巻十七にあるが、北魏（東魏）あるいは北斉の皇帝が慧思に敬礼したという記述は見出されない。陳の皇帝（宣帝、在位五六九～五八二）が慧思を厚遇したという記述はあるので、あるいはそれと混同したか。

「及還山舎、毎年陳主三信参労、供填衆積、栄盛莫加」(大正五〇・五六三下)。なお慧思を「思大」と称することについては次を参照。志磐『仏祖統紀』巻六「帝可之、……令随師還山。将行、餞以殊礼、称為大禅師。思大之名、蓋得於此」(大正四九・一八〇上)。

(30)『続高僧伝』巻八、釈法上伝「既道光遐燭、乃下詔為戒師。文宣常布髪於地、令上践焉」(大正五〇・四八五中)、「上法師可為大統、餘為通統」(四八五下)。

(31)『続高僧伝』巻八、釈曇延伝「帝遂躬事祈雨、請延於大興殿、登御坐、南面授法。帝及朝宰、五品以上、咸席地北面而受八戒」(大正五〇・四八九上)。

(32)『漢書』巻五十四、蘇建伝「単于使衛律召武受辞、武謂恵等、屈節辱命、雖生、何面目以帰漢。引佩刀自刺。……武留匈奴凡十九歳、始以彊壮出、及還、須髪尽白」。

(33)『史記』巻百九、李将軍列伝「単于既得陵、素聞其家声、及戦又壮、乃以其女妻陵而貴之。漢聞、族陵母妻子。自是之後、李氏名敗、而隴西之士居門下者、皆用為恥焉」。『漢書』巻五十四、李広伝も参照。

(34)『史記』巻三、殷本紀「紂愈淫乱不止。……比干曰、為人臣者、不得不以死争。迺強諫紂。紂怒曰、吾聞聖人心有七竅。剖比干、観其心」。『論語』憲問「見利思義、見危授命、久要不忘平生之言、亦可以為成人矣」、子張「子張曰、士見危致命、見得思義」。

(35)『盂蘭盆経』「大目乾連始得六通、欲度父母、報乳哺之恩、即以道眼観視世間、見其亡母生餓鬼中、不見飲食、皮骨連立。目連悲哀、即鉢盛飯、往餉其母。母得鉢飯、便以左手障飯、右手摶飯、食未入口、化成火炭、遂不得食」(大正一六・七七九上中)。

(36)『周易』繋辞上伝「仁者見之謂之仁、知者見之謂知、百姓日用而不知。故君子之道鮮矣」。

(37)『史記』巻六十一、伯夷列伝「而説者曰、尭譲天下於許由、許由不受、恥之逃隠」。『荘子』逍遥遊篇なども参照。

(38)『荘子』応帝王「齧欠因躍而大喜、行以告蒲衣子」、成玄英疏「蒲衣子、尭時賢人。年八歳、舜師之、譲位不受。即被衣子也」。
(39) 文意未詳。あるいは禹が舜の後継者と定められながらもその命に従わず、舜の子に天下を譲ろうとした故実をふまえるものか。『史記』夏本紀「帝舜薦禹於天、為嗣。十七年而帝舜崩。三年喪畢、禹辞辟舜之子商均於陽城、天下諸侯皆去商均而朝禹。禹於是遂即天子位」。
(40)『史記』伯夷列伝「武王載木主、号為文王、東伐紂。伯夷叔斉叩馬而諫曰、父死不葬、爰及干戈、可謂孝乎。以臣弑君、可謂仁乎。左右欲兵之、太公曰、此義人也。扶而去之」。
(41)『晋書』巻九十四、隠逸伝「及石季龍嗣偽位、備玄纁束帛安車徴之、輒以疾辞。迫之、乃発。既見季龍、不拝、与語、不言。命舎之於永昌乙第」。
(42)『史記』巻四十四、魏世家「文侯受子夏経藝、客段干木、過其閭、未嘗不軾也」、張守節正義「呂氏春秋云、魏文侯見段干木、立倦而不敢息」。
(43)『三国志』魏書十一、管寧伝「文帝即位、徴寧。遂将家属、浮海還郡。……詔以寧為太中大夫、固辞不受。……自黄初至于青龍、徴命相仍、常以八月賜牛酒。……正始二年、……於是特具安車蒲輪、束帛加璧聘焉。会寧卒、時年八十四」。
(44)『晋書』巻五十一、皇甫謐伝「其後武帝頻下詔、敦逼不已。謐上疏、自称草莽臣曰、……。謐辞切言至、遂見聴許。歳餘、又挙賢良方正、並不起。……而竟不仕」。
(45)『後漢書』巻八十三、逸民列伝「復引光入、論道旧故、相対累日。帝従容問光曰、朕何如昔時。対曰、陛下差増於往。因共偃臥、光以足加帝腹上」。
(46) 原文に「漢文」とあるが、おそらく漢の高祖の誤りであろう。『史記』巻七、項羽本紀「范増数目項王、挙所佩玉玦、以示之者三、項王黙然不応。……項王則受璧、置之坐上。亜父受玉斗、置之地、抜剣撞而破之」。『漢書』巻一、高帝紀も参照。

(47)『高僧伝』巻六、釈慧遠伝「袈裟非朝宗之服、鉢盂非廊廟之器」（大正五〇・三六〇下）。『出三蔵記集』巻十五（大正五五・一一〇中）も参照。
(48)**測**　原文は「惻」に作るが、仮借とみなして改める。
(49)『荘子』秋水「井鼃不可以語於海者、拘於虚也」。
(50)唐代における「議」の文書的性格については、中村裕一［一九九一］第三章付節Ⅲ「〃議〃の文書的考察」を参照。
(51)竇徳玄は『旧唐書』巻百八十三・『新唐書』巻九十五に名がみえる。張仙寿・鄭欽泰・秦懐恪は未詳。
(52)この論議の歴史的経緯については礪波護［一九九九］所収「唐代における僧尼拝君親の断行と撤回」の「二　隋唐初における不拝君親運動」を参照。
(53)礪波護［一九九九］所収「唐代における僧尼拝君親の断行と撤回」の「三　玄宗による僧尼拝君親の断行」を参照。

付　『小乗録』（S五六四五）・『法王記』（P二七二二背）翻刻

凡例

一、『小乗録』（S五六四五）は国際敦煌プロジェクト（International Dunhuang Project, http://idp.bl.uk/）のウェブサイト上で公開されている画像を底本とする。『法王記』（P二七二二背）は上海古籍出版社・法国国家図書館（編）［二〇〇一］所収の写真版を底本とする。

二、原文の構成に沿って分節し、番号と見出しとを付す。見出しはゴシック体で示す。

三、『小乗録』については原本（冊子本）の葉数・表裏を［1a］、［1b］のように表し、各葉の冒頭に小字で挿入する。『法王記』については原本（巻子本）の行数を［　］で括ったアラビア数字で示し、各行の行頭に小字で挿入する。

四、料紙の欠損は「……」で表し、字数を推定した場合は「＊」で示す。

五、判読不能もしくは未詳の文字は□で表す。

六、料紙の欠落などにより一部欠損のある文字を残画から推定した場合は注記する。ただし文字のごく一部が欠けているだけで特に問題なく判読できる場合は一々注記しない。

七、字体は原則として新字体を用いる。

八、次の仮借字は適宜改める。

刑↓形、弟↓第、着↓著

九、次の文字は本来は別字だが、慣用に合わせて置き換える。

廿↓二十、卅↓三十、卌↓四十

十、翻刻者の理解によって句読を施す。句の区切りを示す場合は「、」を用い、並列関係を示す場合は「・」を用いる。

十一、原文の夾注は〈 〉で括る。

十二、書名は『 』で括り、品名・引用文は「 」で括る。そのほか文章理解に資するため適宜「 」と『 』とを用いる。

十三、本文中に現れる年号などのうち、西暦との対応が明らかなものについては初出時に限り（ ）内に西暦を付記する。

十四、両文献のテクストが相違する部分に傍線を付す。

『小乗録』（S五六四五）	『法王記』（P二七二二背）
0 **首題、序**	0 **首題、序**
『小乗録』①	[42]『法王記』
案諸経律論伝記・『歴帝記』②□③『国臣記』・『周書異記』・『後漢法本内伝』、録④仏生日、兼教来此土、僧尼受戒年代記。自法流	謹按諸経律論・『歴帝記』・『周書異記』・『漢法本内伝』、録 [43] 仏生年代、兼此土僧尼受戒年代。自流震旦、往朝諸徳

震旦、往朝諸徳非不広明、具於諸録、皆為古今敻遠、歳月遐遥、後来被［11b］尋、大同小異。此記会昌五載（八四五）、曌禅師在幽都日、遍渉諸伝、分為三章、大体序置。自後詳其旨趣、文勢互参、修編為四科、可為揀要。	非不広明具録、［44］皆今古敻遠、歳月遐遥、後来投(5)尋、大同小異。会昌末年（八四六）、明空［45］禅師在幽都、遍渉諸伝、分為三章、本体旁置。後詳其旨趣、［46］文勢互参、再修編為四科、可為簡要。
一録仏入胎降神、踰城成道、入涅槃時日。	一仏入胎降神、踰城城道、［47］入涅盤時日。
(6)二録仏法至震旦、漢明感夢、摩騰降臨、上善出家、中朝置寺、兼僧受三帰五戒、五人受大戒、十人受大(7)、尼受戒年月。	二録仏法至震旦、漢受戒年月。
［12a］三略大小乗受戒宗趣。	三序明大小乗［48］受戒宗旨、兼尼受戒年月。
四略序袈裟并糞掃衣縁起。	四受袈裟并糞掃衣。

『小乗録』（S五六四五）	『法王記』（P二七二二背）
1 **録仏入胎降神、踰城成道、入涅槃時日**(8)	1 **仏入胎降神、踰城城道、入涅盤時日**
(9)仏是姫周第五主昭王即位二十三年癸丑之歳七月十五日、託(10)陰(11)浄飯王宮、摩耶受胎。故『後漢法本内伝』云、「明帝問(12)摩騰法師曰、『仏生日月、可知已否(13)』。法師対曰、『仏是姫周第五主昭王	一仏槌(14)周第［49］五帝昭王即位二十三年癸丑之歳七月十日、記陰浄飯王宮、摩［50］耶夫人受胎。

即位二十三年癸丑之歳七月十五日、現白象形、託陰浄〔12b〕飯王宮、摩耶受胎」。	
昭王即位二十四⑮年甲寅之歳四月八日、於嵐微尼園内婆羅樹下、右脇而誕。故『普曜経⑯』云、「放光照于三千大千世界⑰」。即『周書異記』云、「昭王二十四年甲寅之歳⑱四月八日、江河泉池忽然汎張、井水並皆盈溢、宮殿人舎山川大地咸悉震動。其夜即有五色光気、入貫太微、遍於西方、〔13a〕畫⑲作青江之色。昭⑳王問太史蘇由曰、『是㉑何祥瑞也』。蘇由対曰、『有大聖人生於西、故現此瑞』。昭王問曰、『於天下如何』。蘇由対曰、『即時無他、一千年外、声㉒教被於此土』。昭王即遣人鐫石記之、埋㉓在南郊天祠前」。仏即此年也。	二十四年甲寅之歳四月八日、於藍毘園内娑羅樹下、〔51〕右脇而誕生。故『普耀経』云、「放光照三千大千世界」。即『周書記』〔52〕云、「照王二十四年甲寅之歳四月八日、江河泉池忽然泛浪、其水〔53〕盈溢、宮殿舎宅山川大地咸悉震動。其夜有五色気、入貫〔54〕太微宮、遍於西方、化作青紅色。照王問太史蘇由曰、『是〔55〕何詳瑞』。蘇由奏曰、『有大聖人生於西方、故現此瑞』。照王問、〔56〕『於天下如何』。蘇由奏曰、『却後一千年、有声教流於此土』。〔57〕照王即令鐫石記之、埋在南郊天祠前」。仏生此年代也。
昭王四十二年㉔壬申之歳二月八日、仏年十九、踰城出家。故『瑞応経』云、「太子年十九、二月八日夜半㉕、〔13b〕天王於窓中叉手白言、『時可往去矣』。□㉖命馬行㉗」。即此年也。	〔58〕照王四十年壬申之歳二月八日、仏年十九、踰城出家。故『瑞応経』云、〔59〕「太子年十九、夜半子時、浄居天王於窓中叉手白言、『太子出〔60〕家時至、可去矣』。故命馬王犍陟及車匿行矣」。
周第六主穆王登位二年癸未之歳二月八日、仏年三十成道。故『普曜経』云、「菩薩明星出時、㉘豁然大悟㉙」。即此年也。	周第六主〔61〕穆王登位二年癸未之歳二月八日、仏年三十成道。

『小乗録』（S五六四五）	『法王記』（P二七二二背）
周穆王五十二年壬申之歳二月十五日、仏年七十九、入滅度。『涅槃経』云、「仏涅槃時、出種種光明、地六種震動、声振有頂、光遍三千」(30)。即『周書〔14a〕異記』云(31)、「穆王五十二年二月十五日平旦、暴風忽起、致損人舎、傷折樹木、山川大地咸悉震動。午後天暗雲黒、西方有白紅十二道、南北通貫、連夜不滅。穆王謂太史扈多曰(32)、『是何瑞也』。扈多対曰、『西方有大聖人入滅、衰相現爾』」。仏入滅即此年也。 始自託陰、及踰城出家、并于成道、与入涅槃、至今唐咸通(34)〔14b〕十年己丑之歳（八六九）、一千九百八十六年也。	周穆王五十二年〔62〕壬申之歳二月十五日、仏年七十九入滅。故『并経』云、「仏臨涅槃時、〔63〕出種種光明、地六震動、声光有項、遍三千大千」。即『周書異記』云、〔64〕「穆王五十二年二月十五日平旦、暴風忽起、発損人家舎、傷折(33)〔65〕樹木、地皆震動。午後大陰雲黒、西方有白虹十二道、南北〔66〕貫連滅。穆王問太史扈多曰、『是何祥瑞』。多曰、『西方有大聖人、入〔67〕滅相現耳』」。仏涅槃即此年也。 仏踰城涅槃、至今大唐中和五年〔68〕乙巳之歳（八八五）、計一千九百四年。又至辛酉歳（九〇一）、共計二千一十年矣。至四月〔69〕二十五日、改為天復元年（九〇一）。
2　**録仏法至震旦、漢明感夢、摩騰降臨、上善出家、中朝置寺、兼僧受三帰五戒、五人受大戒、十人受大、尼受戒年月**	2　**録仏法至震旦、漢受戒年月**
第(35)二教流震旦、造寺度僧。	二教流震旦、造寺度人。

案『法本内伝』㊱云、「後漢第二孝明帝永平七年㊲乙丑之歳、㊳夜夢金人、身長丈餘、来至殿前。明帝集諸群臣、令占此夢。時有通事舎人傅毅・太史蔡愔対曰、『拠周書異記云、西方有大聖人出現、一千年外、声教被於此土。〔15a〕陛下所夢是乎』。明帝聞発已、即使羽中郎秦景・博士王遵等一十六人、往天竺国而迎仏教。至大月支国、遂逢摩騰・竺法蘭二尊者、已白馬駄『四十二章経』、并氎画釈迦像。已次葱嶺、至永平十年戊辰之歳㊴二月三十日、造于洛」。	又案㊵『国臣記』云、「明帝遣蔡愔問法師曰、『仏是何氏族』。法師対曰、『仏是千代金〔15b〕輪王之孫、是刹利王之太子。若不出家、定作輪王、王天下、七宝具足、千子囲繞。忽厭世苦之逼迫、念六道之馴環、遂即出家、自誓成仏㊶、開人天之眼目、示三乗之涅槃。即如来設教也、近即遍於大千、遠即至於十方世界』。明帝聞已、心生敬仰、即令造寺賜額、号為白馬寺」。	後永平十四年壬申之歳㊷、摩騰・竺国法蘭……
及『法本内伝』〔70〕云、「後漢第三主孝明帝永平七年乙丑之歳、夜夢金人、身長丈〔71〕六、来至殿前。明帝旦集群臣、令占所夢。通事舎人傅教・〔72〕太史蔡愔奏曰、『周書記云、西方大聖人出現一千年、声教備〔73〕于此土。陛下所夢是矣』。時帝聞已、即発使林郎中王泰〔74〕天京・博士王尊二十六人、往西天竺国、迎仏教。至月支大国、見〔75〕摩騰・竺法蘭二羅漢、以白氎画釈加像、并白馬駄経『四十〔76〕二章経』。永平十年戊辰之歳二月三十日、達至東洛」。	又撰『国臣〔77〕記』云、「明帝遣蔡愔問法師、『仏是何代氏』。師曰、『仏是千代金輪〔78〕王之孫、刹利之太子。若不出家、定作金輪王、王四天下、七宝具〔79〕足、千子囲遶。厭世苦之逼迫、念六道之循還、遂即出家、自〔80〕誓成仏、開人天之眼目、示三乗涅槃。近即遍大千、遠至十方〔81〕世界』。帝聞詞已、心生敬仰、令造寺賜額、号為白馬之寺」。	後至〔82〕永平十四年、摩騰・竺法蘭、始与此土人出家、并受三帰五〔83〕戒。

	……〔16a〕鉄㊼索羅等一十人、至於昇州□＊＊＊初寺㊽、与此土尼受大戒。自尼受戒之後、至唐咸通十年己丑之歳、得四百二十七年也。「昇州江寧郡」者、今上元県是也。	又摩騰・竺法蘭至此土、至今唐咸通十年己丑之歳、経八百八十九年也。東京白㊾馬寺者此土寺之初、摩騰・竺法蘭是此土僧之首、『四十二章経』此土教之初、震旦三宝因此興〔16b〕焉。	『瑞応経』云「太子年十九、踰城出家㊿」者、今後51昭王二十四年算計、至昭王四十二年、数計十九年也。且合『瑞応』之文。
後経九十一年、第十主霊帝登位、号建寧元年（一六八）、北天竺国三〔84〕蔵支法領・竺法㊸・道生・法念・支婁讖等五人、来至此土、始与〔85〕人受戒。此土即㊹□此土受戒師也。其律本末㊺□、法領三蔵羯摩〔86〕戒本。是五人受大戒。又経八十二年、至前魏第三主少帝斉王登位、〔87〕号嘉平二㊻年（二五〇）春、於洛陽白馬寺再集梵僧、与此土僧重受大〔88〕戒。即是十僧受戒之年也。十僧受戒之後、至唐広明元年（八八〇）、計六百二十〔89〕一年。	又五僧受戒之後、経二百七十八年、始有北天三蔵、師子国尼〔90〕鉄索羅等十人、於上元県建初寺、始与此土尼受大戒。後至広〔91〕明元年、四百三十八年矣。	摩騰・竺法蘭至此土、広明元年、九百一年〔92〕矣。東京白馬寺者、此土寺之初也。摩騰・竺法蘭、此土教〔93〕受之首也。震旦三宝因此興焉。	『瑞応経』云「太子年十九踰城」、但合〔94〕『瑞応』之文。

又『周書異記』云「蘇由対昭王言、『仏一千年外、声教被於此土』」者、今案『周書異記』及諸伝等、昭王二十四年甲戌之歳四月八日仏生、故『普曜経』云「放光照于三千大千世界」(52)。従昭王二十四年至今唐咸通十年己丑之歳、経一千九百八十六年也。摩騰・竺法蘭従漢明帝永□(53)〔17a〕十年戊辰之歳、方来此土。従永平十年□(54)至咸通十年己丑之歳、経八百八十九年也。准此即知仏涅槃後経一千一百年後、摩騰・竺法蘭始来。准此亦合蘇由記也。

又摭『周書異記』云「蘇由等奏照王云、『仏是千年外、声〔95〕教備於此土』」、及諸伝記「仏即照王二十四年四月八日生」、至広明元〔96〕年、計一千九百九十六年矣。摩騰・竺法蘭従漢帝永平十年〔97〕壬辰之歳、至広明元年、計九百一年。准此即知仏入涅槃後一千一百年後、〔98〕摩騰・竺法蘭始来。亦合蘇由之語。

『小乗録』(S五六四五)

3　略大小乗受戒宗趣

第三受戒縁。

仏在日、付律蔵与憂波離、仏滅後、大迦葉集五百羅漢結。迦葉請阿難集経蔵、次請迦栴延集論蔵、次請憂波離集律蔵。(55)

又憂波離乗仏所説、有『八十誦律』、将付大迦葉。大迦葉付阿

『法王記』(P二七二二背)

3　序明大小乗受戒宗旨、兼尼受戒年月

三受戒縁起。

仏在之日、付〔99〕律蔵与優婆離。

又優波離□(56)仏所説、有『八十誦律』。迦葉付阿難了、阿難〔100〕

難、阿難付〔17b〕商那和修、和修付憂波掬多。『律』云、「此五人名竪五師」也。	付商那和修、商那和修付優波毱多。『律』云、「此土五十人、各竪〔101〕五師」。
又憂波掬多下、自有五箇弟子、各持犯不同、便分五部。	又優波毱多下、自有五箇弟子、各各持犯不同、更分為〔102〕五部律主。
第一名薩婆多部、律主名薩婆多。広博厳浄(57)、而着皁衣。	一名薩波多。広博厳浄、而着皁衣。
第二名曇無徳部。通達事理、利楽殊勝、而着赤衣。	第二曇無徳部。〔103〕通達事理、利楽殊勝、而着赤衣。
第三名弥沙塞摩訶僧祇部。修習禅思、而着青衣。	第三弥沙塞摩訶僧〔104〕祇部。修集禅定恵、而着青衣。
第四名僧祇部。律主名婆麁富那。勤学衆経、宣講真義、而着黄衣。	第四僧祇部。律主名麁富〔105〕羅部。勤学衆経、宣講真義(58)、而着黄衣。
第五名迦葉維部、律主名迦葉維。精〔18a〕勤勇猛、摂諸衆生、而着木蘭衣。	第五(59)〔106〕迦維葉部、律主名迦葉。精勤象猛、摂護衆生、而着木蘭。
『僧祇律』云、「此五人名、名横五師」。随其宗部、所着衣服各異。所分支流、有二十五部、皆是律宗。	〔107〕『祇律』云、「此土五人、各各横五師」。随其宗部、所着衣服各異。所分〔108〕支派、有二十五部、皆是律宗。
又案『毘尼経』文、夫受戒者、有其五種(60)。	又按『比尼』云、夫戒有種。

一名悟法受戒、名無学已上。人忽聞仏説法、見理究竟。不作一切諸業、不仮羯磨、名為悟法受戒。	一悟受戒法戒、[109]為無斎[61]。忽聞仏説法、現究竟。不作一切業、不仮羯摩故。
二善来戒。忽有衆生聞仏、便証四果。仏言「善来」、鬚髪自落、名四沙門果。亦不羯磨、不作諸業、名為[18b]善来受戒。	二善来[110]受戒。或有衆生聞仏説法、得証四果。仏言「善来」、鬚髪自落、名[111]四沙門果。不仮羯摩、故善不作諸業耳。
第三名為師範受戒。忽有女人聞仏説法、便証初果。仏為説八敬、令遵奉大僧已為師範。亦不羯磨、名為師範受戒。	四三師範受戒。或[112]有女人聞仏説法、証初果。仏為説八敬、令尊奉大僧故。
第四名三語受戒、為内凡上。此人聞仏出家、仏為説三自帰、得聞仏法。不作諸業、不仮羯磨、名為三語受戒。	[113]四三語受戒、為内凡已。此人聞仏出家、為仏受戒、自帰依仏、得聞仏法。不[114]作諸業、不仮羯摩故。
第五名羯磨受戒、為外凡已上。此人善根微薄、未有信心、要仮十僧作、方成就戒品。	五羯摩受戒、為外凡已上。此人善根微薄、未[115]有信心、作法方成就戒品。
此五種受戒、皆是五部之正文也。	此五種受戒、皆是五部之止文。
[19a]又大乗戒云、「我非青黄赤白黒、非因果法。是諸仏之本源、是行菩薩道之根本[62]」。	[116]又按大乗経云、「我戒非青黄赤白黒因果法。是諸仏本原、是道[117]之根本」。
又『文殊法界経』云、「夫持戒者、無修無証、我説名為戒[63]」。	又按『文殊法界』云、「夫戒者、無修無証、我為説戒」。

『小乗録』	『法王記』
又『宝積経』云、「菩薩(64)持開通戒、声持不開通戒。(65)菩薩持不尽護戒、声聞持尽護戒。何以故。菩薩為理不昧、善能開遮、離楽衆生故(66)」。	[118]又『宝積経』云、「菩薩持開通戒、声聞持不開通戒。菩薩持不尽[119]護戒。何以故。菩薩於理不昧、善根開遮、利益衆生」。
又『花厳経』云、「夫受者、不仮三師七証、名為戒、不仮四威儀、[19b]名為戒。何以故。為無修無証、達此理者、不与一切法合、我説名戒」。	又『花厳経』云、[120]「夫受戒者、不仮三帰七証、名為戒、不仮四威儀、名為戒。何以故。為[121]無修無証、達此理者、不与力合、我名為戒」。
又『鴦掘摩羅経』云、「夫持戒者、無一法可取、一法可捨、我説名為真持戒」。	又按『掘摩羅経』云、「夫[122]受界者、無一切法可捨、我説名為真持戒」。

『小乗録』(S五六四五)	『法王記』(P二七二二背)
4 **略序袈裟并糞掃衣縁起**	4 **受袈裟并糞掃衣**
第四受袈裟縁。	四袈裟縁起。
『普曜経』云、「菩薩作神通、入於尼(67)連河澡洗時、有兜率天子見菩薩欲成正覚、取其天衣袈裟、奉上菩薩。因此而被法服(68)」。	『普[123]耀経』云、「菩薩作大神通、入於泥連河時、兜率天子見薩成等正[124]覚、取其天衣袈裟奉上。因此而披法服」。

又『本行経』云、「仏初成道、在雪山、有浄居天子化為猟師、身被袈裟、趁鹿従菩薩前過。菩薩云、『何着此衣』。猟師答曰、『此是法衣、名袈裟。我趁鹿令不〔20a〕怕、擬取其命』。菩薩言、『此法服汝不応披(69)。我已珍衣換汝法服、令放此命』。猟師聞道、遂捨而去。菩薩因此而披法服(70)」。	又『本行
又『根本律』云、「迦葉奉持金縷僧伽梨衣、路逢世尊、仏為説法、迦葉悟解、因此名為悟法受戒。□(71)告迦葉、(72)『我捨転輪王位、出家学道。先着一切妙好珍衣、我今知足、行於聖行、着於所棄之物、以為糞掃之衣。你有金縷僧伽梨衣、我従汝受、汝汝持与我。為汝除貪欲故、令汝増修聖〔20b〕行(73)』」。	律』云、「迦葉〔125〕奉持金縷僧伽梨衣、路逢世尊、仏為説法、迦葉悟解、因此〔126〕悟法受戒。又仏告迦葉、『我捨転輪王位、出家学道。先着一〔127〕切好衣珍服、今知足、行於勝行、着塚間所棄之物、以為糞掃〔128〕之。爾有金縷僧伽梨、我為汝受、持除入境、欲令汝僧修聖〔129〕行』」。
次明三。	次明三衣。
一安陀会、是五条。作僧事時応着。	一安陀会、是五条。作僧事時応着。
二鬱多羅僧、是七条。大衆集時、大小食時応着。	二鬱多羅、是七〔130〕条。大衆集時、応着此衣。
三者僧伽梨、是二十五条。(74)此衣応入王宮乞食、為王説法、降天魔、伏外道、化悪人時応着(75)。(76)為能降魔故、名為大衣。	三僧伽梨衣、是二十五条。入王宮乞食、説〔131〕法、降魔、伏外道、化悪人、応着此衣。為能降魔故、名為大衣。

拠此衣、随其条数、有十一種。若有受持者、只有九品。九条・十三条〈是下品衣〉、十五条・十七条・十九条〈是中品衣〉、二十一条・二十三条・二十五条〈是上品衣〉。拠『根本律』、有二十七条・二十九条、此土多不持爾。	[132]受此、其条数有十一種。若有受持、祇有九品。九条・十三条是[133]下品衣、十五条・十七条・十九条是中品衣、二十一条・二十三条・二十五条是上品衣。[134]拠『根本律』云、有二十七条、此土名不持爾。
又案諸経律、[21a]糞掃衣有其多般、不得一一。且拠『根本律』、云「有十種。[77]一牛啀衣、[78]二鼠嚙衣、[79]三火焼衣、[80]四塚間衣、[81]五初生衣、[82]六廟中衣、[83]七発願衣、[84]八往還衣、[85]九水月衣、[86]十一切裁衣截衣[87]餘」。	糞掃衣有十種。[135]一牛嚼衣、二鼠嚙衣、三火焼衣、四塚間衣、五初産衣、[136]六廟中衣、七発願衣、八還軍衣、九水衣、十截除衣。
[88]又拠『薩婆律』、云「[89]□神廟[90]中衣幷幡、無仏形像者、不得故盗。若風吹鳥銜、別処得[91]用」。	[137]又按『菩婆多律』、云「神廟中衣幷幡子、無仏像者、不得故取。若[138]有鳥銜風吹、離本処得用」。
[92]又『毘尼律』云、「有四衣之法。[93]一常乞食、[94]二糞掃衣而着終身、[95]三樹[21b]下坐、四腐爛[96]薬。此薬取虎狼糞中肉・牛馬糞中穀米為薬分。仏言、『上智之人能依四法、中下智之人為随分受利』」。	又按『[97]毘尼律』云、「有四衣之法。一常乞[139]食、二糞掃衣而着修身、三樹下座、四付根爛薬。取虎狼[140]糞中肉・牛馬糞中穀米以為薬分。仏言、『上智之人能行四衣法、[141]中下之人令随受制』」。
又拠『[98]阿含[99]経』、云「仏[100]告迦葉、『糞掃衣比丘、捨糞掃之中所棄之物、作知足想。為知慚愧故、非已衣自厳飾所受意者、為	又拠『阿含経』、云「造[101]迦葉、『畜糞掃衣比尼、拾[102]糞[142]掃中所棄之物、作知是想。為知慚媿故、非以衣自荘厳所受意

障風吹日爆・蚊虫螟子・所悪触故、而安立之仏教、非求浄妙荘厳也』。……

者、〔143〕為障風吹日曝・蚊蚋・諸悪触故、故安立仏教、非求浄妙荘厳[103]』。仏言、〔144〕『糞掃之中所棄之物、応浄洗浣、作僧伽梨色、勿使用綻壊[104]。着糞〔145〕掃衣、有其七法。一離[105]嗔故。二能観因縁無来故。三離愚癡、正思惟故。〔146〕四不作諛諂、心正真故。五断一切煩悩、摂善根故。六心無是非、感諸〔147〕天龍神歓喜。七心如石、諸境不勧[106]故。以讃着糞掃衣、名〔148〕法幢。破諸魔悪、紹隆聖種[107]』」。

又『宝積経』云、「仏告弥勒菩薩言[108]、〔149〕『[109]汝依正法[110]、応当勇猛、有四種聖行。一者諸縁平等故。二者〔150〕離諸憍慢、無懈怠故。三者離諸諛諂、正真行故。四者離諸〔151〕諍競、無是非故。我持此四衣』」。

[111]不受、告王曰、『我有納衣、恒[112]卦枝上以為〔152〕箱篋。[113]有種聖行、令疾得仏果』。王聞語已、便生[114]恭敬。菩薩曰、『此衣、一〔153〕名解脱衣、心無繫著。二者名清浄衣、無諸[115]妄念故。三名〔154〕忍辱衣、心無是非故[116]。四名無著衣、諸境不動故。我着此衣、令〔155〕[117]諸衆生離愛取、得大安隠[118]』」。

又『宝積経』云、「周那沙弥二生、(119)持(120)糞掃衣〔156〕□(121)着、王
□分衛、或阿耨(122)□(123)中浣、(124)成飲(125)沐洛、(126)諸天龍神不令諸悪触〔157〕
故。□有比丘常着好衣、擬(127)□(128)□□□□□□□□□(129)……

註

（1）**小**　この字の横に朱の圏点あり。

（2）**帝記**　残画から推定。

（3）**□**　「及」か。

（4）**録**　残画から推定。

（5）**投**　「披」の誤写か。

（6）**二**　残画から推定。

（7）**大**　この下に「戒」の一字を脱するか。『法王記』「与此土僧重受大戒。即是十僧受戒之年也」（P二七二二背・八七～八八）。

（8）**録仏入胎…涅槃時日**　この項は道世『法苑珠林』巻一〇〇、伝記篇、暦算部に基づく。「仏是姫周第五主昭王瑕即位二十三年癸丑之歳七月十五日、現白象形、降自兜率、託浄飯宮、摩耶受胎。故『後漢法本内伝』云、『明帝問摩騰法師曰、仏生日月可知以不。騰曰、仏以癸丑之年七月十五日託陰摩耶』。即此年也。昭王二十四年甲寅之歳四月八日、於嵐毘園内波羅樹下、右脇而誕。故『普曜経』云、『普放大光、照三千界』。即『周書異記』云、『昭王二十四年甲寅之歳四月八日、江河泉池忽然汎漲、并皆溢出。宮殿人舍山川大地咸悉震動。其夜即有五色光気、入貫太微、遍於西方、尽作

青紅之色。昭王即問太史蘇由曰、是何祥耶。蘇由曰、有大聖人生於西方、故現此瑞。昭王曰、於天下何如。蘇由曰、即時無他、至一千年外、声教被此。昭王即遣鐫石記之、埋在南郊天祠前』。仏生即当此年。昭王四十二年壬申之歳四月八日夜半、踰城出家。故『瑞応経』云、『太子年十九、四月八日夜半、天人於窓中叉手白言、時可去矣。因命馬行』。即此年也。周第六主穆王満二年癸未二月八日、仏年三十成道。故『普曜経』云、『菩薩明星出時、豁然大悟』。即此年也。穆王五十二年壬申之歳二月十五日、仏年七十九、方始滅度。故『涅槃経』云、『二月十五日臨涅槃時、出種種光、地大震動、声至有頂、光遍三千』。即『周書異記』云、『穆王即位五十二年壬申之歳二月十五日旦、暴風忽起、発損人舎、傷折樹木、山川大地皆悉震動。午後天陰雲黒、西方有白虹十二道、南北通過、連夜不滅。穆王問太史扈多曰、是何徵也。扈多対曰、西方有大聖人滅度、衰相現耳』。仏入涅槃、即此年也。始自昭王二十四年甲寅之歳誕応已来、総算年月、至今大唐咸亨二年辛亥之歳、正経一千六百載」（大正五三・一〇二八上中）。本書本文篇の「訓読」註（51）を参照。

（9）**仏**　この字の上に朱の圏点あり。

（10）**託**　残画から推定。

（11）**浄飯**　残画から推定。

（12）**帝**　残画から推定。

（13）**否**　残画から推定。

（14）**槌**　「姫」の誤写か。

（15）**四**　残画から推定。

（16）**経**　残画から推定。

（17）**放光照于三千大千世界**　『普曜経』降神処胎品「従身放光、具足広普照此三千大千仏国土」（大正三・四九〇下）。『過去現在因果経』巻一「放大光明、普照三千大千世界」（大正三・六二五中）。

（18）**歳**　残画から推定。

(19) **畫** 「盡」の誤写か。
(20) **昭** 残画から推定。
(21) **曰是** 残画から推定。
(22) **声** 残画から推定。
(23) **埋** 残画から推定。
(24) **年** 残画から推定。
(25) **夜** 残画から推定。
(26) **□** 「因」か。
(27) **太子年十…□命馬行** 『太子瑞応本起経』巻上「至年十九、四月八日夜、天於窓中叉手白言、時可去矣。……夜其過半、見諸天、於上叉手、勧太子去。即呼車匿、徐令被馬、褰裳跨之、……踰出宮城」(大正三・四七五中)。
(28) **豁** 残画から推定。
(29) **菩薩明星出時豁然大悟** 『普曜経』行道禅思品「明星出時、廓然大悟」(大正三・五二二中)。
(30) **仏涅槃時…光遍三千** 北本『涅槃経』寿命品「二月十五日臨涅槃時、以仏神力出大音声。其声遍満、乃至有頂。……従其面門放種種光、……光遍照此三千大千仏之世界」(大正一二・三六五下。南本序品、大正一二・六〇五上)、「是時此地六種震動」(大正一二・三七五中。南本哀歎品、大正一二・六一五上)。
(31) **記云** 原文は「云記」だが、誤倒とみなして改める。
(32) **現** 残画から推定。
(33) **折** 残画から推定。
(34) **通** 残画から推定。
(35) **第** 残画から推定。

(36) **内** 残画から推定。
(37) **七** 残画から推定。
(38) **永平七年乙丑之歳** 永平七年(六四)の干支は甲子、永平八年(六五)の干支が乙丑。
(39) **永平十年戊辰之歳** 永平十年(六七)の干支は丁卯、永平十一年(六八)の干支が戊辰。
(40) **案** 残画から推定。
(41) **成** 残画から推定。
(42) **永平十四年壬申之歳** 永平十四年(七一)の干支は辛未、永平十五年(七二)の干支が壬申。
(43) **法** この下に一字脱するか。
(44) **此土** 衍文か。
(45) **□** 「集」か。
(46) **平二** 残画から推定。
(47) **鉄** 残画から推定。
(48) **□＊＊＊初寺** 「江寧郡建初寺」か。
(49) **白** 残画から推定。
(50) **太子年十九踰城出家** 上註(27)を参照。
(51) **後** 「依」の誤写か。
(52) **放光照于三千大千世界** 上註(17)を参照。
(53) **□** 「平」か。
(54) **□** 「訖」か。
(55) **次** 残画から推定。

(56) □ 「集」か。
(57) **厳** 残画から推定。
(58) **真** 原文は以下に「而着青衣」の四字があるが、衍文とみなす。
(59) **五** 残画から推定。
(60) **夫受戒者有其五種** 『毘尼母経』巻一「有能成就比丘五種受具、名為受具。何者五。一者善来比丘、即得受具。二者三語即得受具。三者白四羯磨受戒、名為受具。四者仏勅聴受具、即得受具。五者上受具。……是名比丘五種受具。比丘尼亦有五種受具。一者随師教而行、名為受具。二者白四羯磨而得受具。三者遣使現前而得受具。四者善来而得受具。五者上受具」（大正二四・八〇一中）。『毘尼心』五種受戒法（大正八五・六五九下～六六〇上）も参照。
(61) **斎** 原文の字体は「斊」（斎の異体字）。「斈」（学の異体字）の誤写。
(62) **我非青黄…道之根本** 『梵網経』巻下「仏告諸菩薩言、我今半月半月自誦諸仏法戒。……是故戒光従口出、有縁非無因故、光光非青黄赤白黒、非色非心、非有非無、非因果法。是諸仏之本源、菩薩之根本、是大衆諸仏子之根本」（大正二四・一〇〇四上中）。
(63) **夫持戒者…説名為戒** 『大宝積経』法界体性無分別会「若有菩薩解知身者、即解知戒。解知口者、即解知戒。解知心者、即解知戒。解身口者、解覚寂静。解覚寂静、故解衆生寂静。解衆生寂静、故解一切法寂静。……是名菩薩戒清浄」（大正一一・一四五中）。
(64) **薩** 残画から推定。
(65) **菩** 残画から推定。
(66) **菩薩持開…楽衆生故** 『大宝積経』優波離会「以是義故、為菩薩乗説不尽護戒、為声聞乗説尽護戒。為諸菩薩説開遮戒、為諸声聞説唯遮戒。……云何菩薩持不尽護戒、声聞乗者持尽護戒。菩薩乗人雖持浄戒、於諸衆生応当随順、声聞乗人不応随順。是故菩薩持不尽護戒、声聞乗人持尽護戒。云何名為菩薩持開遮戒、声聞乗人持唯遮戒。若諸菩薩於大乗中発趣修行、日初分時有所犯戒、於日中分不離一切智心。如是菩薩戒身不壊。……以是義故、菩薩乗人持開遮戒」（大正一一・五一六下〜五一七上）。『決定毘尼経』「菩薩乗人持不尽護戒、声聞乗人持尽護戒。菩薩乗人持開通戒、声聞乗人持不開通戒」（大正一二・三九下〜四〇上）。

(67) **連** 残画から推定。

(68) **菩薩作神…而被法服** 『普曜経』六年勤苦行品「菩薩知之、即以神通慧力還江水辺、忽然而度、随其習俗、示現入水而自洗浴。……菩薩適住、時兜術天子号離垢光、尋取天衣袈裟僧迦梨、化沙門形、奉上菩薩。於時菩薩即取著之、静然而住」（大正三・五一二上）。

(69) **披** 残画から推定。「被」の仮借。下同。

(70) **仏初成道…而披法服** 『過去現在因果経』巻二「爾時太子剃鬚髪已、自見其身所著之衣、猶是七宝。即心念言、『過去諸仏出家之法、所著衣服、不当如此』。時浄居天、於太子前化作猟師、身被袈裟。太子既見、心大歓喜而語之言、『汝所著衣是寂静服、往昔諸仏之所幖幟也。云何著此而為罪行』。猟者答言、『我著袈裟、以誘群鹿。鹿見袈裟、皆来近我、我得殺之』。太子又言、『若如汝説、著此袈裟、但欲為殺諸鹿故耳。非求解脱而服之也。我今持此七宝之衣、与汝貿易。吾服此衣、為欲摂救一切衆生、断其煩悩』。猟者答言、『善哉、如告』。即脱宝衣而与猟者、自被袈裟」（大正三・六三四上）。『出曜経』戒品（大正四・六五九中下）・『仏本行集経』剃髪染衣品（大正三・七三七下〜七三八上）も参照。

(71) **□** 「仏」か。

(72) **我** 残画から推定。

(73) **迦葉奉持…増修聖行** 『大宝積経』宝梁聚会、糞掃衣比丘品「迦葉、我捨転輪王位、出家学道。先所著好上妙繒衣・頭羅衣・好細畳衣・諸上妙衣、一切著已、我今知足、行於聖種。為餘人故、身捨好服、畜塚間衣。若当来比丘聞我此法、即得学我。迦葉、汝本有金縷上衣、我従汝索、汝持与我。迦葉、我愍汝故、即為汝受。非以貪故、非以厳身故」（大正一一・六四七中）。『仏本行集経』大迦葉因縁（大正三・八六六上〜下）も参照。

(74)**此** 残画から推定。
(75)**着** 残画から推定。
(76)**能** 残画から推定。
(77)**一** この字の上に朱の圏点あり。
(78)**二** この字の上に朱の圏点あり。
(79)**三** この字の上に朱の圏点あり。
(80)**四** この字の上に朱の圏点あり。
(81)**五** この字の上に朱の圏点あり。
(82)**六** この字の上に朱の圏点あり。
(83)**七** この字の上に朱の圏点あり。
(84)**八** この字の上に朱の圏点あり。
(85)**九** この字の上に朱の圏点あり。
(86)**十** この字の上に朱の圏点あり。
(87)**有十種一…衣截衣餘** 『四分律』衣揵度「糞掃衣有十種。牛嚼衣。鼠嚙衣。焼衣。月水衣。産婦衣。神廟中衣、若鳥銜風吹、離処者。塚間衣。求願衣。受王職衣。往還衣。是謂十種糞掃衣」(大正二二・八五〇上)。
(88)**又** この字の上に朱の圏点あり。
(89)**□** 「於」か。
(90)**中** 残画から推定。
(91)**□神廟中…別処得用** 『四分律』衣揵度「時諸居士、祖父母父母死、以幡蓋衣物裹祖父母父母塔。糞掃衣比丘見剝取之。……仏言、『不得取如是物』。……仏言、『若風吹水漂鳥銜著餘処、聴取』」(大正二二・八五〇下)。

(92) **又** この字の上に朱の圏点あり。

(93) **一** この字の上に朱の圏点あり。

(94) **二** この字の上に朱の圏点あり。

(95) **三** この字の上に朱の圏点あり。

(96) **有四衣之…四腐爛薬** 『四分律』毘尼増一「有四依止法。糞掃衣、乞食、樹下坐、腐爛薬。是為四依止法」（大正二二・一〇〇一下）。

(97) **毘** 残画から推定。

(98) **阿** この字の上に朱の圏点あり。

(99) **経** 残画から推定。

(100) **告** 残画から推定。

(101) **迦** 残画から推定。

(102) **拾** 残画から推定。

(103) **荘厳** 残画から推定。

(104) **綻壊** 残画から推定。

(105) **嗔** 「瞋」の仮借。

(106) **勧** 「動」の誤写。

(107) **造迦葉畜…紹隆聖種** 『大宝積経』宝梁聚会、糞掃衣比丘品「仏告迦葉、畜糞掃衣比丘、拾糞掃物、作如是想。為慚愧故、非以衣自厳飾故、為障風吹日曝蚊虻蟇子諸悪触故、安住仏教故、非求浄好故、於糞掃中拾取棄物。……畜糞掃衣比丘。心堅如石、外物不入、亦不能動故。迦葉、畜糞掃衣比丘、拾糞掃中物、応浄浣濯、令無垢膩。浣已好染、染已作僧伽梨、善合善綴、善縫善受。受已応著、莫令綻壊。迦葉、畜糞掃衣比丘、安住不浄観中、著糞掃衣。為離欲故、慈心著糞掃衣。為離瞋恚故、観十二因縁著糞掃衣。為離癡故、正思惟著糞掃衣。為断一切煩悩悩故、摂護諸根著糞掃衣。為知六入故、不諛諂著糞掃衣。為令諸天龍神喜悦故。……迦葉、糞掃衣是法幢、以大仙人故。是姓、以聖人故。是安住、以聖種故。是専念、以善法儀式故。是善護、以戒衆故。……」（大正一一・六四六下）。

(108) **言**　残画から推定。

(109) **汝**　残画から推定。

(110) **依正法**　残画から推定。

(111) **不**　この上に脱文があるか。

(112) **卦**　「掛」の仮借。

(113) **有**　この下に「四」の一字を脱するか。

(114) **恭**　残画から推定。

(115) **妄**　残画から推定。

(116) **故**　残画から推定。

(117) **諸**　残画から推定。

(118) **不受告王…得大安隠**　『大宝積経』善順菩薩会「爾時波斯匿王、既覩斯事、踊躍歓喜、便以二衣価直百千両金、而以施於善順菩薩、作是言曰、『善哉仁者、願垂哀納』。善順菩薩告於王言、『大王当知、我於此衣不応受之。所以者何。然我自有百衲之衣、恒掛樹枝以為箱篋、一切衆生無欺奪想。我既自身無慳悋心、亦令他人不生愛著。其有施者、名清浄施』」（大正一一・五三九下）。

(119) **二生**　「生二」の誤倒か。

(120) **持**　残画から推定。

(121) **□**　「常」か。

(122) **耨** 残画から推定。

(123) **□** 「河」か。

(124) **浣** 残画から推定。

(125) **飲** 残画から推定。

(126) **洛** 「浴」の誤写か。

(127) **擬** 残画から推定。

(128) **□□** あるいは「住他」か。

(129) **周那沙弥…□□□□** 『大宝積経』宝梁聚会、糞掃衣比丘品「取時応生二種想。何等二。一者知足想、二者易養想。復生二想。一者無慢想、二者持聖種想。復生二想。一者不以厳身、二者令心浄故」（大正一一・六四六下）、「迦葉、畜糞掃衣比丘若入禅定、釈梵四天王長跪合掌、頭面作礼。況餘小天。……迦葉、汝見周那沙弥、拾不浄臭穢糞掃中物、乞食已、至阿耨大池、欲浣濯之。爾時池辺有常住諸天、皆遠奉迎、頭面作礼。彼諸天等皆楽浄潔、而取周那沙弥所捉不浄糞掃衣、而為浣之、令無垢穢。又取浣汁、自以洗身。諸天知周那能持浄戒、入諸禅定、有大威徳。是故奉迎、恭敬作礼。迦葉、汝見須跋陀梵志、著浄潔衣、乞食已、欲至阿耨大池時、常住諸天於池四面、面各五里、遥遮梵志、不令近池。恐以不浄食及以残食、汚此大池」（六四七上）。

『三教不斉論』と『三教優劣伝』

柳　幹康

本稿では『三教不斉論』と『三教優劣伝』の比較を行い、両書の関係ならびに『三教優劣伝』の思想的特徴について分析を加える。

『三教不斉論』(以下『不斉論』と称す)は唐代の姚䛒(ようべん)撰で、七二四—七七四年の成立と目される。最澄・空海により日本に将来されたとの記録があり、江戸末期まで伝わっていた。それ以後の所在は確認されていなかったが、近年藤井淳氏により再発見され、あらたに翻刻テキストが作成された(「姚䛒撰『三教不斉論』(石山寺所蔵)写本の翻刻」、『高野山大学密教文化研究所紀要』二四号、二〇一一年)。

一方、『三教優劣伝』(以下『優劣伝』と称す)は姚䛒作と記されるが、実際には北宋以降に『不斉論』をもとに編まれた書物である。その成書の状況についてわかるのは、成立年の上限が北宋の政和(一一一一—一一一八年)の末ということだけであり、[1]具体的にいつ、どこで、だれによって編まれたのかはわからない。現存する江戸の初期、慶安三年(一六五〇)刊本の刊記の前に「比丘普如謹助壱伯阡工刊、在霊隠可庵恵昭印行」とあり、かつて中国杭州の霊

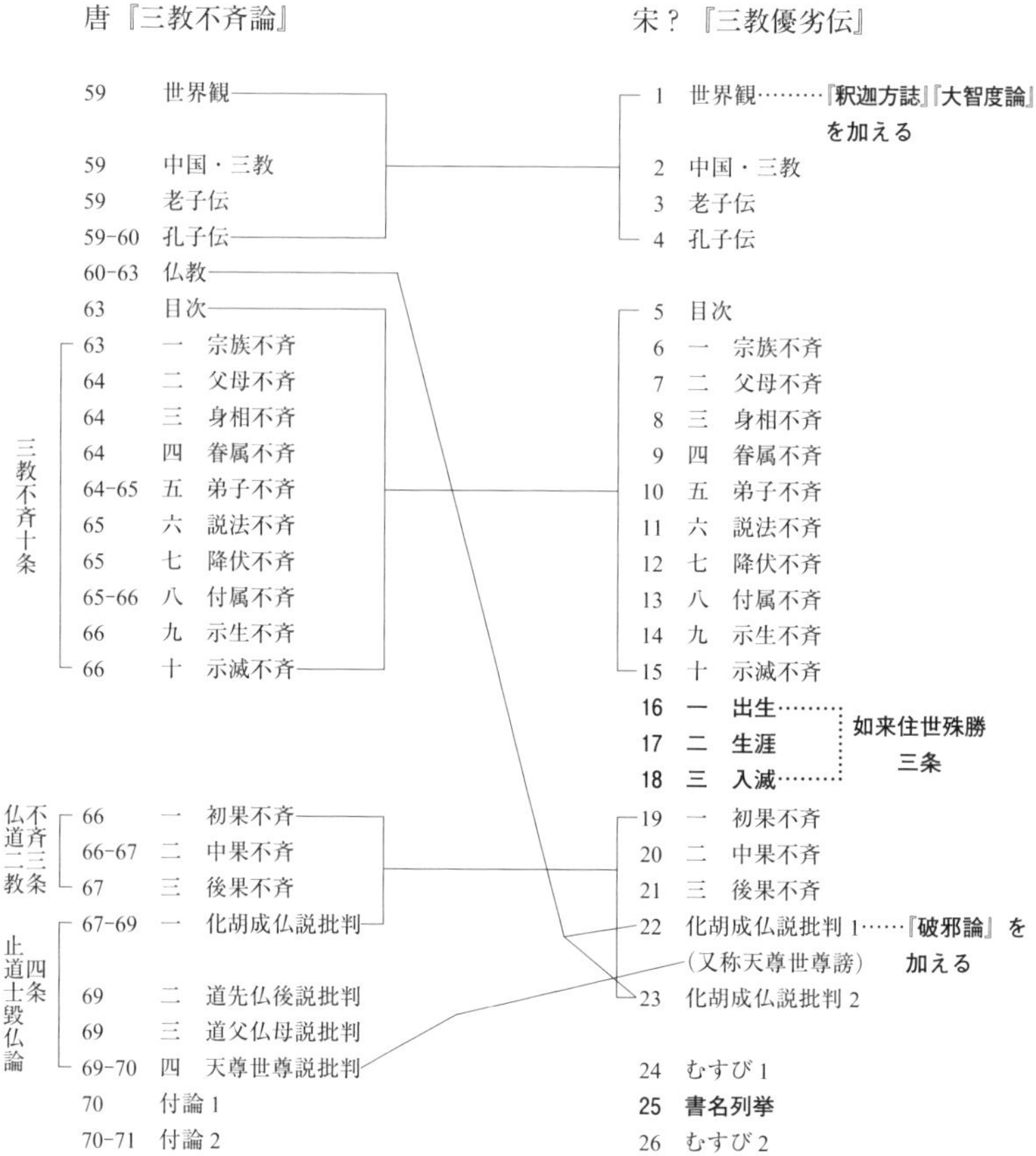

表：『三教不斉論』と『三教優劣伝』の構成の対比

隠寺で同書が刊行されたと記されるが、日本で編纂された可能性も捨てきれず、その真偽は不明である。

『優劣伝』の内容はおおむね『不斉論』を踏襲しつつ、一部に改変を加えている。いま両書の構成を対比すると、前頁の表のようになる（『不斉論』のロケーションは本書所収校訂テキストの頁数、『優劣伝』のロケーションは牧田諦亮「三教優劣伝について」、『仏教文化研究』一一号、一九六二年、の翻刻テキストの段落。[2] 改変に関する部分を太字で示す）。

まず『不斉論』は、冒頭で仏教にもとづく世界観・中国の位置・儒仏道三教のあらましについて述べ、本書が「三教不斉」「仏道二教不斉」「止道士毀仏論」の三項からなることを示し、順次仏教の優位性を論じていく。「三教不斉」は、三教の開祖たる釈迦・孔子・老子の外在的な特徴に注目して仏教の優越を論じたもので、宗族不斉・父母不斉・身相不斉・眷属不斉・弟子不斉・説法不斉・降伏不斉・付属不斉・示生不斉・示滅不斉の十条からなる。「仏道二教不斉」は、仏教と道教の優劣を判じたもので、修行の出発点である「初果」、修行の過程で得られる「中果」、修行の完成により得られる「後果」の三点のいずれにおいても、仏教が道教に勝ると論じる。そして「止道士毀仏論」は道教の四種の説（化胡成仏説・道先仏後説・道父仏母説・天尊世尊説）にたいする批判である。『不斉論』は三教の不斉(ちがい)を論じるものであるが、その紙幅の多くは仏教と道教の対比に割かれている。[3] これは、巨視的には南北朝時代から唐代までの長きにわたる仏・道二教間の対立を受けたものであり、[4] 微視的には当時の唐朝による道教偏重と仏教抑圧に対するものであったといえよう。[5]

一方『優劣伝』はおおむね『不斉論』を踏襲するが、少なくとも以下の四種の改変を加えている。

第一が、あらたに「如来住世、殊(こと)に勝(すぐ)れし有るは三」として、釈迦の出世・生涯・入滅の三点がみな「世に未だ有らざる所」だと論じる点である（表中『優劣伝』16—18）。この箇所は『不斉論』にはまったくみえず、『優劣伝』においてあらたに付加された部分である。

第二が、『不斉論』が止道士毀仏論として四条を挙げるのにたいし、『優劣伝』はそのうち化胡成仏説批判と天尊世尊説批判のふたつのみを採り、あわせ論じる点である（22—23段）。その際に、『不斉論』では冒頭に置かれていた仏教の説明を援用するとともに、教化のおよぶ範囲の差から仏教の卓越性を強調している。すなわち、「孔・老の二教、東は海の際に流れず、南は蛮夷を出でず、西は葱嶺に至らず、北は単于に至らず。仏法は即ち然らず。近きは則ち百億の須弥、遠きは則ち沙界に徧周り、普く有情に及ぶ」（23段）というのがそれで、中国のみに限定される儒教・道教よりも、全世界に広まった仏教のほうが優れているのだという。[6]

第三が、「当に具に奉行すべ」き書物として、『宗鏡録』『西域記』『因果記』『歴帝記』『弁正記』『宝林伝』『国臣記』『破邪論』『通明集（広弘明集）』『法苑珠林』『春秋』『広雅』『周漢史書異伝』を挙げる点である（25段）。[7]このことから『優劣伝』の作者が、『不斉論』を改変する際に適宜他の文献を参照するとともに、それらを重視したことが分かる。

第四が、『不斉論』では仏を「伽耶」と称していた[8]箇所をより一般的な呼称の「仏」や「世尊」に改めたり、あらたに文献を引いて説明を補足したりと（1、22段）、より理解しやすいように記述を改めている点である。

このように『優劣伝』はおおむね『不斉論』を踏襲しており、全体の分量に比してあらたに加えられた改変の量そのものは決して多くはない。またその改変も、ほとんどが部分的なものにとどまっている。ところが以上に挙げた四つのうち最初の「如来住世、殊に勝れし有るは三」のみが、かなりの紙幅を割くあらたな挿入となっている。つまり『優劣伝』の作者にとって、この部分こそが先行の『不斉論』に満足できなかった部分であり、どうしても書き加えなければならない部分だったのである。ではこの部分は、どのように作られたのであろうか。この部分を新たに書き加えることで、『優劣伝』の作者は読者に何を伝えようとしていたのだろうか。以下、当該の部分がいかなる資料に基づくのか分析しながら、その記述をみていく。

先に述べたように、「如来住世、殊に勝れし有るは三」として『優劣伝』が挙げるのが、釈迦の①出世、②生涯、③入滅の三点である。このうち、①の出世については、以下のように記されている。（便宜上、[A]~[D]の四段に分けた。）

[A]一如来将欲下生、在兜率天与諸同事天子説無常法、種種勤勉、勿貪五欲楽。復現十種瑞相、下応人間（出華厳経）。

[B]不生辺地、徧観閻浮何国処天之中、何国帝王君后仁慈祐物・忠正賢能、堪為父母。由是下生於迦毘羅国。

[C]其母摩耶夫人四月八日游毘嵐園、手攀無憂樹枝、従右脇誕生太子。九竜吐水、周行七歩、指天指地云、「天上天下、唯我独尊」。

[D]是謂第一殊勝、世所未有也。　（16段）

[A]一に如来将に下生せんと欲し、兜率天に在りて諸の同事の天子の与に無常の法を説く、種種に勤勉め、五欲の楽を貪る勿れと。復た十種の瑞相を現し、下に人間に応ず（華厳経に出ず）。

[B]辺地に生れず、徧く閻浮の何れの国か天の中に処り、何れの国の帝王と君后か仁慈祐物・忠正賢能にして、父母と為るに堪うるを観る。是に由りて迦毘羅国に下生す。

[C]其の母摩耶夫人、四月八日毘嵐園に游び、手無憂樹枝に攀じ、右脇従り太子誕生す。九竜水を吐き、周く行くこと七歩、天を指し地を指して云く、「天上天下、唯我独尊」と。

[D]是を第一の殊勝、世に未だ有らざる所と謂うなり。

このように、仏が然るべき父と母を選んで下生し、母の右脇より誕生した直後に七歩あるき、「天上天下、唯我独尊」と唱えたことが、出世の「殊勝」（とりわけ優れた点）なのだという。

各段の文章が基づいた資料は以下のとおりである。

まず[A]段は、注記される『華厳経』のほか、『方広大荘厳経』にも基づいている。『方広大荘厳経』は唐の地婆訶羅の訳出で、仏が祇園精舎で浄居天子の願いに応じて説いたとされる大乗経典である。全体は二十七品からなり、そのうち第四「法門品」には、無数の「兜率天宮」にいる「最後身の菩薩」が「将に下生せんと欲」し、「捨は是れ法門、自ら五欲を離れ及び他をして離れしむるが故に」「無常は是れ法門、諸の貪愛を息むが故に」「四正勤は是れ法門、一切の悪を断じ、一切の善を修するが故に」などの教えを説いたとある。(9) また仏の「十種の瑞相」は『華厳経』に詳しい説明がみえる。(10)

つぎに[B]段は劉宋求那跋陀羅訳『過去現在因果経』に基づく。これは仏が祇園精舎において過去世から現在世にいたる来歴をみずから説きあかす形式の経典で、過去の行為が因となり現在の果をもたらすと説く。数ある仏伝のなかでも非常によく知られたものであり、後代に与えた影響は大きい。その巻一には「下りて仏と作るに当たり、即ち五事を観る。……三は、諸の国土の何れの国か中に処るを観る。……五は、過去の因縁、誰か最も真正く応に父母と為るべきを観る」とあり、(11)『優劣伝』の[B]段はこれに基づき記されたものである。

つづく[C]段は『釈氏通鑑』に基づく可能性がある。『釈氏通鑑』は宋の本覚が編纂した編年体の仏教通史で、南宋の咸淳六年（一二七〇）に刊行された。(12) その巻一には「釈迦牟尼仏、賢劫の第四の仏なり。是の年の四月八日、中天竺の迦毘羅衛国に生を示す。……母是の日に於いて歓喜園に遊び、手は無憂樹枝に攀じ、太子化して右脇従り生ず。自ら行くこと七歩、手を分かち天と地とを指して曰く、「天上天下、唯我独尊」と。空中の九竜水を吐き、太子の身に灌ぐ。……」とあり、(13)『優劣伝』の[C]段とよく一致する。
最後の[D]段は『優劣伝』の作者が記したものである。

つぎに②生涯については以下のように記されている。(便宜上、[A]〜[E]の五段に分けた。)

[A]二則太子長大、選択師、伝授以詩書・礼楽乃至世間工巧・文武・伎芸、靡不該通。以至無書可読、無師可伝者。
[B]父王将以金輪宝位而以嗣之。先是占相者言、「太子即非金輪王位、乃為法王之位、利益無辺」。
[C]忽於夜半子時逾城竟入雪嶺、六年而成道果。
[D]坐宝蓮乗空往忉利天、三月為母説恩愛別離之法、種種安慰其母、以尽子母之情。阿闍世貝(=貫)王湯仏慈誨、世尊遥知。帝釈天遣鬼神作三道宝堦。中央用閻浮檀金、右用琉璃、左用瑪瑙、欄楯雕鏤、極為厳麗。下降人間、還霊鷲山。
[E]是為第二殊勝、世所未有也。 (17段)

[A]二は則ち太子長大ち、師を選択び、伝授せしむるに詩書・礼楽乃至世間の工巧・文武・伎芸を以てし、該通ぜざる靡し。以て書の読む可き無く、師の伝うる可き者無きに至る。
[B]父王将に金輪宝の位を以て以て(ママ)之に嗣がしめんとす。是に先んじ相を占う者言わく、「太子即ち金輪王の位に非ず、乃ち法王の位為り、利益無辺なり」と。
[C]忽と夜半子の時に於いて城を逾え竟り雪嶺に入り、六年にして道果を成ず。

［D］宝蓮に坐し空に乗りて忉利天に往き、三月母の為に恩愛別離の法を説き、種種に其の母を安慰め、以て子母の情を尽くす。阿闍貰王は仏の慈誨を湯し、[14]世尊は遥かに知る。帝釈天、鬼神を遣りて三道の宝塔を作らしむ。中央は閻浮檀金を用い、右は琉璃を用い、左は瑪瑙を用い、欄楯の雕鏤、極めて厳麗為り。人間に下降し、霊鷲山に還る。

［E］是を第二の殊勝、世に未だ有らざる所と為すなり。

ここでは幼少期の学習から出家、成道、説法と話をすすめ、釈尊の生涯が優れていたことが示される。とりわけ詳細に叙述されているのが説法についてであり、仏が自分を生んで間もなく亡くなった母のために、その転生先の忉利天にみずから赴いて「愛する者と別れる苦しみ」について教えを説き、母の悲しみを慰め親子の情を尽くした後に、忉利天の主である帝釈天が用意した壮麗な階段を下りて人間界に戻ったと記されている。

各段の文章が基づいた先行の文献は以下のとおり。

まず［A］段は管見のかぎり直接基づいたとおぼしき文献がみあたらない。ただし仏が詩書（『詩経』と『書経』）や礼楽を学んだとする説は吉蔵の『無量寿経義疏』にみえ、そこでは『無量寿経』の経文「算計・文芸・射御を示現し、博く道術を綜べ、群籍を貫練し、後園に遊び武を講じ芸を試す」にたいし、「「算計を示現す」より下、世伎を修学するを明かす。六芸とは、算計は是れ一なり、文芸詩書及び礼・楽・射・御、是れ六なり」と注されている。[15]あるいは『優劣伝』の作者は、かかる吉蔵の説を知っていたのかもしれない。

［B］段は『方広大荘厳経』巻四「現芸品」の「太子年漸く長大ち、無量諸仙の善く相を占う者皆な云く、「太子若し出家を得ば、必定ず仏と成らん。若し家に在らば、当に転輪聖王と為り、四天下に王たるべし」と」に基づくとお

ぼしい。(16)

[C]段は典拠とまでは断言できないが、唐の法崇『尊勝経疏』巻上の「年十九にして輪王の位を捨て、二月八日の夜半子の時に於いて城を踰え出家す。……苦行すること六年」と表現がよく一致する。(17)

[D]段は『撰集百縁経』と『法苑珠林』に基づく。『撰集百縁経』は呉の支謙訳と伝えられるもので、百の譬喩物語よりなる。その巻九「声聞品」に「爾の時世尊忉利天上の波利質多羅樹下の宝石殿上に在りて安居すること三月、母摩耶の為に法を説き訖竟わり、還り来たりて下り閻浮提に至らんと欲す。爾の時釈提桓因、仏の下らんと欲するを知りて、諸天・竜・夜叉・乾闥婆・阿修羅・迦楼羅・緊那羅・摩睺羅伽・究槃茶等に勅し、仏の為に三道の宝梯を造作らしむ」とある。(18)一方『法苑珠林』は唐の道世が大蔵経の便覧に供するために編んだ百巻にもおよぶ浩瀚の書で、仏教の百科全書としてひろく用いられた。その巻五〇「報恩篇」には「爾の時世尊夏の三月尽くるに、将に閻浮に還り下らんと欲し、五色の光を放ち照曜顕赫く。時に天帝釈、仏の当に下らんとするを知り、即ち鬼神をして三道の宝階を作らしむ。中央は閻浮檀金、左は琉璃を用い、右は馬脳を用い、欄楯の雕鏤、極めて厳麗為り。仏、摩耶に語ぐらく、「生死の法、会えば必ず離れ有り。我れ今ま応に閻浮提に下り還り、久しからずして亦た当に涅槃に入るべし」と。摩耶、涙を垂れて偈を説く。爾の時世尊、母と辞別す」とある。(19)[D]段はこのふたつを組みあわせて記されたものである。

[E]段は先行の文献によらず、『優劣伝』の作者がみずから記したものである。

最後の③入滅については以下のように記されている。

三則如来在世七十九載、化縁既畢、外道波旬請入涅槃、示現世間病相。起為阿難諸弟子等付嘱法蔵。受梵・釈諸天及純陀末後之供、然後入大寂定。神游五蘊・十八界・四禅・八定。於夜半子時入於無為涅槃、準輪王葬儀。摩耶聖后自忉利天而下、悲号哀泣。示双趺自金棺中、出示人天、涌身於虚空中高七多羅樹、為母説離別法、然後化火自焚。出舎利八斛四斗。八国君主臨壇競争、以兵戦強取舎利。諸菩薩以如来慈悲平等之言、息其諍闘、均為八分。八国各以宝瓶盛貯。其余小邦或炭或灰、浄掃而帰本国。各起宝塔、奉安供養、以為植福之基。是謂第三殊勝、世所未有也。　（18段）

三は則ち如来世に在ること七十九載、化縁既に畢り、外道波旬涅槃に入らんことを請い、世間の病相を示現せしむ。起きて阿難と諸の弟子等の為に法蔵を付嘱す。梵・釈諸天及び純陀の末後の供を受け、然る後ち大寂定に入る。神は五蘊・十八界・四禅・八定に游ぶ。夜半子の時に於いて無為涅槃に入り、輪王の葬儀に準ぜしむ。摩耶聖后忉利天自り下り、悲号哀泣く。双の趺を示すに金棺中自りし、出でて人天に示し、身を虚空中に涌すこと高さ七多羅樹、母の為に離別の法を説き、然る後ち火を化し自ら焚く。舎利八斛四斗を出だす。八国の君主、壇に臨みて競争い、兵を以て戦い舎利を強取す。諸の菩薩、如来の慈悲平等の言を以て、其の諍闘を息め、均く八分と為す。八国各の宝瓶を以て盛貯む。其の余の小邦或は炭或は灰、浄掃し本国に帰る。各の宝塔を起て、奉安供養し、以て植福の基と為す。是を第三の殊勝、世に未だ有らざる所と謂うなり。

これによれば、仏はその七十九年の生涯において有縁の衆生を救ったのち、弟子に教法を授けて入滅した。すると生母が忉利天から降下し、わが子の死を嘆き悲しんだ。そこで仏は棺のなかから身を出して母のために離別の教えを説き、その後みずから火を発して炎に包まれ、後の人々が福徳を積むもととなる舎利を残したのだという。このような有り様が、釈尊の入滅が優れているゆえんなのだという。

この入滅の殊勝を説く一節は、おもに『摩訶摩耶経』をもとに記されている。『摩訶摩耶経』は蕭斉の曇景訳で、その前半では仏が忉利天に昇り母摩耶に法を説く様子が、後半では仏の涅槃に際し母が忉利天より降り最後の別れをする様子が記される。その巻下には、「仏、阿難に告ぐらく、「悪魔波旬我が所に向い来たり、我に勧請して涅槃に入らしめんとす。我れ已に之を許す……」[20]と」、「闍維（＝火葬）の法、転輪聖王の如くせよ」[21]、「須跋陀羅（＝純陀）……是れ吾が最後の弟子なり」[22]、「世尊、此の偈を説き已りて即ち初禅に入り、初禅に入り已りて復た二禅に入り、二禅に入り已りて次に三禅に入り、三禅に入り已りて次に四禅に入り、四禅に入り已りて次に空処に入り、空処に入り已りて次に識処に入り、識処に入り已りて次に無所有処に入り、無所有処に入り已りて次に非想非非想処に入り、非想非非想処に入り已りて次に滅尽正受に入る」[23]（初禅・二禅・三禅・四禅が「四禅」、これに更に空処・識処・無所有処・非想非非想処を加えたものが「八定」）、「時に摩訶摩耶、此の偈を説き已り、涕泣懊悩して自ら勝えること能わず、……空従り来下し双樹の所に趣く」[24]、「世尊、大神力を以ての故に、諸棺蓋をして皆な自ら開発かしめ、便ち棺中従り合掌して起つ」[25]、「世尊、此の語を説き已りて、母と辞別す」[26]などとある。

このほかに参照したとおぼしき先行の文献として、『宝林伝』『仏般泥洹経』『大般涅槃経後分』が挙げられる。『宝林伝』は唐の智炬が貞元十七年（八〇一）に編んだ禅宗史書で、先述のとおり「当に具に奉行すべ」き書物としてその書名が『優劣伝』の末尾に挙げられている。『宝林伝』の巻一に録される釈迦牟尼仏の章には、「爾の時金棺、座従り挙がること高さ七多羅樹、空中に往返し火三昧と化す。須臾食頃ち灰より四樹生じ、舎利八斛四斗を収得す」とある。[27]『仏般泥洹経』は西晋の白法祖訳で、そこには八国の王が舎利を争ったが、最終的には和解してそれを八等分して各々自国に持ち帰り、余他の小国は残された遺灰を持ち帰ったという話がみえる。[28]『大般涅槃経後分』は唐の若那跋陀羅訳で、仏が残した舎利を供養することの福徳が無量無辺であると説かれている。[29]

このように③入滅の一節はおおむね『摩訶摩耶経』により、部分的に『宝林伝』『仏般泥洹経』『大般涅槃経後分』を踏まえて著されたと考えられる。

以上、『優劣伝』が『不斉論』に飽きたりず、あらたに大きく加えた「如来住世、殊に勝れし有るは三」について分析を加えた。いま改めて全体をながめると、その三つの要素――①出世、②生涯、③入滅のいずれにも釈迦の生母摩耶が登場していることにきづく。すなわち、仏は①出世にあたり摩耶を自分の母に選んでその胎内にやどり、②生涯における重要事として、自分を生んですぐに亡くなった母のために転生先の忉利天におもむき説法して親子の情をつくしたことを挙げ、最期の③入滅の際には、忉利天から駆けつけた母のために棺から出て教えを説き別れを告げたという。つまり『優劣伝』の作者は、先行する数多くの文献から丹念に記事を拾い集めることで、生母摩耶との関わりあいを軸に釈迦の一生を描きだしたのである。

管見のかぎり、このような形で編纂された釈尊伝はほかに例がない。個々の記事はいずれも先行の文献にみえるものであるが、それらを組みあわせて描きだされた上述の釈尊伝は、まぎれもなく『優劣伝』の作者がみずから描きだした独自のものなのであった。『優劣伝』の作者がこのような釈尊伝をあらたに編みなおした背景には、親子の情という人の素朴な想いにたいする共感に加えて、中国に根強い仏教批判――出家・剃髪して僧となる行為を中国伝統文化の重要な徳目「孝」の破壊とみる見方――への反論の意味もあったことだろう。この想像の当非はひとまずおくとしても、『優劣伝』の作者が母との関わりあいを軸に釈迦の「殊に勝れし」一生を描きだすことで、儒教および道教にたいする仏教の卓越性を示そうとしたことは間違いない。

仏教の二教にたいする卓越性を強調した例として、このほかにも以下の三つを挙げることができる。

第一に、先に示した四種の改変のうちの第二点で挙げたように、『優劣伝』は教化のおよぶ範囲の差から、儒・道二教にたいする仏教の優位を主張する説をあらたに加えている。

第二に、『優劣伝』の作者は『不斉論』を継承するにあたって、「亦た三教は倶に是れ聖言、小よりして之を論ずれば略ぼ同じきも、大よりして之を取れば全く異なる。漸次にして学び、堂室の如きのみ」（訓読八八頁）という姚䛒の言をけずっている。この一文は姚䛒が『不斉論』撰述の動機を説明する一段にみえるものであり、三教をみな聖人の教えと認めたうえで、その深浅の不斉を明らかにするのが『不斉論』の根本的な立場なのであった。ところが『優劣伝』では、当該の一段をすべて削除しており、「三教は倶に是れ聖言」に類する発言もまったくみえない。このことから『優劣伝』の作者は、『不斉論』から三教の深浅を認める立場だけを引き継ぎ、三教すべてを「聖言」とする見方は引き継がなかったことがわかる。

第三に、『優劣伝』の末尾には『不斉論』にはなかった以下の一節を書き加えている。いわく、「仏を敬うこと身の如く、法を重んじること命の如く、僧を奉じること親の如くし、伽藍を興建てて聖像を造立り、経巻を書写して珍財を布施し、闘諍の心を捨てて難遇の想いを生じ、黎元を利済けて恩有を資益け、帝基の鞏固なること盤石の永安と同じく、仏日の光輝くこと風輪の動ぜざるに等しくせしめん」（26段）。このように『優劣伝』の作者は、同書を総括する段において、仏教こそが帝業に資すると強調しているのである。[30]

一般に、仏・道の二教は、唐代以前には激しく敵対していたが、宋代以降は儒教を加え、三教は合一の道をたどったといわれる。ところが『優劣伝』は、宋代以後になった文献にもかかわらず、唐代に成立した『不斉論』よりも三教の別異を強調し、とりわけ儒・道二教にたいする仏教の優越を説きつつ、仏教こそが帝業に資すると主張する。三教の合一にむかう大勢とは別に、三教の優劣を判じる立場も後代まで――日本での編纂であるなら遠く海外まで――根強く継承されたことを、『優劣伝』は如実に物語っているのである。

参考文献

久保田量遠［一九三一］『中国儒道仏三教史論』、東方書院。のち一九八六年に国書刊行会より再刊。

張文良［二〇一二］「姚䂓著《三教不斉論》考」、『輔仁宗教研究』二五期。

常盤大定［一九三〇］『支那に於ける仏教と儒教道教』、東洋文庫。

藤井淳［二〇一一］「姚䂓撰『三教不斉論』（石山寺所蔵）写本の翻刻」、『高野山大学密教文化研究所紀要』二四号。

牧田諦亮［一九六二］「三教優劣伝について」、『仏教文化研究』一一号。

［一九六八］「仏法和漢年代暦について」、『南都仏教』二一号。（のち『牧田諦亮著作集』第三巻、臨川書店、二〇一五年に再録。）

柳幹康［二〇一五］『永明延寿と『宗鏡録』の研究――一心による中国仏教の再編』、法藏館。

註

（1）『優劣伝』では著者姚䂓の肩書として「迪功郎（てきこうろう）」という職名が加えられていることから、この「迪功郎」が設置された北宋の政和年間の末が『優劣伝』成立年の上限となる。牧田諦亮「三教優劣伝について」、『仏教文化研究』一一号、一九六二年、八八頁を参照。『優劣伝』が後の文献に引かれた例がないため、成立年の下限は不明。なお牧田諦亮は日本南北朝期の古写本『仏法和漢年代暦』が『優劣伝』を引用すると述べるが、それは実際には『優劣伝』ではなく、『優劣伝』のもととなった『不斉論』である。そこには「定三教優劣不斉論（姚謽撰）」とみえ、その横には「弘法大師請来」と注記されている。牧田諦亮「仏法和漢年代暦について」、『南都仏教』二一号、一九六八年、六五頁を参照。

(2) 翻刻テキストには段落数が記されていないため、適宜段落番号を割り当てた。各段落の始まりは以下の通り。**第一段**、牧田翻刻テキスト九一頁上段第一行。**第二段**、同上段第一二行。**第三段**、同下段第二行。**第四段**、同下段第一二行。**第五段**、九二頁上段第六行。**第六段**、同上段第一三行。**第七段**、同上段第一七行。**第八段**、同下段第二行。**第九段**、同下段第六行。**第一〇段**、同下段第一一行。**第一一段**、同下段第一九行。**第一二段**、九三頁上段第五行。**第一三段**、同上段第一〇行。**第一四段**、同上段第二一行。**第一五段**、同下段第四行。**第一六段**、同下段第一一行。**第一七段**、同下段第一九行。**第一八段**、九四頁上段第七行。**第一九段**、同上段第一七行。**第二〇段**、同下段第一行。**第二一段**、同下段第六行。**第二二段**、同下段第一三行。**第二三段**、九六頁上段第六行。**第二四段**、九七頁第五行。**第二五段**、同第九行。**第二六段**、同第一二行。

(3) このことから張文良氏は『不斉論』の重点が道教に対する仏教の優位を判じる点にあるとみている。張文良「姚謽著《三教不斉論》考」、『輔仁宗教研究』二五期、二〇一二年。

(4) 常盤大定『支那に於ける仏教と儒教道教』（東洋文庫、一九三〇年）一七頁参照。また上掲張論文は、「三教不斉」の論点の分析を通じて、姚謽が唐初の法琳（五七二—六四〇）の所説を参照した可能性を指摘している。また本書所収倉本尚徳論文では、詳細な典拠調査にもとづき、『三教不斉論』がかなりの分量において法琳の文章に依拠していること、ただし論の重点などにおいて一定の相違があることを明らかにしている。

(5) 唐の皇室（李氏）は、同じ李姓の老子を祖とし、総じて道教を偏重した。『不斉論』の成立時期である七二四—七七四年は、玄宗・粛宗・代宗の治世にあたる。うち、最も道教を重んじたのが玄宗であり、彼は老子に尊号を奉り、天下の家ごとに『道徳経』をわかち、科挙に『道徳経』などの書を課して道教の普及を推しすすめた。それに加え僧尼を還俗させ寺院の建立を禁ずるなど、仏教を抑圧する政策をとった。粛宗は安史の乱にともなう経済的な理由から、出家に必要な度牒の数を制限するとともに、それを高額で販売した。代宗は仏教を重んじたが、七六八年には道士の要請をうけ、東明観で仏教と道教の対決を許している。このように、『不斉論』の成立当時、仏教と道教の間には根深い確執があった。詳細については、常盤前掲書六四七—六四九頁、久保田量遠『中国儒道仏三教史論』（東方書院、一九三一年、のち一九八六年に国書刊行会より再刊）三七七—三八一頁参照。また本書所収倉本論文は、姚詧の郷里と考えられる閿郷に太上老君が降臨したと伝えられる皇天原という場所があること、および後に玄宗がこの伝説を重視・宣揚したことを、『不斉論』撰述の時代的・地域的背景として指摘している。

（6）『不斉論』では儒教の教化が及んだ範囲は明言されず、道教・仏教についてはそれぞれ別の場所に言及があるのみで、一箇所において教化の範囲という観点から三教の優劣を判ずることはしていない。道教については「東は海に出ず、西は秦に至らず、北は黄河に至らず、南は広府に到らず」（訓読八五—八六頁）、仏教については「『涅槃経』を説かんと欲する時、其の面門従り五色の光を放ち、恒沙の世界を照らす」（訓読九三頁）と述べられている。

（7）『優劣伝』は「当に具に奉行すべ」き書物の筆頭に『宗鏡録』をあげるが、管見のかぎり『優劣伝』のなかには直接『宗鏡録』を引いた例が見えない。ではなぜ、『不斉論』が書名を挙げて引用する『国臣記』や『歴帝記』（先掲倉本論文二四一—二四五頁参照）、および『優劣伝』が新たに参照した『宝林伝』（本稿三三一頁参照）などを差しおいて、『宗鏡録』が最初にあげられるのだろうか。『宗鏡録』は五代の禅僧永明延寿が九六一—九七六年に唐代以前の仏教を一元的に総括して編んだ書物で、宋のはじめ一〇〇七年に仏教の正統説として大蔵経に収められて以降、諸宗融合の道をたどる宋代以降の中国仏教にその理論的根拠を提供しつづけた（拙著『永明延寿と『宗鏡録』の研究』、法藏館、二〇一五年、四・五章）。このことに鑑みれば、『優劣伝』が「当に具に奉行すべ」き書物の筆頭に『宗鏡録』を挙げるのは、『宗鏡録』を正統説として尊ぶ宋代以降の仏教界の気風を受けているのだと考えられよう。

（8）伽耶（がや）は梵語 Gaja の音写、象の意。『翻訳名義集』巻二、「伽耶、或那伽、或那先。此云象。」（大正五四・一〇八八中）。『中阿含経』巻二九「竜象経」（大正一・六〇八中）において、仏のみが大竜象であると説かれる。『不斉論』が仏を伽耶と称するのは、これに基づくのだろう。

（9）『方広大荘厳経』巻一「法門品」、「是時大衆瞻仰尊顔、目不暫捨、乃見東西南北・四維上下、周遍十方超過数量兜率天宮、各有最後身菩薩将欲下生、無量諸天恭敬囲遶、皆悉演説将没之相諸法明門。……菩薩告言、「……我今亦当為汝等説諸法明門、有一百八。何等名為百八法門？……捨是法門、自離五欲及教他離故。無常是法門、息諸貪愛故。……四正勤是法門、断一切悪、修一切善故。……」」（大正三・五四四上―下）。

（10）『華厳経』仏駄跋陀羅訳巻五五「入法界品」（大正九・七五二中）、巻六〇「入法界品」（七八四上）。実叉難陀訳巻七四「入法界品」（大正一〇・四〇三中）、巻八〇「入法界品」（四三九下）。般若訳巻二六「入不思議解脱境界普賢行願品」（七八〇中）、巻三八「入不思議解脱境界普賢行願品」（八三八中）。

（11）『過去現在因果経』巻一、「当下作仏、即観五事。……三者、観諸国土何国処中。……五者、観過去因縁、誰最真正応為父母。」（大正三・六二三上―中）。

（12）『釈氏通鑑』が刊行された一二七〇年は、冒頭で記した『優劣伝』成立年の上限である政和（一一一一―一一一八年）の末より下がるが、この一段にみえる個々の記載は有名なものであり必ずしも『釈氏通鑑』からの引用と断定できないため、ここでは可能性の指摘にとどめ、『釈氏通鑑』の刊行年を『優劣伝』成立年の上限としなかった。

（13）『釈氏通鑑』巻一、「釈迦牟尼仏、賢劫第四仏也。是年四月八日、示生於中天竺迦毘羅衛国。……母於是日遊歓喜園、手攀無憂樹枝、太子化従右脇而生。自行七歩、分手指天地曰、「天上天下、唯我独尊。」空中九竜吐水、灌太子身。」（新纂七六・八上）。

（14）「湯仏慈誨」の「湯」の意が取れない。大蔵経を検索すると「仏慈誨」を目的語にとる動詞として「承」（『円覚経』、大正一七・九一五中）と「蒙」（『首楞厳経』巻七、大正一九・一三八上、『大仏頂陀羅尼』、大正一九・一八〇下）が見えるが、「湯」

を用いた例は見あたらない。書き損じか。

(15)『無量寿経』巻上、「示現算計・文芸・射御、博綜道術、貫練群籍、遊於後園講武試芸。」(大正一二・二六六上)。『無量寿経義疏』、「示現算計下明修学世伎。六芸者、算計是一、文芸詩書及礼・楽・射・御是六也。」(大正三七・一一八下)。

(16)『方広大荘厳経』巻四「現芸品」、「太子年漸長大、無量諸仙善占相者皆云、「太子若得出家、必定成仏。若在家者、当為転輪聖王、王四天下。……」」(大正三・五六一上)。

(17)『尊勝経疏』巻上、「年十九捨輪王位、於二月八日夜半子時踰城出家。……苦行六年。」(大正三九・一〇一七上)。

(18)『撰集百縁経』巻九「声聞品」、「爾時世尊在忉利天上波利質多羅樹下宝石殿上、安居三月、為母摩耶説法訖竟、欲還来下至閻浮提。爾時釈提桓因知仏欲下、勅諸天・竜・夜叉・乾闥婆・阿修羅・迦楼羅・緊那羅・摩睺羅伽・究槃荼等、為仏造作三道宝梯。」(大正四・二四七上)。

(19)『法苑珠林』巻五〇「報恩篇・引証部」、「爾時世尊夏三月尽、将欲還下閻浮、放五色光照曜顕赫。時天帝釈知仏当下、即使鬼神作三道宝階。中央閻浮檀金、左用琉璃、右用馬脳、欄楯雕鏤、極為厳麗。仏語摩耶、「生死之法、会必有離。我今応下還閻浮提、不久亦当入於涅槃。」摩耶垂涙説偈。爾時世尊与母辞別。」(大正五三・六六四上―中)。

(20)『摩訶摩耶経』巻下、「仏告阿難、「悪魔波旬向来我所、勧請於我令入涅槃。我已許之。……」」(大正一二・一〇一一上)。

(21)『摩訶摩耶経』巻下、「闍維之法如転輪聖王。」(大正一二・一〇一一中)。

(22)『摩訶摩耶経』巻下、「城中有一梵志名須跋陀羅、……世尊天耳遥聞、語阿難言、「汝可聴是老梵志前、此即是吾最後弟子。」」(大正一二・一〇一一中―下)。

(23)『摩訶摩耶経』巻下、「世尊説此偈已即入初禅、入初禅已復入二禅、入二禅已次入三禅、入三禅已次入四禅、入四禅已次入空処、入空処已次入識処、入識処已次入無所有処、入無所有処已次入非想非非想処、入非想非非想処已次入滅尽正受。」(大正一二・一〇一二下)。

(24)『摩訶摩耶経』巻下、「時摩訶摩耶説此偈已、涕泣懊悩不能自勝、……従空来下趣双樹所。」(大正一二・一〇一二下)。

（25）『摩訶摩耶経』巻下、「世尊以大神力故、令諸棺蓋皆自開発、便従棺中合掌而起。」（大正一二・一〇一三上）。

（26）『摩訶摩耶経』巻下、「世尊説此語已、与母辞別。」（大正一二・一〇一三中）。

（27）『宝林伝』巻一「釈迦牟尼仏」、「爾時金棺従座而挙高七多羅樹、往返空中化火三昧。須臾食頃灰生四樹、収得舎利八斛四斗。」（田中良昭『宝林伝訳注』、内山書店、二〇〇三年、三四頁）。

（28）『仏般泥洹経』巻下、「辺境八国聞仏滅度、舎利在鳩夷国中、皆発兵来、索舎利分。鳩夷国王曰、「仏在吾国、今者滅度、吾当供養、遠苦枉顧、舎利不可得。」八王答曰、「吾等叉手、索舎利分、了不与我、必当以命抵取之耳。」天帝見八王共諍、欲得舎利還国供養、化為梵志、自名屯屈、叉手前暁八国王曰、「聴吾一言、惟仏在時、諸王奉尊教常慈恵、夫為民主、無宜有諍、当行四等、分仏舎利、令諸国土、皆有宗廟、開民盲冥、令知有仏、以為宗緒使得景福。」天神・鬼竜・諸王・黎民僉曰、「善哉！屯屈！普施衆生福田也。」共請屯屈作平八分。屯屈自以天上金甖、中以石蜜塗裏、成量舎利、各与一甖。諸王得之、悲喜交集、皆以香華、懸繒雑綵、焼香燃灯、朝夕作楽。屯屈長跪乞甖中余著蜜舎利、「吾欲立廟。」諸王恵之遂入甖。道士名曰桓違、従王索舎利、王曰、「已分、不可復得、唯有焦炭、便自往取。」道士取炭、香華供養。復有遮迦竭人、来索舎利。曰、「已分、唯有余灰、可自往取。」即復取灰、奉九十日。」（大正一・一七五上）。

（29）『大般涅槃経後分』巻上「遺教品」、「仏告阿難及諸大衆、「我涅槃後、天上・人間一切衆生、得我舎利、悲喜交流、哀感欣慶、恭敬礼拝、深心供養、得無量無辺功徳。」」（大正一二・九〇二上）。

（30）『不斉論』にも仏教が国益に資するという観点はあるが、文中において「国を益し人を利する者は、釈教に過ぐる莫きなり」（訓読八八頁）とごく簡単に言及されるのみで、『優劣伝』のように一書の総括においてその優位性が強調されているわけではない。

最澄・空海請来になる姚謽撰『三教不斉論』より得られた知見について

藤井　淳

近年検出され、翻刻がなされた姚謽撰『三教不斉論』は、唐代三教交渉の文献であるという希少性はもちろんのこと、伝教大師最澄・弘法大師空海の二人によって請来されたという重要な意義をもっている。本稿ではその検出にともなって新たに得られた知見について述べる。なお姚謽撰『三教不斉論』検出の経緯については本書「はじめに」を参照されたい。

一　最澄関係についての知見

①『三教不斉論』書写日付の問題と『天台法華宗伝法偈』

前盧州参軍姚謽定三教論其本甚脱錯
大暦九年三月廿八日故之大唐貞元廿

年十一月十六日写竟台州臨海懸龍興
寺北房日本国求法僧最澄（藤井〔二〇一一〕三四八～三五一行目、校訂テキスト七一頁）

右の石山寺本（一四九七年に石山寺の僧侶・源雅によって書写）の奥書によると最澄が『三教不斉論』を書写したのは「貞元廿年（八〇四）十一月十六日」とされる。この日付からは最澄撰とされていた『天台法華宗伝法偈』による最澄の台州での記録と興味深い関連が見出される。

十一月五日　与行満大師　共下於州底　却帰龍興寺　道邃大師室　同月十三日　台州陸郎中　恵四千張紙　処分龍興寺　経生二十人　書写先師教　自十一月起　至二十四年　春二月尽日　稟止観大旨　……(1)

これによると最澄は十一月十三日に台州の長官である陸淳より四千張の紙を贈られ、それによって経生二十人とともに龍興寺において書写を行ったことが知られる。先の石山寺本『三教不斉論』の奥書と比較すると、陸淳の紙の贈呈から三日後に『三教不斉論』の書写を終えていたことになり、紙の調達からおそらく最初に最澄自身が書写したものは『三教不斉論』になると言えよう。紙は書写に当たっては必須のものであるから、紙の調達と『三教不斉論』書写の日付がほぼ連続していることは注目される。しかし最澄のものとされている『天台法華宗伝法偈』には著者の信憑性の問題が存するので注意も必要である。大久保良順〔一九八〇〕によれば、『天台法華宗伝法偈』はところどころに合理的な部分もあるが、仁忠『叡山大師伝』、円珍『比叡山延暦寺元祖行業記』に影響を与えず、口伝法門の四箇大事の重要語が用いられ、また現存記録と一致しない部分があり、安然が『教時諍論』『教時諍』で言及せず、比較的古いものであるが最澄の著作ではないとされる。そして現在は一般的には『天台法華宗伝法偈』は最澄真撰とは考えられていない。

一方で石山寺本『三教不斉論』奥書の日付には特に意図をもって造作されたとは考えられず、『天台法華宗伝法偈』

には一部合理的に理解できる個所もあることから、ここでは『天台法華宗伝法偈』が最澄の中国での活動を記述する際には何らかの記録を元にしたのではないかという可能性を指摘しておく。また最澄は当時で流行した中国の円密戒禅の四つの教えを伝えており、禅の流入はその後鎌倉時代まで途切れることと、当時の中国禅で「伝法偈」が重視されていたことも『天台法華宗伝法偈』の成立にはあわせて考察する必要があろう。

②『台州録』と『越州録』の関係および早稲田大学蔵（石山寺旧蔵）『日本国求法僧最澄目録』

先に示した石山寺本『三教不斉論』の奥書からは最澄が台州龍興寺にて書写したとされる。しかし『三教不斉論』は、最澄の将来目録である『台州録』『越州録』（この名称についての問題は後述）のうち、『越州録』に載せられており、一見すると矛盾するように思われる。このことから『台州録』『越州録』の性格について検討したい。常識的には『台州録』『越州録』はそれぞれ最澄が台州・越州で蒐集した経論疏を記したと考えられる。内訳は最澄の真筆と考えられる古写本が現存する『越州録』冒頭の記述によると、台州での蒐集一百二十八部三百四十五巻、越州での蒐集一百二部一百一十五巻の合計二百三十部四百六十巻である。[2]『台州録』は古写本が現存しないとされ、従来は浄土院蔵版が元になって考察されているが、[3]末尾に「百二十部、三百四十五巻」[4]と記される。一方、『越州録』末尾の記録では、台州で得たものは概数（「数百巻文書」）として示される。

最澄等、深蒙郎中慈造、去年向台州、両僧等受大小二乗戒、又写取数百巻文書。今年進越府、二僧入五部灌頂壇、又抄取念誦法門、前後都総二百三十部、四百六十巻也。[5]

『台州録』は内容を検討すると天台関係の著作が中心となっている。そして『越州録』の記録では台州で集めた「文書」の数は概数（数百巻）で示されている。そこで以下のように推測できる。最澄は『越州録』には越州で集めた経論疏のみならず、台州で集めた天台関係以外の文献をあわせて挙げたと考えられる。天台求法は最澄渡唐の第一の目的であるから、『台州録』には帰国後に朝廷・寺院などに書写を依頼する関係からも紙数（八千五百三十二紙）まで記し、意図的に天台関係の文献を集中させたのであろう（一方『越州録』には合計の紙数は記されない）。そして最澄は『越州録』には越州で集めた文献のみならず、台州で蒐集し『台州録』に挙げなかった文献もあわせて挙げたと考えられる。

ここまで『台州録』『越州録』という名称を用いてきたが、これらの名称について若干の注意を喚起したい。というのも両者の名称は文政四年（一八二一）刊行の浄土院蔵版に「伝教大師将来台州録」「伝教大師将来越州録」として見られるが、「伝教大師」と付されていることから知られるように、後代の名称である。一方早稲田大学図書館に所蔵される承安元年（一一七一）の『日本国求法僧最澄目録』（石山寺旧蔵・良祐写）によると通例とは逆に、いわゆる『越州録』『台州録』の順に記され、「伝教大師将来台州録」「伝教大師将来越州録」の名称は見られない。つまり『台州録』『越州録』として我々が理解している名称は後代のものであり、名称から「『台州録』には台州で、『越州録』には越州で蒐集されたものが載せられている」という固定観念を抱く必要はないのである。『台州録』『越州録』という名称はおそらく、それぞれの跋文の記事を参照して浄土院蔵版を刊行する際に付けられた名称ではないだろうか。この点については今後、最澄目録の古写本を調査していく過程の中でさらに考察していきたい。

③比叡山御経蔵における位置

石山寺本『三教不斉論』は元亀二年（一五七一）の織田信長による比叡山焼討の約七十年前の明応六年（一四九七）に石山寺の僧侶である源雅によって書写されたものである。書写の場所は不明ながらも、当時石山寺の僧侶は比叡山および坂本の経蔵を訪れていたことが知られるから[7]、源雅は最澄の奥書のある『三教不斉論』を天台宗系の僧侶の協力によって書写したと考えられる。それでは『三教不斉論』は比叡山周辺のどこに存したと考えられるであろうか。比叡山の経蔵についての詳しい記録も残念ながら存しないが、最澄の将来した経論疏は「御経蔵」とよばれる経蔵に置かれていたことが知られている。『三教不斉論』は『御経蔵宝物聖教等目録』（弘仁二年七月十七日、叡山止観院、佐藤哲英（一九八〇）五二三）にある全二十八帙（『台州録』二十一帙・『越州録』七帙）[8]のうち、第二十六帙（天台雑文幷達摩宗雑文一帙・『越州録』雑三）に置かれていたと考えられ、鎌倉末期の目録[9]によっても全二十八帙の位置はほぼ同じであったことが知られる。もちろん源雅が直接比叡山の御経蔵の写本から書写した証拠は存しないが、元亀二年までは御経蔵中で『三教不斉論』が置かれている場所は決まっていたはずである。つまり仮に源雅が御経蔵より『三教不斉論』を借り出すことができたとすれば、それを天台宗の僧侶に探し出してもらうのは容易であったはずである。ちなみに最澄将来本のうち唯一現存する『曹渓大師伝』（延暦寺蔵・国宝）も同じく第二十六箱に納められていたと考えられる。

④台州龍興寺北房

台州龍興寺には「西廂極楽浄土院」があることが知られていた（『菩薩戒血脈[10]』）が、石山寺本奥書によれば台州龍興寺に他に「北房」が存在したことが知られる。他に類例がないことからもこの奥書には信憑性があると言えよう。

二　空海関係についての知見

①越州での蒐集活動

空海は最澄が越州を発った後に、長安より帰国途上で越州に立ち寄り、越州の節度使に「内外」の経論疏を集める依頼状を書いている。従来は特に注目を集める記述ではなかったが、『三教不齐論』の検出を経て再度読み直してみるといくつか注目される記述がある。

「与越州節度使求内外経書啓一首」『性霊集』巻第五

今見於長安城中、所写得経論疏等、凡三百余軸、…三教之中、経律論疏伝記、乃至詩譜碑銘、卜医五明、所摂之教、[11]

これ以外にもこの書状には「儒童迦葉」「仲尼」など孔子を意識した記述が見出せる。そして『御請来目録』の巻数「四百六十一巻」[12]のうち、空海は越州で百巻近くを蒐集したと推測される。

そこで空海はどのような目的で何を蒐集したのかを考察してみたい。証拠としては存しないが、空海は越州に立ち寄った際に、最澄が越州に残した目録を見たのではないだろうか。というのも日本に経論疏を持ち帰るには現地の長官の承諾が必要であり、それが陸淳と鄭審則の印信であり、また最澄の将来目録の写しは越州に存したであろう。そして、空海はその最澄が残した目録を見て越州で天台関係の著作五十二巻を中心に、また『三教不齐論』をも蒐集したと考えられる。空海の『御請来目録』では天台関係の文献がやはり異質であり、そして実際に帰国後に最澄は空海より「法華文句疏二部二十巻〈天台智者撰〉」「法華記一部十巻〈天台湛然法師記〉」を証本のため借り出しを申し入れている[13]。空海は最澄が『三教不斉論』を日本に将来していることを知り、『三教指帰』以来存した三教論への関心が再び呼び起こされ、それが越州の長官への依頼状の文面に現れているのではないだろうか。空海は帰国後に十住心教判へと思想を展開させていく中で、最澄の活動より影響を受けたと私は考えている[14]。空海が最澄を意識したのはすでに中国・越州において端を発していると考えたい。

②真言宗寺院での『三教不斉論』

石山寺の場合、室町時代に空海請来の経軌を集める活動が行われたが、真言宗寺院では東寺や醍醐寺においても請来本を集めていたことが目録から知られる[15]。今後も『三教不斉論』写本が検出される可能性があり、調査を継続していきたい。

本稿の執筆(特に石山寺本について)にあたっては高野山大学密教文化研究所参事(当時)の田寺則彦氏の御教示を得た。

『日本国求法僧最澄目録』(良祐写)は早稲田大学図書館のホームページ上にて全文カラーで公開されている。使用の許諾をいただいた同図書館に厚く御礼申し上げる。

参考文献

「伝教大師関連年表」『伝教大師研究別巻』天台学会。
大久保良順〔一九八〇〕「天台法華宗伝法偈について」『伝教大師研究』。

小原仁（二〇〇六）「『三宝院経蔵目録』（二）」『醍醐寺文化財研究所研究紀要』第二十一号。

佐藤哲英（一九五三）「初期叡山の経蔵について　新出の『御経蔵目録』『御経蔵櫃目録』を中心として」『仏教学研究』八／九。

　　（一九八〇）「伝教大師の仏典収集とその保存」『伝教大師研究』。

藤井淳（二〇〇八）『空海の思想的展開の研究』トランスビュー。

　　（二〇一一）「姚䛒撰『三教不斉論』（石山寺所蔵）写本の翻刻」『高野山大学密教文化研究所紀要』第二四号。

古川英俊（一九四二）「伝教大師台州将来目録の研究」『叡山学報』二十。


本稿は『印度学仏教学研究』六〇―一に掲載したものをもとにしている。

註

（1）『伝教大師全集』第五巻二八頁（平成復刻の世界聖典刊行協会版による）。
（2）『伝教大師全集』第四巻三七一頁。
（3）古川英俊（一九四二）。
（4）『伝教大師全集』第四巻三六七頁。
（5）『伝教大師全集』第四巻三八一頁。
（6）『伝教大師全集』第四巻三六七頁。

（7）藤井淳〔二〇一一〕一〇頁。

（8）『伝教大師全集』第四巻三四五頁。

（9）「御経蔵櫃目録」（文永以後の鎌倉末期と推定・佐藤哲英〔一九八〇〕五二〇頁）第一～第二十八函までは第六（正念法経六帙）、第二十三（中檜櫃大体空納之）を除いて注記がない。

佐藤哲英氏は自明とされるのか指摘しないが、「御経蔵櫃目録」に所載される第一から第二十八函までは『御経蔵宝物聖教等目録』所載の伝教大師将来のものと考えられる。

（10）『伝教大師全集』第一巻二三六頁。

（11）『定本弘法大師全集』第八巻八三―八四頁。

（12）『定本弘法大師全集』第一巻五頁。

（13）『伝教大師全集』第五巻四五八―四五九頁、『定本弘法大師全集』第一巻二七頁。

（14）藤井淳〔二〇〇八〕。

（15）小原仁〔二〇〇六〕、東寺一切経蔵之内請来録内儀軌等五箱目録（『昭和法宝総目録』第三巻七八七頁中段）の第四箱。

◆執筆者紹介（五十音順）

池田　将則（いけだ　まさのり）

一九七四年生まれ。専攻は中国仏教史。韓国・金剛大学仏教文化研究所人文韓国研究センター研究教授。博士（文学）。主な著書・論文に、『蔵外地論宗文献集成』（共著、図書出版ＣＩＲ、ソウル）、『同　続集』（同上）、「道基の生涯と思想――敦煌出土『雑阿毘曇心章』巻第三（Ｓ二七七＋Ｐ二七九六）「四善根義」を中心として」（『真諦三蔵研究論集』京都大学人文科学研究所）、「杏雨書屋所蔵敦煌文献『大乗起信論疏』（擬題、羽三三三Ｖ）について」（『仏教学レビュー』一二号）ほか。

倉本　尚徳（くらもと　しょうとく）

一九七六年生まれ。専攻は中国仏教史。台湾中央研究院歴史語言研究所助研究員。博士（文学）。著書・主な論文に、『北朝仏教造像銘研究』（法藏館）、「北朝造像銘にみる道仏二教の関係――関中における邑義の分析を中心に」（『東方宗教』一〇九）、「『大通方広経』の懺悔思想――特に『涅槃経』との関係について」（『東方学』一一七）、「北朝期における『菩薩瓔珞本業経』実践の一事例――陽阿故県村造像記について」（『東アジア仏教研究』八）、「北朝・隋代の無量寿・阿彌陀像銘――特に『観無量寿経』との関係について」（『仏教史学研究』五二・二）ほか。

藤井　淳（ふじい　じゅん）〈**編者**〉

一九七六年生まれ。専攻は仏教学、日本仏教。駒澤大学仏教学部准教授。博士（文学）。主な著書・論文に『空海の思想的展開の研究』（トランスビュー）、「姚謽撰『三教不斉論』（石山寺所蔵）写本の翻刻」（『高野山大学密教文化研究所紀要』二四号）、「最澄・空海請来になる姚謽撰『三教不斉論』より得られた知見について」（『印度学仏教学研究』六〇―二）、「中国における教判の形成と展開」（『シリーズ大乗仏教1』春秋社）、「日本古文書・諸目録に残る真諦関係著作の情報について」（『真諦三蔵研究論集』京都大学人文科学研究所）ほか。

村田　みお（むらた　みお）

一九八〇年生まれ。専攻は中国哲学、中国宗教思想。立命館大学言語教育センター外国語嘱託講師。博士（文学）。主な訳書・論文に『中国仏教史籍概論』（陳垣著、西脇常記と共訳、知泉書館）、「六朝隋唐期の仏典書写をめぐる思想的考察」（『中国学の新局面』日本中国学会第一回若手シンポジウム論文集）、「血字経の淵源と意義」（『中国思想史研究』三四号）、「金字経の思想的系譜――中国六朝期から日本平安期まで」（『東方学報』京都八八冊）ほか。

柳　幹康（やなぎ　みきやす）

一九八一年生まれ。専攻は中国仏教思想。日本学術振興会海外特別研究員・台湾中央研究院中国文哲研究所訪問学人。博士（文学）。著書に『永明延寿と『宗鏡録』の研究――一心による中国仏教の再編』（法藏館）、論文に「永明延寿と「禅浄一致」――蓮宗祖師としての延寿像の形成と変遷」（『佛教學』五五）、「永明延寿と中国仏教」（『東アジア仏教研究』一二）など。

Research on Saichō and Kukai's Versions of *Sanjiao buqilun*

edited by

FUJII Jun, D. Lit.

Kokusho Kankokai・Tokyo・2016

Research on Saichō and Kukai's Versions of *Sanjiao buqilun*

The *Sanjiao buqilun* (Jp. *Sangyō fusei ron*), compiled by Yao Bian, is a work written in Tang period China when the arguments for superiority among the three teachings of Confucianism, Daoism, and Buddhism were at a peak. Yao looks at the originators of these teachings, i.e. Confucius, Laozi, and Siddhārtha Gautama, from ten perspectives including their genealogies and number of disciples, and concludes that Siddhārtha was most superior.

The existence of Yao's work was unknown to modern scholars for a long period, but was reprinted in 2011 by editor Fujii. Copies of the *Sanjiao buqilun* were brought by Kūkai and Saichō to Japan where they remained, and later reproductions of the Tang period work were also rediscovered. Overseas, as well, it is highly valued as literature on the three teachings debate.

This present work is research into Yao Bian's *Sanjiao buqilun*. It is separated into the two sections of：I Main Text and II Analytical Essays. Making up section I are two facsimiles of the previously unpublished text, an edited text, a text annotated and transliterated into the *kundoku* system, and a modern Japanese translation. Section II is comprised of six essays that will be outlined below.

CONTENTS

ABSTRACTS

Yao Bian's *Sanjiao buqilun* as a Focal Point in Exploring Tang's Religious History

Fujii Jun

Yao's *Sanjiao buqilun* holds an interesting position as a work that was written in the Tang period, at the same time when Chan and Pure Land Buddhism were at a peak in their popularity. In this essay I have the following three objectives: 1. to discuss the relationship between the *Sanjiao buqilun* and Tiantai doctrine, 2. to point out records of the three teachings debate identifiable in statue inscriptions, and 3. considering the rediscovery of the Tang period *Sanjiao buqilun*, to reconfirm the position of the story of *Fofa dongyun* "Buddhist transmission to the east" seen in the early Chan work *Lidai fabao ji*, and to give thought to the meaning of Bodhidharma's transmission of Buddhism to China.

The Chronology and Writing of Yao Bian's *Sanjiao buqilun* and its Position within the Three Teachings Debate —With Commentary on Its Influence on Kukai's Introduction to the *Sangō shiiki*

Murata Mio

This essay will, firstly, provide suggestions on Yao Bian's possible occupational status and birthplace, relying on the main body of the *Sanjiao buqilun* and the information regarding his job title given in the text's title section. The *Sanjiao buqilun* was conceptualized and written in response to several ideas put forward

by a female Daoist priest, a male Daoist priest, and their audience in the period between 723–724 C.E. Thusly, its style and arguments have the following three characteristics: 1. it places importance on clarifying the differences in content between the three teachings, 2. its arguments do not strongly refute or aggressively attack other positions, and 3. it does not refute Laozi or criticize problematic doctrinal issues. Consequently, it is thought that *Sanjiao buqilun*'s style drew the sympathies of Kūkai, writer of the *Rōko shiiki*, influencing him to revise his introduction to the *Sangō shiiki*. Further, this essay suggests the necessity of reassessing the previous scholarship by, for example, questioning the traditional categories for discussing the issue of the three teachings debate.

The Character of Yao Bian's *Sanjiao buqilun* as Seen through a Comparison with the Works of Falin

Kuramoto Shōtoku

In order to identify the chief characteristics of Yao's *Sanjiao buqilun* this essay explores the religious atmosphere of Wenxiang county, which helped to give birth to his work, in combination with a textual analysis so that the issue might be assessed from two angles.

In terms of external factors, in Wenxiang's Huangtian yuan area, tales of divinity Taishang Laojun were popular, such as that of his descent from the heavens to admonish Empress Wu Zetian for her tyranny, and it is clear that Xuanzong was also impressed by this tale, honoring it publicly.

In terms of the actual content of the text, the characteristics of Yao's *Sanjiao buqilun* were identified by way of a comparison with the works of Falin, which

were found, through an analysis of the reference materials it cites, to have had the closest relationship with the *Sanjiao buqilun*. That is to say, the position of the *Sanjiao buqilun* on the three teachings debate is to avoid arguing doctrinal issues, to concentrate on identifying the superiority of the given teaching by comparing the features and the number of followers for each founder, and to position Laozi lower than Siddhārtha and Confucius. Based on this, it can be surmised there would have been an atmosphere in which public honoring of Laozi through, for example, the praising of the Taishang Laojun visitation tales, received criticism in some camps.

Reexamining Liu Yan's *Sanjiao buqilun*

Ikeda Masanori

This essay reexamines the literary character of the Dunhuang manuscript *Sanjiao buqilun* by Liu Yan (Stein 5645), which has the same title as the work compiled by Yao Bian. Liu's work has, in previous research, been used as a comparative device for clarifying the character of Yao's *Sanjiao buqilun*. The essay concludes that the use of Liu's *Sanjiao buqilun* for the purpose of directly analyzing Yao's *Sanjiao buqilun* is not appropriate for the following reasons: the extant version of Liu's *Sanjiao buqilun* does not include the main text and is merely the *yi* section presenting the argument to the Emperor that monastics should not have to pay reverence to their parents (*sengni buyingbai qinqing*), and that, for this reason, it is unclear what sort of argument Liu presented in the section titled "Three Teachings are Not of Equal Value" (*sanjiao buqi*).

Further, provided as an appendix, in the same way as Yao's *Sanjiao buqilun*, are reprintings of two Dunhuang documents related to the dating system based on

the Buddha's passing into Nirvana: the *Xiaosheng lu* (Stein 5645) and the *Fawang ji* (Pelliot 2722, reverse).

The *Sanjiao buqilun* and the *Sanjiao youlie zhuan*

Yanagi Mikiyasu

This essay compares the *Sanjiao buqilun* and the *Sanjiao youlie zhuan*. The *Sanjiao youlie zhuan* is a piece of literature that was first compiled after the Song period and is a reedited version of the *Sanjiao buqilun*. While the *Sanjiao youlie zhuan* largely emulates the *Sanjiao buqilun* it varies greatly in the following respects. Firstly, it argues for the superiority of Buddhism through a discussion of the three events of: the Buddha's appearance in the world, his life, and his entrance into nothingness, and paints his life as one of "superb excellence," primarily through a discussion of his relationship with his mother. In this way, the *Sanjiao youlie zhuan* places Buddhism in a superior position to Confucianism and Daoism. Secondly, in contrast to the *Sanjiao buqilun*, which uses conciliatory language by, for example, referring to all three teachings as "sacred words" (*shengyan*), in addition to removing this phrase, the *Sanjiao youlie zhuan* does not use any other similar expressions. Thus, while the *Sanjiao youlie zhuan* does emulate the *Sanjiao buqilun*, it is more explicit in emphasizing the differences between the three teachings and argues for the ultimate superiority of Buddhism.

Insights Gained from the Editions of *Sanjiao buqilun*,
Compiled by Yao Bian, Brought to Japan by Saichō and Kūkai

Fujii Jun

This essay discusses the new insights gained through the analysis of the *Sanjiao buqilun*, in particular looking at the following five points in regard to the relationship between Saichō and Kūkai. Firstly, through comparing the postscript to the version held at Ishiyamadera Temple with the information in the *Tendai Hokkeshū denpōge*, it was found that while, traditionally, doubt has been cast over the authorship of the latter, it is possible that it was referencing an older record. Secondly, it had been thought that the *Taizhou* Catalog and the *Yuezhou* Catalog recorded the Buddhist works that Saichō collected in Taizhou and Yuezhou, respectively, but it was found through the postscript of the work being treated here that works that were copied in Taizhou are listed in the *Yuezhou* Catalog and it became clear that more research of old reproduction texts is needed in order to properly classify the works listed in the *Taizhou* Catalog and the *Yuezhou* Catalog. Thirdly, it appears that the version of *Sanjiao buqilun* brought back by Saichō had been, up until being lost in a fire at Hieizan Temple in 1571, stored in box no. 26 of Hieizan's scripture house. Fourthly, it seems likely that Kūkai stopped off in Yuezhou on his way home and, coming across a catalog that Saichō left behind, came up with the idea to collect Confucian and Daoist works and not only those of Buddhism. Lastly, it was found that there were collections stored in Shingon school temples of copies of the Buddhist works that Kūkai brought back and that further research is needed in exploring reproductions of the *Sanjiao buqilun*.

关于最澄、空海带至日本的《三教不齐论》的研究

《三教不齐论》，是在中国唐朝，正值儒教、道教、佛教的三教优劣之争最盛时，由姚䛒著述而成的文献。姚䛒分别从儒教、道教、佛教各自的教祖，即孔子、老子、释迦的家谱及其弟子的多少等十个角度出发加以比较，从而得出结论，认为佛教是最优越的。

姚䛒撰《三教不齐论》，在近代研究史上，很长时间内去向不明。本书编者藤井淳，于 2011 年翻刻了此文献。《三教不齐论》，是由最澄、空海带至日本并保存至今的文献，同时也是新被发现的、和三教交涉有关的唐代文献。所以在海外，也备受关注。

本书是对姚䛒撰《三教不齐论》所作的研究，全文分为Ⅰ 本文编和Ⅱ 论文编两部分。

Ⅰ 本文编，由未曾公开过的两个影印、校订文本、训读和出典、现代日本语译文组成。

Ⅱ 论文编，收录了以下六篇论文。在此简单介绍一下各篇论文要旨。

藤井　淳“作为唐代宗教史连结枢纽的姚䛒撰《三教不齐论》”

姚䛒撰《三教不齐论》，是在中唐时期，随着禅和净土教的兴起而成立的文献，拥有极为重要的历史地位。本论文主要有三个论点。①论述了天台教学和《三教不齐论》的关系。②指出了造像铭里存在的有关三教交涉的记录。③鉴于《三教不齐论》的重新被发现，再次确认了初期禅宗文献《历代法宝记》里关于“佛法东传”这一记事的历史定位，并考察了菩提达磨把佛教传到中国的意义。

村田　みお“关于姚䛒《三教不齐论》的著述经过及其在三教论争中的历史定位——兼论其对空海《三教指归》序文的影响”

本论文首先根据文献开头所记载的姚䛒的职位、以及文献内容，推断出了姚䛒有可能担任过的官职及其出身地。《三教不齐论》是在 723、724 年

间，作为对女官、道士、听众所提出的几种见解的反论，而被构思并着手著述的。其论点、论调有以下三个特征。①重点强调了三教内容上的明确差异。②没有强烈否定其他宗教的论点，攻击性很弱。③没有出现对老子的否定意見，也没有批判其教义的论述。这样的论调，显然引起了曾经写过《聋瞽指归》的空海的共鸣，促使他重新写出了《三教指归》序文。其次，本文也试图对以往的三教论争争论方式进行分类，并尝试从新的角度重新审视研究史。

仓本　尚德“姚䛒《三教不齐论》的几个特征——以法琳的著作为参照点”

本论文，为了探讨姚䛒《三教不齐论》的特征，笔者分别从内外两方面着手加以研究。首先讨论了姚䛒执笔撰写此文献的契机，即阌乡县当时的宗教环境。其次分析了此文献的内容。

从外部环境来看，在阌乡县的皇天原，传说太上老君（老子）曾经降临，对则天武后的专横加以劝谏。这个太上老君降临的传说，在当时被广泛宣扬，甚至得到了玄宗的重视与表彰。这一点已被证实。

从文献的内容来看，笔者在调查姚䛒《三教不齐论》出典资料的过程中，将它与关系最深的法琳著作进行对比后，就清楚发现了《三教不齐论》的特征。即其最大的特征，是它在比较三教的时候，并没有讨论各教的教理内容，而是将讨论集中在释迦、孔子、老子这三教教主的容貌差异、以及各人弟子的多少等方面。推测此一特征的背景原因，笔者认为这是姚䛒有意识地对抗阌乡县大力宣扬太上老君降临传说、以及其他一系列彰显老子的活动。

池田　将则“刘晏述《三教不齐论》的再讨论”

本论文，重新探讨了跟姚䛒《三教不齐论》有着同样名字、并在研究姚䛒《三教不齐论》的特点时，被先行研究用作比较资料的、敦煌写本刘晏述《三教不齐论》（斯 5645 号）的文献特征。

现存刘晏著《三教不齐论》，是把僧尼不拜君亲、也就是“僧尼不应拜君亲”这一主张，向皇帝提出建议的“议”，而不是《三教不齐论》本论的内

容。因此，刘晏对“三教不齐”这一论题，是怎样进行论述的，仍然不明。所以把现存的刘晏著《三教不齐论》，作为直接比较对象，去和新发现的姚䛒著《三教不齐论》相对照，笔者认为这是不妥当的。

另外，附录里，除了姚䛒《三教不齐论》的翻刻本之外，同时也翻刻了含有记述佛灭年代的敦煌文献、《小乘录》（斯 5645 号）、以及《法王记》（伯 2722 号背）。

柳　干康“《三教不齐论》和《三教优劣传》”

本论文对《不齐论》与《优劣传》进行了细致比较，认为《优劣传》成立于宋代以后，是对唐代《不齐论》加工改编而成的文献。《优劣传》虽基本承袭了《不齐论》的内容，但在下述论点上，两者有较大差异。首先，《优劣传》为了特别推崇佛教，述及释尊的出世、生平、入灭的三阶段，以其与母亲的牵连为主线，描写了释尊“殊胜”的一生，从而宣示了佛教相对于儒、道二教的优越性。其次，《不齐论》中有把三教均视为“圣言”从而倾向于调和三教关系的言辞，而《优劣传》并不赞同这种看法，一并删除了此类评价。据此可知，《优劣传》在继承了《不齐论》基本论调的基础上，更加强调三教的差异性，并进一步提出了独尊佛教的主张。

藤井　淳“根据最澄、空海请来的姚䛒撰《三教不齐论》所得到的几点认知”

本论文论述了几点随着对《三教不齐论》所做的探索而新近得出的认知，特别是涉及到最澄、空海有关的看法，分为以下五点进行了阐述。第一点，把石山寺本的后记与《天台法华宗传法偈》的记述相对照的结果，证实了历来就有的一个疑问，即其著者是否另有其人。简而言之，虽不能说最澄就是著者，但是据此记录，确实可以追溯至最澄本人。第二点，《台州录》和《越州录》，一直被认为是分别收录了最澄在台州、越州所收集的佛典。但是，根据这篇后记所载可以得知，《越州录》里所记载的，其实是他在台州抄写的典籍。因此笔者认为，在对古写本进行调查的过程中，对《台州录》和《越州录》里所收典籍的分类，有重新探讨的必要。第三点，最澄

带来的《三教不齐论》，在 1571 年的火烧比睿山事件之前，可以认为一直被保存在比睿山御经藏第二十六函之内。第四点，空海在归国途中路经越州时，见到了最澄留下的目录。他认为其中不仅有佛典，还汇集了儒教、道教的文献。第五点，我们从中了解到，真言宗寺院，曾对空海请来的佛典进行了抄写、汇集整理。今后有必要继续寻找《三教不齐论》的其他写本。

研究代表　藤井　淳（驹泽大学副教授）

最澄・空海将来『三教不斉論』の研究
ISBN978-4-336-05966-6

平成28年1月20日　初版第1刷発行

編　藤井　淳
発行者　佐藤今朝夫

〒174-0056 東京都板橋区志村1-13-15
発行所　株式会社　国書刊行会
電話 03(5970)7421　FAX 03(5970)7427
E-mail: sales@kokusho.co.jp　URL: http://www.kokusho.co.jp

落丁本・乱丁本はお取替えいたします。
印刷　三報社印刷株式会社
製本　有限会社青木製本